CAT+CJAT
CJ그룹

종합적성검사

CAT+CJAT CJ그룹 종합적성검사

초판 인쇄 2022년 1월 12일
초판 발행 2022년 1월 14일

편 저 자 | 취업적성연구소
발 행 처 | ㈜서원각
등록번호 | 1999-1A-107호
주 소 | 경기도 고양시 일산서구 덕산로 88-45(가좌동)
교재주문 | 031-923-2051
팩 스 | 031-923-3815
교재문의 | 카카오톡 플러스 친구[서원각]
영상문의 | 070-4233-2505
홈페이지 | www.goseowon.com
책임편집 | 정상민
디 자 인 | 이규희

▷ ISBN과 가격은 표지 뒷면에 있습니다.
▷ 파본은 구입하신 곳에서 교환해드립니다.

PREFACE

우리나라 기업들은 1960년대 이후 현재까지 비약적인 발전을 이루었다. 이렇게 급속한 성장을 이룰 수 있었던 배경에는 우리나라 국민들의 근면성 및 도전정신이 있었다. 그러나 빠르게 변화하는 세계 경제의 환경에 적응하기 위해서는 근면성과 도전정신 이외에 또 다른 성장 요인이 필요하다.

한국기업들이 지속가능한 성장을 하기 위해서는 혁신적인 제품 및 서비스 개발, 선도 기술을 위한 R&D, 새로운 비즈니스 모델 개발, 효율적인 기업의 합병 · 인수, 신사업 진출 및 새로운 시장 개발 등 다양한 대안을 구축해 볼 수 있다. 하지만, 이러한 대안들 역시 훌륭한 인적자원을 바탕으로 할 때에 가능하다. 최근으로 올수록 기업체들은 자신의 기업에 적합한 인재를 선발하기 위해 기존의 학별 위주의 채용을 탈피하고 기업 고유의 인 · 적성검사 제도를 도입하고 있는 추세이다.

CJ그룹에서도 업무에 필요한 역량 및 책임감과 적응력 등을 구비한 인재를 선발하기 위하여 고유의 종합적성검사를 치르고 있다. 본서는 CJ그룹 채용대비를 위한 필독서로 CJ그룹 종합적성검사의 출제경향을 철저히 분석하여 응시자들이 보다 쉽게 시험유형을 파악하고 효율적으로 대비할 수 있도록 구성하였다.

신념을 가지고 도전하는 사람은 반드시 그 꿈을 이룰 수 있습니다. 처음에 품은 신념과 열정이 취업 성공의 그 날까지 빛바래지 않도록 서원각이 수험생 여러분을 응원합니다.

STRUCTURE

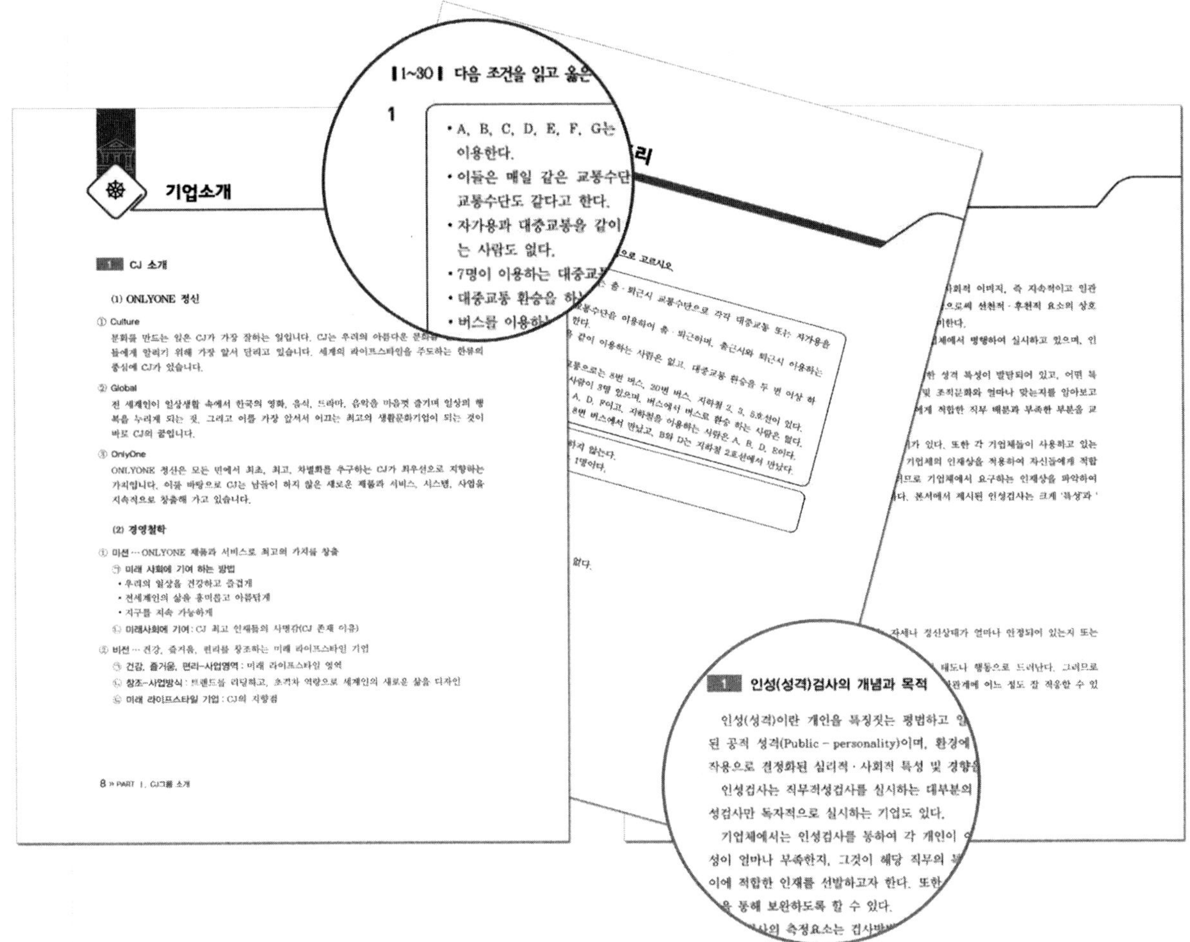

언어, 수리, 추리, 공간지각, 인문상식

언어(언어추리, 언어이해, 장문독해), 수리(자료해석, 응용수리), 추리, 공간지각, 인문상식 영역에 대한 예상문제를 엄선·수록하여 충분한 문제풀이가 가능하도록 하였습니다.

인성검사

성공취업을 위한 실전 인성검사를 수록하여 취업의 마무리까지 깔끔하게 책임집니다.

CONTENTS

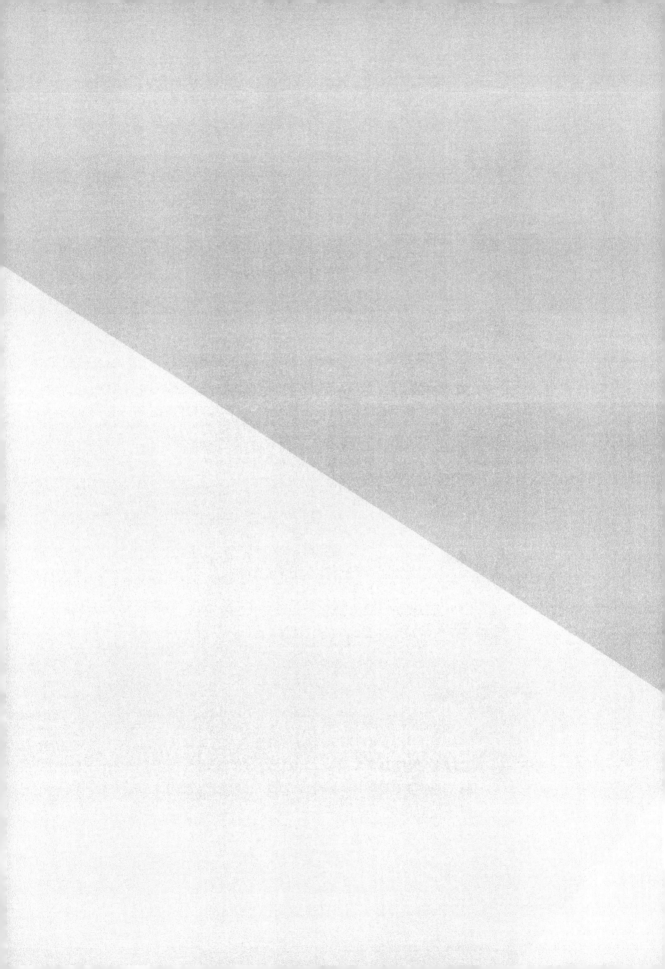

PART

I

CJ그룹 소개

기업소개

기업소개

1 CJ 소개

(1) ONLYONE 정신

① Culture

문화를 만드는 일은 CJ가 가장 잘하는 일입니다. CJ는 우리의 아름다운 문화를 전 세계인들에게 알리기 위해 가장 앞서 달리고 있습니다. 세계의 라이프스타일을 주도하는 한류의 중심에 CJ가 있습니다.

② Global

전 세계인이 일상생활 속에서 한국의 영화, 음식, 드라마, 음악을 마음껏 즐기며 일상의 행복을 누리게 되는 것. 그리고 이를 가장 앞서서 이끄는 최고의 생활문화기업이 되는 것이 바로 CJ의 꿈입니다.

③ OnlyOne

ONLYONE 정신은 모든 면에서 최초, 최고, 차별화를 추구하는 CJ가 최우선으로 지향하는 가치입니다. 이를 바탕으로 CJ는 남들이 하지 않은 새로운 제품과 서비스, 시스템, 사업을 지속적으로 창출해 가고 있습니다.

(2) 경영철학

① 미션 … ONLYONE 제품과 서비스로 최고의 가치를 창출

㉠ 미래 사회에 기여 하는 방법

- 우리의 일상을 건강하고 즐겁게
- 전세계인의 삶을 흥미롭고 아름답게
- 지구를 지속 가능하게

㉡ 미래사회에 기여 : CJ 최고 인재들의 사명감(CJ 존재 이유)

② 비전 … 건강, 즐거움, 편리를 창조하는 미래 라이프스타일 기업

㉠ 건강, 즐거움, 편리-사업영역 : 미래 라이프스타일 영역

㉡ 창조-사업방식 : 트렌드를 리딩하고, 초격차 역량으로 세계인의 새로운 삶을 디자인

㉢ 미래 라이프스타일 기업 : CJ의 지향점

③ **핵심가치** … CJ가 지속적으로 추구해야 하는 가치로 타기업과는 구별되는 CJ만의 기업 문화를 형성하는 요소

㉠ **인재-인류인재 · 강유문화** : 일류인재 양성과 강유문화 조성으로 앞서가는 일류기업이 된다

㉡ **ONLYONE-최초 · 최고 · 차별화** : 최초 · 최고 · 차별화를 추구하여 핵심역량을 갖춘 일등기업이 된다.

㉢ **상생-생태계조성 · 공유가치** : 생태계 조성과 공유가치 창출로 국가사회로부터 존경받는 기업이 된다.

④ **행동원칙** … CJ 임직원 누구나 반드시 지켜야 할 원칙이며, 인재육성의 기준

㉠ **정직** : 비효율과 부정을 용납하지 않는다.

㉡ **열정** : 최고 · 완벽을 추구한다.

㉢ **창의** : 끊임없이 변화하고 혁신한다.

㉣ **존중** : 서로 이해하고 배려한다.

2 CJ HR - 인사제도

① 성과주의 문화

㉠ **직무등급체계** : 조직 내 직무의 상대적 가치를 평가하고 내부 형평성을 유지하기 위한 직무등급체계

㉡ **성과관리시스템** : 회사의 비전 달성 및 전략실행을 위해 직원 개인의 목표와 회사의 사업목표와의 연계를 정립시키는 경영프로세스

㉢ **기본연봉체계** : 직무가치 및 성과에 따라 전직원에게 공통적으로 적용되는 기본연봉체계

㉣ **인센티브제도** : 회사의 성과 및 개인의 성과에 따라 전 직원들에게 적용되는 보상제도

② **직급체계** … 성과에 의해 Top Performer에 대한 인정 및 보상, 보다 나은 경력개발 및 교육기회를 제공합니다. 사내의 호칭은 '님' 이지만 CJ는 직무가치에 따라 총 7단계의 직급체계를 운영하고 있습니다.

㉠ G1 사원

㉡ G2 사원

㉢ **G3 사원** : 표준년한 3년, 최소년한 2년(대졸 신입사원)

㉣ **G4 대리** : 표준년한 4년, 최소년한 2년

㉤ **G5 과장** : 표준년한 4년, 최소년한 2년

㉥ **G6 부장** : 표준년한 4년, 최소년한 2년

㉦ **G7 부장** : 표준년한 4년, 최소년한 2년

3 CJ 계열사

(1) 식품 & 식품서비스 … CJ제일제당, CJ푸드빌, CJ프레시웨이

① CJ제일제당 … K-FOOD 열풍을 이끄는 글로벌 식품 문화 기업
1953년 대한민국 최초의 설탕 제조업으로부터 출발하여 60여 년간 우리나라의 식품업계를 이끌어온 CJ제일제당. 우리의 우수한 한식을 세계에 전파해 현지음식과 한식을 결합한 K-Food로 한국의 맛을 세계화하고, 새로운 기술로 다양하고 프리미엄한 제품을 선보이며 건강하고 편리한 라이프스타일을 제시하고 있습니다. 지난 60년간의 끊임없는 연구와 발전, 계승과 혁신으로 한국 전통 식품 및 식문화를 전하며 세계의 고객에게 한국의 맛과 문화를 전하고 있습니다.

② CJ푸드빌 … 대한민국을 대표하는 글로벌 외식 문화 기업
CJ푸드빌은 '새로운 식문화의 세계를 창조한다'는 비전을 가진 외식전문기업으로, '빕스', '뚜레쥬르' 등 다양한 브랜드를 통해 업계를 선도하고 더 좋은 맛과 정성스런 서비스를 제공하는 데 최선의 노력을 기울이고 있습니다. CJ푸드빌의 브랜드는 미국, 중국, 동남아시아 주요 국가에서도 운영중이며, 독자적인 브랜드와 최고의 서비스로 세계 유수의 기업과 어깨를 나란히 하는 글로벌 외식 문화 기업으로 성장하고 있습니다.

③ CJ프레시웨이 … 대한민국 대표 글로벌 식자재 유통 & 푸드서비스 기업
CJ프레시웨이는 대한민국 대표 식자재 유통 및 푸드서비스 전문기업입니다. 산지 직거래, 글로벌 소싱 등의 경쟁력을 기반으로 엄선된 식자재를 공급하고 있으며 글로벌 유통 및 푸드서비스 사업에도 앞장서고 있습니다. 특히 통합물류시스템, 식품안전센터 등 인프라와 상품전문성을 통해 Global Food Network Creator의 비전을 실현하고 있습니다.

(2) 생명공학 … CJ제일제당 BIO 사업부문, CJ Feed&Care

① CJ제일제당 BIO사업부문 … 초일류 친환경 바이오 발효 기술로 기존의 BIO사업영역을 뛰어넘어 건강한 인류의 삶을 추구합니다.
CJ BIO는 세계 최고 수준의 기술력으로 바이오 산업에 새로운 패러다임을 제시하는 Global Top Leader 입니다. 우수한 품질의 발효 바이오 제품을 개발하기 위해 R&D 기술에 적극적으로 투자하며 지속적인 혁신으로 기대 이상의 결과를 달성하고 있습니다. 또한 CJ BIO는 인류가 직면한 환경 문제를 해결하고 지속 가능한 지구를 만들기 위해 기여하고 있습니다. 우리의 모든 제품과 연구 활동은 인간, 동물 및 모든 생명체의 존엄성을 기반으로 합니다. 지구가 직면한 환경오염, 지구 온난화의 문제를 해결하기 위해 우리는 지속적으로 환경 친화적인 제품과 기술 등을 연구하고 있습니다.

② CJ FEED&CARE … 고객 가치 창출 및 미래 사료 · 축산 산업발전 선도

CJ Feed&Care는 1973년 첫 사료 제품을 출시한 이래 최고의 제품과 차별화된 컨설팅으로 축산업 발전을 선도하는 사료 · 축산 전문기업입니다. 1996년 해외진출을 시작하여 현재 7개국(한국, 인니, 미얀마, 베트남, 필리핀, 캄보디아, 중국) 29개 공장을 운영하고 있으며, 고성장 고효율 사료개발, 분뇨 · 메탄 등의 오염물질 제어를 위한 친환경, ICT기술 연구 등 진행과 계열화된 사료 · 축산 플랫폼을 통한 안전한 축산물 제공으로 인간과 자연의 소중한 가치를 존중하는 Feed The World with The Best Nutrition and Care의 비전을 실현하고 있습니다.

(3) 물류 & 신유통 … CJ대한통운, CJ대한통운 건설부문, CJ올리브영, CJ올리브네트웍스, CJ ENM 커머스부문

① CJ대한통운 … CJ대한통운은 글로벌 물류혁신을 주도합니다.

국내 최고 물류 전문가인 종합물류연구원과 최첨단 물류 역량인 TES를 바탕으로 물류 시장의 환경 변화에 빠르게 대응하며 전 세계 물류 패러다임을 선도합니다. 자동화, 무인화, 지능화 기술 등 첨단 미래 물류를 앞당기는 Technology, 과학적 분석기법과 체계적 접근으로 SCM 전체 프로세스에 최적화된 모델을 설계하는 Engineering, 인공지능 · 빅데이터 · IoT 등 최신 기술에 기반해 End-To-End 토털 솔루션을 제공하는 Systems & Solutions. CJ 대한통운의 차별화된 역량은 5개 핵심사업의 고도화로 이어져 고객에게 최적화된 맞춤형 One-stop 물류솔루션을 제공합니다.

② CJ대한통운 건설부문 … NEW DREAM, WE BUILD

1995년 창립한 CJ대한통운 건설부문은 2018년 대한통운과 합병하였으며 물류, R&D, 리모델링, 공장 · 플랜트, 업무 · 상업, 호텔, 골프장, 도심지 공사 등에서 풍부한 시공 경험과 역량을 확보하고 있습니다. 부동산사업부는 부동산개발 · 컨설팅까지 사업을 확대하고 있으며 최고의 시설과 서비스 역량을 보유한 리조트부문은 국내 유일의 PGA인 'THE CJ CUP'을 성공적으로 개최 · 운영하며 글로벌 Prestige 골프장으로서의 위상을 더욱 공고히 하고 있습니다.

③ CJ올리브영 … 건강한 아름다움을 제안하는 라이프스타일 플랫폼 '올리브영'

올리브영은 지난 1999년 국내에 최적화된 헬스&뷰티 스토어를 최초로 선보인 이래 늘 최초, 최고의 길을 걸어왔습니다. 미래 트렌드를 읽고 끊임없이 변화 · 혁신하며 고객에게 차별화된 서비스를 제공하고 있습니다. 올리브영은 20여 년간 축적된 경험과 데이터, 협력체계를 기반으로 보다 많은 이들이 건강하고 아름다워질 수 있도록 차별화된 쇼핑 가치를 창출합니다. 전국 1,200여 개 매장, 온라인몰, 글로벌 K뷰티 역직구 플랫폼을 통해 이제는 국내를 넘어 글로벌 시장을 선도하는 기업으로 발돋움하고 있습니다. 올리브영은 건강한 아름다움과 일상 속의 새로움을 전하는 '라이프스타일 플랫폼'으로서 고객과 가장 가까운 곳에 함께 하겠습니다.

④ CJ올리브네트웍스 … DIGITAL EXPERIENCE와 신기술을 기반으로 미래를 여는 INTELLIGENT ICT기업

CJ올리브네트웍스 IT사업부문은 1995년 창립이래 제조, 유통, 물류, 미디어 등 생활 · 문화 기반의 IT서비스를 성공적으로 제공함으로써 견실하고 안정적인 성장을 지속해오고 있습니다. 또한 IT시스템 구축 및 서비스 제공을 통해 축적된 경험과 역량을 바탕으로 인공지능(AI), 빅데이터(Big Data), 사물인터넷(IoT), 클라우드 컴퓨팅(Cloud Computing), 무인화 매장 솔루션(One Order), 보안(Security) 등 최신 IT트렌드에 부합하는 미래 신기술 개발을 주도하며 글로벌 ICT기업으로 도약하고 있습니다.

⑤ CJ ENM 커머스부문 … 트렌디한 라이프스타일을 위한 모든 것 편리하고 즐거운 쇼핑 문화를 만들어 갑니다.

1995년 국내 최초로 TV홈쇼핑을 시작하면서 고객들의 신뢰와 사랑을 받아온 CJ ENM 커머스부문은 쇼핑에 재미를 더한 '쇼퍼테인먼트' 형태의 TV홈쇼핑을 비롯해 T커머스, 온라인몰 등 다양한 쇼핑 채널을 발굴하며 대한민국을 넘어 세계 곳곳에 새로운 쇼핑문화를 전파하고 있습니다. 고객을 설레게 만드는 일류 미디어 쇼핑 리더, 고객이 손꼽아 기다리는 서비스, 고객의 기대를 뛰어넘는 가치를 제공하는 CJ ENM 커머스부문이 되고자 노력할 것입니다.

(4) 엔터테인먼트&미디어 … CJ ENM 엔터테인먼트부문, CJ CGV, CJ4DPLEX

① CJ ENM 엔터테인먼트부문 … 글로벌 No.1 라이프스타일 크리에이터, CJ ENM

CJ ENM 엔터테인먼트부문은 미디어 콘텐츠, 영화, 음악, 공연, 애니메이션, 컨벤션, MCN 콘텐츠를 아우르며 다양한 미디어 콘텐츠와 플랫폼 서비스로 K-Culture의 세계화를 리드합니다. 엔터테인먼트 미디어 산업의 모든 역량을 갖춘 CJ ENM 엔터테인먼트부문은 미디어 시장 변화에 맞춰 경쟁력 있는 콘텐츠를 제작하고 이를 글로벌화함으로써 콘텐츠 한류의 모범 사례를 만들어 가고 있습니다.

② CJ CGV … 영화 그 이상의 감동을 선사하는 문화놀이터

대한민국 최초의 멀티플렉스 영화관 CJ CGV는 영화 그 이상의 감동을 전하는 최고의 컬처플렉스입니다. 1998년 대한민국 최초 멀티플렉스 극장으로 영화관람의 새로운 트렌드를 이끈 CJ CGV는 이제 영화 이상의 새로운 라이프스타일을 창조하는 문화 놀이터 '컬처플렉스'로 그 가치를 전 세계 고객에게 선사하고 있습니다. 4DX, SCREENX, CINE & FORET, CINE & LIVING ROOM 등 특화된 상영관을 통해 최적의 관람 환경과 차별화된 서비스를 제공하며 미국, 중국, 베트남, 인도네시아, 미얀마, 터키 등 전 세계인들에게 CGV만의 즐거움과 감동을 전하고 있습니다.

③ CJ 4DPLEX…4DX & 스크린X! 세계 영화 산업의 패러다임을 바꾼 新 기술, 극장 한류를 대표하는 문화 아이콘

CJ 4DPLEX는 전세계 영화 팬들에게 사랑 받고 있는 오감체험특별관 '4DX', 다면상영특별관 '스크린X', 두 특별관의 환상적인 결합 '4DX Screen'으로 전세계 영화계의 페러다임을 바꾸고 있습니다. 전세계 1위 4D 영화관인 4DX는 모션체어와 풍부한 환경 장비가 결합된 오감체험특별관으로 한층 재미있고 익사이팅한 영화 관람 경험을 선사합니다. 스크린X는 2012년 세계 최초로 선보인 다면상영특별관입니다. 정면 뿐만 아니라 스크린의 영역을 좌우 벽면으로 넓혀 새로운 관람 경험을 선사하는 최첨단 상영 시스템으로, 정면 스크린만으로 보는 지난 100년간의 전통적인 영화 시청 패턴을 극적으로 변경했다는 평가를 받고 있습니다. 이외, 10여년간 100여개 글로벌 사업자에 4DX VR로 대표되는 어트렉션 제품과 컨텐츠를 공급하였으며, 혁신기술 기반의 체험공간사업으로도 범위를 넓혀가고 있습니다.

PART

Ⅱ

언어

01 언어추리

▎1~30 ▎ 다음 조건을 읽고 옳은 설명으로 고르시오.

1

- A, B, C, D, E, F, G는 출·퇴근시 교통수단으로 각각 대중교통 또는 자가용을 이용한다.
- 이들은 매일 같은 교통수단을 이용하여 출·퇴근하며, 출근시와 퇴근시 이용하는 교통수단도 같다고 한다.
- 자가용과 대중교통을 같이 이용하는 사람은 없고, 대중교통 환승을 두 번 이상 하는 사람도 없다.
- 7명이 이용하는 대중교통으로는 8번 버스, 20번 버스, 지하철 2, 3, 5호선이 있다.
- 대중교통 환승을 하는 사람이 3명 있으며, 버스에서 버스로 환승 하는 사람은 없다.
- 버스를 이용하는 사람은 A, D, F이고, 지하철을 이용하는 사람은 A, B, D, E이다.
- 어제 출근 도중 A와 D는 8번 버스에서 만났고, B와 D는 지하철 2호선에서 만났다.

A : B는 출·퇴근시 환승을 하지 않는다.
B : 자가용을 이용하는 사람은 1명이다.

① A만 옳다.
② B만 옳다.
③ A와 B 모두 옳다.
④ A와 B 모두 그르다.
⑤ A와 B 모두 옳은지 그른지 알 수 없다.

㉠ 주어진 조건을 정리하면 다음과 같다.

회사원	대중교통
A	버스(8), 지하철
B	지하철(2)
C	자가용
D	버스(8), 지하철(2)
E	지하철
F	버스
G	자가용

㉡ 이때, F는 20번 버스를 이용해야 하며, B와 E 중 한 명은 다른 지하철로 환승해야 한다. 따라서 A와 B 모두 그르다.

회사원	대중교통
A	버스(8), 지하철
B	지하철(2), 지하철
C	자가용
D	버스(8), 지하철(2)
E	지하철
F	버스(20)
G	자가용

회사원	대중교통
A	버스(8), 지하철
B	지하철(2)
C	자가용
D	버스(8), 지하철(2)
E	지하철, 지하철
F	버스(20)
G	자가용

Answer 1.④

2

- 민주, 소라, 정희, 아라는 모두 민혁이를 좋아한다.
- 찬수는 영희를 좋아한다.
- 영훈은 소라를 좋아한다.
- 민혁이는 아라를 좋아한다.

A : 민혁이와 아라는 서로 좋아하는 사이이다.
B : 영희는 찬수를 좋아한다.

① A만 옳다.
② B만 옳다.
③ A와 B 모두 옳다.
④ A와 B 모두 그르다.
⑤ A와 B 모두 옳은지 그른지 알 수 없다.

아라는 민혁이를 좋아하고 민혁이도 아라를 좋아하기 때문에 A는 옳다. 찬수가 영희를 좋아한다는 내용은 나와 있지만 영희가 누굴 좋아하는지는 나와 있지 않다. 따라서 A만 옳다.

3

- A, B, C 3명이 아래와 같이 진술하였다.
- A : 우리 중 한 사람만 진실을 말한다.
- B : 우리 모두 거짓말을 한다.
- C : 우리 모두 진실을 말한다.

A : A는 거짓말을 했다.
B : B는 거짓말을 했다.

① A만 옳다.
② B만 옳다.
③ A와 B 모두 옳다.
④ A와 B 모두 그르다.
⑤ A와 B 모두 옳은지 그른지 알 수 없다.

A의 말이 참이라면, B와 C는 거짓말이어야 한다.
B의 말이 진실이라면, A, B, C 모두 거짓이므로 B의 말은 모순이다. 따라서 B의 말은 거짓이다. C의 말이 진실이라면, A, B, C 모두 진실이어야 하는데 B가 진실이 될 수 없다. 따라서 모순이다.

4

- 민희의 어머니는 요리를 한다.
- 요리하는 모든 사람이 난폭하지는 않다.
- 난폭한 사람은 배려심이 없다.
- 누리의 어머니는 난폭하다.

A : 민희의 어머니는 난폭하지 않다.
B : 누리의 어머니는 배려심이 없다.

① A만 옳다.
② B만 옳다.
③ A와 B 모두 옳다.
④ A와 B 모두 그르다.
⑤ A와 B 모두 옳은지 그른지 알 수 없다.

요리하는 사람은 난폭할 수도 있고 그렇지 않을 수도 있다. 따라서 민희의 어머니가 난폭한지 아닌지는 알 수 없다. 누리의 어머니는 난폭하므로 배려심이 없다. 따라서 B만 옳다.

Answer 2.① 3.② 4.②

5

- A군이 제일 처음 여행할 나라는 영국이다.
- A군이 프랑스에 간다면 영국에는 가지 않는다.
- A군은 프랑스에 가거나 독일에 간다.
- A군이 스위스에 가지 않는다면 독일에도 가지 않는다.
- A군은 독일에 가고 이탈리아에 간다.

A : A군은 프랑스를 여행하게 된다.
B : A군은 독일을 여행하게 된다.

① A만 옳다.
② B만 옳다.
③ A와 B 모두 옳다.
④ A와 B 모두 그르다.
⑤ A와 B 모두 옳은지 그른지 알 수 없다.

두 번째 조건의 대우는 '영국에 간다면 프랑스에 가지 않는다'이다.
첫 번째 조건에서 영국에 간다고 했으므로, A군은 프랑스에는 가지 않는다.
세 번째 조건에서 프랑스에 가거나 독일에 간다고 했으므로, A군은 독일에 간다.
네 번째 조건의 대우는 '독일에 간다면, 스위스에 간다'이므로 A군은 스위스에 간다.
A군은 독일에 가고, 이탈리아에도 간다.
따라서 A군은 영국, 독일, 스위스, 이탈리아에 가게 된다.

6

- 민수를 좋아하는 어떤 사람은 파란색을 좋아한다.
- 민수를 좋아하는 모든 사람은 터프하지 않다.

A : 어떤 사람은 터프하지 않고 파란색을 좋아하지 않는다.
B : 터프하지 않은 어떤 사람은 파란색을 좋아한다.

① A만 옳다.
② B만 옳다.
③ A와 B 모두 옳다.
④ A와 B 모두 그르다.
⑤ A와 B 모두 옳은지 그른지 알 수 없다.

Tip 조건을 정리해보면, 민수를 좋아하는 어떤 사람은 터프하지 않고 파란색을 좋아한다. 따라서 B만 옳다.

7

- 재희, 승현, 미영, 소은, 시후가 5층 건물의 각 층에 살고 있다.
- 재희와 승현이네 집 층수 차이는 승현이와 시후네 집 층수 차이와 같다.
- 미영이는 소은이보다 2층 더 높은 집에 산다.

A : 승현이는 2층에 산다.
B : 소은이는 3층에 산다.

① A만 옳다.
② B만 옳다.
③ A와 B 모두 옳다.
④ A와 B 모두 그르다.
⑤ A와 B 모두 옳은지 그른지 알 수 없다.

층	
5층	시후(또는 재희)
4층	미영
3층	승현
2층	소은
1층	재희(또는 시후)

Answer 5.② 6.② 7.④

8

• 은영이는 철기보다 걸음이 빠르지 않다.
• 남수는 은영이보다 걸음이 느리다.
• 은진이는 남수와 걷는 속도가 똑같다.

A : 남수는 철기보다 걸음이 느리지 않다.
B : 철기는 은진이보다 걸음이 빠르다.

① A만 옳다.
② B만 옳다.
③ A와 B 모두 옳다.
④ A와 B 모두 그르다.
⑤ A와 B 모두 옳은지 그른지 알 수 없다.

은영이는 철기보다 걸음이 느리고, 남수는 은영이보다 걸음이 느리므로 남수<은영<철기의 순서가 된다. 남수는 철기보다 걸음이 느리므로 A는 옳지 않다. 은진이는 남수와 속도가 같으므로 철기는 은진이보다 걸음이 빠르다. 따라서 B는 옳은 결론이 된다.

9

• 도경, 해영, 진상, 수경, 태진이가 어떤 정책을 놓고 찬반 투표를 하였다.
• 진상이가 찬성하면 수경이는 반대한다.
• 도경이는 해영이와 같은 입장을 보인다.
• 진상이는 찬성하였다.
• 반대하는 사람은 3명이다.

A : 도경이는 찬성을 하였다.
B : 태진이는 찬성을 하였다.

① A만 옳다.
② B만 옳다.
③ A와 B 모두 옳다.
④ A와 B 모두 그르다.
⑤ A와 B 모두 옳은지 그른지 알 수 없다.

진상이가 찬성했으므로 수경이는 반대한다, 반대하는 사람이 3명이라고 했으므로 도경이와 해영이가 반대하고 태진이는 찬성한다. 따라서 A는 옳지 않고, B만 옳다.

10

• 수학시간은 점심시간 앞에 있고, 미술시간 뒤에 있다.
• 과학시간은 점심시간 뒤에 있다.

A : 점심시간은 수학시간과 과학시간 사이에 있다.
B : 맨 뒤에 수학시간이 있다.

① A만 옳다.
② B만 옳다.
③ A와 B 모두 옳다.
④ A와 B 모두 그르다.
⑤ A와 B 모두 옳은지 그른지 알 수 없다.

미술시간 – 수학시간 – 점심시간 – 과학시간의 순서이므로, A만 옳다.

11

• 에너지 드링크를 먹으면 잠이 오지 않는다.
• 민서는 에너지 드링크를 먹지 않았다.
• 서희는 잠이 오지 않는다.

A : 민서가 아니면 에너지 드링크를 먹지 않았다.
B : 잠이 오면 에너지 드링크를 마시지 않았다.

① A만 옳다.
② B만 옳다.
③ A와 B 모두 옳다.
④ A와 B 모두 그르다.
⑤ A와 B 모두 옳은지 그른지 알 수 없다.

명제가 참이면, 명제의 대우도 참이다. '에너지 드링크를 먹으면 잠이 오지 않는다.'의 대우는 '잠이 오면 에너지 드링크를 먹지 않았다.'이다. 따라서 B만 옳다.

Answer 8.② 9.② 10.① 11.②

12

• 가영, 나리, 다솜, 라임, 마야, 바울, 사랑 7명은 구슬치기를 하기 위해 모였다.
• 다솜이 가지고 있는 구슬의 수는 마야, 바울, 사랑이 가지고 있는 구슬의 합보다 많다.
• 마야와 바울이 가지고 있는 구슬의 합은 사랑이 가지고 있는 구슬의 수와 같다.
• 바울이 가지고 있는 구슬의 수는 가영과 라임이 가지고 있는 구슬의 합보다 많다.
• 나리는 가영보다 구슬을 적게 가지고 있다.
• 가영과 라임이 가지고 있는 구슬의 수는 같다.
• 마야와 바울이 가지고 있는 구슬의 수는 같다.

A : 사랑이 가지고 있는 구슬의 수는 바울이 가지고 있는 구슬의 수보다 더 많다.
B : 가영이 가지고 있는 구슬의 수는 나리와 라임이 가지고 있는 구슬의 합보다 더 적다.

① A만 옳다.
② B만 옳다.
③ A와 B 모두 옳다.
④ A와 B 모두 그르다.
⑤ A와 B 모두 옳은지 그른지 알 수 없다.

조건에 따라 정리하면 다음과 같다.
㉠ '다솜' > '마야 + 바울 + 사랑'
㉡ '마야+바울' = '사랑'
㉢ '바울' > '가영 + 라임'
㉣ '가영' > '나리'
㉤ '가영' = '라임'
㉥ '마야' = '바울'
따라서 A와 B 모두 옳다.

13

- 대회에 참가하는 팀은 총 6팀이다.
- 각 팀은 다른 모든 팀과 한 번씩 경기를 한다.
- C팀의 최종성적은 3승 2패이다.
- C팀과의 경기를 제외한 5팀 간의 경기는 모두 무승부이다.
- 기존의 승점제는 승리시 2점, 무승부시 1점, 패배시 0점을 부여한다.
- 새로운 승점제는 승리시 3점, 무승부시 1점, 패배시 0점을 부여한다.

A : 새로운 승점제에 따르면 C팀은 1위가 된다.
B : C팀의 점수는 기존의 승점제에 따르면 9점이다.

① A만 옳다.
② B만 옳다.
③ A와 B 모두 옳다.
④ A와 B 모두 그르다.
⑤ A와 B 모두 옳은지 그른지 알 수 없다.

C팀의 점수는 기존의 승점제에 따르면 6점, 새로운 승점제에 따르면 9점이다.
C팀과의 경기를 제외한 5팀 간의 경기는 모두 무승부이므로, 나머지 팀은 모두 4무의 기록을 가진다. C팀과의 경기에서 승리한 팀이 2팀이고, 패배한 팀이 3팀이다.
C팀과의 경기에서 승리한 2팀은 1승 4무이므로, 기존의 승점제에 따르면 6점, 새로운 승점제에 따르면 7점이다.
C팀과의 경기에서 패배한 3팀은 4무 1패이므로, 기존의 승점제와 새로운 승점제에 따르면 모두 4점이다.
따라서 새로운 승점제에 따르면 C팀의 점수가 9점으로 가장 높아 1위가 되므로 A는 옳다.

Answer 12.③ 13.①

14

• 김대리보다 큰 사람은 없다.
• 박차장이 이과장보다 크다.
• 박차장이 최부장보다는 크지 않다.

A : 이과장이 가장 작다.
B : 박차장은 세 번째로 크다.

① A만 옳다.
② B만 옳다.
③ A와 B 모두 옳다.
④ A와 B 모두 그르다.
⑤ A와 B 모두 옳은지 그른지 알 수 없다.

김대리 > 최부장 ≥ 박차장 > 이과장의 순이다.
박차장이 최부장보다 크지 않다고 했으므로, 박차장이 최부장보다 작거나 둘의 키가 같을 수 있다. 따라서 A만 옳다.

15

• S사 사원 A, B, C, D, E, F, G 7명은 일요일부터 토요일까지 일주일에 1명씩 자재구매를 실시한다.
• A는 월요일에 구매를 한다.
• C는 화요일에 구매한다.
• B 또는 F는 D가 구매한 다음 날 구매를 한다.
• G는 A가 구매한 다음날 구매할 수 없다.
• E는 B가 구매한 다음날 구매한다.

A : G는 일요일에 구매할 수 있다.
B : D는 수, 목, 금 중에 구매를 한다.

① A만 옳다.

② B만 옳다.

③ A와 B 모두 옳다.

④ A와 B 모두 그르다.

⑤ A와 B 모두 옳은지 그른지 알 수 없다.

Tip 조건에 따라 정리하면 다음과 같다. 따라서 A와 B 모두 옳다.

월	화	수	목	금	토	일
A	C	D	B	E	G 또는 F	F 또는 G
A	C	D	F	B	E	G
A	C	G 또는 F	D	B	E	F 또는 G
A	C	B	E	D	F	G

16

- 사람이 지식이라면 책은 이야기다.
- 사람이 지식이다.

A : 책은 이야기다.
B : 사람은 이야기다.

① A만 옳다.

② B만 옳다.

③ A와 B 모두 옳다.

④ A와 B 모두 그르다.

⑤ A와 B 모두 옳은지 그른지 알 수 없다.

삼단논법에 의해 A만 옳다.

Answer 14.① 15.③ 16.①

17

• 나는 요리를 잘하는 사람을 모두 좋아한다.
• 서영이는 갈비찜을 잘 만든다.
• 민수는 운동을 잘한다.
• 희철이는 라면을 잘 먹는다.

A : 서영이는 나를 싫어한다.
B : 나는 민수보다 희철이를 더 좋아한다.

① A만 옳다.
② B만 옳다.
③ A와 B 모두 옳다.
④ A와 B 모두 그르다.
⑤ A와 B 모두 옳은지 그른지 알 수 없다.

주어진 조건으로는 A와 B가 옳은지 그른지 알 수 없다.

18

책상에 낙서를 한 용의자로 4명을 알아냈다. 이들 중 세 명은 참말만을 하며, 범인만이 거짓을 말한다고 한다.
• 중기 : 나는 혜교가 낙서하는 것을 분명히 봤어.
• 혜교 : 내가 낙서했다는 중기의 말은 결단코 거짓이야.
• 에릭 : 나는 절대로 책상에 낙서하는 일 따위는 하지 않아.
• 철호 : 에릭과 나와 혜교는 함께 있었는데, 우리 셋은 책상 근처에도 가지 않았어.

A : 거짓말을 하고 있는 것은 철호다.
B : 범인은 중기다.

① A만 옳다.
② B만 옳다.
③ A와 B 모두 옳다.
④ A와 B 모두 그르다.
⑤ A와 B 모두 옳은지 그른지 알 수 없다.

중기의 말이 참이라면 철호의 말과 위배된다. 중기의 말이 거짓이고, 중기가 범인이라면 모든 조건이 성립된다.

19

- 도서관이 없는 대학에는 매점이 없다.
- 매점이 있는 대학에는 주차장이 있다.
- 대형 편의점이 없는 대학에는 도서관도 없다.

A : 대형 편의점이 있는 대학에는 매점이 없다.
B : 매점이 있는 대학에는 대형 편의점이 있다.

① A만 옳다.

② B만 옳다.

③ A와 B 모두 옳다.

④ A와 B 모두 그르다.

⑤ A와 B 모두 옳은지 그른지 알 수 없다.

각 조건의 대우는 다음과 같다.

- 매점이 있는 대학에는 도서관이 있다.
- 주차장이 없는 대학에는 매점이 없다.
- 도서관이 있는 대학에는 대형 편의점이 있다.

첫 번째 조건과 세 번째 조건의 대우를 통해서 B만 옳다는 것을 알 수 있다.

Answer 17.⑤ 18.② 19.②

20

- A, B, C, D는 어제 영화관, 야구장, 도서관, 백화점 중 각각 서로 다른 한 곳에 갔다고 한다.
- A는 어제 영화관에 갔다.
- B는 어제 야구장에 가지 않았다.
- C는 어제 도서관에 가지 않았다.
- D는 어제 도서관과 백화점에 가지 않았다.

A : C는 어제 야구장 또는 도서관에 갔다.
B : B는 어제 영화관 또는 도서관에 갔다.

① A만 옳다.
② B만 옳다.
③ A와 B 모두 옳다.
④ A와 B 모두 그르다.
⑤ A와 B 모두 옳은지 그른지 알 수 없다.

	영화관	야구장	도서관	백화점
A	O	X	X	X
B	X	X	O	X
C	X	X	X	O
D	X	O	X	X

21 호동, 수근, 지원, 승기 4명의 학생 중 한 명이 결석을 했다. 다음 진술 중 오직 하나만이 참일 때 결석한 학생과 바르게 말한 학생을 차례대로 적은 것은?

- 호동 : 수근이 결석했어.
- 수근 : 승기가 결석했어.
- 지원 : 나는 결석 안했어.
- 승기 : 수근이의 말은 거짓이야.

① 호동, 지원
② 수근, 승기
③ 승기, 수근
④ 지원, 승기
⑤ 지원, 수근

호동이 결석한 경우 : 지원, 승기→참
수근이 결석한 경우 : 호동, 지원, 승기→참
지원이 결석한 경우 : 승기→참
승기가 결석한 경우 : 수근, 지원→참
따라서 결석한 사람은 지원이고, 승기의 말만 참이 된다.

22 수덕, 원태, 광수는 임의의 순서로 빨간색, 파란색, 노란색 지붕을 가진 집에 나란히 이웃하여 살고, 개, 고양이, 원숭이라는 서로 다른 애완동물을 기르며, 광부 · 농부 · 의사라는 서로 다른 직업을 갖는다. 알려진 정보가 다음과 같을 때, 옳은 것은?

- 광수는 광부이다.
- 가운데 집에 사는 사람은 개를 키우지 않는다.
- 농부와 의사의 집은 서로 이웃해 있지 않다.
- 노란 지붕 집은 의사의 집과 이웃해 있다.
- 파란 지붕 집에 사는 사람은 고양이를 키운다.
- 원태는 빨간 지붕 집에 산다.

① 수덕은 빨간 지붕 집에 살지 않고, 원태는 개를 키우지 않는다.
② 노란 지붕 집에 사는 사람은 원숭이를 키우지 않는다.
③ 원태는 고양이를 키운다.
④ 수덕은 개를 키우지 않는다.
⑤ 원태는 농부다.

농부와 의사의 집은 서로 이웃해 있지 않으므로, 가운데 집에는 광부가 산다. 가운데 집에 사는 사람은 광수이고, 개를 키우지 않는다. 파란색 지붕 집에 사는 사람이 고양이를 키우므로, 광수는 원숭이를 키운다. 노란 지붕 집은 의사의 집과 이웃해 있으므로, 가운데 집의 지붕은 노란색이다. 따라서 수덕은 파란색 지붕 집에 살고 고양이를 키운다. 원태는 빨간색 지붕 집에 살고 개를 키운다.

Answer↱ 20.② 21.④ 22.④

23 S씨는 자신의 재산을 운용하기 위해 자산에 대한 설계를 받고 싶어 한다. S씨는 자산 설계사 A ~E를 만나 조언을 들었다. 그런데 이들 자산 설계사들은 주 투자처에 대해서 모두 조금씩 다르게 추천을 해주었다. 해외펀드, 해외부동산, 펀드, 채권, 부동산이 그것들이다. 다음을 따를 때, A와 E가 추천한 항목은?

- S씨는 A와 D와 펀드를 추천한 사람과 같이 식사를 한 적이 있다.
- 부동산을 추천한 사람은 A와 C를 개인적으로 알고 있다.
- 채권을 추천한 사람은 B와 C를 싫어한다.
- A와 E는 해외부동산을 추천한 사람과 같은 대학에 다녔었다.
- 해외펀드를 추천한 사람과 부동산을 추천한 사람은 B와 같이 한 회사에서 근무한 적이 있다.
- C와 D는 해외부동산을 추천한 사람과 펀드를 추천한 사람을 비난한 적이 있다.

① 펀드, 해외펀드
② 채권, 펀드
③ 부동산, 펀드
④ 채권, 부동산
⑤ 펀드, 부동산

조건대로 하나씩 채워나가면 다음과 같다.

	A	B	C	D	E
해외펀드	×	×	○	×	×
해외부동산	×	○	×	×	×
펀드	×	×	×	×	○
채권	○	×	×	×	×
부동산	×	×	×	○	×

A와 E가 추천한 항목은 채권, 펀드이다.

24 어느 과학자는 자신이 세운 가설을 입증하기 위해서 다음과 같은 논리적 관계가 성립하는 여섯 개의 진술 A, B, C, D, E, F의 진위를 확인해야 한다는 것을 발견하였다. 그러나 그는 이들 중 F가 거짓이라는 것과 다른 한 진술이 참이라는 것을 이미 알고 있었기 때문에, 나머지 진술들의 진위를 확인할 필요가 없었다. 이 과학자가 이미 알고 있었던 참인 진술은?

- B가 거짓이거나 C가 참이면, A는 거짓이다.
- C가 참이거나 D가 참이면, B가 거짓이고 F는 참이다.
- C가 참이거나 E가 거짓이면, B가 거짓이거나 F가 참이다.

① A ② B

③ C ④ D

⑤ E

두 번째 조건의 대우 : B가 참이거나 F가 거짓이면, C는 거짓이고 D도 거짓이다.
→C도 거짓, D도 거짓
세 번째 조건의 대우 : B가 거짓이고 F가 거짓이면, C는 거짓이고 E는 참이다.
→B를 모르기 때문에 E에 대해 확신할 수 없다.
첫 번째 조건의 대우 : A가 참이면, B가 참이고 C가 거짓이다.
따라서 A가 참이라는 것을 알면, B가 참이라는 것을 알고, 세 번째 조건의 대우에서 E가 참이라는 것을 알 수 있다.

Answer 23.② 24.①

25 일본과의 국가대표 축구 대항전을 맞이하여 한국 대표팀은 모두 해외파와 국내파를 다 동원해서 시합을 치르려고 한다. 대표팀원들은 지금 파주 트레이닝 센터로 속속들이 모여들고 있다. 신문기자인 A씨는 파주 트레이닝 센터에 입소하는 기사를 쓰려고 요청하였는데 자료 전달과정에서 한 정보가 누락되어 완벽한 순서를 복원해내지 못했다. 어떤 정보가 있어야 완벽한 순서가 복원되는가?

- 영표는 지성보다는 먼저 입소했지만 청용보다는 나중에 왔다.
- 성용은 주영보다 나중에 입소했지만 두리보다는 먼저 왔다.
- 주영은 영표보다는 나중에 입소했지만 지성보다는 먼저 왔다.
- 두현은 영표보다는 먼저 입소하였지만 정수보다는 나중에 입소하였다.
- 청용이 가장 먼저 오지는 않았으며, 두리가 제일 마지막으로 온 것은 아니다.

① 정수와 두현이 인접하여 입소하지는 않았다.
② 성용과 두리가 인접하여 입소하지는 않았다.
③ 정수는 지성보다 먼저 입소하였다.
④ 영표와 성용이 인접하여 입소한 것은 아니다.
⑤ 두리는 지성보다 먼저 입소하였다.

청용 – 영표 – 지성
주영 – 성용 – 두리
영표 – 주영 – 지성
정수 – 두현 – 영표
종합해보면 다음과 같다.
영표 – 주영 – 성용 – 두리 – 지성
정수, 두형, 청용의 위치는 ①과 같이 진술하면 정리가 되므로 순서가 확정된다.

26 서로 성이 다른 3명의 야구선수(김씨, 박씨, 서씨)의 이름은 정덕, 선호, 대은이고, 이들이 맡은 야구팀의 포지션은 1루수, 2루수, 3루수이다. 그리고 이들의 나이는 18세, 21세, 24세이고, 다음과 같은 사실이 알려져 있다. 다음 중 성씨, 이름, 포지션, 나이가 제대로 짝지어진 것은?

- 2루수는 대은보다 타율이 높고 대은은 김씨 성의 선수보다 타율이 높다.
- 1루수는 박씨 성의 선수보다 어리나 대은보다는 나이가 많다.
- 선호와 김씨 성의 선수는 어제 경기가 끝나고 같이 영화를 보러 갔다.

① 김 – 정덕 – 1루수 – 18세
② 박 – 선호 – 3루수 – 24세
③ 서 – 대은 – 3루수 – 18세
④ 박 – 정덕 – 2루수 – 24세
⑤ 서 – 선호 – 1루수 – 21세

대은은 김씨도 아니고, 박씨도 아니므로 서씨이다. 대은은 2루수도 아니고, 1루수도 아니므로 3루수이다. 대은은 1루수보다 나이가 어리고, 박씨 성의 선수보다 나이가 어리므로 18세이다. 선호는 김씨가 아니므로 박씨이고, 나이가 가장 많으므로 24세이다.

	1루수	2루수	3루수
성	김	박	서
이름	정덕	선호	대은
나이	21세	24세	18세

Answer 25.① 26.③

27 경찰서에 목격자 세 사람이 범인에 관하여 다음과 같이 진술하였다. 경찰에서는 이미 이 사건이 한 사람의 단독 범행인 것을 알고 있었다. 그리고 한 진술은 거짓이고, 나머지 진술은 참이라는 것이 나중에 밝혀졌다. 안타깝게도 어느 진술이 거짓인지는 밝혀지지 않았다. 다음 중 반드시 거짓인 것은?

- 영희가 범인이거나 순이가 범인이다.
- 순이가 범인이거나 보미가 범인이다.
- 영희가 범인이 아니거나 또는 보미가 범인이 아니다.

① 영희가 범인이다.

② 순이가 범인이다.

③ 보미가 범인이다.

④ 보미는 범인이 아니다.

⑤ 영희가 범인이 아니면 순이도 범인이 아니다.

영희가 범인이라면 첫 번째, 세 번째 조건은 참이고, 두 번째 조건은 거짓이다.
순이가 범인이라면 모든 조건이 참이다.
보미가 범인이라면 두 번째, 세 번째 조건은 참이고, 첫 번째 조건은 거짓이다.
한 진술은 거짓이고, 나머지 진술은 참이 되어야 하므로 ②는 거짓이다.

28 A는 일주일 중 월요일에만 거짓말을 하고 나머지 요일에는 참말을 한다. 어느 날 A의 친구들이 A가 결혼을 한다는 소문을 들었다. A한테 전화를 걸었더니 다음과 같이 말했다. 친구들이 유추한 것 중 적절한 것은?

① A가 "오늘은 월요일이고 나는 결혼을 한다"라고 대답했다면 오늘은 월요일이 아니다.

② A가 "오늘은 월요일이고 나는 결혼을 한다"라고 대답했다면 A는 결혼을 한다.

③ A가 "오늘은 월요일이거나 나는 결혼을 한다"라고 대답했다면 오늘은 월요일이 맞다.

④ A가 "오늘은 월요일이거나 나는 결혼을 한다"라고 대답했다면 A는 결혼을 한다.

⑤ "오늘은 월요일이고 나는 결혼을 한다"와 "오늘은 월요일이거나 나는 결혼을 한다" 둘 중에 어떤 진술이든 지에 상관없이 A는 결혼을 한다.

둘 다 거짓이 될 때만 거짓이 되고, 둘 중에 하나만 참이 되어도 참이 된다. A가 월요일에 말했다면 이 말 전체가 참이 되는데, 그럼 월요일에 거짓말을 한다는 전제가 모순이 된다. 따라서 월요일은 아니다. 월요일이 아닌 다른 날에 한 진술은 참이어야 하므로 결혼을 하는 것은 진실이 된다.

29 다음과 같은 내용에서 도출할 수 있는 것으로 옳은 것은?

- 태희는 동건의 손녀이다.
- 창정은 태희의 아버지다.
- 미숙은 우성의 딸이다.
- 동건은 우성의 외삼촌이다.

① 창정과 우성은 이종사촌이다.

② 태희와 미숙은 자매간이다.

③ 우성은 태희의 외삼촌이다.

④ 동건과 우성은 사촌이다.

⑤ 답이 없다.

① 동건의 아들은 창정인데, 동건은 우성의 외삼촌이므로 창정과 우성은 이종사촌이다.

30 주머니 속의 빨강, 파랑, 노랑의 서로 다른 색의 구슬 세 개를 차례로 꺼낼 때, 다음 중 단 하나만 참이라고 한다. 다음에서 옳은 것을 고르면?

- 첫 번째 구슬은 빨간색이 아니다.
- 두 번째 구슬은 파란색이 아니다.
- 세 번째 구슬은 파란색이다.

① 첫 번째 구슬이 빨간색이다.

② 첫 번째 구슬이 파란색이다.

③ 두 번째 구슬이 파란색이다.

④ 세 번째 구슬이 노란색이다.

⑤ 두 번째 구슬이 노란색이다.

첫 번째 조건이 참이라면, 두 번째 구슬은 파란색이고, 첫 번째 구슬은 노란색이다. 세 번째 구슬은 빨간색이 된다.

Answer 27.② 28.④ 29.① 30.③

31 5명의 친구 A~E가 모여 '수호천사' 놀이를 하기로 했다. 갑이 을에게 선물을 주었을 때 '갑은 을의 수호천사이다'라고 하기로 약속했고, 다음처럼 수호천사 관계가 성립되었다. 이후 이들은 〈규칙〉에 따라 추가로 '수호천사' 관계를 맺었다. 이들 외에 다른 사람은 이 놀이에 참여하지 않는다고 할 때, 옳지 않은 것은?

- A는 B의 수호천사이다.
- B는 C의 수호천사이다.
- C는 D의 수호천사이다.
- D는 B와 E의 수호천사이다.

〈규칙〉

- 갑이 을의 수호천사이고 을이 병의 수호천사이면, 갑은 병의 수호천사이다.
- 갑이 을의 수호천사일 때, 을이 자기 자신의 수호천사인 경우에는 을이 갑의 수호천사가 될 수 있고, 그렇지 않은 경우에는 을이 갑의 수호천사가 될 수 없다.

① A는 B, C, D, E의 수호천사이다.
② B는 A의 수호천사가 될 수 있다.
③ C는 자기 자신의 수호천사이다.
④ E는 A의 수호천사가 될 수 있다.
⑤ D의 수호천사와 C의 수호천사는 동일하다.

④ E가 A의 수호천사가 될 수 있기 위해서는 A가 E의 수호천사이고 E는 자기 자신의 수호천사가 되어야 한다. 그러나 A는 E의 수호천사이나, E는 자기 자신의 수호천사가 아니므로 E는 A의 수호천사가 될 수 없다.
① A→B→C→D→B ∩ E 이므로 A는 B, C, D, E의 수호천사가 된다.
② A가 B의 수호천사이고 B는 자기 자신의 수호천사이므로 B는 A의 수호천사가 될 수 있다.
③ C는 B의 수호천사이고 B는 C의 수호천사이기 때문에 C는 자기 자신의 수호천사이다.
⑤ D의 수호천사는 A, B, C가 되며, C의 수호천사는 A, B, 그리고 ③에 의해 자기 자신도 수호천사이므로 D와 C는 수호천사가 동일이다.

32 다음의 내용이 모두 참일 때, 결론이 타당하기 위해서 추가로 필요한 진술은?

> ㉠ 자동차는 1번 도로를 지나왔다면 이 자동차는 A마을에서 왔거나 B마을에서 왔다.
> ㉡ 자동차가 A마을에서 왔다면 자동차 밑바닥에 흙탕물이 튀었을 것이다.
> ㉢ 자동차가 A마을에서 왔다면 자동차의 모습을 담은 폐쇄회로 카메라가 적어도 하나가 있을 것이다.
> ㉣ 자동차가 B마을에서 왔다면 도로 정체를 만났을 것이고 적어도 한 곳의 검문소를 통과했을 것이다.
> ㉤ 자동차가 도로정체를 만났다면 자동차의 모습을 닮은 폐쇄회로 카메라가 적어도 하나가 있을 것이다.
> ㉥ 자동차가 적어도 검문소 한 곳을 통과했다면 자동차 밑바닥에 흙탕물이 튀었을 것이다.
> ∴ 따라서 자동차는 1번 도로를 지나오지 않았다.

① 자동차 밑바닥에 흙탕물이 튀었을 것이다.
② 자동차는 도로 정체를 만나지 않았을 것이다.
③ 자동차는 적어도 검문소 한 곳을 통과했을 것이다.
④ 자동차는 검문소를 한 곳도 통과하지 않았을 것이다.
⑤ 자동차 모습을 담은 폐쇄회로 카메라는 하나도 없을 것이다.

결론이 '자동차는 1번 도로를 지나오지 않았다.'이므로 결론을 중심으로 연결고리를 이어가면 된다.
자동차가 1번 도로를 지나오지 않았다면 ㉠에 의해 이 자동차는 A, B마을에서 오지 않았다. 흙탕물이 자동차 밑바닥에 튀지 않고 자동차를 담은 폐쇄회로 카메라가 없다면 A마을에서 오지 않았을 것이다. 도로정체가 없고 검문소를 통과하지 않았다면 B마을에서 오지 않았을 것이다. 폐쇄회로 카메라가 없다면 도로정체를 만나지 않았을 것이다. 자동차 밑바닥에 흙탕물이 튀지 않았다면 검문소를 통과하지 않았을 것이다.
따라서 자동차가 1번 도로를 지나오지 않았다는 결론을 얻기 위해서는 폐쇄회로 카메라가 없거나 흙탕물이 튀지 않았다는 전제가 필요하다.

Answer 31.④ 32.⑤

33 갑, 을, 병, 정의 네 나라에 대한 다음의 조건으로부터 추론할 수 있는 것은?

> ㉠ 이들 나라는 시대 순으로 연이어 존재했다.
> ㉡ 네 나라의 수도는 각각 달랐는데 관주, 금주, 평주, 한주 중 어느 하나였다.
> ㉢ 한주가 수도인 나라는 평주가 수도인 나라의 바로 전 시기에 있었다.
> ㉣ 금주가 수도인 나라는 관주가 수도인 나라의 바로 다음 시기에 있었으나, 정보다는 이전 시기에 있었다.
> ㉤ 병은 가장 먼저 있었던 나라는 아니지만, 갑보다는 이전 시기에 있었다.
> ㉥ 병과 정은 시대 순으로 볼 때 연이어 존재하지 않았다.

① 금주는 갑의 수도이다.
② 관주는 병의 수도이다.
③ 평주는 정의 수도이다.
④ 을은 갑의 다음 시기에 존재하였다.
⑤ 한주가 수도인 나라가 가장 오래되었다.

Tip ㉢㉣에 의해 관주 – 금주 – 한주 – 평주 순서임을 알 수 있다. 그리고 ㉣㉤㉥에 의해 을 – 병 – 갑 – 정의 순서임을 알 수 있다.

34 다음을 읽고 추리한 것으로 옳은 것은?

> ㉠ 어떤 회사의 사원 평가 결과 모든 사원이 최우수, 우수, 보통 중 한 등급으로 분류되었다.
> ㉡ 최우수에 속한 사원은 모두 45세 이상 이었다.
> ㉢ 35세 이상의 사원은 '우수'에 속하거나 자녀를 두고 있지 않았다.
> ㉣ 우수에 속한 사원은 아무도 이직경력이 없다.
> ㉤ 보통에 속한 사원은 모두 대출을 받고 있으며, 무주택자인 사원 중에는 대출을 받고 있는 사람이 없다.
> ㉥ 이 회사의 직원 A는 자녀가 있으며 이직경력이 있는 사원이다.

① A는 35세 미만이고 무주택자이다.
② A는 35세 이상이고 무주택자이다.
③ A는 35세 미만이고 주택을 소유하고 있다.
④ A는 45세 미만이고 무주택자이다.
⑤ A는 45세 이상이고 주택을 소유하고 있다.

마지막 단서에서부터 시작해서 추론하면 된다.

직원 A는 자녀가 있으며 이직경력이 있는 사원이다. 따라서 이직경력이 있기 때문에 ㉣에 의해 A는 우수에 속한 사원이 아니다. 또 자녀가 있으며 우수에 속하지 않았기 때문에 ㉢에 의해 35세 미만인 것을 알 수 있다. 35세 미만이기 때문에 ㉡에 의해 최우수에 속하지도 않고, 이 결과 A는 보통에 해당함을 알 수 있다. ㉤에 의해 대출을 받고 있으며, 무주택 사원이 아님을 알 수 있다.

∴ A는 35세 미만이고 주택을 소유하고 있다.

Answer 33.③ 34.③

35 함께 여가를 보내려는 A, B, C, D, E 다섯 사람의 자리를 원형탁자에 배정하려고 한다. 다음 글을 보고 옳은 것을 고르면?

- A 옆에는 반드시 C가 앉아야 된다.
- D의 맞은편에는 A가 앉아야 된다.
- 여가시간을 보내는 방법은 책읽기, 수영, 영화 관람이다.
- C와 E는 취미생활을 둘이서 같이 해야 한다.
- B와 C는 취미가 같다.

① A의 오른편에는 B가 앉아야 한다.

② B가 책읽기를 좋아한다면 E도 여가 시간을 책읽기로 보낸다.

③ B는 E의 옆에 앉아야 한다.

④ A와 D 사이에 C가 앉아있다.

⑤ A의 왼쪽에는 항상 C가 앉는다.

Tip ② B와 C가 취미가 같고, C는 E와 취미생활을 둘이서 같이 하므로 B가 책읽기를 좋아한다면 E도 여가 시간을 책읽기로 보낸다.

36 A회사의 건물에는 1층에서 4층 사이에 5개의 부서가 있다. 다음 조건에 일치하는 것은?

- 영업부와 기획부는 복사기를 같이 쓴다.
- 3층에는 경리부가 있다.
- 인사부는 홍보부의 바로 아래층에 있다.
- 홍보부는 영업부의 아래쪽에 있으며 2층의 복사기를 쓰고 있다.
- 경리부는 위층의 복사기를 쓰고 있다.

① 영업부는 기획부와 같은 층에 있다.

② 경리부는 4층의 복사기를 쓰고 있다.

③ 인사부는 2층의 복사기를 쓰고 있다

④ 기획부는 4층에 있다.

⑤ 영업부는 3층의 복사기를 쓰고 있다.

① 복사기를 같이 쓴다고 해서 같은 층에 있는 것은 아니다. 영업부가 경리부처럼 위층의 복사기를 쓸 수도 있다.
③ 인사부가 2층의 복사기를 쓰고 있다고 해서 인사부의 위치가 2층인지는 알 수 없다.
④ 제시된 조건으로 기획부의 위치는 알 수 없다.
⑤ 제시된 조건으로는 알 수 없다.

37 4명의 학생을 세계의 각 도시로 교환학생을 보내려고 한다. 런던에 가는 사람은 누구인가?

- A는 워싱턴과 파리를 선호한다.
- B는 런던과 파리를 싫어한다.
- B와 D는 함께 가야한다.
- C와 D는 워싱턴과 런던을 선호한다.
- C는 A와 같은 도시에는 가지 않을 생각이다.

① A
② B
③ C
④ D
⑤ 알 수 없다.

C는 워싱턴과 런던을 선호하는데 A와 같은 도시에는 가지 않을 생각이므로 워싱턴은 갈 수 없고 C 아니면 D가 런던에 가는데 B와 D가 함께 가야하므로 D는 런던에 갈 수 없다. 따라서 C가 런던에 간다.

Answer 35.② 36.② 37.③

38 다음 글을 통해서 볼 때, 그림을 그린 사람(들)은 누구인가?

> 송화, 진수, 경주, 상민, 정란은 대학교 회화학과에 입학하기 위해 △△미술학원에서 그림을 그린다. 이들은 특이한 버릇을 가지고 있다. 송화, 경주, 정란은 항상 그림이 마무리되면 자신의 작품 밑에 거짓을 쓰고, 진수와 상민은 자신의 그림에 언제나 참말을 써넣는다. 우연히 다음과 같은 글귀가 적힌 그림이 발견되었다.
> "이 그림은 진수가 그린 것이 아님."

① 진수
② 상민
③ 송화
④ 송화, 경주
⑤ 경주, 정란

작품 밑에 참인 글귀를 적는 진수와 상민이 그렸다면, 진수일 경우 진수가 그리지 않았으므로 진수는 그림을 그린 것이 아니고 상민일 경우 문제의 조건에 맞으므로 상민이 그린 것이 된다.

39 6권의 책을 책장에 크기가 큰 것부터 차례대로 책을 배열하려고 한다. 책의 크기가 동일할 때 알파벳 순서대로 책을 넣는다면 다음 조건에 맞는 진술은 어느 것인가?

> • Demian은 책장의 책들 중 두 번째로 큰 하드커버 북이다.
> • One Piece와 Death Note의 책 크기는 같다.
> • Bleach는 가장 작은 포켓북이다.
> • Death Note는 Slam Dunk보다 작다.
> • The Moon and Sixpence는 One Piece보다 크다.

① Demian은 Bleach 다음 순서에 온다.
② 책의 크기는 Slam Dunk가 The Moon and Sixpence 보다 크다.
③ One Piece는 Bleach의 바로 앞에 온다.
④ Slam Dunk 다음 순서로 Demian이 온다.
⑤ 가장 큰 책은 The Moon and Sixpence이다.

① Bleach는 가장 작은 포켓북이므로 마지막 순서에 온다.
② Slam Dunk와 The Moon and Sixpence 둘 중 어떤 책이 더 큰지는 알 수 없다.
④ Demian이 더 큰지 Slam Dunk가 더 큰지 알 수 없다.
⑤ 알 수 없다.

40 세 극장 A, B와 C는 직선도로를 따라 서로 이웃하고 있다. 이들 극장의 건물 색깔이 회색, 파란색, 주황색이며 극장 앞에서 극장들을 바라볼 때 다음과 같다면 옳은 것은?

- B극장은 A극장의 왼쪽에 있다.
- C극장의 건물은 회색이다.
- 주황색 건물은 오른쪽 끝에 있는 극장의 것이다.

① A의 건물은 파란색이다.

② A는 가운데 극장이다.

③ B의 건물은 주황색이다.

④ C는 맨 왼쪽에 위치하는 극장이다.

⑤ C의 건물은 파란색이다.

Tip 제시된 조건에 따라 극장과 건물 색깔을 배열하면 C(회색), B(파란색), A(주황색)이 된다.

Answer 38.② 39.③ 40.④

02 언어이해

| 1~10 | 다음 글을 읽고 논리적 흐름에 따라 바르게 배열한 것을 고르시오.

1

(가) 분명 인간은 의식주라는 생물학적 욕구와 물질적 가치의 추구 외에 정신적 가치들을 추구하며 사는 존재이다. 그렇다고 이것이 그대로 인문학의 가치를 증언하는 것은 아니다. 그 이유는 무엇보다 인문적 활동 자체와 그것에 대한 지식 혹은 인식을 추구하는 인문학은 구별되기 때문이다. 춤을 추고 노래를 부르거나 이야기를 하는 등의 제반 인간적 활동에 대한 연구와 논의를 하는 이차적 활동인 인문학, 특히 현대의 인문학처럼 고도로 추상화된 이론적 논의들이 과연 인간적 삶을 풍요롭게 해주느냐가 문제이다.

(나) 현대 인문학은 대부분 과거의 인문적 활동의 산물을 대상으로 한 역사적 연구에 치중하고 있다. 전통적인 인문학도 역시 과거의 전통과 유산, 특히 고전을 중시하여 그것을 가르치고 연구하는 데 역점을 두었으나 그 교육방법과 태도는 현대의 역사적 연구와는 근본적으로 달랐다. 현대의 역사적 연구는 무엇보다도 연구대상과의 시간적, 문화적 거리감을 전제로 하여 그것을 명확하게 의식하는 가운데서 이루어진다. 현대의 역사주의는 종교나 철학사상 혹은 문학 등 동서고금의 모든 문화적 현상들을 현재 우리와는 전혀 다른 시대에 산출된 이질적인 것으로 의식하면서 그것들을 우리들의 주관적 편견을 제거한 객관적인 역사적 연구 대상으로 삼는다.

(다) 인문학의 중요성을 강조하는 사람들은 흔히 인간이란 정신적 존재이기 때문에 참다운 인간적 삶을 위해서는 물질적 욕구의 충족을 넘어서서 정신적 풍요로움을 누려야 하며 이 때문에 인문학은 필수적이라고 주장한다. 뿐만 아니라 인문학은 인간의 삶에 필수적인 건전한 가치관의 형성에도 중요한 역할을 한다고 주장한다. 그러나 과연 현대 인문학은 이러한 상식적인 주장들을 감당할 수 있을까?

(라) 인문학이 자연과학처럼 객관적 지식을 추구하는 학문이 되면서, 인문학은 인격을 변화시키고 삶의 의미를 제공해 주던 전통적 기능이 상실되고 그 존재 가치를 의심받게 되었다. 학문과 개인적 삶이 확연히 구분되고 인문학자는 더 이상 인문주의자가 될 필요가 없어졌다. 그는 단지 하나의 전문 직업인이 되었다.

① (가) — (나) — (다) — (라)

② (가) — (라) — (나) — (다)

③ (나) — (다) — (라) — (가)

④ (다) — (가) — (나) — (라)

⑤ (다) — (라) — (가) — (나)

(다) : 현대 인문학에 대한 문제 제기
(가) : (가)에서 제기한 문제에 대한 부연 설명
(나) : 전통적인 인문학과 비교했을 때 현대 인문학의 문제점
(라) : 현대 인문학의 전통적 기능 상실 및 존재 가치에 대한 의심

Answer 1.④

2

(가) 중동이란 단어는 오늘날 학계와 언론계에서 자주 사용되고 있다. 그러나 이 단어의 역사는 그리 길지 않다. 유럽, 특히 영국은 19세기 이래 아시아지역에서 식민 정책을 펼치기 위해 전략적으로 이 지역을 근동, 중동, 극동의 세 지역으로 구분했으며, 이후 이러한 구분은 『런던 타임즈』에 기고된 글을 통해 정착되었다. 따라서 이 단어 뒤에는 중동을 타자화한 유럽 중심적인 사고관이 내재되어 있다.

(나) 대부분의 사람들은 '이슬람', '중동', 그리고 '아랍'이라는 지역 개념을 혼용한다. 그러나 엄밀히 말하면 세 지역 개념은 서로 다르다.

(다) 이슬람지역이 가장 광의의 지역 개념이라면 아랍은 가장 협소한 지역 개념이다. 아랍인들은 셈족이라는 종족적 공통성과 더불어 아랍어와 이슬람 문화를 공유하고 있다. 아랍지역에 속하는 국가는 아랍연맹 회원국 22개국이다. 아랍연맹 회원국에는 아라비아 반도에 위치한 사우디아라비아, 바레인, 쿠웨이트, 이라크, 오만, 아랍에미레이트 등과 북아프리카 지역의 알제리, 모로코, 리비아, 튀니지, 이집트, 수단 등이 포함된다.

(라) 우선 이슬람지역은 이슬람교를 믿는 무슬림이 많이 분포된 지역을 지칭하는 것으로 종교적인 관점에서 구분한 지역 개념이다. 오늘날 무슬림은 전 세계 약 57개국에 많게는 약 16억, 적게는 약 13억이 분포된 것으로 추정되며, 그 수는 점점 더 증가하는 추세이다. 무슬림 인구는 이슬람교가 태동한 중동지역에 집중되어 있다. 또한 무슬림은 중국과 중앙아시아, 동남아시아, 북아프리카 지역에 걸쳐 넓게 분포해 있다.

(마) 중동지역의 지리적 정의는 학자에 따라, 그리고 국가의 정책에 따라 다르다. 북아프리카에 위치한 국가들과 소련 해체 이후 독립한 중앙아시아의 신생 독립국들을 이 지역에 포함시켜야 하는가에 대해서는 확고하게 정립된 입장은 아직 없지만, 일반적으로 합의된 중동지역에는 아랍연맹 22개국과 비아랍국가인 이란, 터키 등이 포함된다. 이 중 터키는 유럽 연합 가입을 위해 계속적으로 노력하고 있으나 거부되고 있다.

① (가) − (마) − (나) − (다) − (라)
② (나) − (라) − (가) − (마) − (다)
③ (나) − (라) − (다) − (마) − (가)
④ (라) − (가) − (나) − (마) − (다)
⑤ (라) − (다) − (가) − (나) − (마)

(나) : 화제 제시
(라) : '이슬람'의 개념 및 무슬림의 분포 (문두에 '우선'을 통해 세 개념 중 가장 먼저 설명하는 개념이라는 것을 알 수 있다.)
(가) : '중동'이란 단어의 유래 및 성격
(마) : '중동지역'의 지리적 정의
(다) : '아랍'의 개념 및 아랍연맹 회원국

3

> (가) 화석이 되기 위해서는 우선 지질시대를 통해 고생물이 진화·발전하여 개체수가 충분히 많아야 한다. 다시 말하면, 화석이 되어 남는 고생물은 그 당시 매우 번성했던 생물인 것이다. 진화론에서 생물이 한 종에서 다른 종으로 진화할 때 중간단계의 전이형태가 나타나지 않음은 오랫동안 문제시되어 왔다. 이러한 '잃어버린 고리'에 대한 합리적 해석으로 엘드리지와 굴드가 주장한 단속 평형설이 있다.
>
> (나) 이에 따르면 새로운 종은 모집단에서 변이가 누적되어 서서히 나타나는 것이 아니라 모집단에서 이탈, 새로운 환경에 도전하는 소수의 개체 중에서 비교적 이른 시간에 급속하게 출현한다. 따라서 자연히 화석으로 남을 기회가 상대적으로 적다는 것이다.
>
> (다) 그러나 이들 딱딱한 조직도 지표와 해저 등에서 지하수와 박테리아의 분해작용을 받으면 화석이 되지 않는다. 따라서 딱딱한 조직을 가진 생물은 전혀 그렇지 않은 생물보다 화석이 될 가능성이 크지만, 그것은 어디까지나 이차적인 조건이다.
>
> (라) 고생물의 사체가 화석으로 남기 위해서는 분해작용을 받지 않아야 하고 이를 위해 가능한 한 급속히 퇴적물 속에 매몰될 필요가 있다. 대개의 경우 이러한 급속 매몰은 바람, 파도, 해류의 작용에 의한 마멸, 파괴 등의 기계적인 힘으로부터 고생물의 사체를 보호한다거나, 공기와 수중의 산소와 탄소에 의한 화학적인 분해 및 박테리아에 의한 분해, 포식동물에 의한 생물학적인 파괴를 막아 줄 가능성이 높기 때문이다. 퇴적물 속에 급속히 매몰되면 딱딱한 조직을 가지지 않은 해파리와 같은 생물도 화석으로 보존될 수 있으므로 급속 매몰이 중요한 의의를 가진다.
>
> (마) 고생물의 골격, 이빨, 패각 등의 단단한 조직은 부패와 속성작용에 대한 내성을 가지고 있기 때문에 화석으로 남기 쉽다. 여기서 속성작용이란 퇴적물이 퇴적분지에 운반·퇴적된 후 단단한 암석으로 굳어지기까지의 물리·화학적 변화를 포함하는 일련의 과정을 일컫는다.

① (가) - (다) - (라) - (나) - (마)
② (나) - (다) - (가) - (마) - (라)
③ (나) - (다) - (라) - (마) - (가)
④ (마) - (가) - (나) - (라) - (다)
⑤ (마) - (다) - (가) - (나) - (라)

(마) : 골격, 이빨, 패각 등이 화석으로 남기 쉬운 이유와 속성작용의 개념
(다) : 딱딱한 조직도 분해작용을 받으면 화석이 될 수 없으므로 이는 이차적인 조건임
(가) : 화석이 되기 위한 개체수 조건과 '잃어버린 고리'에 대한 근거로 단속 평행설 제시
(나) : 단속 평행설에 따른 '잃어버린 고리'에 대한 설명
(라) : 화석으로 남는 데 있어 급속 매몰의 중요성

Answer 2.② 3.⑤

4

(가) 연구자들은 개화식물의 잎을 제거하면 광주기의 변화에 반응하지 못한다는 것을 알아냈다. 그렇다면 개화식물은 낮의 길이를 감지하여 꽃을 피울까, 밤의 길이를 감지하여 꽃을 피울까? 1938년에 연구자들은 낮시간과 밤시간의 길이를 조절하는 실험을 통해 다음과 같은 사실을 알게 되었다.

(나) 대부분의 개화식물은 1년 중 특정한 기간에만 꽃을 피운다. 계절의 변화가 개화에 미치는 영향을 알아보기 위한 연구는 1900년대 초부터 시작되었다. 1918년경의 여러 실험을 통해 개화식물이 낮 혹은 밤의 길이 변화 즉 광주기의 변화에 의하여 유도되는 생체 반응성인 광주기성(光周期性)을 가지고 있음을 알게 되었다. 개화식물 중에는 낮의 길이 즉 일장이 최대 일장보다 짧을 때 개화하는 '단일식물'이 있다. 예를 들어 어떤 단일식물의 최대 일장이 15시간이라면, 낮시간이 이보다 짧아졌을 때 개화한다는 것을 의미한다.

(다) 단일식물인 도꼬마리는 최대 일장이 15.5시간인데 24시간의 낮시간과 9시간의 밤시간이라는 광주기 조건에서는 개화했으나, 16시간의 낮시간과 8시간의 밤시간이라는 조건에서는 개화하지 않았다. 또 최대 일장보다 짧은 4시간의 낮시간과 8시간의 밤시간에서도 개화하지 않았다. 한편 16시간의 낮시간과 32시간의 밤시간에서는 개화하였다. 이 결과를 바탕으로 단일식물의 개화에는 밤의 길이가 중요한 요인이라는 결론을 내릴 수 있다. 이로 인해 광주기성에 대한 새로운 이해가 필요해졌다.

(라) 또한 연구에 따르면 단일식물의 경우 개화에 충분한 밤시산을 준 광주기 조건이라 하더라도, 밤시간 중간에 잠깐씩 적색 섬광을 비춰 밤시간이 중단된 경우 개화기가 되어도 꽃이 피지 않는다는 것을 발견했다. 추가 연구를 통해 연구자들은 개화식물로부터 빛을 감지하는 물질인 피토크롬을 찾아냈다.

① (나) － (가) － (다) － (라)
② (나) － (라) － (가) － (다)
③ (다) － (가) － (나) － (라)
④ (다) － (나) － (가) － (라)
⑤ (라) － (가) － (나) － (다)

(나) : 개화식물의 광주기성과 단일식물
(가) : 낮의 길이와 밤의 길이 중 어떤 것의 개화에 영향을 미치는지에 대한 의문
(다) : 도꼬마리 개화 실험을 통해 단일식물의 개화에 밤의 길이가 중요한 요인이라는 결론을 내림
(라) : 연구로 발견한 추가적인 내용과 빛을 감지하는 물질인 피토크롬

5

(가) 그러나 지금까지의 연구에 따르면 정보해석능력과 정치참여가 그런 상관관계를 갖고 있다는 증거를 발견하기 힘들다. 그 이유를 살펴보자. 먼저 교육 수준이 높을수록 시민들의 정보해석능력이 향상된다.

(나) 의사소통의 장애가 시민들의 낮은 정보해석능력 때문에 발생하고 그 결과 시민들의 정치참여가 저조하다고 생각할 수 있다. 즉 정보해석능력이 향상되지 않으면 시민들의 정치참여가 증가하지 않는다는 것이다. 다른 한편으로 정보해석능력이 향상되면 시민들의 정치참여가 증가한다는 사실에는 의심의 여지가 없다. 그렇다면 정보해석능력과 시민들의 정치참여는 양의 상관관계를 갖게 될 것이다.

(다) 미국의 경우 2차 대전 이후 교육 수준이 지속적으로 향상되어 왔지만 투표율은 거의 높아지지 않았다. 우리나라에서도 지난 30여 년 동안 국민들의 평균 교육 수준은 매우 빠르게 향상되어 왔지만 투표율이 높아지지는 않았으며, 평균 교육 수준이 도시보다 낮은 농촌지역의 투표율이 오히려 높았다.

(라) 예를 들어 대학교육에서는 다양한 전문적 정보와 지식을 이해하고 구사하는 훈련을 시켜주기 때문에 대학교육의 확대가 시민들의 정보해석능력의 향상을 가져다준다. 그런데 선거에 관한 국내외 연구를 보면, 시민들의 교육 수준이 높아지지만 정치참여는 증가하지 않는다는 것을 보여주는 경우들이 있다.

① (가) - (나) - (다) - (라)
② (가) - (라) - (나) - (다)
③ (나) - (가) - (라) - (다)
④ (라) - (나) - (가) - (다)
⑤ (라) - (가) - (나) - (다)

(나) : 정보해석능력과 시민들의 정치참여 사이의 양의 상관관계
(가) : (나)에 대한 반박
(라) : (가) 마지막에서 언급한 내용에 대한 예시
(다) : (라) 마지막에서 언급한 교육 수준이 높아지지만 정치참여는 증가하지 않는다는 것을 보여주는 경우

Answer 4.① 5.③

6

(가) 인간이 만들어낸 수학에 비해 자연은 훨씬 복잡할 수도 있고 오히려 단순할 수도 있다. 그럼에도 수학은 자연을 묘사하고 해석하는 데 가장 뛰어난 방법적 도구로서 건재함을 과시한다. 이는 학문이 효용성을 발휘하는 모든 영역에서 오직 수학만이 거둘 수 있는 성과이다.

(나) 하지만 수학이 이룩한 성공은 응분의 대가를 치른 후에 가능했다. 그 대가란 세계를 질량, 시간과 같은 개념들로 단순하게 설명하는 것이다. 이런 설명은 풍부하고 다양한 경험을 완벽하게 반영하지 못한다. 이는 한 사람의 키를 바로 그 사람의 본질이라고 말하는 것과 마찬가지이다. 수학은 기껏해야 자연의 특수한 과정을 묘사할 따름이며, 과정 전체를 온전히 담아내지 못한다.

(다) 더욱이 수학은 인간이 아닌, 생명 없는 대상을 다룬다. 이런 대상은 반복적으로 움직이는 것처럼 보이며 수학이야 말로 그런 반복적 현상을 잘 다룰 수 있는 것처럼 보인다. 하지만 과연 그런가? 마치 접선이 곡선의 한 점만을 스치고 지나가듯 수학은 물리적 실체의 표피만을 건드린다. 지구는 태양을 완전한 타원 궤도를 그리면서 도는가? 그렇지 않다. 지구와 태양을 모두 점으로 간주하고 다른 항성이나 행성을 모두 무시할 때에만 그런 결론이 나온다. 지구의 사계절은 영원히 변함없이 되풀이될까? 전혀 그렇지 않다. 인간이 파악할 수 있는 매우 낮은 수준의 정확도에서만 반복이 예측될 따름이다.

(라) 인간이 만들어낸 수학 덕분에 자연과학의 일부 영역에서 인간은 기대를 훨씬 웃도는 큰 진보를 이루었다. 실재 세계와 동떨어진 추상화가 그런 엄청난 성과를 내놓았다는 점은 역설적이기도 하다. 수학은 세상을 꿈으로 채색한 동화일지 모른다. 하지만 교훈을 지닌 동화이다. 설명되지는 않지만 강력한 힘을 지닌 이성이 이 동화를 쓴 것이다.

(마) 그러나 수학이 이와 같은 한계를 지님에도 기대 이상의 성과를 거둔 것은 분명하다. 어떻게 이러한 성과가 가능했는지를 이해하지 못한다는 이유로 과연 수학을 버려야 하는가? 어떤 수학자는 소화 과정을 이해하지 못한다고 해서 저녁 식사를 거부해야 하느냐고 반문한 적이 있다. 수학은 분명 성공적인 지식 체계이다. 이는 수학이 엄밀한 내적 일관성을 지닌 체계라는 데 기인한다. 그러나 그뿐만이 아니다. 수학적 지식은 천문 현상의 예측에서, 그리고 실험실에서 일어나는 수많은 사건들에서 끊임없이 입증되고 있다.

① (가) － (나) － (다) － (라) － (마)

② (가) － (라) － (나) － (다) － (마)

③ (다) － (가) － (마) － (라) － (나)

④ (다) － (라) － (가) － (마) － (나)

⑤ (마) － (가) － (나) － (다) － (라)

(가) : 자연을 묘사하고 해석하는 데 가장 뛰어난 방법적 도구로서의 수학(화제 제시)

(라) : 자연과학의 일부 영역에서 수학이 내놓은 엄청난 성과

(나) : 수학이 이룩한 성공으로 치른 대가와 그 한계 1 – 자연의 과정 전체를 온전히 담아내지 못함

(다) : 수학의 한계 2 – 수학은 인간이 파악할 수 있는 매우 낮은 수준의 정확도에서만 반복을 예측

(마) : (나), (다)와 같은 한계를 지님에도 수학의 성과를 인정해야 하는 이유

Answer 6.②

7

(가) 파시즘 체제와 권위주의 체제를 확연히 구별 짓는 것은 쉽지 않은데, 사실상 권위주의 체제였던 정권들이 당시 큰 성공을 거두고 있던 파시즘의 외양을 일부 빌려오는 경우가 많았던 1930년대는 특히 그렇다. 파시즘과 달리 권위주의 정권은 사적 영역을 완전히 없애려 하지는 않는다. 이 정권은 지역 유지, 기업 연합체, 장교단 가족, 교회와 같은 전통적 '중개 조직'을 위한 사적 영역을 허용한다. 권위주의 체제에서 사회 통제 기능을 주로 담당하는 것은 공식적 단일정당이 아니라 바로 이 같은 전통적인 사적 영역이다.

(나) 파시즘은 흔히 군사 독재와 혼동되기도 하는데, 모두 군사주의를 고취하고 정복 전쟁을 중심 목표로 삼았기 때문이다. 그러나 모든 파시즘이 군사주의 성격을 띤다고 해서 모든 군사 독재가 파시즘적인 것은 아니다. 군사 독재자들은 단순히 폭군 노릇을 했을 뿐, 파시스트처럼 대중의 열광을 끌어낼 엄두를 내지 못했다. 군사 독재는 반드시 민주주의의 실패와 연관된 것도 아닐 뿐더러, 인류 역사상 전사(戰士)들이 출현한 이래 줄곧 존재해온 통치 형태다.

(다) 파시즘과 유사한 정치 형태들과 진정한 파시즘 사이의 경계를 명확하게 긋지 않고는 파시즘을 제대로 이해할 수 없다. 고전적 독재가 시민들을 단순히 억압해 침묵시킨 것과 달리, 파시즘은 대중의 열정을 끌어모아 내적 정화와 외적 팽창이라는 목표를 향해 국민적 단결을 강화하는 기술을 찾아냈다. 이 점에서 파시즘은 민주주의가 실패함으로써 나타난 아주 새로운 현상이다. 따라서 민주주의 성립 이전의 독재에는 '파시즘'이라는 용어를 사용하면 안 된다. 고전적 독재는 파시즘과 달리 대중적 열광을 이용하지 않으며 자유주의 제도를 제거하고자 하지 않는다.

(라) 권위주의 통치자들은 국민들을 동원하지 않고 수동적 상태로 놓아두는 편을 선호하지만, 파시스트들은 대중을 흥분시켜 끌어들이고자 한다. 권위주의 통치자들은 강력하지만 제한된 국가를 선호한다. 그들은 파시스트와 달리 경제 부문 개입이나 사회복지정책 실행을 망설인다. 이 권위주의자들은 새로운 길을 제시하기보다는 현 상태를 유지하는 쪽에 집착한다.

① (나) – (가) – (다) – (라)
② (나) – (라) – (다) – (가)
③ (다) – (가) – (라) – (나)
④ (다) – (나) – (가) – (라)
⑤ (라) – (가) – (다) – (나)

(다) : 파시즘을 이해하기 위한 유사 정치 형태들과의 구분 1 – 고전적 독재와의 차이
(나) : 유사 정치 형태들과의 구분 2 – 군사 독재와의 차이
(가) : 유사 정치 형태들과의 구분 3 – 권위주의 체제와의 차이
(라) : (가)에 대한 부연

8

㈎ 물론 평화의 규칙은 관용을 함의하는 규칙이어야 한다. 이 경우의 관용은 표현의 자유나 사상의 자유를 무제한의 권리로 인정하는 차원과는 다르다. 표현의 자유가 다른 자유, 혹은 공공의 이익과 충돌할 경우 이를 제한하는 것이 무조건 나쁘다고 볼 수는 없다. 예컨대 누군가 인종차별주의를 조장하고자 한다면 그의 표현의 자유를 제한하는 것은 정당하다.

㈏ 평화와 공존의 원칙에 따르는 모두스 비벤디의 정치는 이웃들에게 어떻게 살아야만 하는가를 권위적으로 가르치고자 하는 욕구를 절제하고 상대방을 최대한 존중하는 정치라 할 수 있다. 사람들은 정의의 가치를 소중히 여기고 정의감도 가지고 있지만 정의의 내용에 대한 생각은 각양각색이다. 이런 상황에서 정의와 같은 가치에 대해 사회적 합의가 있어야 한다고 주장한다면 어떻게 될까? 정의의 가치는 특정한 요구나 불만을 가진 사람들 모두에게 오용될 수 있기 때문에 정의에 관한 합의를 요구하는 것은 공동체의 파국이나 시민사회의 붕괴로 이어질 수 있다.

㈐ 물론, 모두스 비벤디를 주장한다고 해서 정의나 양심에 주의를 기울일 필요가 없다는 뜻은 아니다. 하지만 정의는 평화에 의해서 보호되어야 하는 가치라고 생각할 수는 없는 것일까? 모두스 비벤디의 정치가 중시하는 규칙이 있다면, 서로가 존중하며 평화롭게 공존하면서 살아갈 수 있도록 하는 것이다. 그러므로 이 규칙은 합의의 규칙이나 정의의 규칙이 아닌 평화의 규칙일 뿐이다. 이 규칙의 정당성은 평화로운 공존이 이루어지지 못할 경우 서로가 서로의 죽음을 야기할 수 있다는 데 있다.

㈑ 차이가 인정되고 상대방에게 수용되기도 하지만 차이로 인해 갈등과 폭력이 발생하는 경우도 종종 있다. 삶의 방식이 너무 달라서 어느 쪽이 우월한지 판단할 수 없거나 그것을 쉽게 용인할 수 없을 때 우리는 어떻게 해야 할까? 상대편을 비난하거나 공격하지 않고 평화가 유지되도록, 이른바 '모두스 비벤디(modus vivendi)'가 구축되도록 노력하는 것이 바람직하다.

① ㈏ － ㈎ － ㈐ － ㈑
② ㈏ － ㈑ － ㈎ － ㈐
③ ㈐ － ㈎ － ㈑ － ㈏
④ ㈑ － ㈏ － ㈎ － ㈐
⑤ ㈑ － ㈏ － ㈐ － ㈎

㈑ : 평화 유지를 위한 '모두스 비벤디' 구축의 노력
㈏ : '모두스 비벤디'의 정치에 대한 정의
㈐ : '모두스 비벤디'의 정치가 중시하는 평화의 규칙
㈎ : 평화의 규칙에 대한 부연

Answer 7.④ 8.⑤

9

(가) 동일한 문제를 똑같이 잘 해결하는 두 개의 시스템 중 하나가 다른 것보다 훨씬 복잡하게 구성되어 있다면 둘 중 어떤 것이 더 지능적이라고 말할 수 있을까? 아마도 더 단순하게 구성된 시스템을 더 지능적이라고 말해야 할 것이다. 똑같은 일을 훨씬 적은 힘을 들여 처리할 수 있으니 말이다. 그렇다고 더 단순한 해결책을 더 지능적인 해결책이라고 한다면, 간단하고 단순한 것을 지능적인 것의 반대로 여기는 일반적인 사고방식에 위배되는 것처럼 보인다. 따라서 '지능'이라는 말의 의미를 구분할 필요가 있다.

(나) 열매를 따기 위해서 침팬지는 직접 나무에 올라가기도 하지만 상황에 따라서는 도구를 써서 열매를 떨어뜨리기도 한다. 누구도 침팬지에게 막대기를 휘두르라고 하지 않았다. 긴 막대기가 열매를 얻는 효과적인 방법이라고는 할 수 없다. 여하튼 침팬지는 인간처럼 스스로 이 방법을 고안했고 직접 나무를 오르는 대신 이 방법을 쓴 것이다. 이를 두고 침팬지는 지능적으로 열매를 딴다고 할 만하다.

(다) 반면, 또 다른 의미의 '지능'은 '명사적 지능'이라고 불리는 것이다. 명사적 지능을 가진 주체는 주어진 과제를 수행하는 과정에서 실수를 하기도 하고 이 과정을 수행하는 데 필요한 것보다 더 많은 것을 동원하기도 하지만, 여러 수단 중에서 하나를 선택하고 그 결과를 미리 예상한다. 어떤 것을 '지능적'이라고 여길 때에는 이 두 의미 중 하나만이 적용될 수 있다는 점을 잊지 말아야 한다.

(라) 와트의 원심력 조절 기계를 생각해보자. 외부의 영향을 받지 않고 항상 일정하게 증기기관의 회전수를 유지시켜주는 이 기구는 단순하지만 섬세한 장치이다. 이 기계의 시스템은 역학 과정을 수행하여 일정한 회전수를 유지한다는 정해진 목표를 제대로 수행한다. 이를 놓고 '이 기계는 주어진 과제를 지능적으로 해결하고 있다'고 말할 수 있다. 여기서 '지능적으로'라는 부사를 통해서 의미하는 바는 어떤 것이 외부에서 주어진 과제를 효율적으로 수행하고 있다는 것이며, 이런 의미의 '지능'을 '부사적 지능'이라고 부를 수 있다.

① (가) – (나) – (다) – (라)　　② (가) – (나) – (라) – (다)

③ (나) – (가) – (라) – (다)　　④ (나) – (라) – (가) – (다)

⑤ (라) – (다) – (나) – (라)

(나) : 도구를 사용하여 지능적으로 열매를 따는 침팬지(본론으로 들어가기 위한 주위 환기)

(가) : 문제 제기 및 '지능'의 의미를 구분할 필요성 인식

(라) : '부사적 지능'의 사례 – 와트의 원심력 조절 기계

(다) : '명사적 지능'의 개념 및 '지능적'이라는 두 의미의 배타성

10 다음의 주어진 주제에 따라 글쓰기 계획을 세웠다고 할 때, 세부 내용으로 적절하지 않은 것은?

> • 주제 : 혼혈인에 대한 새로운 시각 정립
> • 주제문 : 국제화 시대를 맞이하여 우리 모두가 혼혈인에 대한 차별적인 시각을 버려야 한다.

순서	세부 내용
문제 인식	• 혼혈인의 수가 증가하고 있음에도 우리나라 사람들 중 다수가 아직도 편견을 가지고 혼혈인을 바라보고 있다. ········ ①
예상 독자 설정	• 일반 시민을 비롯하여 학생 및 학부모들을 예상 독자로 설정한다. ········ ②
전개 방향 결정	• 문제 인식과 관련된 실태를 제시하고 이러한 문제의 원인을 분석한 뒤, 그에 따른 해결 방안을 모색하는 순서로 전개한다. ········ ③
문제 원인 분석	• 설문 조사 결과 우리나라 사람들은 단일 민족 국가라는 의식이 강하게 드러나고 있음을 밝힌다. • 혈연 및 지연을 중시하는 의식 구조가 다른 나라보다 강하다는 점을 통계 조사 자료를 인용하여 제시한다. ········ ④
해결 방안 제시	• 국제화 시대에 걸맞은 열린 의식을 강조하고, 혼혈인의 민족의식을 고취시키기 위한 교육 프로그램을 개발한다. ········ ⑤ • 다양한 캠페인 활동을 통해 혈연과 지연을 중시하기보다는 같은 인간이라는 시각에서 혼혈인들을 바라보는 것이 중요함을 홍보한다.

'국제화 시대를 맞이하여 우리 모두가 혼혈인에 대한 차별적인 시각을 버려야 한다.'를 주제문으로 보았을 때, '혼혈인의 민족의식을 고취시키기 위한 교육 프로그램을 개발한다.'라는 해결 방안은 주제의 통일성에 어긋난다. 앞에서 우리나라 사람들이 혼혈인에 대해 편견을 가지고 있는 원인 중의 하나로 '단일 민족 국가라는 의식이 강하게 드러나고 있음'이기 때문에 민족적 차원에서 벗어나서 인류적 차원의 의식을 갖도록 유도하는 방안이 필요하다. 또한 예상 독자를 일반 시민이나 학생 및 학부모로 설정하였기 때문에, 혼혈인이 아니라 일반 시민의 차별적인 의식을 바로잡기 위한 교육 프로그램을 개발해야 한다.

Answer 9.③ 10.⑤

11

(가) 기원전 6세기경 팔레스타인에 살던 유대인들은 바빌로니아에 종속되었고 이어 페르시아의 지배를 받았다. 그 이후 유대인들은 전통적 언어인 히브리어 대신 바빌로니아 상인들의 국제어였고 페르시아 제국의 공용어였던 아람어를 점점 더 많이 사용하게 되었다. 기원전 2세기경 유대인들은 마침내 아람어를 일상어로 쓰기 시작했고 히브리어는 지식인 계층만 사용하는 언어가 되었다. 성서의 『느헤미야』는 기원전 3세기 전반에 편집되었다. 이는 히브리어가 살아있는 언어였을 때 만들어진 마지막 책이다. 대부분의 유대인들이 히브리어를 잊었으므로 그들을 위한 아람어 성서가 나왔다. 이 성서는 번역을 뜻하는 아람어 '탈굼'으로 불렸는데, 구전으로는 기원전 6세기 말엽부터 그리고 기록된 것은 기원후 1세기부터 나오기 시작했다.

(나) 역사 속에서 유대인들은 엄청난 대가를 치르면서도, 그들의 동질성을 유지하고 정체성을 지켜온 것으로 유명하다. 따라서 유대인이 자신들의 언어를 소중하게 지켜왔으리라고 여기는 일은 자연스럽다. 그러나 이는 사실과 크게 다르다. 유대인들은 별다른 고민이나 갈등 없이 자신들의 언어를 여러 번 바꾸었다.

(다) 알렉산더 대왕의 정복 후 팔레스타인은 프톨레마이오스 왕조가 집권한 이집트에 종속되었다. 알렉산드리아를 중심으로 하는 이집트의 유대인들은 아람어를 버리고 그리스어를 쓰게 되었다. 자연히 히브리어도 아람어도 모르는 유대인들을 위해 그리스어로 번역된 성서가 필요해졌다. 그래서 기원전 3세기에서 2세기에 걸쳐 알렉산드리아의 학술원에서 번역판을 냈다. 이 성서가 바로 이후 기독교도들의 경전이 된 '칠십인역'이다.

(라) 그 동안에도 히브리어를 되살리려는 노력은 꾸준히 이어졌다. 그런 노력은 근세에 특히 활발하여 히브리어를 글로 쓰일 뿐 아니라 말해지기도 하는 언어로 만들려는 움직임까지 나왔다. 1948년에 이스라엘이 세워지면서 그런 노력은 성공했다. 세계 곳곳에서 모여들어 여러 언어를 쓰는 사람들이, 일부 지식층의 주도하에 그리고 순전히 정치적인 이유만으로, 2천년 이상 오직 학자들의 언어에 불과했던 언어를 공용어로 채택했던 것이다. 히브리어의 부활은 언어의 끈질긴 생명력을 드러내는 사건인 것처럼 보이지만, 역설적으로 사람들이 쉽게 언어를 버리고 채택한다는 것을 보여준다.

(마) 로마 제국이 득세했을 때 유대인들은 로마에 대항했다가 참담한 피해를 입고 뿔뿔이 흩어졌다. 이제 유대인들은 아람어나 그리스어를 버리고 그들이 이민 가서 정착한 곳의 언어를 쓰거나 이디시어, 라디노어와 같은 혼성어를 공용어로 썼다. 히브리어는 유대교 학자들에 의해 명맥이 이어지는 학자들의 언어가 되었다.

① (나) － (가) － (다) － (마) － (라)

② (나) － (다) － (가) － (마) － (라)

③ (나) － (라) － (나) － (가) － (마)

④ (다) － (나) － (마) － (가) － (라)

⑤ (다) － (라) － (나) － (가) － (마)

(나) : 자신들의 언어를 여러 번 바꾼 유대인
(가) : 히브리어 대신 아람어를 사용하게 된 유대인
(다) : 아람어 대신 그리스어를 사용하게 된 이집트의 유대인
(마) : 뿔뿔이 흩어진 유대인들이 아람어나 그리스어를 비리고 다른 언어를 사용하게 되어 학자들의 언어가 된 히브리어
(라) : 히브리어를 되살리려는 노력과 히브리어의 부활이 의미하는 것

Answer 11.①

12 〈보기〉는 '세대 간 갈등의 해결 방안'에 관한 글을 쓰기 위해 작성한 개요와 각 부분의 소제목이다. 이에 대한 수정 및 보완 방안으로 적절하지 않은 것은?

〈보기〉

Ⅰ. 서론
- 세대 간 갈등의 사례

Ⅱ. 세대 간 갈등의 실태
- 신세대의 불만 : 나는 늙어도 저러지 않을 거야
- 구세대의 불만 : ㉠ ____________
- ㉡ ______ : ____________

Ⅲ. 세대 간 갈등의 원인
- 이해의 부족 : 눈 못 뜬 올챙이
- ㉢ 연결 고리의 부재 : 게으른 통신 비둘기
- ㉣ 배려의 부족 : 과거를 잊은 개구리

Ⅳ. 세대 간 갈등의 해결책
- 신세대의 태도 : 우러러보기
- 구세대의 태도 : 눈높이 맞추기
- 중간세대의 역할 : ㉤ ____________

Ⅴ. 결론 : 세대에 따른 올바른 태도와 역할의 강조

① Ⅰ이 서론의 역할을 분명히 할 수 있도록 문제 제기 내용을 추가한다.
② 다른 부분의 소제목을 감안하여 ㉠에 '저 나이 때 나는 안 그랬는데'라는 소제목을 쓴다.
③ Ⅱ가 다른 부분과 균형이 맞도록 ㉡에 '중간세대'에 해당하는 내용을 추가한다.
④ Ⅲ이 다른 부분과 대응하도록 ㉢과 ㉣의 순서를 맞바꾼다.
⑤ 전체적인 글의 흐름을 감안해 ㉤에 '눈치 보기와 비위 맞추기'라는 소제목을 쓴다.

Tip ㉢을 통해 유추할 때 중간세대의 역할은 신세대와 구세대 사이의 연결 고리임을 알 수 있다. 따라서 ㉤에는 '다리 역할 하기' 등의 소제목을 넣을 수 있다.

13 〈보기〉는 '자연 재해로 인한 재난과 나눔'에 관한 글을 쓰기 위해 작성한 개요이다. 수정 의견으로 가장 적절한 것은?

〈보기〉

Ⅰ. 자연 재해의 피해
  - 국내와 국외의 자연 재해 실태
Ⅱ. 자연 재해의 종류와 예방법
  1. 종류 ………… ㉠
    가. 기상 이변 : 태풍, 홍수, 가뭄
    나. 지변 재해 : 지진, 화산
    다. 생물 재해 : 병충해, 전염병, 풍토병 ………… ㉡
  2. 예방법
    가. 기상 이변에 대한 대비
    나. 위험 시설물의 지진 대비 설계
    다. 국내와 해외 이동의 검역 철저
Ⅲ. 자연 재해 피해자에 대한 구호 방안 ………… ㉢
  1. 각종 구호단체에 의연금 기부………… ㉣
  2. 자원 봉사를 통한 이재민 구호
  3. SNS(소셜 네트워크 서비스)를 통한 위험 경고………… ㉤
Ⅳ. 자연 재해의 재난 극복과 나눔의 세상 이룩

① ㉠의 하위 항목으로 '교통 재해 : 지하철 사고, 선박 침몰 사고'를 추가해야겠어.
② ㉡은 주제에서 벗어난 내용이어서 'Ⅱ-1-나'와 중복되므로 생략해야겠어.
③ 글의 완결성을 위해 ㉢은 '자연 재해를 예방하기 위한 실천 방안'으로 바꿔야겠어.
④ 주장을 강조하기 위해 ㉣을 '구호 단체에 대한 감독 철저'로 바꿔야겠어.
⑤ 논리적 일관성을 고려해 ㉤은 Ⅱ-2의 하위 항목으로 옮겨야겠어.

① 교통 재해는 자연 재해의 종류에 속하지 않는다.
② 생물 재해는 자연 재해이며, 지변 재해와 중복되지도 않는다.
③ 글의 주제가 '자연 재해로 인한 재난과 나눔'이므로 '자연 재해를 예방하기 위한 실천 방안'보다는 '자연 재해 피해자에 대한 구호 방안'이 오는 것이 적절하다.
④ '나눔'이라는 주장을 강조하기 위해서는 '구호 단체에 대한 감독 철저'보다 '각종 구호단체에 의연금 기부'가 오는 것이 적절하다.

Answer 12.⑤ 13.⑤

14 다음은 고령화 시대의 노인 복지 문제라는 제목으로 글을 쓰기 위해 수집한 자료이다. 자료를 모두 종합하여 설정할 수 있는 논지 전개 방향으로 가장 적절한 것은?

㉠ 노령화 지수 추이(통계청)

연도	1990	2000	2010	2020	2030
노령화 지수	20.0	34.3	62.0	109.0	186.6

※ 노령화 지수 : 유년인구 100명당 노령인구

㉡ 경제 활동 인구 한 명당 노인 부양 부담이 크게 증가할 것으로 예상된다. 노인 인구에 대한 의료비 증가로 건강 보험 재정도 위기 상황에 처할 수 있을 것으로 보인다. 향후 노인 요양 시설 및 재가(在家) 서비스를 위해 부담해야 할 투자비용도 막대하다.

– 00월 00일 ○○뉴스 중

㉢ 연금 보험이나 의료 보험 같은 혜택도 중요하지만 우리 같은 노인이 경제적으로 독립할 수 있도록 일자리를 만들어 주는 것이 더 중요한 것 같습니다.

– 정년 퇴직자의 인터뷰 중 –

① 노인 인구의 증가 속도에 맞춰 노인 복지 예산 마련이 시급한 상황이다. 노인 복지 예산을 마련하기 위한 구체적 방안은 무엇인가?

② 노인 인구의 급격한 증가로 여러 가지 사회 문제가 나타날 것으로 예상된다. 이러한 상황의 심각성을 사람들에게 어떻게 인식시킬 것인가?

③ 노인 인구의 증가가 예상되면서 노인 복지 대책 또한 절실히 요구되고 있다. 이러한 상황에서 노인 복지 정책의 바람직한 방향은 무엇인가?

④ 노인 인구가 증가하면서 노인 복지 정책에 대한 노인들의 불만도 높아지고 있다. 이러한 불만을 해소하기 위해서 정부는 어떠한 노력을 해야 하는가?

⑤ 현재 정부의 노인 복지 정책이 마련되어 있기는 하지만 실질적인 복지 혜택으로 이어지지 않고 있다. 이러한 현상이 나타나게 된 근본 원인은 무엇인가?

Tip ㉠㉡을 통해 노인인구 증가에 대한 문제제기를 제기하고, ㉢을 통해 노인 복지 정책의 바람직한 방향을 금전적인 복지보다는 경제적인 독립, 즉 일자리 창출 등으로 잡아야 한다고 논지를 전개해야 한다.

15 다음은 '방과 후 독서 활동 활성화'에 관한 글을 쓰기 위해 작성한 개요이다. 수정 의견으로 적절하지 않은 것은?

Ⅰ. 서론 : 학생 여가 활동의 필요성 증대 ········ ㉠
Ⅱ. 방과후 독서 활동의 실태 ········ ㉡
• 방과후 독서 활동 시간의 부실한 운영
Ⅲ. 방과후 독서 활동 운영의 장애 요인
㉠ 방과후 독서 활동 시간 및 관련 예산 부족 ········ ㉢
㉡ 방과후 독서 활동을 위한 학교 내 시설 및 공간 부족
㉢ 방과후 독서 활동을 지도할 전문 인력 부족
Ⅳ. 방과후 독서 활동의 활성화 방안 ········ ㉣
㉠ 방과후 독서 활동 시간 확대
㉡ 방과후 독서 활동을 위한 시설 및 공간 확보
㉢ 방과후 독서 활동을 위한 학교 예산 확충
Ⅴ. 결론 : 방과후 독서 활동 활성화를 위한 학생의 인식제고 ········ ㉤

① ㉠은 논지를 명확하게 하기 위해 '방과후 독서 활동의 필요성 증대'로 바꾼다.
② ㉡에는 내용을 보강하기 위해 '학교 체험 활동과의 연계성 강화'라는 하위 항목을 추가한다.
③ ㉢에서 '시간'과 관련된 내용은 'Ⅱ'와 중복되는 부분이 있으므로 중복되는 부분을 삭제한다.
④ ㉣에는 글의 완결성을 위해 '방과후 독서 활동을 지도할 전문 인력 확보와 양성'을 추가한다.
⑤ ㉤은 글 전체의 흐름과 부합하도록 '방과후 독서 활동 활성화를 위한 학교의 지원 촉구'로 바꾼다.

㉡에서 방과후 독서 활동의 실태를 분석하여 이에 대한 문제점을 제시하는 내용이 이어지고 있다. 따라서 '학교 체험 활동과의 연계성 강화'라는 하위 항목은 ㉣의 하위 항목으로 적절하다.

Answer 14.③ 15.②

16 다음은 '자원 봉사 활동의 활성화'라는 주제로 글을 쓰기 위해 작성한 개요이다. 수정 및 보완 방안으로 적절하지 않은 것은?

Ⅰ. 자원 봉사 활동의 의의
  1. 올바른 인성 함양
  2. 결연을 통한 자원 봉사 활동의 지속성 강화 ……………… ㉠
Ⅱ. 자원 봉사 활동의 다변화 요인 ……………… ㉡
  1. 타율적인 봉사 활동 참여
  2. 자원 봉사 활동에 대한 지원 미흡
  3. 일시적인 봉사 활동 참여
Ⅲ. 자원 봉사 활동의 활성화 방안 ……………… ㉢
  1. 공동체 의식의 형성 촉진 ……………… ㉣
  2. 자원 봉사 활동에 대한 다양한 지원 체계 마련
Ⅳ. 봉사 활동에 대한 관심 ……………… ㉤

① ㉠ : 상위 항목에 어울리지 않으므로, 'Ⅲ'의 하위 항목으로 이동시킨다.
② ㉡ : 하위 항목의 내용을 포괄하지 못하므로, '자원 봉사 활동이 활성화되지 못한 요인'으로 수정한다.
③ ㉢ : 'Ⅱ-1'을 고려하여, 하위 항목에 '자발적 참여를 유도하기 위한 교육 및 홍보 강화'를 추가한다.
④ ㉣ : 글의 주제에서 벗어난 내용이므로, 통일성을 위해 삭제한다.
⑤ ㉤ : 내용이 모호하므로, '자원 봉사 활동에 대한 사회적 관심 촉구'로 구체화한다.

④ 공동체 의식의 형성은 이타성을 제고한다고 볼 수 있으므로 자원 봉사 활동의 활성화와 관련이 없다고 보기 힘들다.
① 해결 방법에 해당하는 내용이므로 Ⅲ로 옮기는 것이 적절하다.
② 하위항목이 문제점에 해당하는 내용들이므로 적절하다.
③ 문제점으로 타율적인 봉사활동 참여가 지적되었으므로 자발적 참여를 유도하는 해결 방안은 적절하다.

17 '사회 통합을 위한 언어 정책 마련'이라는 주제로 생각을 정리한 것이다. 논지 전개 과정으로 보아 [가]에 들어갈 내용으로 적절하지 않은 것은?

논지의 전개 과정	주요 내용
문제의 실태	외국인 근로자, 여성 결혼 이민자, 새터민 등의 증가에 따른 언어 소통의 문제와 세대 간의 언어 차이로 인한 사회 통합이 어려워지고 있다.
↓	↓
문제의 원인	- 우리 사회의 국제화 및 다변화 추세에 따른 준비가 부족했다. - 젊은 층의 언어 질서 파괴에 따른 세대 간의 언어 장벽이 형성되고 있다.
↓	↓
문제 해결을 위한 방향	- 국제화 및 다변화 시대의 한국어 교육을 위한 관련 부서의 대책 마련이 필요하다. - 세대 간의 언어 차이를 극복할 수 있는 소통의 장을 마련하여야 한다.
↓	↓
구체적 문제 해결 방안	[가]

* 새터민 : '탈북자'를 가리키는 표현

① 국제화, 다변화에 따른 국민 의식의 전환을 유도하여야 할 것이며, 아울러 실질적인 한국어 소통 능력을 향상시킬 수 있는 프로그램을 만들어 실행한다.

② 시대의 변화에 따른 국제화, 다변화의 필연성을 인정하고, 해당자들을 위한 언어 정책을 적극적으로 모색하여야 한다.

③ 전문가들의 정확한 진단에 따른 분석을 바탕으로 세대 간 언어 차이의 원인과 실상을 명확히 하고, 필요한 경우 통합을 위한 언어 대책을 강구하여야 한다.

④ 새터민은 제도적, 사회적 차이에서 오는 심리적 부적응과 생활상의 문제가 더 시급하므로 담당 사회복지사를 배정한다.

⑤ 지식경제부와 고용노동부에서는 외국인 근로자를 고용하는 기업체에 직업 훈련 과정뿐 아니라 한국어 교육 과정을 의무적으로 두게 한다.

TIP 새터민이 심리적 부적응과 생활상의 문제를 해결하기 위해 사회복지사를 배정하는 것은 '사회 통합을 위한 언어 정책 마련'이라는 주제에 맞지 않는 내용이다.

Answer 16.④ 17.④

18 다음의 개요를 고려하여 글을 쓸 때, '본론'에 들어갈 내용으로 적절하지 않은 것은?

> 문제제기 : 도로를 증설하지 않고 교통 체증을 완화할 수는 없을까?
> 서론 : 도로망의 확충을 통한 교통 체증 해소의 한계
> 본론 : 1. 교통 체증으로 인한 문제
> (1) 에너지의 낭비
> (2) 환경오염
> (3) 교통 법규 위반 및 교통사고의 유발
> 2. 교통 체증의 원인
> (1) 교통량의 증가
> (2) 교통 신호 체계의 미흡
> (3) 운전자의 잘못된 의식
> 3. 교통 체증의 완화 방안
> (1) 제도 보완을 통한 교통량의 감소 유도
> (2) 교통 신호 체계의 개선
> (3) 운전자의 의식 계도
> 결론 : 다각적 측면에서 교통 체증 완화를 위한 노력의 필요성 강조

① 낡은 도로를 정비하고 이면 도로의 활용도를 높이면 교통 흐름이 원활해진다.
② 운행 일수가 적거나 카풀을 시행하는 차량에 대해서 세금과 보험료를 감면해 주어야 한다.
③ 교통 체증이 발생하면 자동차의 주행 속도가 떨어지고 그 결과 연비가 낮아져 자동차 연료의 소모량이 증가한다.
④ 정체된 교차로에서 자신만 빨리 가겠다는 운전자의 심리로 '꼬리물기' 현상이 나타나는데 이 때문에 교통 체증이 더욱 심해진다.
⑤ 직진과 좌회전 신호로 이루어진 현행 신호 체계를 직진 위주로 바꾸면 정체 구간에서 자동차 주행 속도가 빨라지는 효과가 나타난다.

개요에 따르면 본론에서는 '교통 체증으로 인한 문제, 교통 체증의 원인, 교통 체증의 완화 방안'에 대한 내용을 다루게 된다. ①은 교통 체증의 완화 방안 중 하나이다. 그러나 개요에서 교통 체증 완화 방안의 구체적인 내용으로 '제도 보완, 교통 신호 체계 개선, 운전자의 의식 계도' 등은 구성되어 있지만, '도로 활용'에 대한 내용은 없으므로 ①은 본론에 들어가기에 적절하지 않다. ②는 '본론 3. (2)'에, ③은 '본론 1. (1)'에, ④는 '본론 2. (3)'에, ⑤는 '본론 3. (2)'에 해당하는 내용이다.

19 다음의 목차에 따라 글을 쓰고자 한다. 글쓰기에 대한 의견으로 적절하지 않은 것은?

> 제목 : 전산망 보호를 위한 방화벽 시스템의 도입에 대한 제안
> Ⅰ. 전산망 보호를 위한 방화벽 시스템의 개념
> Ⅱ. 방화벽 시스템의 필요성
> Ⅲ. 방화벽 시스템의 종류
> Ⅳ. 방화벽 시스템의 문제점과 한계
> Ⅴ. 방화벽 시스템의 운영 비용

① 보유 정보가 해커들로부터 보호할 만한 가치가 있는 것인지에 대한 검토가 Ⅰ에서 이루어져야지.

② 내부 네트워크의 자원 및 정보에 대한 해커들의 불법 침입으로 인한 피해 사례를 Ⅱ에서 다루는 게 좋겠어.

③ Ⅲ에서는 전산망 보호를 위한 방화벽 시스템을 종류별로 살피면서 각 시스템의 장점과 단점도 제시할 수 있어야지.

④ Ⅳ의 내용은 이 글의 흐름으로 보아 목차의 하나로 배치하기에는 문제가 있어. 방화벽 도입의 필요성을 다시 한 번 강조하는 결론을 별개의 장으로 설정하고, 거기에서 간단하게만 언급해야 할 것 같아.

⑤ Ⅴ의 내용은 시스템의 종류에 따라 달라질 테니, Ⅲ에서 동시에 다루는 게 좋겠어.

Tip I에서는 방화벽 시스템의 개념에 대한 설명이 다루어져야 하므로 ①과 어울리지 않는다. 보유 정보가 해커들로부터 보호할 가치가 있다는 주장을 하고자 한다면, II에서 제시하여 방화벽 시스템의 필요성을 강조할 수 있다.

Answer 18.① 19.①

20 다음의 개요를 수정 · 보완하기 위한 방안으로 적절하지 않은 것은?

제목 : 정규직 파트타임제의 도입을 위한 제안
Ⅰ. 정규직 파트타임제의 의미 : 하나의 일자리를 두 명의 정규직 근로자가 나누어 갖는 제도
Ⅱ. 정규직 파트타임제의 장점
  1. 기업
    가. 집중력의 향상으로 인한 효율성 증대
    나. 아이디어의 다양화로 인한 업무의 활력 증가
  2. 개인
    가. 건강 증진 및 자기 계발 시간의 확보
    나. 육아 및 가사 문제의 해결
  3. 정부
    가. 고용 창출 효과
    나. 소득세원의 증가
Ⅲ. 정규직 파트타임제의 도입 시 예상되는 문제점
  1. 기업
    가. 업무와 연속성 저해 가능성
    나. 인력 관리 부담의 증가
  2. 개인
    가. 적은 보수로 인한 불만
    나. 가사 노동 증가 우려
Ⅳ. 정규직 파트타임제의 필요성
  1. 기업 : 직원들의 요구를 적극적으로 수용하려는 태도
  2. 개인
    가. 보수에 대한 인식의 전환
    나. 업무의 연속성을 확보하려는 노력
  3. 정부 : 정규직 파트타임제의 도입을 장려하는 법률 제정
Ⅴ. 정규직 파트타임제 도입의 의의 : 육아 및 가사 문제로 인한 저출산 문제의 해결

① Ⅱ의 구조에 대응하여 Ⅲ에 '정부 : 비정규직의 증가로 인한 고용 불안 가능성'이라는 항목을 추가한다.

② Ⅲ-2의 '가사 노동 증가 우려'는 개요의 통일성을 해치므로 삭제한다.

③ Ⅳ는 하위 항목들의 내용을 아우르지 못하므로 '정규직 파트타임제 정착의 요건'으로 고친다.

④ Ⅳ-2의 '인식의 전환'을 '보수보다는 삶의 질에 가치를 두는 태도'로 구체화한다.

⑤ 개요의 내용을 반영하여 Ⅴ에 '고용 창출 기회의 증대'라는 항목을 추가한다.

Ⅱ의 구조에 대응하여 Ⅲ에 정부 차원에서의 문제점을 추가하는 것은 바람직하지만, 정규직 파트타임제에 관해 다루고 있으므로 '비정규직의 증가로 인한 고용 불안 가능성'이라는 내용은 적절하지 않다.

21 글을 고쳐 쓰기 위하여 제시한 안으로 적절하지 않은 것은?

> ㉠ 고기는 덩어리가 아니면 찢는데 힘이 들므로 반드시 덩어리 고기를 이용해야 한다.
> ㉡ 돼지고기는 연분홍색을 띤 덩어리 고기로 결이 곱고, 매끈하며 탄력이 있고 기름기가 없는 것을 골라서 찬물에 주물러 씻어 피물을 뺀다.
> ㉢ 굵은 파는 지나치게 뻣뻣한 것을 피하고 특히 잎 부분이 싱싱한 것으로 골라 깨끗이 다듬은 다음에 푸른 잎 부분만 2등분한다.
> ㉣ 마늘은 겉껍질을 벗겨 내고 깨끗이 씻어 놓는다.
> ㉤ 삶은 돼지고기는 사방 4cm 정도로 깍둑 썰기 하여 앞뒤가 노릇하게 지져낸 다음에 물과 진간장, 술, 설탕을 섞은 장에 넣어 간이 배도록 은근히 조린다.

① ㉠은 '데'가 의존명사니까 '찢는 데'로 띄어 써야 한다.
② ㉡은 순 우리말로 된 합성어로 앞말이 모음으로 끝났으므로 '핏물'로 써야 한다.
③ ㉢은 '대파'의 의미를 가지는 합성어이니 '굵은파'로 붙여야 한다.
④ ㉣은 '겉껍질'이 '겉'과 '껍질' 두 개의 명사이므로 띄어 써야 한다.
⑤ ㉤은 '깍둑'이 부사가 아니라 '깍둑썰기'가 하나의 명사로 쓰이니 붙여 써야 한다.

㈑의 '겉껍질'은 '겉으로 드러난 껍질.'이라는 뜻의 합성명사이다. '겉'과 '껍질'이 결합하여 한 단어가 되었으므로, 띄어 쓸 필요가 없다.

Answer 20.① 21.④

22 다음은 학생이 쓴 일기의 일부이다. 고쳐쓰기를 위한 의견으로 적절하지 않은 것은?

> 2008년 3월 15일
>
> 요새 할머니는 자주 ㉠ 조신다. 텔레비전을 보시다가도 금세 코를 골며 주무시고, 어떤 때는 친구 분과 이야기를 하시다가 주무시기도 하신다. 엄마는 ㉡ 나이가 드셔서 그렇다고 하신다. 할머니의 건강이 걱정된다.
>
> 2008년 7월 10일
>
> 여름 장마에 홍수로 집을 잃은 사람들을 우리 모두 힘을 합쳐 도와야 한다. 그래서 푼푼히 모은 내 돼지 저금통을 깨뜨리려 했다. 그런데 지금 생각해 보니 그것 ㉢ 보다 부모님과 상의해서 수해 복구에 참여하는 것이 나을 것 같다.
>
> 2008년 11월 17일
>
> 오늘 길을 가다 만 원을 주워 웬 떡이냐 싶어서 친구와 햄버거도 사 먹고 탁구장에도 갔다. 돈을 다 쓰고 나서야 비로소 어젯밤에 아빠한테 받은 용돈 만 원을 ㉣ 넣어 두었다는 것이 생각났다. 내가 떨어뜨린 걸 주워서 공짜가 생겼다고 좋아했다니. ㉤ 웬지 부끄러운 생각이 들었다.

① ㉠ : 부정적 의미가 강하므로 '자신다'로 고치는 것이 좋겠어.

② ㉡ : 손윗사람에게 쓰기에는 적당하지 않으므로 높임말인 '연세'를 쓰면 좋겠어.

③ ㉢ : 체언 뒤에서 둘을 비교하는 기능을 하는 조사이므로 '그것'과 붙여 써야 해.

④ ㉣ : 뜻을 분명히 하기 위해 그 앞에 '주머니에' 정도의 말을 첨가하는 것이 좋겠어.

⑤ ㉤ : '어찌 된, 어떠한'이라는 의미이므로 '왠지'로 고쳐 써야 해.

'조신다'의 기본형인 '졸다'는 '잠을 자려고 하지 않으나 저절로 잠이 드는 상태로 자꾸 접어들다.'라는 뜻이고, '자다'는 '생리적인 요구에 따라 눈이 감기면서 한동안 의식 활동이 쉬는 상태가 되다.'라는 뜻이다. '조신다'에 부정적인 의미가 강하지도 않을 뿐만 아니라, 두 단어의 뜻이 서로 다르기 때문에 '조신다'를 '자신다'로 고칠 필요가 없다.

23 다음을 고쳐 쓰기 위한 방안으로 적절하지 않은 것은?

> 우리나라 사람들은 과잉 경쟁으로 시달리고 있다. 그 중에서도 입시 경쟁과 부동산 투기 경쟁이 으뜸이다. 사람들은 왜 경쟁에 몰두하는 것인가? 그것은 ㉠ 경쟁의 승자에게 대한 과도한 보상이다. 예를 들어 대기업과 중소기업을 비교해 볼 때 대졸 신입 사원의 입금은 1.5배 정도가, 임원의 임금은 네 배 가까이가 차이가 난다고 한다. ㉡ 그런데 좋은 대학에 진학하여 좋은 직장에 취직하지 않으려는 사람이 어디 있겠는가?
>
> 경쟁은 개인과 사회의 발전의 원동력이다. 그러나 경쟁이 과도해지면 경제적인 낭비가 초래되고 불평등이 심화되어 ㉢ 사회 구성원의 행복한 삶을 위협한다. 지금 우리나라는 과잉 경쟁으로 인한 사회 문제가 ㉣ 웬간한 방법으로는 해결하기 어려울 정도로 심화되어 있다. 이제라도 과잉 경쟁을 막기 위해서는 사회적 합의를 통해 보상의 격차를 줄여야 할 것이다.

① 첫째 문단의 끝에 '경쟁의 패자는 승자를 축복하지 않는다.'라는 문장을 첨가하여 문단의 완결성을 확보한다.

② ㉠은 어법과 문장의 호응을 고려하여 '경쟁의 승자에게 과도한 보상이 주어지기 때문이다.'로 고친다.

③ ㉡은 문맥에 어울리는 연결어가 아니므로 '그러니'로 바꾼다.

④ 문장의 주술 관계를 고려하여 ㉢을 '사회 구성원의 행복한 삶이 위협받는다.'로 고친다.

⑤ ㉣은 표준어가 아니므로 '웬만한'으로 바꾼다.

첫째 문단은 과잉 경쟁의 현상과 그 이유에 대한 내용으로 구성되어 있다. '경쟁의 패자는 승자를 축복하지 않는다.'라는 문장은 첫째 문단의 내용과 어울리지 않아 문단의 통일성을 해치므로 이를 첨가하는 것은 적절하지 않다.

Answer 22.① 23.①

24 다음을 고쳐 쓰기 위한 방안으로 적절하지 않은 것은?

'훈민정음'의 서문에는 훈민정음의 제작 목적이 제시되어 있다. '사ᄅᆞᆷ마다 ᄒᆡᅇᅧ 수ᄫᅵ 니겨 날로 ᄡᅮ메 便安킈 ᄒᆞ고져 ᄒᆞᇙ ᄯᆞᄅᆞ미니라', 즉 사람들이 일상에서 문자 생활을 ㉠ <u>하는데</u> 불편함이 없게 하겠다는 것이다. ㉡ <u>하지만</u> 훈민정음으로 기존의 한자를 완전히 대체하려고 한 것은 아니다. 훈민정음 창제 이후에 ㉢ <u>제조된</u> 책 가운데 한자 없이 순수하게 훈민정음으로만 쓰인 책은 ㉣ <u>없다</u>. 당시의 지배층들은, 한자는 한자대로 훈민정음은 훈민정음대로 그 존재 가치를 인정함으로써 한자와 훈민정음이 그 나름의 영역에서 ㉤ <u>쓰여지도록</u> 하는 이중적인 문자 생활을 추구한 것은 아닐까?

① ㉠ : 문장의 의미를 고려하여 '하는'과 '데'를 띄어 써야겠어.
② ㉡ : 앞 문장과의 연결 관계를 고려하여 접속 표현을 '결국'으로 바꾸어 써야겠어.
③ ㉢ : 어휘 사용이 적절하지 않으므로, '간행된'으로 바꾸어 써야겠어.
④ ㉣ : 근거에 해당하는 문장임을 고려하여 '없다'를 '없기 때문이다'로 바꾸어 써야겠어.
⑤ ㉤ : 피동 표현이 중첩되어 사용되었으므로, '쓰이도록'으로 고쳐야겠어.

훈민정음으로 한문의 불편함을 해소하겠다는 앞의 내용과, 완전히 대체하려 하지는 않았다는 뒤의 내용이 서로 상반되므로 ㉡ '하지만'을 그대로 두는 게 자연스럽다.
㉠은 '하는 것에'와 같은 의미로 쓰였으므로 '하는 데'의 '데'는 의존명사이다. 따라서 띄어 써야 한다.

25 다음의 대화에 쓰인 높임 표현 중 적절하지 않은 것을 묶은 것은?

손님 : 구두를 사러 왔습니다만…….
직원 : 어떤 구두를 ㉠ <u>원하시나요</u>?
손님 : 굽이 높지 않아 발이 편한 신발이요.
직원 : 네, 그럼 이 구두는 ㉡ <u>어떠신가요</u>?
손님 : 편할까요?
직원 : 한 번 ㉢ <u>신어 보실게요</u>.
손님 : 꽉 끼는데……. 조금 큰 구두가 ㉣ <u>있을까요</u>?
직원 : 잠시만 기다리세요. 여기 있습니다.
손님 : 좋아요. 얼마예요?
직원 : 네. ㉤ <u>37,000원이십니다</u>.

① ㉠, ㉢ ② ㉡, ㉣
③ ㉢, ㉤ ④ ㉣, ㉠
⑤ ㉤, ㉡

㉢ 신어 보실게요. →한 번 신어 보세요.
㉤ 37,000원이십니다. →37,000원입니다.

26 다음을 고쳐 쓰기 위한 방안으로 적절하지 않은 것은?

> '기상 측정이 시작된 이후 최대 강수량, 최대 폭설', '사람체온을 훌쩍 넘기는 이상 기온'. 우리는 요즘 이런 말을 자주 듣는다. ㉠ 예측할 수 없는 이상 기후와 자연재해의 원인을 살펴보면 아이러니한 측면에 있다. 이제까지 인류는 화석 연료를 지혜롭게 이용한 ㉡ 탓에 편리함과 풍족함을 누릴 수 있었다. 수억의 인구가 먹고살 수 있도록 농업 생산량을 증가시킨 농약이나 비료를 비롯하여 건강을 지켜 준 의약품, ㉢ 프라스틱 제품 등 이루 헤아릴수 없을 만큼의 많은 혜택을 인류에게 제공한 것도 화석 연료이다. ㉣ 게다가 화석 연료로 인한 지구 온난화는 심각한 부작용의 대표적 사례이다.
>
> ㉤ 그래서 다음 몇 세기는 장기간의 화석 연료 사용이 초래한 부정적인 결과를 감당해 내야만 할 것 같다. 우리는과거의 영화를 그리워하기보다는 앞으로 닥칠 미래가 어떤 식으로 진행될지 예측해야 한다. 그와 관련하여 우선 현실을 점검하고 그에 따른 대비책을 마련해야 한다.

① ㉠은 호응을 고려하여 '~ 측면이 있다.'로 고친다.
② ㉡은 긍정적 의미를 표현하는 점을 고려하여 '덕에'로 고친다.
③ ㉢은 외래어 표기법에 맞게 '플라스틱'으로 고친다.
④ ㉣은 글의 통일성을 저해하므로 삭제한다.
⑤ ㉤은 글의 흐름을 고려하여 '그리고'로 고친다.

⑤ 둘째 문단에서 이제까지의 인류가 화석 연료를 사용하여 지구 온난화 등의 부작용이 발생했다는 내용이 언급되고 셋째 문단에서 때문에 다음 몇 세기는 이러한 부정적 결과를 감당해야 한다는 내용이 이어지므로, 인과관계의 접속부사인 '그래서'가 쓰인 것은 적절하다.

Answer 24.② 25.③ 26.⑤

27 아래 글을 고쳐 쓰기 위한 의견으로 타당하지 않은 것은?

> 화분에 있는 꽃에 물을 줄 때 어떻게 해야 할까? 꽃을 키울 때 가장 어려운 일은 물 주기다. ㉠ 물이 적게 주어도 안 되고, 많이 주어도 안 된다. 품종에 따라 적당하게 주어야 한다. ㉡ 바람이 적당하게 통하게 하는 것은 그런 면에서 중요하다. 토양의 수분 상태를 미리 파악하면 물 주는 시기의 양을 쉽게 조절할 수 있다. 먼저 나무로 된 이쑤시개를 2~3cm 깊이로 흙에 꽂고 30분 뒤 꺼냈을 때 이쑤시개가 1cm 이상 젖어 있다면 뿌리가 흡수할 수 있는 수분이 있다는 표시로 볼 수 있다. ㉢ 그 이상이면 물을 충분히 줘야 한다. 또 손가락으로 흙을 눌러 잘 들어가지 않으면 토양이 메말랐다는 증거이다.
>
> 물을 주는 방법도 중요하다. 보통 화초에 물을 줄 때 잎이나 꽃에 주는 경우가 많다. ㉣ 그리고 꽃에 물을 주면 꽃봉오리가 떨어지거나 빨리 시들게 되고, 잎과 잎 사이에 주름진 곳에 물을 주면 잎이 썩을 수도 있다. 따라서 물은 흙에만 주고 잎 사이 먼지는 부드러운 수건으로 닦아 주어야 한다. ㉤ 싱싱하고 아름다운 꽃을 오래 보기 위해서는 그만큼 정성을 쏟는 것이다.

① ㉠은 '주어도'가 타동사이기 때문에 목적어인 '물을'로 고치는 것이 좋다.

② ㉡은 글의 자연스러운 연결을 위해서 삭제하는 것이 좋다.

③ ㉢은 내용상 잘못 쓰였기 때문에 '이상이면'을 '미만이면'으로 바꿔야 한다.

④ ㉣은 앞의 내용과 반대가 되기 때문에 '그리고'를 '하지만'으로 바꾸는 것이 좋다.

⑤ ㉤은 주어와 서술어의 호응이 맞지 않으므로 '~정성을 쏟는다'로 고쳐야 한다.

Tip ⑤ ㉤은 '~ 정성을 쏟아야 하는 것이다'로 고치는 것이 보다 적절하다.

28 다음 글을 고쳐 쓰기 위한 의견으로 적절하지 않은 것은?

> 1880년 프랑스 신부들이 펴낸 〈한불자전〉을 보면 한글이 얼마나 훌륭한 글자인가 하는 것을 확인할 수 있다. ㉠ 〈한불자전〉은 한글 표제어 다음에 알파벳 발음이다. 사전 편찬자들은 조선어를 배우려는 프랑스인들을 염두에 두고 만든 이 사전의 표제어를 프랑스어 알파벳이 아니라 생소한 한글로 적은 데 불만을 품은 사용자가 있을지 모르겠지만 그것은 하나만 알고 둘은 모르는 일이라고 지적한다. 한글 자모는 워낙 합리적이고 조직적으로 만들어진 글자라서 유럽인 입장에서도 ㉡ 같은 소리글자인 히브리어, 그리스어, 아랍어, 러시아어보다 훨씬 쉽게 읽힐 수 있다고 말한다. ㉢ 또 일본에서는 '가나'가 철저하게 한자의 보조적 지위에 있지만 조선에서는 한자가 우대받기는 하지만 민간에서는 한자보다 한글이 중요한 위치에 있다고 평가한다. 한글만 익히면 책을 술술 읽을 수 있다는 것이다. 이는 한글이 다양한 음을 정확하고 체계적으로 나타낼 수 있는 소리글자여서 누구나 쉽게 익힐 수 있다는 사실을 프랑스 신부들도 일찌감치 알고 있었음을 ㉣ 방증한다. ㉤ 조선에서 기독교가 중국이나 일본과 달리 무서운 속도로 퍼진 것은 한글 덕분이라는 설이 있다.

① ㉠은 자연스럽지 않은 문장이므로 주어와 서술어가 호응이 되도록 고쳐 써야 한다.

② ㉡에서 '글자'와 '히브리어, 그리스어……'가 호응이 되지 않으므로 문자의 이름으로 바꾸어 써야 한다.

③ ㉢은 한 문장 안에 '-지만'이 두 번 쓰여 어색하므로 '하지만'을 '해도'로 고쳐 써야 한다.

④ ㉣은 맥락에 맞게 '반증'으로 대체해야 한다.

⑤ ㉤은 단락의 주제와 관련이 적어 통일성을 해치므로 삭제해야 한다.

④ 맥락에 따르면 '방증'이 적절한 표현이다.

- 방증 : 사실을 직접 증명할 수 있는 증거가 되지는 않지만, 주변의 상황을 밝힘으로써 간접적으로 증명에 도움을 줌. 또는 그 증거
- 반증 : 어떤 사실이나 주장이 옳지 아니함을 그에 반대되는 근거를 들어 증명함. 또는 그런 증거

Answer 27.⑤ 28.④

29 다음 글에서 ㉠~㉤을 고쳐 쓰기 위한 의견으로 적절하지 않은 것은?

> 영화나 드라마를 보면 연인들이 강가에서 데이트를 할 때 물수제비를 ㉠ 띄우는 장면이 흔히 등장하곤 한다. 영화나 드라마에 이런 장면이 자주 나오는 것을 보면 성공적인 데이트를 위해서는 물수제비를 잘 하는 방법을 익혀두는 것이 유리하지 않을까 싶다.
>
> 2004년 저명한 과학 잡지인 『네이처』에 프랑스 과학자 크리스토퍼 클라네 박사의 물수제비 관련 논문이 실렸다. 이 논문에 따르면, 물수제비가 성공하기 위해서는 세 가지 조건을 충족해야 한다고 한다. 먼저 둥글고 납작한 지름 5cm의 돌이 있어야 하고, 돌과 수면의 각도는 20도를 유지해야 하며, 초속 2.5m 이상의 속도로 던져야 한다는 것이다. 그렇다면 왜 과학자가 물수제비에 관심을 갖는지 이상한 느낌이 들지 않는가?
>
> 우주선이 지구로 귀환하기 위해서는 지구를 둘러싼 대기권으로 ㉡ 진입할 수 있다. 우주선이 대기권으로 진입하는 순간의 상황이 돌멩이가 수면에 닿는 순간의 상황과 비슷하다. 계산을 잘못했다가는 우주선이 대기권에 거대한 물수제비 무늬를 남기며 튕겨나갈지도 모른다. 그래서 우주 과학자들은 이를 막기 위해 물수제비 현상을 연구하고 그것을 역으로 이용하고 있다.
>
> ㉢ 그러므로 항공 공학에서는 물수제비의 원리를 그대로 이용하는 방법을 연구한다. 비행기가 40km 높이까지 올라갔다가 하강하면서 대류권과 만나면 물수제비처럼 통통 튀어 목적지로 갈 수 있다는 계산이 나온다고 한다. 이론적으로는 시카고에서 로마까지 72분 만에 갈 수 있다니 실제로 가능하다면 연료와 시간을 획기적으로 줄일 수 있을 것이다.
>
> ㉣ 사실 과학자들이 물수제비에 관심을 갖기 시작한 것은 1940년대부터다. 우주 과학과 항공 공학에서 물수제비에 대한 연구가 요긴하게 활용될 수 있기 때문이다. 이러한 아이디어들이 어느 정도 실현 가능한 이야기인지는 모르겠다. 하지만 작은 돌멩이 하나가 보여주는 묘기가 놀라운 과학적 아이디어로 변하는 순간을 생각하면 ㉤ 왠지 짜릿하지 않은가!

① ㉠은 어휘가 부적절하게 사용되었으므로 '뜨는'으로 고쳐야겠어.

② ㉡은 호응 관계가 적절하지 않으므로 '진입해야 한다.'로 고쳐야겠어.

③ ㉢은 앞뒤 단락의 연결 관계를 고려하여 '반면에'로 바꿔야겠어.

④ ㉣은 논지 전개의 일관성을 위해 셋째 단락 첫머리에 넣어야겠어.

⑤ ㉤은 논리적 비약이 심하므로 '허무맹랑하지 않은가!'로 고쳐야겠어.

Tip 제시글에서는 물수제비 놀이의 원리를 과학적으로 설명하고 이를 우주 과학과 항공 공학에 응용할 수 있음을 밝히고 있다. 일상생활에서 흔히 할 수 있는 돌멩이 놀이가 과학적 아이디어로 변하는 순간은 '짜릿하다'고 표현할 수 있기 때문에, ㉤은 고칠 필요가 없다.

30 다음은 학급 신문에 실을 '나의 가족 소개'라는 글의 초고이다. 고쳐 쓰기 위한 방안으로 적절하지 않은 것은?

> 우리 가족을 소개합니다. 저희는 일곱 명의 가족이 단독 주택에서 ㉠ <u>오손도손</u> 살고 있습니다. 왜 그렇게 가족 수가 많냐고요? 우리 집은 삼남매인데다, 할머니, 할아버지와 함께 살고 있거든요. 대가족인 셈이지요.
> 할머니, 할아버지와 함께 살지 않는 분들이 많을 텐데, 부러우실 거예요. 저희 할아버지는 집안의 어른으로 가풍을 세워 주시는 분이세요. 또 할머니는 참 자상하세요. ㉡ <u>저를 위해 간식과 방청소도 도와주십니다</u>. ㉢ <u>할머니 친구 분도 손자들에게 잘해 주신다더군요</u>. 할아버지, 할머니가 계셔서 제 마음은 언제나 든든합니다.
> 맞벌이를 하시는 부모님은 화목한 가정을 만들기 위해 많이 애쓰십니다. ㉣ <u>그래서</u> 참 바쁘신 중에도 다른 가족들이 필요한 것을 일일이 확인하시고 챙겨 주시곤 합니다. 주말에는 가족 전체가 참여하는 행사를 마련하기도 하시고요.

① ㉠은 맞춤법에 어긋나므로 '오순도순'으로 고쳐야겠어.
② ㉡은 필요한 성분이 누락되었으므로 '간식과'를 '간식도 챙겨주시고'로 고쳐야겠어.
③ ㉢은 글 전체의 주제와 상관없는 내용이므로 삭제하는 것이 좋겠어.
④ ㉣은 앞뒤 문장의 연결을 고려할 때, '그런데'로 수정하는 것이 좋겠어.
⑤ 글의 완결성을 높이기 위해 '나와 형제들'에 대해 소개하는 내용도 추가해야겠어.

㉣의 앞뒤 문장의 내용은 부모님은 화목한 가정을 만들기 위해 많이 애쓰시기 때문에 바쁘신 중에도 다른 가족들을 챙겨 주신다는 것으로 인과 관계로 이루어진 문장이다. '그런데'는 전환 관계의 접속 부사로서, 문장이 앞의 내용과는 다른 취지의 내용으로 전환하는 경우에 사용하는 접속어이므로 이 문장의 경우는 인과 관계 접속사인 '그래서'를 사용하는 것이 알맞다.

① 오순도순 : 의좋게 지내거나 이야기하는 모양을 나타내는 부사
② '간식과'라는 말이 '도와주시고'라는 말과 호응이 되지 않는다. '간식과'를 '간식도 만들어 주시고' 등의 내용으로 고치는 것이 적절하다.
③ 나의 가족에 대해 소개하는 글에 알맞지 않는 내용으로 삭제하는 것이 문장이 매끄럽다.
⑤ 글의 앞부분에서 가족을 소개 할 때 삼남매가 있다고 언급했는데 삼남매와 관련된 이야기가 없으므로 나의 형제들에 관한 내용을 추가해야 한다.

Answer 29.⑤ 30.④

03 장문독해

1 다음 글에 대한 설명으로 적절하지 않은 것은?

방송의 발달은 가정에서 뉴스, 교양, 문화, 예술 등을 두루 즐길 수 있게 한다는 점에서 일상 생활 양식에 큰 변화를 가져왔다. 영국 런던의 공연장에서 열창하는 파바로티의 모습이나, 미국의 야구장에서 경기하는 박찬호의 멋진 모습을 한국의 안방에서 위성 중계 방송을 통해 실시간으로 볼 수 있게 되었다. 대중들은 언제라도 고급 문화나 대중 문화를 막론하고 모든 종류의 문화 예술이나 오락 프로그램을 저렴한 비용으로 편안하게 즐길 수 있게 된 것이다. 방송의 발달이 고급 문화와 대중 문화의 경계를 허물어 버린 셈이다.

20세기 말에 들어와 위성 텔레비전 방송과 인터넷 방송이 발달하면서, 고급 문화와 대중 문화의 융합 차원을 넘어 전 세계의 문화가 더욱 융합하고 혼재하는 현상을 보이기 시작했다. 위성 방송의 발전 및 방송 프로그램의 국제적 유통은 국가간, 종족간의 문화 차이를 좁히는 기능을 했다. 이렇게 방송이 세계의 지구촌화 현상을 더욱 가속화하면서, 세계 각국의 다양한 민족이 즐기는 대중 문화는 동질성을 갖게 되었다.

최근 들어 디지털 위성 방송, HDTV, VOD 등 방송 기술의 눈부신 발전은, 방송이 다룰 수 있는 내용의 범위와 수준을 이전과 비교할 수 없을 만큼 높이 끌어올렸고, 우리의 일상 생활 패턴까지 바꾸어 놓았다. 또한, 이러한 기술의 발전으로 인해 방송은 오늘날 매우 중요한 광고 매체의 하나로 자리잡게 되었다. 방송이 지닌 이와 같은 성격은 문화에 큰 영향을 주는 요인으로 작용했다고 할 수 있다. 커뮤니케이션 학자 마샬 맥루한은 방송의 이러한 성격과 관련하여 "미디어는 곧 메시지이다."라고 말한 바 있다. 이 말은 방송의 기술적, 산업적 기반이 방송의 내용에 매우 큰 영향을 끼친다는 의미로 해석할 수 있다. 요즘의 대중 문화는 거의 매스 미디어에 의해 형성된다고 해도 과언이 아닐 정도로 방송의 기술적 측면이 방송의 내용적 측면, 즉 문화에 미치는 영향은 크다.

이러한 방송의 위상 변화는 방송에 의한 대중 문화의 상업주의적, 이데올로기적 성격을 그대로 드러내 준다. 이를 단적으로 보여 주는 한 가지 예가 '스타 현상'이다. 오늘날의 사회적 우상으로서 대중의 사랑을 한 몸에 받는 마이클 잭슨, 마이클 조던, 서태지 등은 방송이 만들어 낸 대중 스타들이다. 이러한 슈퍼 스타들은 대중의 인기로 유지되는 문화 산업 시장을 독점하기 위해 만들어진 문화 상품이다. 현대 사회에서 문화 산업 발전의 첨병(尖兵)으로 방송이 만들어 낸 스타들은 로웬달이 말하는 '소비적 우상들'인 것이다. 이러한 대중 문화 우상들의 상품화를 배경으로 하여 형성된 문화 산업 구조는 대중을 정치적 우중(愚衆)으로 만들기도 한다.

앞으로도 방송의 기술적, 산업적 메커니즘은 대중 문화에 절대적인 영향을 미칠 것으로 예상된다. 방송 메커니즘은 다양하면서도 차별화된 우리의 문화적 갈증을 풀어 주기도 하겠지만, 대중 문화의 상업주의, 소비주의, 향락주의를 더욱 심화시킬 우려 또한 크다. 21세기의 대중 문화가 보다 생산적이고 유익한 것이 되고 안 되고는, 우리가 방송에 의한 폐해를 경계하는 한편, 방송 내용에 예술적 가치, 진실성, 지적 성찰 등을 얼마나 담아낼 수 있는가에 달려 있다.

① 방송의 속성을 친숙한 대상에 빗대어 설명하고 있다.
② 전문가의 견해를 인용하여 논지를 강화하고 있다.
③ 구체적 사례를 들어 방송의 특성을 부각시키고 있다.
④ 방송이 문화에 미치는 영향력을 고찰하고 있다.
⑤ 기술 발전에 따른 방송의 위상 변화를 서술하고 있다.

① 논의 과정에서 구체적 사례를 들고, 전문가의 견해를 인용하고는 있으나 친숙한 대상에 빗대어 유추하고 있는 것은 아니다.

Answer 1.①

2 다음 글의 내용과 부합하는 것은?

희생제의란 신 혹은 초자연적 존재에게 제물을 바침으로써 인간 사회에서 발생하는 중요한 문제를 해결하려는 목적으로 이루어지는 의례를 의미한다. 이 제의에서는 제물이 가장 주요한 구성요소인데, 이때 제물은 제사를 올리는 인간들과 제사를 받는 대상 사이의 유내 관계를 맺게 해주어 상호 소통할 수 있도록 매개하는 역할을 수행한다.

희생제의의 제물, 즉 희생제물의 대명사로 우리는 '희생양'을 떠올린다. 이는 희생제물이 대개 동물일 것이라고 추정하게 하지만, 희생제물에는 인간도 포함된다. 인간 집단은 안위를 위협하는 심각한 위기 상황을 맞게 되면, 이를 극복하고 사회 안정을 회복하기 위해 처녀나 어린아이를 제물로 바쳤다. 이러한 사실은 인신공희(人身供犧) 설화를 통해 찾아볼 수 있다. 이러한 설화에서 인간들은 신이나 괴수에게 처녀나 어린아이를 희생제물로 바쳤다.

희생제의는 원시사회의 산물로 머문 것이 아니라 아주 오랫동안 동서양을 막론하고 여러 문화권에서 지속적으로 행해져 왔다. 이에 희생제의의 기원이나 형식을 밝히기 위한 종교현상학적 연구들이 시도되어 왔다. 그리고 인류학적 연구에서는 희생제의에 나타난 인간과 문화의 본질에 대한 탐색이 있어 왔다. 인류학적 관점의 대표적인 학자인 지라르는 「폭력과 성스러움」, 「희생양」 등을 통해 인간 사회의 특징, 사회 갈등과 그 해소 등의 문제를 '희생제의'와 '희생양'으로 설명했다.

인간은 끊임없이 타인과 경쟁하고 갈등하는 존재이다. 이러한 인간들 간의 갈등은 공동체 내에서 무차별적이면서도 심각한 갈등 양상으로 치닫게 되고 극도의 사회적 긴장 관계를 유발한다. 이때 다수의 사회 구성원들은 사회 갈등을 희생양에게 전이시켜 사회 갈등을 해소하고 안정을 되찾고자 하였다는 것이 지라르 논의의 핵심이다.

희생제의에서 희생제물로서 처녀나 어린아이가 선택되는 경우가 한국뿐 아니라 많은 나라에서도 발견된다. 처녀와 어린아이에게는 인간 사회의 세속적이고 부정적인 속성이 깃들지 않았다는 관념이 오래 전부터 지배적이었기 때문이다. 그러나 지라르는 근본적으로 이들이 희생제물로 선택된 이유를, 사회를 주도하는 주체인 성인 남성들이 스스로 일으킨 문제를 자신들이 해결하지 않고 사회적 역할 자원에서 자신들과 대척점에 있는 타자인 이들을 희생양으로 삼았기 때문인 것으로 설명하였다.

① 인신공희 설화에서 인간들은 신이나 괴수에게 동물만을 희생제물로 바쳤다.
② 희생제의는 원시사회 시대부터 쭉 행해져 온 동양만의 독특한 문화였다.
③ 지라르에 따르면, 사회 구성원들이 사회적인 안정을 추구하고자 희생양을 제물로 바쳤다.
④ 희생제의에서 처녀나 어린아이가 희생제물로 바쳐지는 문화는 한국에서만 발견된다.
⑤ 지라르는, 처녀나 어린아이가 제물로 바쳐진 이유를 사회의 주도자인 여성들이 스스로 제물이 되길 원했기 때문이라고 보고 있다.

① 설화에서 인간들은 신이나 괴수에게 처녀나 어린아이를 희생제물로 바쳤다.
② 희생제의는 원시사회의 산물로 머문 것이 아니라 아주 오랫동안 동서양을 막론하고 여러 문화권에서 지속적으로 행해져 왔다.
④ 희생제의에서 희생제물로서 처녀나 어린아이가 선택되는 경우가 한국뿐 아니라 많은 나라에서도 발견된다.
⑤ 지라르는 근본적으로 이들이 희생제물로 선택된 이유를, 사회를 주도하는 주체인 성인 남성들이 스스로 일으킨 문제를 자신들이 해결하지 않고 사회적 역할 자원에서 자신들과 대척점에 있는 타자인 이들을 희생양으로 삼았기 때문인 것으로 설명하였다.

Answer 2.③

3 다음 글에서 언급하지 않은 내용은?

독일의 학자 아스만(Asmann. A)은 장소가 기억의 주체, 기억의 버팀목이 될 수도 있고, 인간의 기억을 초월하는 의미를 제공할 수도 있다고 하였다. 그렇다면 하루가 다르게 변해 가는 오늘날의 삶에서 장소에 대한 기억이 우리에게 주는 의미는 무엇인가?

장소에 대한 기억에 대해 사람들은 다소 애매하면서도 암시적인 표현을 사용한다. 이는 사람들이 장소를 기억하는 것인지, 아니면 장소에 대한 기억, 곧 어떤 장소에 자리하고 있는 기억을 말하는 것인지 분명하지 않기 때문이다. 이에 대해 아스만은 전자를 '기억의 장소', 후자를 '장소의 기억'으로 구분한다. 그녀의 구분에 의하면 기억의 장소는 동일한 내용을 불러일으키는 것을 목적으로 하는 장소로, 내용을 체계적으로 저장하고 인출하기 위한 암기의 수단으로 쓰인다. 이와 달리 장소의 기억은 특정 장소와 결부되어 있는 기억이다. 사람들은 그들의 관점과 시각, 욕구에 따라 과거를 현재화하며, 기억하는 사람에 따라 다르게 장소의 기억을 형성한다.

오늘날의 사회에서는 시대의 변화로 인해 기억의 장소에서 시선을 옮겨 장소의 기억에 주목하고 있다. 기억의 장소의 경우, 넘쳐 나게 된 정보와 지식들로 인해 암기 차원의 기억은 정보 기술 분야에서 다룰 수 있으므로 그 기능을 잃게 되었다.

한편, 현대인의 삶이 파편화되고 공유된 장소가 개별화되면서 공동체가 공유하고 있는 정체성까지도 단절되고 있다. 마치 오랜 세월 동안 사람들의 일상 속에서 과거의 기억과 삶의 정취를 고스란히 담아 온 골목이 단순한 통로, 주차장, 혹은 사적 소유지로 변해 버린 것과 같다. 이러한 단절을 극복하고 공동의 정체성을 회복할 수 있는 방안으로 중요하게 기능하는 것이 장소의 기억이다. 장소의 기억은 특정 장소에 대하여 각자의 기억들을 공유한다. 그리고 여러 시대에 걸쳐 공유해 온 장소의 기억은 장소를 매개로 하여 다시 전승되어 가며 공동의 기억과 공동의 정체성을 형성해 나간다. 개별화된 지금의 장소가 다시 공유된 장소로 회복될 때 장소의 기억이 공유될 수 있다. 또 이를 통해 우리의 파편화된 삶은 다시 그 조각들을 맞추어 나갈 수 있게 될 것이다. 장소의 공유 안에서 단절되었던 공동체적 정체성도 전승되어 가는 것이다.

장소는 오래 전의 기억을 현재 시점으로 불러올 수 있는 중요한 수단이다. 이제는 시간의 흔적이 겹겹이 쌓인 장소의 기억에서 과거와의 유대를 활성화해 나갈 시점이다.

① '기억의 장소'의 특징
② '기억의 장소'의 구체적 사례
③ '장소의 기억'의 형성 과정
④ '장소의 기억'의 현대적 가치
⑤ '기억의 장소'와 '장소의 기억'의 차이점

'기억의 장소'의 구체적 사례에 대해서는 언급되지 않았다.
①③⑤ 두 번째 문단에서 언급하였다.
④ 네 번째 문단에서 언급하였다.

4 다음 글을 이해한 것으로 옳지 않은 것은?

> 생물학자 갑은 진화의 점진적 변화를 강조하는 전통적 다윈주의에 반기를 들고 진화가 비약적으로 일어날 수 있다는 주장을 펼쳤다. 진화는 일정한 속도로 달리는 운동이 아니라 도움닫기, 점프, 멀리뛰기 등의 다양한 운동으로 구성된 것과 같다.
>
> 그는 진화가 진보라는 생각을 비판한다. 복잡성이 증가하는 방향으로만 진화가 일어나는 것은 아니라는 것이다. 그는 생명체의 역사에서 우발적 요인들이 얼마나 중요한지를 역설한다. 시간이 흐를수록 점점 복잡한 구조의 생명체들이 등장한 것은 사실이다. 하지만 복잡한 구조의 생명체임에도 불구하고 멸종해 버린 생명체도 얼마든지 찾을 수 있다. 그런 의미에서 갑은 지구의 주인이 역설적으로 박테리아라고 말한다. 박테리아는 단순한 생명체이지만 40억 년의 지구 역사와 그 험난한 환경 변화 속에서도 끊임없이 진화하여 적응하고, 양적으로도 최고의 자리를 변함없이 지킨 생명체이기 때문이다.
>
> 갑은 6,500만 년 전에 소행성이 지구를 덮친 사건이 다른 시각에 일어났다면 공룡은 멸종하지 않았을지 모르며, 포유류의 시대도 열리지 않았거나 좀 더 늦게 열렸을 것이라고 말한다. 이런 맥락에서 그는 지구를 다시 초기 상태로 돌려놓고 시간을 흐르게 한다면 그 사이에 확률에 의한 선택 과정의 개입과 같은 이유 때문에 어쩌면 인류와 같은 존재도 없었을 수 있고, 지금과는 전혀 다른 생물군이 나왔을 수도 있다고 주장한다.

① 갑은 기념비적인 사건에 대한 집착이 진화에 대한 연구를 편협하게 만든다고 생각한다.

② 갑은 6,500만 년 전에 소행성이 지구를 덮친 사건이 다른 시각에 일어났다면 포유류의 시대도 열리지 않았거나 좀 더 늦게 열렸을 것이라고 말한다.

③ 갑은 지구의 주인이 역설적으로 박테리아라고 말한다.

④ 갑은 진화가 점진적이 아닌 비약적으로 일어날 수 있다는 주장한다.

⑤ 갑은 복잡성이 증가하는 방향으로만 진화가 일어나는 것은 아니라고 보았다.

① 위 글에 나타나지 않은 내용이다.
② 3문단
③ 2문단
④ 1문단
⑤ 2문단

Answer 3.② 4.①

5 다음 글을 통해 알 수 있는 내용이 아닌 것은?

초기 구들은 고인돌처럼 돌 아래에 불을 피우는 외구들 형태를 띠었다. 이후 이런 외구들 여러 개를 길게 연결해 열기가 지나가는 길인 고래가 도입된 외고래 구들로 발전한다. 이로써 불 피우는 아궁이 쪽과 연기가 나가는 굴뚝 쪽이 분화된 것이나. 이후 이런 고래를 여러 개로 확장해 겹구들로 진화하면서 아궁이가 설치된다.

처음 이와 같은 구들은 실내에 있었다. 따라서 매연 배기가 원활하지 못했다. 이로 인해 결국에는 굴뚝이 개발되게 된다. 그리고 실내의 아궁이까지도 집 밖으로 나간다. 방 한 칸에 구들 한 개 구조를 갖추게 된 것이다. 마지막으로 장인의 오랜 경험적인 연구로 불목, 구들개자리, 고래개자리, 굴뚝개자리가 개발된다. 이로써 한민족의 전통 구들이 완성된다.

그런데 어떻게 구들은 오랫동안 연기를 보존할 수 있는 것일까. 아궁이에 불을 지피면 불로 인해 아궁이 안의 공기는 가열된다. 가열된 공기는 연기와 함께 아궁이 위쪽으로 빠르게 올라간다. 뜨거운 공기는 위로, 차가운 공기는 아래로 이동한다는 대류 현상이 일어난 것이다. 따라서 아궁이에서 지핀 불로 인해 데워진 열기는 밖으로 나가지 않고 구들 속에서 들어가게 되는 것이다.

올라간 열기는 불목의 좁은 통로를 만난다. 이때 열기의 이동 속력이 빨라지면서 불목에서의 열기의 압력은 낮아진다. 바로 여기서 베르누이의 정리를 확인할 수 있다. 즉, 공기나 액체와 같은 유체는 지나가는 길이 넓은 곳에서 좁은 곳으로 이동하게 되면 속력이 빨라지고 압력은 낮아진다. 그렇다면 불목을 넘어서 구들개자리로 들어간 열기에서는 어떤 일이 일어날까. 이때는 열기가 부뚜막에서 불목으로 이동할 때와는 반대 현상이 나타난다. 왜냐하면 불목의 좁은 통로에서 구들개자리의 넓은 통로로 열기가 이동하기 때문이다. 따라서 구들개자리에서 열기의 속력이 급격히 떨어지고 천천히 소용돌이 흐름이 생긴다. 한꺼번에 고래 쪽으로 이동하지 않고 구들개자리에서 한동안 머물게 되는 것이다.

고래로 넘어간 열기는 다시 고래 머리 부분의 넓은 공간을 만나게 된다. 여기서 또 한 번 열기의 이동 속력이 줄어들게 된다. 이곳의 열기 중 온도가 가장 높은 공기가 위로 올라가 구들장 바로 아래로 서서히 흘러가면서 구들장을 가열한다. 이로 인해 공기는 점점 냉각되어 결국 고래 바닥으로 내려오고 일부는 고래개자리로 흘러간다.

고래개자리로 넘어간 공기는 또다시 이동 속력이 줄어들게 된다. 여기서 여러 개의 각 고래에서 나오는 다른 온도의 공기가 한데 모여 고루 섞이게 된다. 그러면서 온도의 고저에 따라 공기는 위아래로 분포하게 된다. 이때 남아 있던 열기가 고래개자리 윗부분의 구들장을 가열하면서 서서히 실외 굴뚝개자리로 흘러가서 굴뚝을 통해 대기로 방출된다.

① 구들은 불꽃과는 관계없이 열기를 이용한 난방 장치이다.
② 구들은 규모는 물론 구조면에서도 큰 발전을 이루어 왔다.
③ 구들은 현대 물리학으로 설명할 수 있는 과학적 구조물이다.
④ 구들의 굴뚝은 매연 배기를 효과적으로 하기 위한 장치이다.
⑤ 구들의 고래가 경사진 까닭은 열기를 빨리 배출하기 위해서이다.

⑤ 구들의 고래가 경사진 까닭은 공기의 대류를 원활히 하여 열기를 보존하려는 목적과 관련이 있다.

Answer 5.⑤

6 다음 글에서 글쓴이가 제시한 근거로 적절하지 않은 것은?

아프리카 중부에서는 콜탄(coltan)이라는 광물이 많이 생산된다. 콜탄을 정련하면 나오는 금속 분말 '탄탈룸'은 휴대전화를 만들 때 없어서는 안 되는 중요한 소재이다. 콜탄은 휴대전화 외에 노트북과 제트 엔진, 광섬유 등의 원료로도 널리 쓰이면서 귀하신 몸이 되었다. 전 세계 첨단 기기 시장에서 탄탈룸의 수요가 급증했고, 불과 몇 달 사이에 콜탄 가격이 20배나 폭등하는 일이 벌어지기도 했다.

그런데 불행하게도 콜탄이 많이 생산되는 지역은 지금 전쟁 중이다. 전쟁을 벌이는 반정부군은 콜탄을 암시장에 팔아서 전쟁 자금을 마련한다. 값비싼 콜탄 덕에 전쟁 자금이 넉넉하다 보니 내전은 쉽게 끝나지 않고, 이 과정에서 많은 사람이 다치거나 죽어 가고 있다.

광산에서 일하는 인부들도 착취당하고 있다. 이들에게 주어지는 장비는 삽 한 자루뿐이다. 그 밖에 사고를 예방할 아무런 장비도 갖추어져 있지 않다. 갱도 붕괴 사고가 자주 일어나는데, 인부 백여 명이 한꺼번에 사망한 적도 있다. 그런데도 콜탄 가격이 수십 배나 뛰는 것을 목격한 농부들은 농사짓던 땅을 버리고 일확천금을 꿈꾸며 광산으로 모여든다. 하지만 아무리 뼈 빠지게 일해도 그들에게 돌아가는 몫은 쥐꼬리만 한 일당뿐이다. 힘 있는 중개상들이 막대한 이윤을 가로채고 있기 때문이다.

콜탄은 세계 문화유산 가운데 하나인 '카후지-비에가(Kahuzi-Biega) 국립공원'도 파괴하고 있다. 광부들은 에코 나무의 껍질을 벗기고 줄기에 홈통을 만든 뒤, 이것을 이용하여 진흙에서 콜탄을 골라내고 있다. 휴화산 두 개로 둘러싸여 장관을 이루던 공원의 숲은 이 작업 때문에 황폐해졌다.

카후지-비에가 국립공원은 지구상에 남아 있는 고릴라의 마지막 서식지이다. 고릴라는 전 세계에서 심각한 멸종 위기를 맞고 있는 동물이다. 그런데 이곳에 엄청난 양의 콜탄이 묻혀 있다는 소식을 듣고 몰려든 수만 명의 사람들은 먹을 것을 구하기 위해 산속에 있는 야생 동물들을 마구잡이로 사냥해 버렸다. 그나마 얼마 남지 않은 고릴라들은 사람을 피해 도망다니는 처량한 신세가 되고 말았다.

지금 당신이 쓰고 있는 휴대전화는 몇 살이나 되었는가? 아직 멀쩡한 휴대전화를 놔두고 사람들이 최신형 휴대전화를 기웃거리는 동안, 아프리카에서는 고릴라가 보금자리를 잃고, 순박한 원주민들은 계속되는 전쟁으로 목숨을 위협받고 있다. 우리가 휴대전화를 오랫동안 소중하게 사용하는 일은 단지 통신비를 아끼고 물자를 절약하는 차원에서 그치는 일이 아니다. 지구 반대편에서 살아가는 고릴라와 원주민의 소중한 생명을 보호하는 거룩한 일이다. 나아가 지구촌에 평화가 찾아들게 하는 위대한 일이기도 하다.

① 콜탄 때문에 아프리카 중부 지역의 내전이 쉽게 끝나지 않고 있다.
② 콜탄 때문에 농부들은 농사짓던 땅을 빼앗기고 있다.
③ 광부들이 부당한 대우를 받으며 노동력을 착취당하고 있다.
④ 콜탄으로 인해 '카후지-비에가 국립공원'이 파괴되고 있다.
⑤ 콜탄으로 인해 고릴라는 보금자리를 잃고 있다.

② 세 번째 문단을 보면 콜탄 가격이 수십 배나 뛰는 것을 목격한 농부들은 농사짓던 땅을 버리고 일확천금을 꿈꾸며 광산으로 모여든다고 언급하고 있다. 즉, 농부들은 농사짓던 땅을 빼앗기는 것이 아니라 스스로 땅을 버리고 광산으로 떠난 것이다.

Answer 6.②

7 다음 글의 내용과 부합하지 않는 것은?

> 민주주의에 치명적인 것은 정치적 무관심뿐만 아니라 합의, 만장일치, 법치에 대한 맹신임을 우리는 인정해야 한다. 정치적 갈등의 부재는 정치적 성숙이 아니라 민주주의를 위험에 빠뜨릴 수 있는 공허함의 징후이다. 그런 공허함은 새로운 반민주적인 정치 세력의 등장을 가져온다.
>
> 민주주의적 정치투쟁이 결핍되어 있을 때 그 자리는 다른 세력들, 즉 인종적이거나 민족주의적이거나 종교적인 세력들이 차지하며, 그들의 대립 진영 역시 이런 식으로 규정된다. 그렇게 되면 그들은 서로 경쟁하는 것이 아니라 서로를 파괴하려고 애쓸 것이다. 이것은 다원주의적 민주주의가 반드시 피해야 하는 것이다. 다원주의적 민주주의는 갈등을 전제로 하는 '정치적인 것'의 존재를 부인하는 것이 아니라 '정치적인 것'의 성격을 인정함으로써만 그런 상황에 맞서 자신을 보호할 수 있다.
>
> 민주주의는 인간의 도덕적 진화의 필연적 귀결이 아니다. 오히려 민주주의는 불안정한 성격을 지니며, 현존 정치상황을 당연한 것으로 받아들여서는 절대 안 되는 것이다. 민주주의는 무너지기 쉬우므로 공고화되고 보호되어야 한다. 한순간 민주화되었다고 해서 그 민주화가 지속된다는 보장은 없다. 민주주의는 그 사회 시민들의 민주주의에 대한 신념이 불충분할 때만 위기에 처하는 것이 아니다. 민주주의는 과잉 합의가 갈등의 역동성을 가로막을 때에도 위기에 처한다. 흔히 이런 합의는 밑에서 들끓는 갈등을 은폐하고 있다. 민주주의는 또한 하층 집단 전체가 주변화됨으로써 그들을 시실상 정치 공동체 밖으로 몰이내는 경우에도 위협 받는다.
>
> 오늘날처럼 자유민주주의의 정치적 차원이 법치에만 제한될 때, 정치과정에서 배제된 사람들은 근본주의 운동에 합류하거나 반자유주의적이고 대중 영합적 민주주의로 기울 위험이 있다. 건전한 민주주의의 과정은 각기 다른 정치적 입장 사이의 활발한 충돌과 공개적인 이익 다툼을 요구한다. 이를 간과한다면 건전한 민주주의 과정은 타협 불가능한 도덕적 가치들과 근본주의적인 세력들 사이의 대결로 매우 쉽게 바뀔 것이다.

① 민주주의는 무너지기 어려우므로 공고화되고 보호되어야 한다.
② 민주주의를 위험에 빠뜨릴 수 있는 공허함은 새로운 반민주적인 정치 세력의 등장을 가져온다.
③ 다원주의적 민주주의는 '정치적인 것'의 성격을 인정할 때, 그런 상황에서 자신을 보호할 수 있다.
④ 민주주의는 하층 집단을 사실상 정치 공동체 밖으로 몰아내는 경우에도 위협 받는다.
⑤ 정치과정에서 배제된 사람들은 반자유주의적이고 대중 영합적 민주주의로 기울 수 있다.

 ① 민주주의는 무너지기 쉬우므로 공고화되고 보호되어야 한다.(3문단)
② 1문단 ③ 2문단 ④ 3문단 ⑤ 4문단

8 다음 중 ㉠에 들어갈 말로 알맞은 것은?

우리 몸에 작용하는 효소는 수천 가지가 넘으며, 이들 효소는 세포 밖에서 소화에 관여하기도 하고 세포 속에서 일어나는 물질 대사 과정에 작용하기도 한다. 한 물질이 다른 물질로 바뀌는 과정에는 고유한 효소가 있어야 하며, 각 과정에 작용하는 효소는 자기가 맡은 일만 하고 절대로 남의 일에 간섭하지 않는 특성이 있다. 예를 들어 단백질 분해에 관여하는 효소의 하나인 펩신은 아미노산의 펩티드 결합 중에서 트리프토단과 알라닌 사이의 결합만 자르고, 트립신이라는 효소는 라이신과 발린 사이의 펩티드 결합만을 자른다.

효소의 또 다른 특성은 고효율성 촉매제라는 것이다. 촉매는 자기 자신은 반응 과정에서 소비되지 않으면서 반응 속도를 촉진시키는 역할을 한다. 생물체 내의 화학 반응이 일어나기 위해서는 에너지의 공급이 필요한데, 이 에너지를 활성화 에너지라 한다. 활성화 에너지는 반응 물질을 구성하는 원자와 원자 사이의 결합을 끊어 새로운 결합이 생기도록 하는 데 필요하다. 효소는 촉매와 마찬가지로 활성화 에너지를 감소시켜 반응을 촉진시킨다. 생물체의 모든 화학 반응은 에너지를 소모시키게 마련이며, 효소는 그 과정에 촉매제로 작용함으로써 에너지의 효율을 높이는 데 기여하는 것이다.

이러한 효소는 사람만의 전유물이 아니다. 모든 생물의 물질 대사에는 효소가 관여하며, 효소가 없으면 생물은 살지 못한다. 세균이 음식을 부패시킬 수 있는 것도 가수 분해 효소 때문이고, 효모가 술을 만드는 것도 효소의 작용 때문이다. 특히 효모에는 사람이 갖고 있는 탄수화물 분해 효소의 대부분이 있어 녹말을 이당류와 단당류로 분해하고, 단당류인 포도당을 다시 알코올로 분해하여 술을 만들며, 사람들이 그것을 마시면 곧바로 에너지를 내게 한다.

일반적으로 효소가 작용하는 물질을 기질이라 하는데, 하나의 기질에는 그것에만 반응하는 특이한 효소가 정해져 있어 동화 · 이화 작용을 하게 된다. 기질과 효소 사이의 이러한 관계는 흔히 (㉠)로 비유되는데, 이는 기질 작용 부위의 구조와 효소의 구조가 서로 맞아야만 반응이 일어나기 때문이다.

효소는 한 물질에만 반응하는 기질 특이성 이외에 농도, pH, 온도에 따라 다르게 반응을 하며, 효소의 종류에 따라 최적 조건도 다르다.

① 자물쇠와 열쇠
② 책상과 의자
③ 화물차와 승용차
④ 컴퓨터와 프린트기
⑤ 가정용 전화와 휴대용 전화

Tip ㉠ 뒤에 나오는 '기질 작용 부위의 구조와 효소의 구조가 서로 맞아야만 반응이 일어나기 때문이다.'라는 말로 볼 때, 서로의 구조가 맞는 것은 '자물쇠와 열쇠'의 관계이다.

Answer 7.① 8.①

9 다음 글의 내용과 거리가 먼 것은?

> 2007년 발생한 교통사고를 분석한 결과, 후진국형 교통사고인 보행 중 사고로 인한 사망자 수가 전체 교통사고 사망자 수의 37.4%를 차지하였다. 이는 OECD 국가 평균인 16.6%보다 2배 이상 높은 수치이다. 이에 경찰은 3년간 무단 횡단 사고 다빌 지역 542개소를 신정하여 보행자 중심 교통인전 대책을 수립하여 시행하었다. 그 결과 2008년 2,137명이 보행 중 사고로 사망하여 2007년에 비해 7.3%가 감소하였는데, 이는 전체 교통사고 사망자 중 36.4%에 해당하는 것이다.
>
> 한편 2008년도 어린이 교통사고는 17,874건 발생하고 161명이 사망하여, 발생률은 전년 대비 2.9% 감소하고 사망자 수는 20.3%가 감소하였으나, 아직도 선진국에 비하면 사고율이 매우 높은 수준이다.

① 전체 교통사고 사망자 중 보행 중 사망자가 차지하는 비율은 OECD 국가 평균보다 높다.

② 2008년 어린이 교통사고의 발생 건수 대비 사망률은 1% 미만으로 나타났다.

③ 2007년 대비 2008년 보행 중 사망자 수 감소율은 10%를 넘는다.

④ 2008년 어린이 교통사고 발생률은 2007년보다 감소하였다.

⑤ 2008년 전체 교통사고 사망자 중 보행 중 사망자가 차지하는 비율은 2007년에 비해 7.3% 감소하였다.

① 전체 교통사고 사망자 중 보행 중 사망자가 차지하는 비율은 37.4%로 OECD 국가 평균인 16.6%보다 2배 이상 높다.

② 2008년 어린이 교통사고 발생 건수 : 17,874
사망자 수 : 161명

$$\frac{161}{17,874} \times 100 = 0.9\%$$

③ 2007년 대비 2008년 보행 중 사망자 수 감소율은 7.3%로 10%를 넘지 않는다.

④ 2008년 어린이 교통사고 발생률은 2007년에 비배 2.9% 감소하였다.

⑤ 2008년 2,137명이 보행 중 사고로 사망하여 2007년에 비해 7.3%가 감소하였는데, 이는 전체 교통사고 사망자 중 36.4%에 해당하는 것이다.

10 다음 글에 대한 이해로 가장 적절하지 않은 것은?

언젠가부터 사람들은 어느 집단에서 얼굴이 가장 예쁜 사람을 가리켜 '얼짱'이라고 부르고 있다. 그런데 이 '얼짱'은 유행어처럼 보인다. 생긴 지도 그리 오래되지 않았고, 언제 사라질지도 알 수 없다. 게다가 젊은이들 사이에서 주로 쓰일 뿐이다. 그러나 속단은 금물이다. 차근차근 따져 볼 일이다.

우선 '얼짱'이 일시적 유행어인지 아닌지 주의 깊게 들여다 볼 필요가 있다. '얼짱'은 인터넷을 통해 급속히 퍼진 말이긴 하다. 하지만 보통의 유행어처럼 단기간 내에 사라지지 않았을 뿐 아니라 현재까지도 잦은 빈도로 사용되고 있고 앞으로도 상당 기간 사용될 것으로 예측된다. 한 뉴스 검색 사이트에 따르면 '얼짱'은 2001년에 처음 나타난 이후 2003년 302건, 2004년 1,865건, 2005년 930건의 사용 빈도를 보이고 있다. 이와 같은 사용 빈도는 '얼짱'이 일시적 유행어와는 현저히 다름을 보여 준다.

'얼짱'은 젊은이들이나 쓰는 속어인 데다가 조어 방식에도 문제가 있다고 흠을 잡을지도 모르겠다. '얼짱'이 주로 젊은 층에서 쓰는 속어임에는 틀림없다. 그러나 국어사전에 표준적이고 품위 있는 말만 실어야 한다고 생각한다면 그것은 커다란 오해다. 국어사전에는 속어는 물론, 욕설과 같은 비어나 범죄자들이 쓰는 은어까지도 올라와 있다. 사전은 일정 빈도 이상 나타나는 말이라면 무슨 말이든 다 수용할 수 있다.

다만 '얼짱'의 조어 방식에 문제가 있다는 지적은 음미해 볼 만하다. 이것은 '축구협회'가 '축협'이 될 수 있는 것과 확연히 대비된다. 한자어는 음절 하나하나가 모두 형태소의 지위를 가지므로 '축구'와 '협회'에서 '축'과 '협'을 각각 떼어 내도 핵심 의미가 훼손되지 않지만, 고유어 '얼굴'은 더 쪼갤 수 없는 하나의 형태소이어서 '얼'만으로는 아무 의미를 가질 수 없다. 따라서 '얼짱'은 전통적 조어 규칙에서 벗어난 말이라 할 수 있다. 이런 일탈 현상은 원칙적으로 바람직하지 않다.

그럼에도 '얼짱'이 언어 현실로 자리 잡은 엄연한 사실을 무시해 버릴 수는 없다. 이를 무시하고 조어 규칙 위반을 이유로 '얼짱'을 사전에서 내몬다면, 한 시대를 풍미한 중요 단어를 한국어 어휘에서 지우는 우(愚)를 범하게 될 것이다. 사전에 이 말을 잘 갈무리해 두면 먼 훗날 우리 후손들은 '얼짱'이라는 말 속에서 그 표면적 의미 외에도 한국 사회에 만연했던 외모 지상주의도 함께 읽어 낼 터이다.

① '얼짱'은 젊은이들 사이에서 주로 쓰인다.
② '얼짱'은 인터넷을 통해 급속히 퍼진 말이다.
③ '얼짱'은 표준적이고 품위 있는 말이다.
④ '얼짱'은 국어의 전통적 조어 규칙에 어긋난다.
⑤ '얼짱'은 당대의 사회 현실을 반영하고 있다.

Tip ③ 세 번째 문단에서 '얼짱'은 주로 젊은 층에서 쓰는 속어임에는 틀림없다고 언급하고 있다.

Answer 9.③ 10.③

11 다음 글에 드러나지 않은 것은?

신앙과 관련한 예술 활동은 선사 시대 이래 계속되어 주술적인 기원을 담은 형상물은 역사 시대에 와서도 여전히 제작되는 것을 볼 수 있는데, 신라나 가야에서 제작되었던 토우가 바로 그러한 예라 할 수 있다.

토우란 사람이나 동물 혹은 집이나 배와 같은 기물 등의 여러 형상을, 흙을 이용하여 만들어 낸 조형물을 뜻한다. 토우는 대체로 풍요를 기원하는 제사를 위한 희생의 대용이나 숭배의 대상으로 쓰이거나, 무덤에 넣기 위해 제작되었다고 짐작된다.

이러한 경향은 동서양이 모두 비슷한데 서양의 경우 역시 선사 시대부터 볼 수 있는 전통으로 유방과 둔부를 과장하여 표현한 빌렌도르프의 비너스 같은 작품은 다산과 풍요를 기원하는 숭배 대상으로서의 형상물이라 할 수 있다.

신라의 토우 가운데는 집, 수레, 배 등의 모양을 본뜬 것과 동물 혹은 이들과 함께 사람을 표현한 토기들이 있는데 이들은 이형 토기(異形土器)라고 불리어 오는 것들이다.

이들 토우는 대부분 출토지나 출토 상황이 분명치 않으나 경주의 금령총 출토품들과 같이 출토지가 분명한 유물들은 무덤에 부장하는 명기로서의 성격을 강하게 띠고 있어서 출토지가 불확실한 다른 유물에 대해서도 이러한 성격을 추측해 볼 수 있다.

특히 말이나 배는 수송 수단인 까닭에 이러한 형상을 한 토기들은 죽은 이의 영혼을 저 세상에 태워 보내겠다는 의미로 해석할 수 있을 것이다.

고구려의 고분 벽화를 통해 당시 고구려의 풍속을 알 수 있듯이, 다종다양한 신라의 토우들을 통하여 역시 신라의 풍속을 짐작할 수 있다.

물론 이들은 회화 작품이 아닌 까닭에 고분 벽화보다는 서술적인 면에서 부족한 감이 있으나 신라의 토우는 곡물 창고, 수레, 배, 말 등의 기물을 보여 줄 뿐만 아니라 인물의 자세도 다양하다. 무릎을 꿇고 앉거나 배를 타고 노를 젓는 모습, 괭이를 어깨에 매고 있거나 절을 하는 모습과 심지어는 성애의 장면 등까지 포함하여 그 표현 형태가 풍부하다.

이들 토우의 표현 특징을 보면 대체로 3개 혹은 5개의 구멍만으로 눈, 코, 귀, 입을 지나치게 간략화 시키고 몸체에 대해서도 단순화시켜 표현한 것을 볼 수 있다. 그러나 이렇게 간략하고 단순한 얼굴 표현만 가지고도 우리는 토우가 보여 주는 기쁘거나 슬픈 감정을 읽어 낼 수 있으며 때로는 그 표정이 해학적이기도 한 것을 발견할 수 있다.

4세기 중엽이 되면 우리나라는 불교와 함께 관련 문화를 받아들여 미술에 있어서도 우리나라의 고대 미술의 다수를 점하게 된다. 순수한 예술 의지가 아니라 충실한 신앙심에서 기인하는 작품들에서 보이는 뛰어난 예술성에 대해서는 재론할 필요도 없지만 우리 고대 미술의 대부분이 불교 미술인 까닭에 불교 유입 이전부터 이어져 온 우리의 전통 미술이 불교 미술과는 다르게 그 맥이 어떻게 이어져 오는가에 대한 연구도 병행되어야 한다.

따라서 고대 조각의 경우 비불교 조각이 드문 우리나라에 있어서 그러한 토우는 불상조각에서는 쉽게 볼 수 없는 감정의 표현이나 다양한 형태 등을 볼 수 있어 불교 조각 이외에 또 다른 조각 전통의 발전 과정과 그 기량을 살펴볼 수 있는 귀중한 자료이다.

* 부장 : 건을 죽은 사람과 함께 묻는 일
* 명기 : 장사 지낼 때 무덤 속에 죽은 사람과 함께 묻는 물건

① 토우의 변화 과정
② 토우의 용도
③ 토우의 의미
④ 토우의 재료
⑤ 토우의 표현 특징

① 토우의 변화 과정에 대한 내용은 없다.

Answer 11.①

12 다음 글의 내용과 일치하지 않는 것은?

20세기 초반 미술의 주류였던 모더니즘은 미니멀리즘으로 거세게 밀려들어 가쁜 호흡을 뱉은 후 20세기 후반의 포스트모더니즘으로 흘러 나간다. 모더니즘의 정점이자 포스트모더니즘의 시작인 미니멀리즘은 회화의 고유한 매체적 특성에 집중했던 모더니즘의 전통과 각 영역의 경계를 허무는 포스트모더니즘의 특성을 동시에 갖고 있다.

포스트모더니즘을 예고하는 미니멀리즘의 첫째 특징은 예술 장르 사이의 경계 허물기이다. 대표적으로 미니멀리즘은 회화와 조각의 경계를 허문다. 미니멀리즘 회화는 작품 내부의 관계를 최소화함으로써 자신의 외부적 형태와 위치에 관심을 기울이는데, 형태와 위치에 대한 관심은 예전에는 조각적 관심이었다. 따라서 회화가 조각적 모습을 띠는 양상이 미니멀리즘에서 나타나게 된다. 이러한 양상을 더욱 넓게 해석하면 미니멀리즘이 건축과 융합된다고 볼 수도 있다. 미니멀리즘에 '건축적', '환경적' 등의 수식어가 붙는 것도 이러한 맥락에서이다. 그리고 주변 환경에 대한 관심이 더욱 고조되면서 포스트모더니즘 미술에서는 나중에 설치 미술이나 대지 미술 등이 발달하게 된다. 다른 한편으로 조각이 회화적 모습을 띠는 양상도 나타난다. 회화적 부조나 벽면 조각이 회화적 모습을 띠는 양상도 나타난다. 회화적 부조나 벽면 조각의 등장이 보여주듯이, 조각에서 회화가 행하던 색칠이 시도되며 정육면체, 직육면체, 정십면체, T자형, V자형, 마름모형, 가운데가 빈 평행사변형 등을 비롯한 여러 조각적 형태가 벽에 걸리거나 천장에 매달린다.

모더니즘을 위협하지만 포스트모더니즘을 예고하는 미니멀리즘의 둘째 특징은 작품의 내부적 요소보다는 작품이 외부적 요소와 맺는 관계를 중시한다는 점이다. 모더니즘 회화가 자신만의 고유한 형식을 탐구하는 데 집중함으로써 고유한 자아에 지나치게 집착했다면, 미니멀리즘은 작품의 내부 구성을 축소함으로써 고유한 자아를 축소했다. 작품 내부 구성의 축소는 자연히 작품을 둘러싼 외부 환경과의 관계를 일깨우는 계기를 마련해 준다. 작품이라는 자아가 작품을 둘러싼 환경, 조명 등의 요소와 일정 관계에 놓여 있으며 그 관계의 위상에 따라 계속 변하고 새로이 구성됨을 일깨워 줌으로써, 미니멀리즘은 사회 속의 가변적, 다원적 자아에 대한 인식의 단서를 마련해 준다. 그리고 이러한 단서를 마련해 준다는 점에서 미니멀리즘은 포스트모더니즘을 예고한다.

작품이 작품을 둘러싼 외부 환경과의 관계에서 규정된다는 특징은 감상자를 작품 환경의 일부로 인정할 경우 감상자가 작품을 규정하는 데 적극적인 역할을 한다는 점으로 이어진다. 그리고 이 점이 미니멀리즘이 모더니즘에서 벗어나 포스트모더니즘을 예고하는 셋째 특징이다.

모더니즘 비평이 옹호하는 작품 감상의 방법은 형식주의 방법이다. 작품이 내부적으로 지닌 여러 형식, 예컨대 선, 색, 공간, 명암, 양감 등의 관계를 분석함으로써 작품의 의미를 발견해 내는 일이 형식주의 감상 방법의 주요 특징이다. 그런데 미니멀리즘 작품들은 분석의 대상이 될 작품 내부의 형식이 축소되어 있다. 따라서 작품의 의미가 작품의 바깥에서 결정될 여지를 미니멀리즘은 열어 놓았으며, 이제 감상자는 작품에 얽매이지 않고 자신의 물리적, 심리적 위치에 따라 작품의 의미를 구성해 나간다. 또한 포스트모더니즘도 작품의 의미는 저자의 의도나 작품 내부의 형식적 구조를 통해 주어지는 것이 아니라 감상자에 따라 다양하게 구성될 수 있다고 보는 점에서 미니멀리즘과 상통한다. 미니멀리즘도 개인적 자아에 대한 탐구의 절정이 사회적 자아에 대한 각성으로 이어짐을 보여주고 있다. 이제 미니멀리즘은 모더니즘의 개인적 자아를 넘어 포스트모더니즘의 사회적 자아로 나아간다. 미니멀리즘은 모더니즘의 정점이자 포스트모더니즘의 시작인 것이다.

① 모더니즘 비평은 작품 내부 요소들의 분석에 중점을 둔다.
② 미니멀리즘 단계에서는 조각과 그림의 경계가 불분명해진다.
③ 현대의 환경 문제에 해결책을 제시하기 위해 미니멀리즘이 등장한다.
④ 모더니즘의 개인적 자아가 포스트모더니즘에서는 사회적 자아로 변형된다.
⑤ 미니멀리즘과 포스트모더니즘은 감상자의 역할을 중시한 점에서 공통점을 갖는다.

Tip ③ '주변 환경'은 작품이 위치하는 배경의 의미일 뿐 '환경 문제'라는 의미는 아니다.

Answer 12.③

13 밑줄 친 부분의 근거로 제시하기에 적절하지 않은 것은?

> 개들은 다양한 몸짓으로 자신의 뜻을 나타낸다. 주인과 장난을 칠 때는 눈맞춤을 하면서 귀를 세운다. 꼬리를 두 다리 사이에 집어넣고 시선을 피하면서 몸을 낮출 때는 항복했다는 신호이다. 매를 맞아 죽는 개들은 슬픈 비명을 지른다. 요컨대 개들도 사람처럼 감정을 느끼는 능력을 가지고 있는 것 같다. 그렇다면 <u>동물들도 과연 사람과 같은 감정을 지니고 있을까?</u> 사람이 정서를 느끼는 유일한 동물이라고 생각하는 생물학자들은 동물이 감정을 가지고 있다는 주장에 동의하기를 주저했다. 그러나 최근에 와서 그들의 입장에 변화가 일어나고 있다. 동물 행동학과 신경 생물학 연구에서 동물도 사람처럼 감정을 느낄 수 있다는 증거가 속출하고 있기 때문이다.
>
> 동물의 감정은 1차 감정과 2차 감정으로 나뉜다. 1차 감정이 본능적인 것이라면 2차 감정은 다소간 의식적인 정보 처리가 요구되는 것이다. 대표적인 1차 감정은 공포감이다. 공포감은 생존 기회를 증대시키므로 모든 동물이 타고난다. 예컨대 거위는 포식자에게 한 번도 노출된 적이 없는 새끼일지라도 머리 위로 독수리를 닮은 모양새만 지나가도 질겁하고 도망친다. 한편 2차 감정은 기쁨, 슬픔, 사랑처럼 일종의 의식적인 사고가 개입되는 감정이다. 동물이 사람처럼 감정을 가지고 있는지에 대해 논란이 되는 대상이 바로 2차 감정이다. 그러므로 동물도 감정을 가지고 있다고 할 때의 감정은 2차 감정을 의미한다.

① 새끼 거위가 독수리를 닮은 모양새를 보고 도망치는 행동

② 어린 돌고래 새끼가 물 위에 몸을 띄우고 놀이를 하는 행동

③ 교미하려는 암쥐의 뇌에서 도파민이라는 물질이 분비되는 현상

④ 수컷 침팬지가 어미가 죽은 뒤 단식을 하다가 굶어 죽은 행동

⑤ 코끼리나 새끼나 가족이 죽으면 시체 곁을 떠나지 않고 지키는 행동

이 글에서 '사람과 같은 감정'이란 의식적인 사고가 따르는 2차 감정을 의미한다고 하였다. 새끼 거위가 독수리 모양을 보고 달아나는 것은 공포감으로, 이것은 본능적인 차원의 1차 감정에 해당된다. 그러므로 ①은 밑줄 친 부분의 근거가 될 수 없다.

14 ㈎와 ㈏의 논지 전개 구조를 가장 잘 설명한 것은?

> ㈎ 사회 복지 정책이 사람들의 자유를 침해(侵害)한다는 논리 가운데 하나는, 사회 복지정책 추진에 필요한 세금을 많이 낸 사람들이 이득을 적게 볼 경우, 그 차이만큼 불필요하게 개인의 자유를 제한한 것이 아니냐는 것이다. 일반적으로 사회 복지 정책이 제공하는 재화와 서비스는 공공재적 성격을 갖고 있어, 이를 이용하는 데 차별(差別)을 두지 않는다. 따라서 강제적으로 낸 세금의 액수와 그 재화의 이용을 통한 이득 사이에는 차이가 존재할 수 있고, 세금을 많이 낸 사람들이 적은 이득을 보게 될 경우, 그 차이만큼 불필요하게 그 사람의 자유를 제한하였다고 볼 수 있다.
>
> ㈏ 그러나 이러한 자유의 제한은 다음과 같은 측면에서 합리화될 수 있다. 사회 복지 정책을 통해 제공하는 재화는 보편성을 가지고 있기 때문에, 사회 전체를 위해 강제적으로 제공하는 것이 개인들의 자발적인 선택의 자유에 맡겨둘 때보다 그 양과 질을 높일 수 있다. 예를 들어, 각 개인들에게 민간 부문의 의료 서비스를 사용할 수 있는 자유가 주어질 때보다 모든 사람들이 보편적인 공공 의료 서비스를 받을 수 있을 때, 의료 서비스의 양과 질은 전체적으로 높아진다. 왜냐하면, 모든 사람을 대상으로 하는 의료 서비스의 양과 질이 높아져야만 개인에게 돌아올 수 있는 서비스의 양과 질도 높아질 수 있기 때문이다. 이러한 경우 세금을 많이 낸 사람이 누릴 수 있는 소극적 자유는 줄어들지만, 사회 구성원들이 누릴 수 있는 적극적 자유의 수준은 전반적으로 높아지는 것이다.

① ㈎에서 논의한 것을 ㈏에서 사례를 들어 보완하고 있다.
② ㈎에서 서로 대립되는 견해를 소개한 후, ㈏에서 이를 절충하고 있다.
③ ㈎에서 문제의 원인을 분석한 후, ㈏에서 해결 방안을 모색하고 있다.
④ ㈎에서 논의된 내용에 대해 ㈏에서 반론의 근거를 마련하고 있다.
⑤ ㈎에서 제기한 의문에 대해 ㈏에서 새로운 관점을 내세워 해명하고 있다.

㈎와 ㈏의 관계는 ㈎에서 상대방의 견해를 수용한 뒤 ㈏에서 이에 대한 반론의 근거를 마련하고 있다고 정리할 수 있다.

Answer 13.① 14.④

15 다음 글의 서술 방식으로 알맞은 것은?

인간은 자연을 대할 때 흔히 자연의 다양함과 복잡함에 놀란다. 이런 자연 속에서 규칙성을 찾아 장래를 예측하려는 노력은 원시시대부터 이제까지 인간의 바람이었다. 그래서 우리의 선조들은 밤낮이나 계절의 변화같은 규칙성을 생활에 적용하고 이용해 왔다. 변화가 많은 자연 현상들이 단순한 몇 가지 규칙들에 의해 설명될 수 있다는 사실의 발견은 인간의 생각에 엄청난 영향을 미쳤다. 그리하여 이런 방향으로 눈부신 발전이 있어 왔다. 그 중 가장 성공적인 예는, 우리가 보통 고전 역학이라고 부르는, 갈릴레이와 뉴턴의 역학이었다.

고전 역학으로 아직 설명할 수 없는 자연 현상들이 여전히 존재한다. 물이 끓는 현상, 태풍이나 비행기 날개 뒤에서 소용돌이가 생기는 현상, 고무풍선에 바람을 가득 넣은 후 갑자기 주둥이를 놓았을 때 풍선의 움직임 같은 현상들은 고전 역학으로는 이해될 수 없다. 이런 현상들은 물론 고전 역학에서 다루는 현상들과는 몇 가지 점에서 차이가 있다. 단순한 계(系)들을 다루는 고전 역학과는 달리 앞의 현상들은 복잡계에서 나타나며 고전 역학을 기술하는 선형 방정식(線型方程式) 대신 비선형 방정식(非線型方程式)으로 기술된다. 비선형 방정식들은 보통 극히 제한된 것들만을 제외하고는 풀 수 없었다.

비록 20세기 초반에 프랑스의 수학자이며 물리학자인 앙리 푸앵카레(Henri Poincare)가 비선형 방정식을 그림으로 다룰 수 있는 방법을 고안했으나 엄청난 양의 계산을 그 당시 다룰 수 없었으므로 널리 이용되지는 않았다. 한편 1963년에 미국의 기상학자인 에드워드 로렌츠(Edward N. Lorenz)는 기상 변화에 대한 방정식을 단순화하여 컴퓨터를 이용해 푸는 동안에 흥미로운 사실을 발견했다. 계산 결과가 임의로 넣은 초기 조건 값들에 따라 극도로 민감하게 바뀐다는 것이었다. 이런 특별한 결과는 지금까지 주로 다루던 선형 방정식들에서는 상상도 못 하던 일이었다. 이 발견을 계기로, 빠른 속도로 발달하던 고속 컴퓨터의 도움을 받아 비선형 방정식, 나아가 비선형 동력학이란 새로운 분야에 대한 연구가 활발히 진행되었다.

물론 그 이전에도 비선형 방정식을 풀려는 과학자들, 특히 수학자들의 노력이 있었지만 별로 큰 성과가 없었고, 또 물리학자들은 비선형성을 나타내는 항들을 단지 문제를 어렵게 만드는, 별로 중요하지 않은 부수적인 것들로 취급해 왔었다. 그러나 이제는 복잡해 보이는 현상에서는 지금까지처럼 선형항들이 중요한 역할을 하고 비선형항들이 부수적인 것이 아니라, 오히려 비선형항들이 중심 역할을 하기 때문에 선형 방정식과는 전혀 색다른 결과를 보여 준다는 것이 밝혀지고 있다. 그 중에서 질서 상태에서 혼돈 상태로 이르는 경로를 설명하는 혼돈 이론(Chaos theory)이 가장 성공적이다. 특히 이 이론의 덕택으로 오랫동안 수수께끼였던 난류 발생 문제를 이해할 수 있었다. 이러한 새로운 가능성들은 지금까지 우리가 무작위한(random) 것으로 여기던 혼돈스런(chaotic) 현상들에 새로운 의미를 부여하고 있다. 지금까지 아무 의미도 없는, 단지 무작위한 것으로 생각하던 혼돈스런 현상들의 밑바닥에 특정한 질서가 자리잡고 있는 것으로 보인다.

그리고 특히 주목할 것은 혼돈 이론이 물리학뿐만 아니라 생태학, 화학, 경제학, 사회학 등 폭넓은 분야에 적용될 수 있다는 점이다. 어느 분야를 막론하고 실제 자연계에는 많은 비선형 현상들이 존재하지만 전통적 학문으로는 거의 해결하지 못하고 있다. 이런 비선형 현상들을 다루는 데 혼돈 이론의 적용 가능성이 상당히 크며, 실제로 일부 현상들은 상당히 성공적이다. 이런 이유로 선진 각국에서는 혼돈 이론, 더 나아가 복잡성의 과학(science of complexity)에 관한 연구가 여러 학문 간에 활발히 진행되고 있으며, 각국 정부에서 많은 지원을 아끼지 않고 있다. 미국의 조지아 공과 대학의 조지프 포드(Joseph Ford) 교수는 새로운 혼돈 과학을 20세기의 두 가지 과학 혁명인 양자론과 상대성 이론에 이은 세 번째 혁명이라 평가한다.

① 인과 분석에 의해 현상의 원인을 제시하고 있다.
② 구체적인 사례를 제시하여 이해도를 높이고 있다.
③ 일반적인 견해를 제시한 다음 반론을 제시하고 있다.
④ 보편적 인식을 토대로 새로운 문제점을 제시하고 있다.
⑤ 예상되는 반론을 비판하여 자신의 주장을 드러내고 있다.

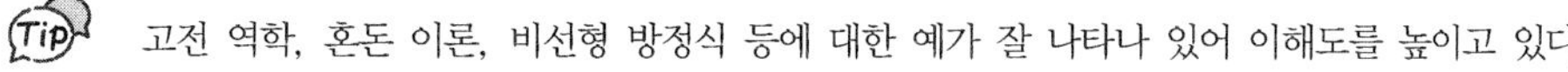

Tip
고전 역학, 혼돈 이론, 비선형 방정식 등에 대한 예가 잘 나타나 있어 이해도를 높이고 있다.

Answer 15.②

16 다음 글의 중심 화제로 가장 적절한 것은?

19세기의 역사가 (매콜리)는 역사학이 이성과 상상력이라는 대립되는 두 지도자의 지배를 번갈아가며 받고 있기 때문에 진정 위대한 역사가가 되는 일이야말로 성취하기 어려운 이상이라고 설파(說破)하였다. 매콜리의 이러한 언급은 역사학에 내재하는 문학성과 과학성이 조화를 이루기 어렵다는 것을 시사한다.

과학의 시대였던 17세기의 대표적 사상가 (데카르트)는 역사학에 대해 부정적인 견해를 가지고 있었다. 데카르트의 견해에 따르면, 인간의 기억은 시간이 지날수록 희미해질 수밖에 없으며 역사 서술은 이러한 인간의 기억에 의존하는 것이므로 불확실하다는 것이다. 역사가들 또한 자신의 민족사를 위대하고 영광스러운 것으로 채색하고 과장하려는 속성을 지니고 있으므로 역사 서술의 사실성을 인정할 수 없다는 것이다. 언제 어느 곳에서나 변함이 없는, '명백하고 확실한' 지식을 진리의 기준으로 삼았던 데카르트에게, 특정의 시간과 장소에서 벌어지는 일을 다루는 역사학은 시공(時空)을 초월하는 진리가 될 수 없기 때문에 근거가 의심스러운 학문이었다.

고대 그리스의 위대한 역사가 (헤로도토스)와 (투키디데스)에 대한 후대의 평가가 바뀌게 된 과정은 역사 서술에서의 문학성과 과학성의 대립상을 잘 보여 준다. 헤로도토스는 페르시아 전쟁의 원인과 결과에 대해 설명하면서 신화와 전설 같은 요인을 배제하려고 노력했다. 따라서 사람들은 헤로도토스를 흔히 '역사학의 아버지'라고 일컫는다. 그런 한편 헤로도토스에게는 '거짓말쟁이의 아버지'라는 명예롭지 못한 명칭이 붙기도 했다. 이야기체 역사에 재능을 보였던 그의 글에는 여전히 허무맹랑하게 보이는 기록이 많았기 때문이다. 그런 평가를 내리는 사람들은 투키디데스야말로 '과학적 역사학의 아버지'라는 칭호를 받아 마땅하다고 주장한다. 투키디데스는 인간의 본성과 정확한 사료(史料)를 근거로 펠로폰네소스 전쟁을 분석함으로써 역사에서의 일반적 법칙을 세우려고 하였기 때문이다.

투키디데스의 역사 서술 방식은 곧 전범(典範)이 되어 많은 역사가들이 그를 모방하여 역사를 서술했다. 당시의 역사가들은 이러한 역사 서술을 통해 역사학에 대한 대중의 관심을 고조시킬 수 있으리라 생각했지만, 실제로는 반대의 방향으로 상황이 전개되었다. 전쟁의 복잡하고 미묘한 원인을 분석하고 정확하게 서술하는 일은 당시 일반 대중의 의식과는 유리되었기 때문이다. 오늘날에도 그런 일은 벌어지고 있다. 역사에 대한 대중들의 관심이 고조되어 있는 현실에도 불구하고, 역사학을 전공으로 연구하는 학자들을 제외한 다른 사람들이 그러한 대중들의 관심을 충족시켜 주고 있는 기이한 현상이 나타나고 있는 것이다.

역사의 문학성을 강조하는 사람들은 과학성을 지나치게 강조할 경우 역사학 자체가 '지식을 위한 지식'을 추구하는 학문으로 전락할 우려가 있다고 지적한다. (괴테)는 '나의 행동의 폭을 넓혀 주거나 직접적으로 생기를 불어넣어 주지 못하면서 단지 지식만 전달하는 모든 것'을 증오한다고 말했다. 숨결과 혈기를 지닌 개인들이 역사를 구성하는 최소의 단위라는 부정할 수 없는 사실에 비추어 볼 때, 역사가 우리의 삶 자체를 고양시켜주기 위해서는 문학적 수사법이 특히 필요하다는 것이다.

① 대중의 역사 인식 ② 역사와 문학의 관계
③ 역사학의 두 가지 성격 ④ 그리스의 위대한 역사가
⑤ 과학적 역사학의 연구 방법

③ 역사학이 문학성과 과학성의 두 가지 성격을 동시에 지니고 있으며, 이를 잘 조화시켜야 한다고 하였으므로 이 글의 중심 화제는 '역사학의 두 가지 성격'이다.

Answer 16.③

17 다음 밑줄 친 부분의 예로 삼기에 적절한 것은?

> 문화에 관한 논의에서 우리의 관심을 끄는 것은 문화와 문화 사이의 경계에 관한 문제이다. 사실 문화에는 지리적이든 사회적이든 명백한 경계선이 존재하지 않는다. 그럼에도 불구하고 분석적인 목적을 위하여 문화의 경계선을 지리적 경계와 사회적 경계로 나누어 보고자 한다.
>
> 지리적 경계는 지방, 대륙, 국가들의 문화를 분리한다. 문화의 경계선을 어디에 그어야 하는 것인가는 기술하고자 하는 내용과 기술의 목적에 따라 달라지지만, 이 경계선의 가장 낮은 수준에서 우리는 아마 다음과 같이 말할 수 있을 것이다. 즉 하나의 인간 집단이 규범 체계를 발전시킬 때에는 언제나 문화의 싹이 움튼다. 이런 의미에서 가족은 하나의 미시 문화 집단이라 할 수 있다. 또한 언어는 전통, 가치 개념, 사고의 형성에 절대적인 영향을 끼치는 것이기 때문에, 특히 지방간의 문화 경계에 대한 표시로서 다른 어떤 것 못지않게 유용하리라고 생각한다.
>
> 지리적 문화 영역과 마찬가지로 중요한 것은, 일정한 지역에 걸쳐 산재해 있으며, 경우에 따라서는 국가 간의 경계를 넘는 사회적 집단화이다. 그러한 집단화는 종종 하위문화라고 불린다. 원래 하위문화는 어떤 사회 체계가 가진 일반 문화로부터 연령, 인종, 지역 등의 요인에 의해 파생되어 나온 문화 형태이다.
>
> 이러한 집단화 가운데서 첫 번째로 언급될 수 있는 것이 사회 계급 집단이다. 상류 계급이나 귀족의 생활양식은 지리적으로 멀리 떨어져 있는 지역들 간의 생활양식에서 나타나는 차이만큼이나 하류 계층의 그것과 차이가 난다. <u>그러한 집단들은 실제로 서로 다른 말을 하고</u>, 상이한 음식을 먹으며, 상이한 식탁 예절을 가진다. 그리고 그들은 상이한 경제 활동을 하며, 상이한 정치적 종교적 견해를 가진다. 마찬가지로 그들은 여가 선용에서도 많은 차이점을 가진다.

① '상호간'이라는 말을 북한에서는 '호상간'이라 한다.

② 서울 맹인은 "문수하오."라 하는데, 남원 맹인은 "문복하오."라 한다.

③ 1920년대에는 "이리 오너라." 하였고, 오늘날에는 "주인 계십니까?"라 한다.

④ 조선 시대에는 '밥'을 양반이 먹으면 '진지', 하인이 먹으면 '입시'라 하였다.

⑤ 여성은 "못하오."와 같이 경어를 쓰고, 남성은 "못 하리다."와 같이 고압적인 표현을 하였다.

밑줄 친 부분은 계급적 차이에 따른 언어의 차이를 말하는 것이다.
①② 지리적 요인에 의한 언어의 차이에 대한 예
③ 시대적 요인에 의한 예
④ 사회 계층에 따른 언어의 차이
⑤ 사회 제도에 따른 언어의 차이

18 다음 글을 통해 알 수 있는 내용이 아닌 것은?

많은 학자들이 뇌의 신비를 밝히기 위해 노력해 왔지만 뇌는 좀처럼 자신의 온전한 모습을 드러내지 않고 있다. 인간의 뇌가 외부에서 받아들인 기억 정보를 어떻게, 어디에 저장하는지 알아낸다면 뇌의 비밀에 좀 더 가깝게 다가설 수 있지 않을까?

기억 정보가 뇌에 저장되는 방식에 대해서는, 최근 많은 학설이 나왔지만, 그 중 뉴런(신경세포) 간 연결 구조인 시냅스의 물리·화학적 변화에 의해 이루어진다는 학설이 가장 설득력을 얻고 있다. 인간의 뇌에는 약 1천억 개의 뉴런이 존재하는데 뉴런 1개당 수천 개의 시냅스를 형성한다. 시냅스는 신호를 발생시키는 시냅스 전(前) 뉴런과 신호를 받아들이는 시냅스 후(後) 뉴런, 그리고 두 뉴런 사이의 좁은 간격, 곧 20~50나노미터 정도 벌어진 시냅스 틈으로 구성된다. 시냅스 전 뉴런에서 전기가 발생하면 그 말단에서 시냅스 틈으로 신경전달물질이 분비되고, 이 물질은 시냅스 후 뉴런의 수용체-신호를 받아들이는 물질-를 자극해 전기를 발생시킨다. 뇌가 작동하는 것은 시냅스로 이뤄진 신경망을 통해 이렇게 신호가 전달되어 정보 처리가 이루어지기 때문이다.

뇌가 받아들인 기억 정보는 그 유형에 따라 각각 다른 장소에 저장된다. 우리가 기억하는 것들은 크게 서술 정보와 비서술 정보로 나뉜다. 서술 정보란 학교 공부, 영화 줄거리, 장소나 위치, 사람 얼굴처럼 말로 표현할 수 있는 정보이다. 반면 비서술 정보는 몸으로 습득하는 운동 기술, 습관, 버릇, 반사적 행동 등과 같이 말로 표현할 수 없는 정보이다. 이 중에서 서술 정보를 처리하는 중요한 기능을 담당하는 것은 뇌의 내측두엽에 있는 해마로 알려져 있다. 교통사고를 당해 해마 부위가 손상된 이후 서술 기억 능력이 손상된 사람의 예가 그 사실을 뒷받침한다. 그렇지만 그는 교통사고 이전의 오래된 기억을 모두 회상해냈다. 해마가 장기 기억을 저장하는 장소는 아닌 것이다.

서술 정보가 오랫동안 저장되는 곳으로 많은 학자들은 대뇌피질을 들고 있다. 내측두엽으로 들어온 서술 정보는 해마와 그 주변 조직들에서 일시적으로 머무는 동안 쪼개져 신경정보신호로 바뀌고 어떻게 나뉘어 저장될 것인지가 결정된다. 내측두엽은 대뇌피질의 광범위한 영역과 신경망을 통해 연결되어 이런 기억 정보를 대뇌피질의 여러 부위로 전달한다. 다음 단계에서는 기억과 관련된 유전자가 발현되어 단백질이 만들어지면서 기억 내용이 공고해져 오랫동안 저장된 상태를 유지한다.

그러면 비서술 정보는 어디에 저장될까? 운동 기술은 대뇌의 선조체나 소뇌에 저장되며, 계속적인 자극에 둔감해지는 '습관화'나 한 번 자극을 받은 뒤 그와 비슷한 자극에 계속 반응하는 '민감화' 기억은 감각이나 운동 체계를 관장하는 신경망에 저장된다고 알려져 있다. 감정이나 공포와 관련된 기억은 편도체에 저장된다.

Answer 17.④ 18.②

① 기억 정보의 유형에 따라 저장되는 뇌 부위가 달라진다.

② 비서술 정보는 자극의 횟수에 의해 기억 여부가 결정된다.

③ 장기 기억되는 서술 정보는 대뇌피질에 분산되어 저장된다.

④ 서술 정보와 비서술 정보는 말로 표현할 수 있느냐의 여부에 따라 구분된다.

⑤ 시냅스 전 뉴런에서 시냅스 후 뉴런으로의 신호 전달은 매개물을 통해 이루어진다.

이 글에는 정보의 기억 여부를 결정하는 기준에 대한 진술은 없고, 기억되는 장소에 대한 진술만 있다. ②에서 언급한 비서술 정보의 경우도 그 유형에 따라 기억되는 장소가 다름을 진술하였지(마지막 문단), 기억 여부를 결정한다고 하지는 않았다.

19 다음 글에서 다룬 내용이 아닌 것은?

> 사회 구성원들이 경제적 이익을 추구하는 과정에서 불법 행위를 감행하기 쉬운 상황일수록 이를 억제하는 데에는 금전적 제재 수단이 효과적이다.
>
> 현행법상 불법 행위에 대한 금전적 제재 수단에는 민사적 수단인 손해 배상, 형사적 수단인 벌금, 행정적 수단인 과징금이 있으며, 이들은 각각 피해자의 구제, 가해자의 징벌, 법 위반 상태의 시정을 목적으로 한다. 예를 들어 기업들이 담합하여 제품 가격을 인상했다가 적발된 경우, 그 기업들은 피해자에게 손해 배상 소송을 제기당하거나 법원으로부터 벌금형을 선고받을 수 있고 행정 기관으로부터 과징금도 부과받을 수 있다. 이처럼 하나의 불법 행위에 대해 세 가지 금전적 제재가 내려질 수 있지만 제재의 목적이 서로 다르므로 중복 제재는 아니라는 것이 법원의 판단이다.
>
> 그런데 우리나라에서는 기업의 불법 행위에 대해 손해 배상 소송이 제기되거나 벌금이 부과되는 사례는 드물어서, 과징금 등 행정적 제재 수단이 억제 기능을 수행하는 경우가 많다. 이런 상황에서는 과징금 등 행정적 제재의 강도를 높임으로써 불법 행위의 억제력을 끌어올릴 수 있다. 그러나 적발 가능성이 매우 낮은 불법 행위의 경우에는 과징금을 올리는 방법만으로는 억제력을 유지하는 데 한계가 있다. 또한 피해자에게 귀속되는 손해 배상금과는 달리 벌금과 과징금은 국가에 귀속되므로 과징금을 올려도 피해자에게는 직접적인 도움이 되지 못한다. 이 때문에 적발 가능성이 매우 낮은 불법 행위에 대해 억제력을 높이면서도 손해 배상을 더욱 충실히 할 수 있는 방안들이 요구되는데 그 방안 중 하나가 '징벌적 손해 배상 제도'이다.

이 제도는 불법 행위의 피해자가 손해액에 해당하는 배상금에다 가해자에 대한 징벌의 성격이 가미된 배상금을 더하여 배상받을 수 있도록 하는 것을 내용으로 한다. 일반적인 손해 배상 제도에서는 피해자가 손해액을 초과하여 배상받는 것이 불가능하지만 징벌적 손해 배상 제도에서는 그것이 가능하다는 점에서 이례적이다. 그런데 이 제도는 민사적 수단인 손해 배상 제도이면서도 피해자가 받는 배상금 안에 벌금과 비슷한 성격이 가미된 배상금이 포함된다는 점 때문에 중복 제재의 발생과 관련하여 의견이 엇갈리며, 이 제도 자체에 대한 찬반양론으로 이어지고 있다.

이 제도의 반대론자들은 징벌적 성격이 가미된 배상금이 피해자에게 부여되는 횡재라고 본다. 또한 징벌적 성격이 가미된 배상금이 형사적 제재 수단인 벌금과 함께 부과될 경우에는 가해자에 대한 중복 제재가 된다고 주장한다. 반면에 찬성론자들은 징벌적 성격이 가미된 배상금을 피해자들이 소송을 위해 들인 시간과 노력에 대한 정당한 대가로 본다. 따라서 징벌적 성격이 가미된 배상금도 피해자의 구제를 목적으로 하는 민사적 제재의 성격을 갖는다고 보아야 하므로 징벌적 성격이 가미된 배상금과 벌금이 함께 부과되더라도 중복 제재가 아니라고 주장한다.

① 징벌적 손해 배상 제도의 내용
② 징벌적 손해 배상 제도와 관련한 논쟁
③ 불법 행위에 대한 금전적 제재 수단의 종류
④ 징벌적 손해 배상 제도의 도입 사례와 문제점
⑤ 징벌적 손해 배상 제도의 도입이 요구되는 배경

3문단에서 행정적 제재 수단인 과징금 부과의 방법으로는 기업의 불법 행위를 억제하는 데 한계가 있다고 설명하고, 그 대안으로 징벌적 손해 배상 제도의 도입을 주장하고, 4문단과 5문단에서 징벌적 손해 배상 제도의 내용과 그것에 대한 찬반 양론을 소개하고 있다.

Answer 19.④

20 〈보기〉의 내용이 들어가기에 가장 적절한 곳은?

(가) 적성에 따라서 직업을 선택하기보다는 보수에 따라서 직업을 선택할 경우가 더 많은 것이 우리들의 실정이다. 만일 어떤 일을 하더라도 수입에는 별로 차이가 없다면 오랜 교육 기간 내지 수련 기간이 필요한 의사나 법률가에 대한 선호가 오늘의 한국의 경우처럼 심한 경향을 보이지는 않을 것이다. 결국 일자리를 에워싼 경쟁은 일자리만의 경쟁으로 그치는 것이 아니라 경제력에 대한 경쟁이요, 전체로서의 생존 경쟁의 뜻까지 함축하는 것이 우리의 현실이다.

(나) 힘이 많이 들고 괴로움이 큰일일수록 수입이 많고, 즐겨 가며 쉽게 할 수 있는 일에는 보수가 적었다면 문제는 비교적 간단했을 것이다. 힘이 많이 드는 일은 많은 수입으로 보상이 되고, 보수가 적은 일은 일 그 자체가 쉽고 즐거움으로 보상을 받게 될 것이므로 심각한 사회 정의의 문제가 생길 소지는 크게 줄어들 것이다. 그러나 현실은 그와 반대여서 힘이 많이 들고 괴로움이 큰 일보다도 힘이 적게 들고 쉬운 일에 종사하는 사람이 더 좋은 대우를 받을 경우가 많다. 이에 두 가지 면에서 모두 유리한 일에 대한 선호와 두 가지 면에서 모두 불리한 일에 대한 기피가 불가피하게 되며, 불리한 일밖에 차지가 돌아오지 않는 계층의 사람들은 이중의 불만을 갖게 된다.

(다) 어떤 일자리를 누가 차지하느냐 하는 것은 자유 경쟁을 통하여 결정되고, 어떤 일이 얼마나 많은 대가를 받느냐 하는 것은 수요와 공급의 관계가 지배하는 시장 경제의 원칙을 따라서 결정된다. 시장 경제에서의 물가의 형성도 결국은 자유 경쟁의 결과로서 이루어지는 것이므로, 누가 무슨 일을 하고 얼마나 보수를 받느냐 하는 문제는 전체가 자유 경쟁을 통해서 판가름이 나는 셈이다.

(라) 문제의 핵심은 삶의 현장에서 일어나는 욕구의 대립을 오로지 당사자들의 자유 경쟁으로써 해결하는 것이 언제나 옳다고 볼 수 있느냐 하는 점에 있는 것으로 보인다. 우리가 인간 사회를 하나의 공동체로서 인정하는 이상, 개인 또는 집단 사이의 갈등을 '약육강식'의 원칙에 맡기는 것이 옳다고 볼 수 없음은 명백하다. 자유 경쟁에만 맡겼을 경우에 약자들이 놓이게 될 불리한 처지를 돕기 위한 어떤 사회적 8 조치가 있어야 마땅하다. 약자에게도 생존의 권리가 있다는 것을 부인하지 않는 한 약자에 대한 보호의 책임이 사회에 있음은 의심의 여지가 없다.

(마) 일자리를 에워싼 경쟁에서 패자의 위치로 밀려난 약자를 보호하는 길은 실력이 부족한 사람에게 감당하기 어려운 일자리를 맡기는 방향에서가 아니라, 약자에게 돌아간 일자리를 경제적으로 우대하는 방향에서 찾는 것이 합리적일 것이다.

〈보기〉

의사로서의 자격을 갖추지 못한 선반공에게 환자를 맡기거나, 과학적 지식이 부족한 미장공에게 연구실을 맡길 수는 없는 일이며, 다만 선반공이나 미장공이 하는 일에 대한 보수의 수준을 올리는 방향으로 불평등을 조정해야 할 것이다.

① ㈎의 뒤
② ㈏의 뒤
③ ㈐의 뒤
④ ㈑의 뒤
⑤ ㈒의 뒤

〈보기〉의 내용은 사회적 약자들에게 전문적이고 감당하기 어려운 일을 맡기기보다, 경제적으로 우대하자는 내용이므로 ㈒의 뒤에 들어가기에 적절하다.

Answer 20.⑤

21 다음 글의 내용과 일치하지 않는 것은?

인간의 삶에서 고통의 의미를 찾기 위한 질문은 계속되어 왔다. 이에 대한 철학적 해답으로 대표적인 것이 바로 변신론(辯神論)이다. 변신론이란 무고한 자의 고통이 존재함에도 불구하고 여전히 신이 정의로움을 보여주고자 하는 논리라고 할 수 있다. 이에 따르면 고통은 선을 너 두드러지게 하고 더 큰 신에 기여하므로, 부분으로서의 고통은 전체로서는 선이 된다. 응보론적 관점에서 고통을 죄의 대가로 보거나, 종교적 관점에서 고통이 영혼의 성숙을 위한 시련이라고 보는 설명들도 모두 넓게는 변신론의 일종이라고 할 수 있다.

레비나스는 20세기까지 사람들을 지배해 온 변신론적 사고가 두 차례의 세계 대전, 아우슈비츠 대학살 등 비극적인 사건들로 인해 경험적으로 이미 그 설득력을 잃었다고 본다. 죄 없는 수백만 명이 학살당하는 처참한 현실 앞에서, 선을 위한다는 논리로 고통을 정당화할 수 있는지 그는 의문을 제기한다. 그가 보기에 고통은 고통 그 자체로는 어떠한 쓸모도 없는 부정적인 것이며 고독한 경험에 불과하다. 이에 레비나스는 고통으로부터 주체의 새로운 가능성을 포착해 낸다. 그에 따르면, 일차적으로 인간은 음식, 공기, 잠, 노동, 이념 등을 즐기고 누리는 즉 '향유'하는 주체이다. 음식을 먹고 음악을 즐길 때 향유의 주체는 아무에게도 의존하지 않고 개별적으로 존재한다. 레비나스는 이 같은 존재의 틀을 어떻게 넘어설 수 있는가에 관심이 있었으며, 개별적 존재의 견고한 옹벽에 틈을 낼 수 있는 가능성을 고통에서 발견한다. 고통 받는 자는 감당할 수 없는 고통으로 인해 자연히 신음하고 울부짖게 되는데, 여기서 타인의 도움에 대한 근원적 요청이 발생한다는 것이다. 이러한 요청에 응답하여 그 사람을 위해 자신의 향유를 포기할 때, 비로소 타인에 대한 관계, 즉 인간 상호 간의 윤리적 전망이 열리게 된다. 이를 통해 인간은 '향유의 주체'를 넘어 타인을 향한 '책임의 주체'로 전환될 수 있다. 고통 받는 자가 '외부의 폭력'에 무력하게 노출된 채 나에게 도덕적 호소력으로 다가오는 윤리적 사건을 레비나스는 '타인의 얼굴'이라고 부른다. '타인의 얼굴'은 존재 자체를 통해 나에게 호소하고 윤리적 의무를 일깨운다. 나는 이러한 의무를 기꺼이 받아들이고, 그를 '환대'해야 한다. 이때 중요한 것은 타인에 대한 나의 이성적 판단이 아니라 감성이다. 타인의 호소에 직접 노출되어 흔들리고 영향을 받는 것은 감성이라고 보기 때문이다. 바로 이곳이 레비나스의 윤리학이 기존의 이성중심의 윤리학과 구분되는 지점이 된다.

① 변신론에 따르면 고통은 선에 기여한다.

② 레비나스의 윤리학에서는 감성의 역할을 중시한다.

③ 응보론적 관점에서는 고통을 죄의 대가로 이해한다.

④ 레비나스는 개별적인 존재로서 자립할 것을 주장한다.

⑤ 레비나스는 변신론적 사고가 설득력을 잃었다고 본다.

④ 레비나스는 인간은 개별적으로 존재하지만, 이 같은 존재의 틀을 어떻게 넘어설 수 있는가에 관심이 있다.

Answer 21.④

22 다음 글을 통해 알 수 있는 사실이 아닌 것은?

1689년에 뉴턴은 물통 실험을 통해 '절대 공간'을 상정하고 물체는 그 안에서 운동하거나 변화하지만 공간 자체는 고정되어 있어서 전혀 변하지 않으며, 영구 보편적으로 존재한다고 생각하였다. 이러한 절대 공간에 대한 질문은 뉴턴 이후 수백 년 동안 물리학자들의 입에 회자(膾炙)되어 오다가 1800년대 중반에 에른스트 마흐의 등장으로 일대 전환점을 맞이하게 된다. 그는 완전히 비어 있지는 않고 단 몇 개의 별들만이 사방에 흩어져 있는 아주 썰렁한 우주의 한 지점에서 몸을 회전시키는 실험을 통해 뉴턴의 절대 공간설에 반론을 제기한다.

마흐는 텅 빈 공간에서는 우리의 몸이 회전할 때 아무 것도 느껴지지 않는다고 한다. 반면에, 별들이 사방에 흩어져 있는 우주에서 몸을 회전시키면 팔과 다리가 몸의 바깥쪽으로 당겨진다. 이 때 회전하는 우리의 몸에 느껴지는 힘은 우리의 주변에 널려 있는 물체의 양에 비례한다는 것이다. 별이 단 하나밖에 없는 우주에서 회전한다면 아주 미미한 힘을 느낄 것이고, 똑같은 별이 두 개 있으면 그 힘도 두 배로 커지고 별의 개수가 점차 증가하여 지금의 우주와 같아지면 비로소 지금 우리가 느끼는 정도의 힘이 작용하게 된다는 것이다. 이 논리에 의하면 가속 운동을 할 때 느껴지는 힘은 우주 내의 모든 천체들이 복합적으로 작용하여 나타나는 결과인 셈이다.

물론 이 논리는 회전 운동뿐만 아니라 모든 종류의 가속 운동에도 똑같이 적용된다. 우리가 타고 있는 비행기가 이륙하면서 가속하고 있을 때, 자동차가 급정거를 했을 때, 또는 승강기가 정지 상태에서 출발했을 때 우리가 힘을 느끼는 이유는 지구를 포함하여 우주 전체에 분포되어 있는 모든 물질들이 복합적으로 작용하여 영향력을 행사하고 있기 때문이다. 만일 천체의 개수가 지금보다 많은 우주에 우리가 살고 있다면 가속 운동 시 지금보다 더 큰 힘을 느낄 것이며, 그 반대의 경우라면 지금보다 작은 힘을 느끼게 될 것이다. 아무 것도 없는 텅 빈 우주에서 가속 운동을 한다면 아무런 힘도 느끼지 못할 것이다. 그러므로 마흐의 논리에서는 오직 상대 운동과 상대적 가속 운동만이 눈에 보이는 현상을 지배하게 된다. 곧 우주 안에 존재하는 모든 물질의 평균 분포 상태에 대하여 상대적인 가속 운동을 해야만 그에 대응되는 힘을 느낄 수 있으며, 운동을 비교할 대상이나 물질이 전혀 없다면 가속 운동을 감지할 방법이 없다. 이것이 바로 마흐가 제창한 공간 이론이었다.

마흐의 이론은 지난 150여 년 동안 수많은 물리학자들의 마음을 사로잡았다. 사실, 눈에 보이지도 않고 만질 수도 없는 무형의 절대 공간에 전적으로 의지하여 운동의 개념을 정의하는 것은 다분히 위험하고 비과학적인 발상이다. 그러나 마흐의 주장을 수용했던 과학자들도 "뉴턴의 물통 실험을 설명할 만한 또 다른 논리가 존재하지는 않을까?"라는 한 가닥 의문을 완전히 떨쳐버릴 수는 없었다.

① 뉴턴은 운동의 개념을 명확히 정의하기 위해 물통 실험을 시도했다.

② 마흐는 주변에 물체가 많이 있을수록 운동할 때 느껴지는 힘은 커진다고 생각했다.

③ 마흐의 우주 공간 실험은 뉴튼의 절대 공간설에 대한 반론을 제기하기 위한 것이었다.

④ 뉴턴은 우리가 운동을 할 때 비교할 대상이나 물체가 없다면 이를 느낄 수 없다고 생각했다.

⑤ 마흐의 공간 이론과 뉴턴의 절대 공간설 모두 과학자들에게 완전한 이론으로 인식되지 못했다.

뉴턴은 절대 공간을 상정하여 우리가 운동을 할 때 비교할 대상이나 물체가 없어도 그 안의 운동을 느낄 수 있다고 하였다. 그러나 마흐는 이와 달리 우리가 운동을 할 때 비교할 대상이나 물체가 없다면 이를 느낄 수 없다고 하였다.

Answer 22.④

23 다음 글의 글쓰기 전략으로 적절하지 않은 것은?

언어는 배우는 아이들이 있어야 지속된다. 그러므로 성인들만 사용하는 언어가 있다면 그 언어의 운명은 어느 정도 정해진 셈이다. 언어학자들은 이런 방식으로 추리하여 인류 역사에 드리워진 비극에 대해 경고한다. 한 언어학자는 현존하는 북미 인디언 언어의 약 80%인 150개 정도가 빈사 상태에 있다고 추정한다. 알래스카와 시베리아 북부에서는 기존 언어의 90%인 40개 언어, 중앙아메리카와 남아메리카에서는 23%인 160개 언어, 오스트레일리아에서는 90%인 225개 언어, 그리고 전 세계적으로는 기존 언어의 50%인 대략 3,000개의 언어들이 소멸해 가고 있다고 한다. 사용자 수가 10만 명을 넘는 약 600개의 언어들은 비교적 안전한 상태에 있지만, 세계 언어 수의 90%에 달하는 그 밖의 언어는 21세기가 끝나기 전에 소멸할지도 모른다.

언어가 이처럼 대규모로 소멸하는 원인은 중첩적이다. 토착 언어 사용자들의 거주지가 파괴되고, 종족 말살과 동화(同化) 교육이 이루어지며, 사용 인구가 급격히 감소하는 것 외에 '문화적 신경가스'라고 불리는 전자 매체가 확산되는 것도 그 원인이 된다. 물론 우리는 소멸을 강요하는 사회적, 정치적 움직임들을 중단시키는 한편, 토착어로 된 교육 자료나 문학 작품, 텔레비전 프로그램 등을 개발함으로써 언어 소멸을 어느 정도 막을 수 있다. 나아가 소멸 위기에 처한 언어라도 20세기의 히브리 어처럼 지속적으로 공식어로 사용할 의지만 있다면 그 언어를 부활시킬 수도 있다.

합리적으로 보자면, 우리가 지구상의 모든 동물이나 식물 종들을 보존할 수 없는 것처럼 모든 언어를 보존할 수는 없으며, 어쩌면 그래서는 안 되는지도 모른다. 여기에는 도덕적이고 현실적인 문제들이 얽혀 있기 때문이다. 어떤 언어 공동체가 경제적 발전을 보장해 주는 주류 언어로 돌아설 것을 선택할 때, 그 어떤 외부 집단이 이들에게 토착 언어를 유지하도록 강요할 수 있겠는가? 또한, 한 공동체 내에서 이질적인 언어가 사용되면 사람들 사이에 심각한 분열을 초래할 수도 있다. 그러나 이러한 문제가 있더라도 전 세계 언어의 50% 이상이 빈사 상태에 있다면 이를 그저 바라볼 수만은 없다.

왜 우리는 위험에 처한 언어에 관심을 가져야 하나? 언어적 다양성은 인류가 지닌 언어 능력의 범위를 보여 준다. 언어는 인간의 역사와 지리를 담고 있으므로 한 언어가 소멸한다는 것은 역사적 문서를 소장한 도서관 하나가 통째로 불타 없어지는 것과 비슷하다. 또 언어는 한 문화에서 시, 이야기, 노래가 존재하는 기반이 되므로, 언어의 소멸이 계속되어 소수의 주류 언어만 살아남는다면 이는 인류의 문화적 다양성까지 해치는 셈이 된다.

① 실태를 생생하게 전달하기 위해 구체적인 수치를 제시하고 있다.
② 문제의 복잡성을 드러내기 위해 관점이 다른 견해도 소개하고 있다.
③ 대책의 신뢰성을 높이기 위해 권위 있는 전문가의 견해에 기대고 있다.
④ 독자의 관심을 환기하기 위해 묻고 답하는 방식으로 주장을 제시하고 있다.
⑤ 문제의 심각성을 드러내기 위해 예측할 수 있는 미래 상황을 제시하고 있다.

글쓴이는 세계의 수많은 언어가 빈사 상태에 처해 있다는 문제적 상황과 원인 분석, 극복 방안 및 극복 이유 등을 제시하고는 있으나, 자신의 생각을 강화하기 위하여 권위 있는 전문가의 말을 인용하거나 빌려오지는 않았다.

Answer 23.③

24 다음 글을 통해 알 수 없는 것은?

컴퓨터용 한글 자판에는 세벌식 자판과 두벌식 자판이 있다. 그리고 세벌식 자판이 두벌식 자판에 비해 더 효율적이고 편리하다는 평가가 많다. 그럼에도 불구하고, 새로 컴퓨터를 사용하기 시작하는 사람이 두벌식 자판을 선택하는 이유는 기존의 컴퓨터 사용자의 대다수가 두벌식 자판을 사용하고 있다는 사실이 새로운 사용자에게 영향을 주었기 때문이다. 이렇게 어떤 제품의 사용자 또는 소비자 집단이 네트워크를 이루고, 다른 사람의 수요에 미치는 영향을 네트워크 효과 또는 '네트워크 외부성'이라고 한다.

네트워크 외부성에 영향을 미치는 요인은 세 가지 차원에서 생각해 볼 수 있다. 우선 가장 직접적인 영향을 미치는 것은 사용자 기반이다. 네트워크에 연결된 사람이 많아질수록 사용자들이 제품이나 서비스를 사용함으로써 얻게 되는 효용은 더욱 증가하고, 이로 인해 더 많은 소비자들이 그 제품을 선택하게 된다. 인터넷 지식 검색의 경우, 전체 가입자의 수가 많을수록 개별 사용자의 만족도가 높아지는 경향이 있는데, 이는 사용자 기반이 네트워크 외부성에 영향을 미치는 사례로 볼 수 있다.

둘째, 해당 재화나 서비스의 표준 달성 여부이다. 시장에 출시된 제품 중에서 한 쪽이 일정 수준 이상의 사용자수를 확보해서 시장 지배적 제품으로서 표준이 되면 소비자의 선택에 중요한 영향을 주기 때문이다. 예를 들어 컴퓨터 운영 체제로서 윈도우즈는 개인용 컴퓨터(PC) 시장의 대부분을 장악하고 있는데, 개인용 컴퓨터 제조업체들이 자사 제품에 윈도우즈 로고를 붙여야 판매가 가능할 정도로 윈도우즈의 시장 지배력은 압도적이다. 이런 상황에서 컴퓨터를 구매하려는 소비자가 윈도우즈 대신 다른 운영 체제를 선택할 가능성은 매우 낮다.

마지막으로 호환성이다. 특정 브랜드의 제품이나 서비스를 사용하면서 별도의 비용 없이 다른 브랜드 제품으로 전환해서 사용할 수 있다면, 소비자의 선택에 상당한 영향을 미칠 수 있다. 예컨대 시중에 판매되는 DVD 타이틀이 서로 다른 두 가지 방식으로 제작된다고 하자. 소비자로서는 한 가지 방식만을 지원해 주는 DVD 플레이어보다는 두 가지 방식을 모두 지원하여 보다 다양한 DVD 타이틀을 볼 수 있는 DVD 플레이어를 선택하려고 할 것이다. 일반적으로 소비자는 제품의 질이나 가격에 민감하고, 이를 기준으로 제품을 선택한다고 생각한다. 하지만 네트워크 외부성은 소비자들이 가격이나 품질 이외의 요인 때문에 재화나 서비스를 선택할 수 있음을 보여준다.

① 네트워크 외부성이 있으면 재화나 서비스의 가격은 하락한다.
② 사람들이 가장 많이 사용하는 제품이 가장 편리하다고 단정할 수 없다.
③ 특정 제품의 가치는 가격이나 품질 이외의 요인에 따라 달라질 수도 있다.
④ 사용자 기반이 클수록 사용자 개인은 서비스에 대해 만족감이 커지는 경향이 있다.
⑤ 소비자들은 특정 제품을 택할 때 다른 사람들의 선택이나 판단에 영향을 받기도 한다.

② 첫째 문단에서 한글 자판의 사례를 통해 더 효율적이고 편리한 방식(세벌식 자판)이 꼭 더 많이 선택되는 것이 아님을 드러냈다.
③ 마지막 문단에서 '소비자는 제품의 질이나 가격 이외의 요인으로 인해 재화나 서비스를 선택할 수 있음'에서 확인할 수 있다.
④ 둘째 문단의 내용에서 확인할 수 있다.
⑤ 둘째 문단에 제시된 내용이다.

25 다음 글의 내용과 부합하지 않는 것은?

현존하는 족보 가운데 가장 오래된 것은 성종 7년(1476)에 간행된 안동 권씨의 「성화보(成化譜)」이다. 이 족보의 간행에는 달성 서씨인 서거정이 깊이 관여하였는데, 그가 안동 권씨 권근의 외손자였기 때문이다. 조선 전기 족보의 가장 큰 특징을 바로 여기에서 찾을 수 있다. 「성화보」에는 모두 9,120명이 수록되어 있는데, 이 가운데 안동 권씨는 9.5퍼센트인 867명에 불과하였다. 배우자가 다른 성씨라 하더라도 절반 정도는 안동 권씨이어야 하는데 어떻게 이런 현상이 나타났을까?

그것은 당시의 친족 관계에 대한 생각이 이 족보에 고스란히 반영되었기 때문이다. 우선 「성화보」에서는 아들과 딸을 차별하지 않고 출생 순서대로 기재하였다. 이러한 관념이 확대되어 외손들도 모두 친손과 다름없이 기재되었다. 안동 권씨가 당대의 유력 성관이고, 안동 권씨의 본손은 물론이고 인척 관계의 결연으로 이루어진 외손까지 상세히 기재하다보니, 조선 건국에서부터 당시까지 과거 급제자의 절반 정도가 「성화보」에 등장한다.

한편 「성화보」의 서문에서 서거정은 매우 주목할 만한 발언을 하고 있다. 즉 "우리나라는 자고로 종법이 없고 족보가 없어서 비록 거가대족(巨家大族)이라도 기록이 빈약하여 겨우 몇 대를 접할 뿐이므로 고조나 증조의 이름과 호(號)도 기억하지 못하는 이가 있다."라고 한 것이다. 「성화보」 역시 시조 쪽으로 갈수록 기록이 빈약한 편이다.

「성화보」 이후 여러 성관의 족보가 활발히 편찬되면서 양반들은 대개 족보를 보유하게 되었다. 하지만 가계의 내력을 정확하게 파악할 수 있는 자료가 충분하지 않아서 조상의 계보와 사회적 지위를 윤색하거나 은폐하기도 하였다. 대다수의 양반 가계가 족보를 편찬하면서 중인 물론 평민들도 족보를 보유하고자 하였다.

① 「성화보」에서 수록된 사람 중 안동 권씨는 10%도 되지 않는다.
② 태조부터 성종까지 과거 급제자의 절반 정도가 「성화보」에 등장하였다.
③ 조선 후기의 족보는 친손과 외손의 차별 없이 모두 수록하고 있다.
④ 가계의 내력을 정확하게 파악할 수 없기 때문에 조상의 지위를 윤색하기도 하였다.
⑤ 서거정은 안동 권씨 권근의 외손자이다.

Tip ③ 조선 전기에 아들과 딸을 구별하지 않고 출생 순서대로 기재하였다.

Answer 24.① 25.③

26 다음 글의 논지를 바탕으로 학술발표회를 개최하고자 한다. 초청장에 들어갈 발표회의 주제로 가장 적절한 것은?

지구에 저장되어 있는 에너지원의 총량은 얼마나 될까? 1990년 한 해 동안 쓴 양을 기준으로 보면, 석탄은 200년, 석유는 50년, 가스는 70년, 우라늄은 50년 정도 더 쓸 수 있다고 알려졌다. 만일 에너지원을 캐어 내는 기술이 발전하여 최대한 이용한다고 하면, 석탄은 400년, 석유는 200년, 가스는 200년, 핵 원료는 170년 정도 더 쓸 수 있다고 한다. 핵에너지는 그 사용 방법이 많이 발전할 가능성이 있어서, 100세기는 더 사용할 수 있다. 결국, 핵에너지를 뺀 나머지 에너지원은 200 ~ 300년 정도밖에 쓸 수 없다. 따라서 인류는 빠른 시일 안에 새로운 에너지원을 발견해야 하는 과제에 당면하고 있다.

콘드라티에프(Kondrative) 주기에 따르면 2020년 경에 세계는 컴퓨터, 정보 통신, 생명 과학 등의 산업이 주도하는 새로운 경제 도약기를 맞게 될 것이다. 이들 산업이 철강 산업처럼 많은 에너지를 필요로 하지는 않겠지만, 과학 기술의 혜택으로 풍요롭고 편안해진 삶을 계속 유지하기 위해서는 에너지의 사용이 계속해서 증가할 수밖에 없다. 늘어나는 에너지 수요를 충족하면서도 환경을 파괴하지 않는 에너지로는 어떤 것이 있을까? 불행하게도 아직까지 대가를 치르지 않아도 되는 에너지원은 발견되지 않았다. 태양 에너지, 광합성에 의한 생물학적 에너지, 바람, 지열 에너지 등에 대한 연구와 실용화가 이루어지고 있으나, 이들을 에너지원으로 사용함에 따라 생기는 생태계의 변화까지 감안한다면 아직도 많은 연구가 이루어져야 한다.

태양 에너지는 1시간당 일 평방미터 위에 200와트나 되는 막대한 양의 에너지를 쏟아 붓고 있다. 따라서 한반도에 1년간 쏟아지는 태양 에너지는 전 인류가 4년간 소비하고 남을 엄청난 양이다. 하지만 우리는 0.1 ~ 1% 정도의 에너지 효율밖에는 이용하지 못하고 있다. 따라서 효율을 높이기 위한 연구가 더 많이 이루어져야 할 것이다. 그런데 태양 에너지를 이용하기 위해 필요한 장치를 할 경우, 주위에 쏟아지던 태양 에너지가 줄어드는 결과를 가져와 환경에 막대한 영향을 끼칠 것이다. 이렇게 보았을 때, 태양 에너지는 주 에너지원보다는 보조 에너지원으로밖에 가능성이 없다.

광합성에 의한 생물학적 에너지는 세계 에너지 생산의 14%를 차지한다. 우리가 먹는 식량도 이것을 이용하는 셈이다. 미래의 생명 공학에 거는 기대 속에는 이러한 에너지원의 개발이 차지하는 비중이 크다. 한 가지 걱정은, 극지방에 가까울수록 태양을 이용한 광합성 에너지를 얻기가 쉽지 않아 지역적인 분배가 잘되지 않는다는 점이다. 이러한 점은 다른 에너지원들도 마찬가지이다. 에너지가 필요한 장소에 없으면 그 가치가 매우 떨어질 수밖에 없다.

가까운 시일 안에 핵에너지를 대체할 수 있을 만큼 효율적인 에너지의 발견을 기대하기는 어려울 것이다. 그리고 이삼백 년 내에 닥칠 에너지의 위기도 극복해야만 한다. 따라서 핵에너지의 부정적인 점으로 꼽히는 핵폐기물 처리에 대한 연구를 장려해서라도 미래를 준비해야 한다. 이를 위해서는 핵폐기물 처리에 있어서 중요한 과제인 폐기물의 양을 줄이는 것, 방사능 반감기를 줄이는 것 등의 연구에 물리학과 같은 기초 과학이 주도적인 역할을 수행해야 한다.

아인슈타인은 핵에너지를 찾으려다가 상대성 이론을 이해한 것이 아니라, 물질의 기본 원리를 이해하려다가 상대성 이론을 깨닫고, 상대성 이론을 응용하여 핵에너지를 찾아냈다. 물론, 기본 원리를 이해하려는 연구를 하다가 산업이나 실제 생활에 필요한 것을 항상 발견하거나 발명할 수 있는 것은 아니다. 그러나 현대로 오면서 기초적인 자연 과학의 연구가 직접 실제 생활에 필요한 것을 항상 발전하는 경우가 많아지고 있다. 점점 엉뚱한 연구 결과가 큰 공헌을 하는 수가 많아지고 있는 것이다. 하지만 우연히 뭔가를 발견하거나 발명할 수 있는 것은 아니다. 연구에는 창의력이 요구된다. 그런데 창의력은 모방하려는 정신에서 나오는 것이 아니다. 확실한 이해를 통해서 나온다. 촛불을 개량한다고 해서 전등이 만들어지는 것은 아니지 않는가?

① 콘드라티에프 주기의 과학적 활용
② 과학 기술과 풍요해진 삶의 의미와 가치
③ 에너지 생산과 광합성에 의한 생물학적 에너지
④ 태양 에너지의 에너지 자원으로서 가능성과 방안
⑤ 미래 에너지 문제 해결을 위한 기초 과학의 주도적 역할의 필요성

이 글은 산업의 발전과 에너지원은 서로 밀접한 관계가 있다는 것을 밝히고 미래의 산업 발전에 대처하려면 새로운 에너지원 개발을 위한 기초 과학의 연구가 필요함을 강조하고 있다. 따라서 이 글의 핵심 내용은 ⑤이다.

Answer 26.⑤

27 (가)~(마) 단락의 주된 화제를 바르게 말하지 못한 것은?

(가) 자본주의 사회는 본질적으로 상품 경제가 전 사회를 지배하는 사회로 모든 생산물이 상품으로 생산되고 상품으로 교환된다. 따라서 자본주의 사회는 인간의 노동력 자체도 상품화하여 자본과 임금 노동의 관계를 성립하였다. 즉 자본주의는 소수의 자본가가 생산 수단의 대부분을 소유하고 다수의 직접 생산자인 노동자는 생산 수단으로부터 분리되어, 자신의 노동력을 상품으로 판매함으로써 생계를 유지해 나가는 사회이다.

(나) 자본주의 사회의 임금 노동자는 봉건 사회의 해체 과정에서 생겨났다. 오랫동안 토지에 결박되어 봉건적인 예속 관계에 얽매여 있던 농민들은 자본의 원시적 축척 과정에서 농촌과 토지에서 쫓겨나게 되었다. 이렇게 되자 농민들은 한편으로는 자신의 몸밖에 지닌 것이 없는 빈털터리가 되었으나, 다른 한편으로는 봉건적인 예속 관계에서 벗어나 신분이 자유로운 존재가 되었다. 결과적으로 농민들은 노동력을 팔아 생계를 유지할 수밖에 없었지만, 스스로의 능력과 의사에 따라서 자신의 노동력을 판매할 수 있는 '자유로운' 임금 노동자가 되었다.

(다) 따라서 오랫동안 사회 경제적으로 남성에게 예속되어 독립적인 지위를 갖지 못했던 여성들에게도 새로운 전기가 마련되었다. 여성들에게도 노동 능력을 가진 노동자로서 자신의 의사에 의해 노동력을 거래, 판매할 수 있는 자유로운 임금 노동자의 길이 열린 것이다. 드디어 여성들은 여성 문제가 발생한 이후 처음으로 가부장인 아버지나 남편에 의존하지 않고 여성 스스로의 힘을 통해 독립적인 사회 경제적 지위를 획득할 수 있게 되었다. 따라서 자본주의 사회의 가족 제도는 노예제나 봉건제 사회의 가족 제도처럼 생산 양식과 결합된 사회 조직으로서의 가부장제 가족 제도와는 질적인 차별성을 갖게 되었다. 상품화된 개인의 노동력을 요구하는 사회에서 가부장을 중심으로 한 생산 공동체로서 가족은 급격히 해체되었고, 부양자로서 가부장의 위상과 권한은 약화될 수밖에 없었다.

(라) 그러나 다른 한편 자본주의의 발달은 성 역할에 대한 고정 관념과 분업을 강화하여 여성들이 독자적으로 사회 경제적인 지위를 획득하는 데 장애가 되었다. 자본주의의 발달은 자급 자족 중심의 봉건적인 자연 경제를 빠른 속도로 해체하여, 농업과 결합되어 있던 가내 수공업을 농업으로부터 분리시켜 도시의 공장에 집중시켰다. 생산의 분화와 집중은 가정에서 생산을 분리시켜 가정은 단지 소비의 단위로만 남게 되었다. 결국 여성은 생산 노동에서 분리된 가사 노동만 담당하게 되었다. 여성이 가사를 전담하고 남성이 사회적 생산을 담당하는 성별 분업은 자본주의 초기에는 주로 신흥 자본가 계급에서 이루어졌고, 자본주의가 발달하면서 중간층까지 확대되었다. 이제 자본주의 사회에서는 여성은 가사의 전담자, 남성은 사회적 생산의 전담자란 성별 분업이 고정되기 시작했다.

(마) 결국 자본주의 사회에서 여성은 한편으로는 자유로운 노동자로서 위치를 획득하였으면서도 다른 한편으로는 가사의 전담자로서 가정에 묶이는 모순된 위치에 놓이게 되었다. 따라서 여성 노동의 사회화는 전면적으로 이루어질 수 없으며, 생산 노동에 참여하는 것이 곧바로 지위 향상으로 연결되지도 않는다. 오히려 대다수 여성 노동자들은 생산 노동과 노동력 재생산 노동을 동시에 부담하게 됨으로써 이중 노동에 시달리게 되었다. 여성들이 이와 같은 고통스런 상황에 놓이게 된 것은 자본주의의 속성, 즉 자본의 지배 원리에 기인한다.

① (가) – 자본주의 사회의 특징
② (나) – 봉건 사회에서의 농민의 지위
③ (다) – 여성들의 자유로운 임금 노동자 화(化)
④ (라) – 성 역할에 대한 고정 관념과 분업을 강화
⑤ (마) – 이중 노동 부담에 시달리는 여성노동자

Tip (나)는 '스스로의 능력과 의사에 따라서 자신의 노동력을 판매할 수 있는 자유로운 임금 노동자'에 대한 내용이 주된 화제이다.

Answer 27.②

28 다음 글의 짜임으로 볼 때, ㈎의 역할로 적절하지 않은 것은?

㈎ 꼭 필요한 사람이 되라는 의미로 쓰이는 '소금 같은 사람이 되어라.'라는 말이 있을 정도로 소금은 우리의 건강이나 식생활과 밀접한 관련을 맺고 있다. 이제부터, 조그마한 흰 알갱이에 불과한 소금이 우리의 몸과 생활에 어떤 영향을 미치는지 자세히 알아보도록 하자.

㈏ 소금은 짠맛을 지닌 백색의 물질로 나트륨 원자 하나가 염소 원자 하나와 결합한 분자들의 결정체이다. 사람에게 필요한 소금의 양은 하루에 3그램 정도로 적지만, 소금이 우리 몸에 들어가면 나트륨이온과 염화이온으로 나뉘어 생명 유지는 물론, 신진대사를 촉진시키기 위한 많은 일들을 한다. 예를 들어, 소금은 혈액과 위액 등 체액의 주요 성분일 뿐만 아니라 우리 몸에 쌓인 각종 노폐물을 배출시킴으로써 생리 기능을 조절하는 역할을 한다. 그러므로 사람뿐만 아니라 모든 동물이 소금 없이는 생명을 유지할 수 없는 것이다.

㈐ 소금은 음식 본래의 맛과 어울려 맛을 향상시키는 작용을 한다. 소금은 고기뿐만 아니라 곡식, 채소 등 다양한 재료와 어울리며 우리의 입맛을 돋운다. 그냥 먹으면 너무 짜고 쓰기까지 하지만 다른 맛과 적절히 어울리면 기가 막힌 맛을 내는 것이 바로 소금이다. 실제로 우리가 먹는 음식 가운데 차, 커피, 과일과 같은 몇몇 기호 식품을 빼고는 거의 모든 음식에 소금을 넣는다.

㈑ 생선을 소금에 절이면 보존 기한이 매우 길어진다. 그 이유는 소금이 음식을 썩게 하는 미생물의 발생을 막기 때문이다. 냉장 시설이 발명되기 전까지는 생선에 소금을 뿌려 보존한 덕분에 내륙 사람들도 생선 맛을 볼 수 있었던 것이다. 냉장 시설이 없던 옛날에는 생선뿐만 아니라 고기를 보존할 때도 소금이 꼭 필요했다. 고기를 소금에 절여 보관하거나 소금에 절인 고기를 연기에 익혀 말리는 방식인 훈제 등을 통해 고기를 오랫동안 보존할 수 있었기 때문이다.

㈒ 소금은 우리 몸을 위해서, 또 맛이나 식량의 보존을 위해서 중요한 역할을 한다. 이뿐만 아니라 소금은 그 불순물까지도 요긴하게 사용된다. 정제 과정을 거치지 않은 소금 중에 천일염은 바닷물을 햇볕과 바람에 증발시켜 만든 소금으로, 그 안에 마그네슘, 칼륨, 칼슘과 같은 미네랄이 많이 포함되어 있다. 이처럼 정제되지 않은 소금은 오히려 우리 몸에 미네랄을 공급해 줄 수 있기 때문에, 최근에는 천일염에 대한 관심이 매우 높아지고 있다.

① 글을 쓴 동기를 밝힌다.
② 독자의 호기심을 유발한다.
③ 설명하고자 하는 대상을 소개한다.
④ 설명 대상에 대해 구체적으로 설명한다.
⑤ 앞으로 나올 글의 내용을 요약적으로 제시한다.

Tip ㈎는 전체 중 도입부에 해당하는 부분으로 설명 대상에 대해 구체적인 설명보다는 간단한 안내가 제시된다.

29 다음 글로 보아 글쓴이가 제시할 수 있는 과제로 가장 적절한 것은?

염전 공간은 크게 저수지, 증발지, 결정지로 나뉜다. 저수지는 해수를 저장하는 공간으로 염전 경영에서 중요한 비중을 차지한다. 증발지는 태양열을 통하여 염도를 높이는 곳으로 난치와 누테로 구성되어 있다. 난치는 저수지의 물이 직접 들어오는 곳으로 일반적으로 1단계부터 4단계로 구성되어 있다. 누테는 난치의 과정을 통해서 높아진 염도를 다시 증발시키는 과정으로 누테와 마찬가지로 1 ~ 4단계로 구성되어 있다. 이러한 과정을 거친 후 소금이 생산되는 결정지로 해수가 이동하게 된다.

천일염전은 고지식(高地式)과 저지식(低地式)으로 나뉜다. 고지식의 염전은 해수 저장 공간의 높이가 증발지의 가장 높은 부분보다 낮아 바닷물이 자연스럽게 흘러내리지 못한다. 그래서 수차나 펌프 같은 기계의 동력으로 해수를 퍼 올려 증발지로 보낸다. 고지식 염전은 저지식 염전에 비해 염전 면적을 늘릴 수 있다. 저지식 염전은 증발지의 가장 높은 부분이 해수 저장 공간 높이보다 낮아서 저수지의 바닷물이 증발지로 자연히 흘러내리는 염전이다. 저지식 염전은 동력 없이도 물을 흘려보낼 수 있지만 해수 저장 공간이 넓어야 하기 때문에 염전 면적이 그만큼 줄어든다.

소금이 만들어지는 시기는 3월 초에서 10월 말까지가 좋은데, 이 시기의 소금은 당연히 몸에도 좋아 많은 사람이 찾는다. 좋은 소금은 김장용으로 사용되는데 늦가을에 생산된 소금은 도로 포장용 등으로 쓰인다. 11월부터 이듬해 3월 사이에는 염전을 손질하거나 염전을 깊이 갈아엎어 토질을 풍부하게 한다. 경운 작업과 써래질을 하는 것은 좋은 소금을 얻기 위한 것인데 3년에 1회 정도 실시한다. 이 작업이 끝나면 바닥을 말리고 다지는 작업을 하게 된다. 결정지에는 바닥에 소금을 모으기 위한 자리를 깔게 되는데, 초기에 갯벌을 다져서 사용하였다. 그 후 옹편, 타일을 사용하였으며, 1980년대 중반부터는 비닐을 사용하여 오늘에 이르고 있다.

1990년대 후반부터 소금 수입이 자유화되면서 염전도 구조 조정의 단계를 밟게 되었다. 수입 천일염에 비해 가격 경쟁력이 떨어지기 때문에 염전을 폐전하고 타 산업으로 전업하고자 하는 사람들에게는 폐전 지원비를 지급하였다. 대부분 양식장과 농지로 전환하였지만 양식장의 경우 단기간 동안 투자되는 운용 비용이 매우 크기 때문에 전환이 쉽지 않다. 그리고 쌀 시장이 개방된 데다 토지에 대한 욕구가 과거와 달리 크지 않아 농지로 전환을 원치 않는 경우도 있다. 또 폐전 지원을 받고도 업종 전환을 주저하는 것은 양질의 일손이 부족하기 때문이다.

시장 개방의 충격을 완화하기 위해서는 폐염전의 지원 정책과 수입 부담금의 연장, 현실적 지원 정책 등을 실시해야 한다. 그리고 장기적으로는 농어민을 위한 생활 복지 차원의 접근이 요구된다. 그뿐만 아니라 어민들도 생산성보다는 유통성과 자원의 지속성을 고려하는 대책을 찾아내야 한다.

Answer 28.④ 29.⑤

① 폐염전 구조 조정 완화
② 국내 생산 소금 가격의 현실화
③ 염전업의 소득을 증진할 수 있는 정책 개발
④ 염전 규모를 안정적으로 유지하는 정책 실시
⑤ 염전업에 종사했던 사람들의 전반적인 복지 향상

글쓴이는 글의 마무리 부분에서 장기적으로 농어민을 위한 생활 복지 차원의 접근이 요구된다고 하였다. 여기에서 '농어민'은 염전을 경영하다가 농사를 짓거나 새우를 양식하는 사람을 말한다.

30 다음 글로 미루어 알 수 있는 조선 후기 회화의 장점은?

> 판소리 사설에서의 시점 혼합이 조선 후기 회화에도 나타나고 있다. 원래 시점이란 대상을 바라보는 주체의 위치 문제를 나타내는 용어로서, 언어로 된 문학 작품보다 그림에서의 시점은 이해하기가 훨씬 수월하다. 그렇지만 조선 후기 그림에서의 시점도 판소리 사설처럼 단일 시점으로만 되어 있지 않고 복합적이다.
>
> 우선 실경(實景)을 그대로 담아 낸 실경 산수화 또는 진경산수화를 예로 들면, 흔히 액자 내부 시점과 액자 외부 시점이 혼합되어 나타난다. 예를 들어 박연 폭포를 그린 겸재의 그림을 보면 실제 폭포의 높이보다 그림의 폭포가 훨씬 높게 표현되어 있다. 그것은 액자 내부에 있는 사람들의 시점을 반영한 결과로 보인다. 즉 그림에는 폭포 및 정자 근처에서 폭포수를 쳐다보는 일군의 구경꾼들이 있는데, 폭포의 높이를 시제보다 훨씬 크게 그린 것은 폭포를 올려다보는 그들의 관점을 반영했기 때문이다.
>
> 겸재의 [통천문암]에도 그러한 현상이 보인다. 그림에서 파도는 마치 해일이 일어난 것처럼 실제보다 훨씬 강조되어 있다. 커다란 파도가 넘실대는 것이 금방이라도 땅을 뒤덮어버릴 만큼 위용이 대단하다. 파도가 실제 그런 정도라면 그런 날의 기상 조건은 태풍이 세차게 불고 빗줄기가 쏟아지면서 사람들이 바깥에 서 있을 수도 없는, 그야말로 최악의 기상 조건이어야 할 것이다. 그러나 그림에서는 사람들이 한가롭게 구경하면서 길을 간다. 그것은 이 그림이 액자 외부 시점으로만 구성된 단일 시점이 아니라 액자 내부의 시점, 즉 구경꾼이 파도를 인식하는 관점도 복합되어 있기 때문에 나타나는 현상이다. 바다와 도로 사이의 간격이 전혀 없이 사람의 머리 위로 파도가 넘실대게 그린 것도 그러한 복합 시점의 탓이다.

풍경을 완상(玩賞)하는 구경꾼을 아주 조그맣게 배치한 그림들은 대개가 복합 시점의 구성이라고 보아도 좋을 것이다. 그림 속의 산수풍경은 액자 바깥에서 볼 수 있는 풍경을 주로 반영하지만, 액자 내부의 관찰자가 느낀 산수 체험도 일정 부분 반영하는 것이다. 그림은 액자 외부 시점을 지배적인 틀로 하되, 거기에 구경꾼 하나하나가 그 나름의 시점으로 대상을 보고 느낀 액자 내부 시점들을 사이사이에 배치함으로써 이루어진다. 이를 판소리에 비하면 액자 외부의 시점은 서술자의 목소리에 해당하고, 액자 내부의 시점은 극중 인물의 목소리에 해당한다고 할 수 있다. 판소리에서 서술자의 목소리에 극중 인물의 목소리가 항상 개입하듯이, 그림에도 액자 외부의 시점에 액자 내부의 시점이 빈번하게 끼어드는 것이다.

① 대상을 사실적으로 재현할 수 있다.
② 융통성 있게 구도를 설정할 수 있다.
③ 그림의 소재를 자유 자재로 취할 수 있다.
④ 여백을 통하여 시점의 일관성을 지속시킬 수 있다.
⑤ 색채의 다양성과 명암의 효과를 아울러 살릴 수 있다.

판소리의 시점 혼합 현상이 조선 후기 회화에서도 나타나고 있다는 것을 중심 내용으로 하고 있다. 따라서 조선 후기 회화의 복합 시점은 그림의 구도가 융통성 있게 잡혀질 수 있다는 것을 보여 준다. 고정된 시점을 벗어나면 같은 공간 안에, 같은 시간대에 나타날 수 없는 것도 하나의 화면 안에 처리할 수 있기 때문이다.

Answer 30.②

수리

01 자료해석

1 다음은 우리나라 연도별 성별 월급여액과 국제간 남녀 임금격차 비교표이다. 〈보기〉에서 다음 표에 관해 옳게 해석한 것을 모두 고르면?

〈표 1〉 성별 월급여액

(단위 : 천 원)

구분	2011	2012	2013	2014	2015	2016	2017
여성 월급여액	1,015	1,112	1,207	1,286	1,396	1,497	1,582
남성 월급여액	1,559	1,716	1,850	1,958	2,109	2,249	2,381

※ 남성 대비 여성 임금 비율$=\frac{\text{여성 월급여액}}{\text{남성 월급여액}}\times 100$

〈표 2〉 국제간 남성 대비 여성 임금 비율 비교

(단위 : %)

연도	프랑스	독일	일본	한국	영국	미국	OECD 평균
2006	90	76	63	58	74	76	78
2016	88	77	67	62	79	81	82

〈보기〉

㉠ 2016년 우리나라의 남녀 임금격차는 최고 수준이며, OECD 국가 평균의 2배 이상이다.
㉡ 남성 근로자의 임금 대비 여성 근로자의 임금 수준은 2011년에 비해 2017년 1.3% 정도로 소폭 상승하였다.
㉢ 국제간 남녀 임금격차가 가장 적은 나라는 프랑스이다.
㉣ OECD 국가들은 남녀 임금격차가 줄어드는 추세이다.

① ㉠
② ㉠, ㉡
③ ㉠, ㉡, ㉢
④ ㉡, ㉢, ㉣
⑤ ㉠, ㉡, ㉢, ㉣

㉠ 2016년의 남녀 임금격차가 66.6%로 최고 수준이었으나, OECD 국가 평균의 2배 이상은 아니다.

㉡ 우리나라의 남성 근로자의 임금 대비 여성 근로자의 임금 수준은 다음과 같다.

구분	2011	2012	2013	2014	2015	2016	2017
남성 대비 여성 임금 비율	65.1%	64.8%	65.2%	65.7%	66.2%	66.6%	66.4%

2011년에 비해 2017년에는 1.3% 정도로 소폭 상승하였다.

㉢ 남녀 임금격차가 적다는 것은 남녀의 임금격차가 거의 없어 100%가 되어야 한다는 뜻이다. 프랑스는 OECD 국가 중에서 남녀 임금격차가 가장 적다.

㉣ OECD 평균이 78%에서 82%로 100%에 가까워졌으므로 남녀 임금격차가 줄어들고 있다고 볼 수 있다.

2 다음 표는 A, B, C, D 도시의 인구 및 총 인구에 대한 여성의 비율과 그 여성 중 독신자의 비율을 나타낸 것이다. 올해 A 도시의 여성 독신자의 7%가 결혼을 하였다면 올해 결혼한 독신여성은 모두 몇 명인가?

구분	A 도시	B 도시	C 도시	D 도시
인구(만 명)	25	39	43	52
여성 비율(%)	42	53	47	57
여성 독신자 비율(%)	42	31	28	32

① 3,087명　② 4,210명
③ 5,658명　④ 6,407명
⑤ 7,350명

A 도시의 여성 수는 $250,000 \times \frac{42}{100} = 105,000$명

A 도시의 여성 독신자 수는 $105,000 \times \frac{42}{100} = 44,100$명

A 도시의 여성 독신자 중 7%에 해당하는 수는 $44,100 \times \frac{7}{100} = 3,087$명

Answer 1.④ 2.①

3 다음은 조선시대 한양의 조사시기별 가구수 및 인구수와 가구 구성비에 대한 자료이다. 이에 대한 설명 중 옳은 것만을 모두 고르면?

〈조사시기별 가구수 및 인구수〉

(단위 : 호, 명)

조사시기	가구수	인구수
1729년	1,480	11,790
1765년	7,210	57,330
1804년	8,670	68,930
1867년	27,360	144,140

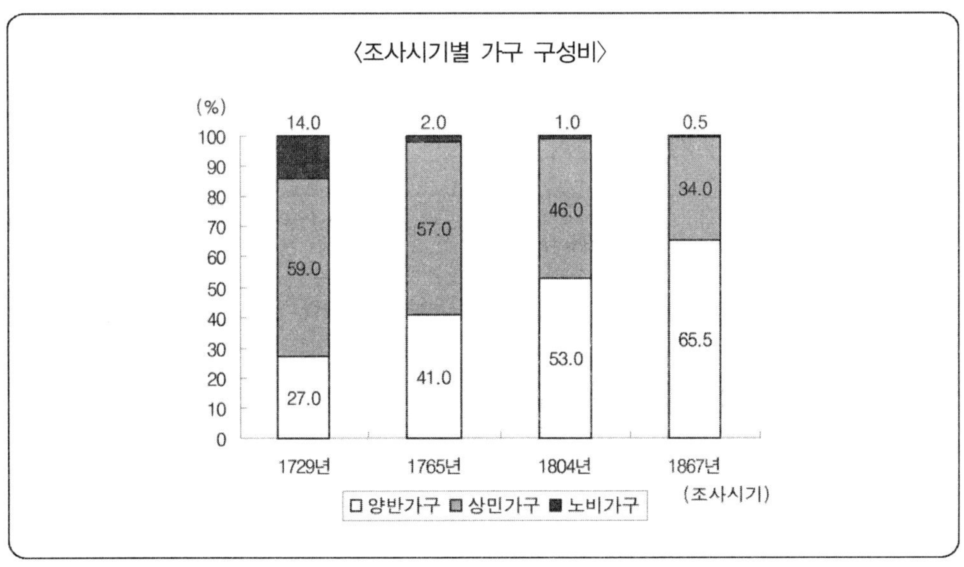

㉠ 1804년 대비 1867년의 가구당 인구수는 증가하였다.
㉡ 1765년 상민가구 수는 1804년 양반가구 수보다 적다.
㉢ 노비가구 수는 1804년이 1765년보다는 적고 1867년보다는 많다.
㉣ 1729년 대비 1765년에 상민가구 구성비는 감소하였고 상민가구 수는 증가하였다.

① ㉠, ㉡
② ㉠, ㉢
③ ㉡, ㉣
④ ㉠, ㉢, ㉣
⑤ ㉡, ㉢, ㉣

㉠ 1804년 가구당 인구수는 $\frac{68,930}{8,670}$ = 약 7.95이고, 1867년 가구당 인구수는 $\frac{144,140}{27,360}$ = 약 5.26이므로 1804년 대비 1867년의 가구당 인구수는 감소하였다.

㉡ 1765년 상민가구 수는 7,210 × 0.57=4109.7이고, 1804년 양반가구 수는 8,670 × 0.53=4595.1로, 1765년 상민가구 수는 1804년 양반가구 수보다 적다.

㉢ 1804년의 노비가구 수는 8,670 × 0.01=86.7로 1765년의 노비가구 수인 7,210 × 0.02=144.2보다 적고, 1867년의 노비가구 수인 27,360 × 0.005=136.8보다도 적다.

㉣ 1729년 대비 1765년에 상민가구 구성비는 59.0%에서 57.0%로 감소하였고, 상민가구 수는 1,480 × 0.59 = 873.2에서 7,210 × 0.57=4109.7로 증가하였다.

4 다음은 영화관 2곳의 매출실적에 관한 표이다. 이에 대한 설명으로 옳은 것은?

구분	평균				품목별 총점
	A지점		B지점		
	남사원 20명	여사원 10명	남사원 15명	여사원 15명	
영화관람권	60	65	㉠	60	3,650
스낵바	㉡	55	50	60	3,200
팝콘팩토리	50	50	60	50	3,150

① ㉠은 ㉡보다 크다.

② A지점 남사원의 스낵바 평균 실적은 B지점 남사원의 스낵바 평균 실적보다 낮다.

③ 영화관람권은 B지점 사원 평균이 A지점 사원의 평균보다 높다.

④ 전체 남사원의 팝콘팩토리 매출 실적 평균은 전체 여사원의 팝콘팩토리 매출 실적 평균보다 낮다.

⑤ 3개 제품의 전체 평균의 경우 A지점 여사원 평균이 A지점 남사원 평균보다 낮다.

㉠을 구하면

$20 \times 60 + 10 \times 65 + 15 \times ㉠ + 15 \times 60 = 3,650$

∴ ㉠= 60

㉡을 구하면 $㉡ \times 20 + 10 \times 55 + 15 \times 50 + 15 \times 60 = 3,200$

∴ ㉡= 50

② A지점 남사원의 스낵바 평균 실적은, B지점 남사원의 스낵바 평균 실적은 동일하다.

③ 영화관람권은 B지점 사원 평균이 60점, A지점 사원의 평균이 62.5점이므로 A지점이 더 높다.

④ 전체 남사원의 팝콘팩토리 매출 실적 평균은 55점, 전체 여사원의 팝콘팩토리 매출 실적 평균은 50점이므로 전체 남사원의 매출 실적 평균이 더 높다.

⑤ 3개 제품의 전체 평균의 경우 A지점 여사원 평균이 56.7점, A지점 남사원 평균이 53.3점이므로 남사원 평균이 더 낮다.

Answer 3.③ 4.①

5 다음 표는 A, B 두 회사 전체 신입사원의 성별 교육연수 분포에 관한 자료이다. 이에 대해 신입사원 초임결정공식을 적용하였을 때, 교육연수가 14년인 남자 신입사원과 여자 신입사원의 초임 차이는 각각 얼마인가?

회사별 성별 전체 신입사원의 교육연수 분포

구분		12년 (고졸)	14년 (초대졸)	16년 (대졸)	18년 (대학원졸)
A사	남	30%	20%	40%	10%
	여	40%	20%	30%	10%
B사	남	40%	10%	30%	20%
	여	50%	30%	10%	10%

신입사원 초임결정공식

• A사

–남성 : 초임(만 원)=1,000만 원+(180만 원×교육연수)

–여성 : 초임(만 원)=1,840만 원+(120만 원×교육연수)

• B사

–남성 : 초임(만 원)=750만 원+(220만 원×교육연수)

–여성 : 초임(만 원)=2,200만 원+(120만 원×교육연수)

	A사	B사
①	0원	40만 원
②	0원	50만 원
③	40만 원	50만 원
④	50만 원	40만 원
⑤	60만 원	60만 원

교육연수가 14년인 경우를 계산해 보면

• A사

–남성=1,000+(180×14)=3,520만 원

–여성=1,840+(120×14)=3,520만 원

• B사

–남성=750+(220×14)=3,830만 원

–여성=2,200+(120×14)=3,880만 원

6 다음 그림에 대한 옳은 분석을 〈보기〉에서 모두 고른 것은?

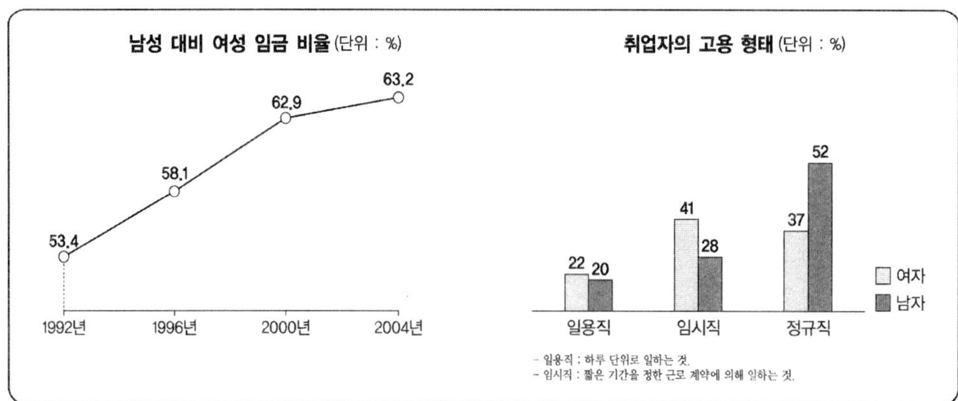

〈보기〉

㉠ 남성 취업자는 정규직의 비율이 가장 높다.
㉡ 남녀 간 임금 수준의 불평등이 완화되고 있다.
㉢ 고용 형태에서 남성의 지위가 여성보다 불안하다.
㉣ 경제 활동에 참여하는 여성들이 점차 줄어들고 있다.

① ㉠, ㉡
② ㉠, ㉢
③ ㉡, ㉢
④ ㉡, ㉣
⑤ ㉢, ㉣

Tip ㉢ 일용직이나 임시직에서 여자의 비율이 높고, 정규직에서 남자의 비율이 높은 것으로 보아 고용 형태에서 여성의 지위가 남성보다 불안하다.
㉣ 제시된 자료로는 알 수 없다.

Answer 5.② 6.①

7 다음은 흡연 여부에 따른 폐암 발생 현황을 나타낸 것이다. 옳지 않은 것을 모두 고른 것은?

〈흡연 여부에 따른 폐암 발생 현황〉

(단위 : 명)

흡연 여부 \ 폐암 발생 여부	발생	비발생	계
흡연	300	700	1,000
비흡연	300	9,700	10,000
계	600	10,400	11,000

㉠ 흡연 시 폐암 발생률은 30%이다.
㉡ 비흡연 시 폐암 발생량은 0.3%이다.
㉢ 흡연 여부와 상관없이 폐암 발생률은 10%이다.

① ㉠
② ㉡
③ ㉠, ㉡
④ ㉡, ㉢
⑤ 모두 옳다.

㉡ 비흡연 시 폐암 발생량은 $\frac{300}{10,000} \times 100 = 3(\%)$이다.

㉢ 흡연 여부와 상관없이 폐암 발생률은 $\frac{600}{11,000} \times 100 ≒ 5.45(\%)$이다.

8 다음은 갑국에서 실시한 취약 계층의 스마트폰 이용 현황과 주된 비(非)이용 이유에 대한 설문 조사 결과이다. 이에 대한 옳은 분석을 〈보기〉에서 고른 것은?

(단위 : %)

구분	전체 국민 대비 수준*	스마트폰을 이용하지 않는 주된 이유				
		스마트폰으로 무엇을 할 수 있는지 모름	구입비 및 이용비 부담	이용 필요성 부재	사용 방법의 어려움	기타
장애인	10.3	33.1	31.5	14.4	13.4	7.6
장노년층	6.4	40.1	26.3	16.5	12.4	4.7
저소득층	12.2	28.7	47.6	11.0	9.3	3.4
농어민	6.4	39.6	26.3	14.7	13.9	5.5

* 전체국민대비수준 $= \frac{\text{취약 계층의 스마트폰 이용률}}{\text{전체 국민의 스마트폰 이용률}} \times 100$

〈보기〉

㉠ 응답자 중 장노년층과 농어민의 스마트폰 이용자 수는 동일하다.

㉡ 응답자 중 각 취약 계층별 스마트폰 이용률이 상대적으로 가장 높은 취약 계층은 저소득층이다.

㉢ 전체 취약 계층의 스마트폰 이용 활성화를 위한 대책으로는 경제적 지원이 가장 효과적일 것이다.

㉣ 스마트폰을 이용하지 않는다고 응답한 장노년층 중 스마트폰으로 무엇을 할 수 있는지 모르거나 사용 방법이 어려워서 이용하지 않는다고 응답한 사람의 합은 과반수이다.

① ㉠, ㉡
② ㉠, ㉢
③ ㉡, ㉢
④ ㉡, ㉣
⑤ ㉢, ㉣

㉠ 설문 조사에 참여한 장노년층과 농어민의 수가 제시되어 있지 않으므로 이용자 수는 알 수 없다.

㉢ 스마트폰 이용 활성화를 위한 대책으로 경제적 지원이 가장 효과적인 취약 계층은 저소득층이다.

Answer 7.④ 8.④

▌9~10▌ 다음은 국민연금 부담에 대한 인식을 취업자와 실업 및 미취업자로 나타낸 그래프이다. 그래프를 보고 물음에 답하시오.

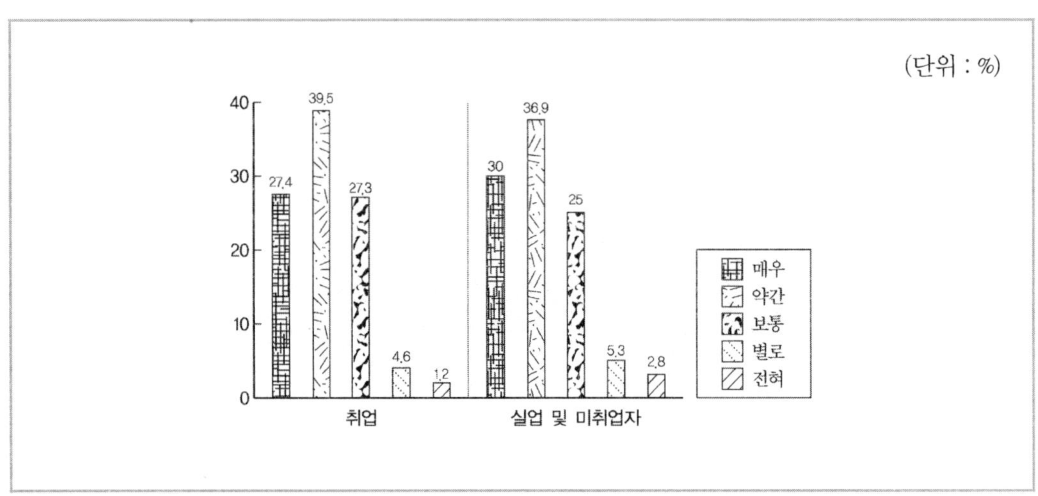

9 취업자 가운데 국민연금이 부담된다는 사람은 몇 %인가?

① 66.9% ② 67.8%

③ 72.3% ④ 75.3%

⑤ 78.0%

Tip 27.4 + 39.5 = 66.9

10 국민연금이 부담되지 않는다는 사람은 취업자와 실업자에서 각각 몇 %를 차지하는가?

① 5.8%, 8.1% ② 5.9%, 8.0%

③ 4.6%, 5.3% ④ 5.3%, 2.8%

⑤ 5.5%, 3.0%

취업자 : 4.6 + 1.2 = 5.8(%)
실업자 : 5.3 + 2.8 = 8.1(%)

11 다음은 우리나라의 농경지의 면적과 전체 논의 면적에 대한 수리답의 비율(수리답률)을 나타낸 자료이다. 다음 자료를 올바르게 해석한 것은?

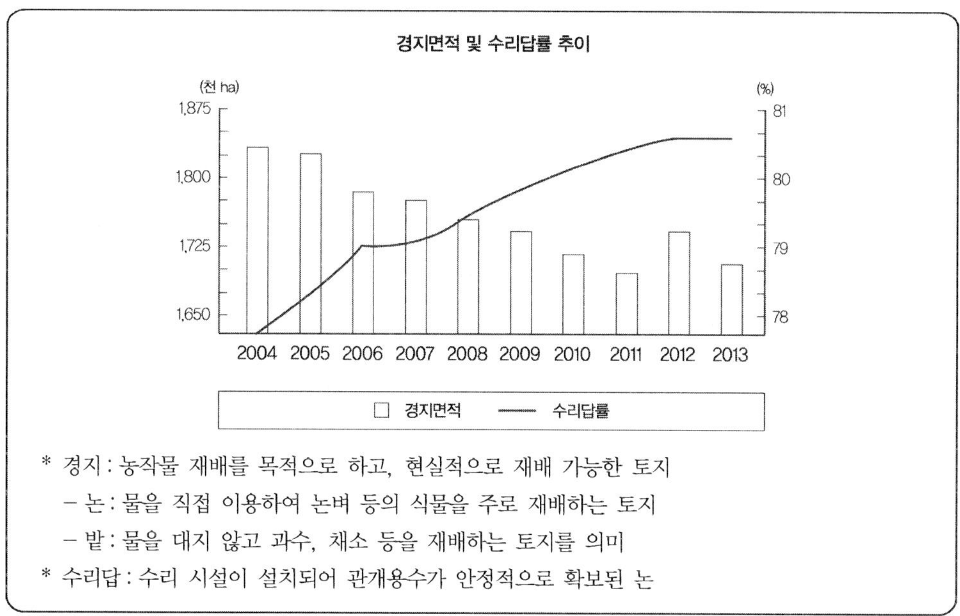

* 경지 : 농작물 재배를 목적으로 하고, 현실적으로 재배 가능한 토지
 – 논 : 물을 직접 이용하여 논벼 등의 식물을 주로 재배하는 토지
 – 밭 : 물을 대지 않고 과수, 채소 등을 재배하는 토지를 의미

* 수리답 : 수리 시설이 설치되어 관개용수가 안정적으로 확보된 논

① 2006년 우리나라의 논에는 수리답이 거의 없었다.

② 2004년 이후 2010년까지 경지면적은 매년 감소하였다.

③ 2004년에 비해 2012년은 수리답의 비율이 증가하였으나, 전체 경지의 면적은 절반 가까이 감소하였다.

④ 시간이 지날수록 대체로 논벼의 재배를 위한 관개용수의 공급이 원활해졌다.

⑤ 경지면적은 해가 지날수록 감소하였다.

① 2006년 수리답률은 약 79%이다.
③ 전체 경지의 면적은 1,825,000ha에서 1,725,000ha로 감소하였다.
④ 주어진 자료로는 알 수 없다.
⑤ 2012년에는 경지면적이 2011년에 비해 증가하였다.

Answer 9.① 10.① 11.②

▌12~13▐ 다음 표는 A 자동차 회사의 고객만족도 조사결과이다. 다음 물음에 답하시오.

(단위 : %)

구분	1 ~ 12개월 (출고 시기별)	13 ~ 24개월 (출고 시기별)	고객 평균
안전성	41	48	45
A/S의 신속성	19	17	18
정숙성	2	1	1
연비	15	11	13
색상	11	10	10
주행 편의성	11	9	10
차량 옵션	1	4	3
계	100	100	100

12 출고시기에 관계없이 전체 조사 대상 중에서 1,350명이 안전성을 장점으로 선택했다면 이번 설문에 응한 고객은 모두 몇 명인가?

① 2,000명
② 2,500명
③ 3,000명
④ 3,500명
⑤ 4,000명

$45 : 1,350 = 100 : x$

$45x = 135,000$

$\therefore x = 3,000$

13 차를 출고 받은 지 12개월 이하 된 고객 중에서 30명이 연비를 선택했다면 정숙성을 선택한 고객은 몇 명인가?

① 2명
② 3명
③ 4명
④ 5명
⑤ 6명

$30 : 15 = x : 2$

$15x = 60$

$\therefore x = 4$

14 다음은 우리나라 도시가구 연평균 지출 구성비 일부를 나타낸 것이다. 이에 대한 분석 중 적절하지 않은 것은?

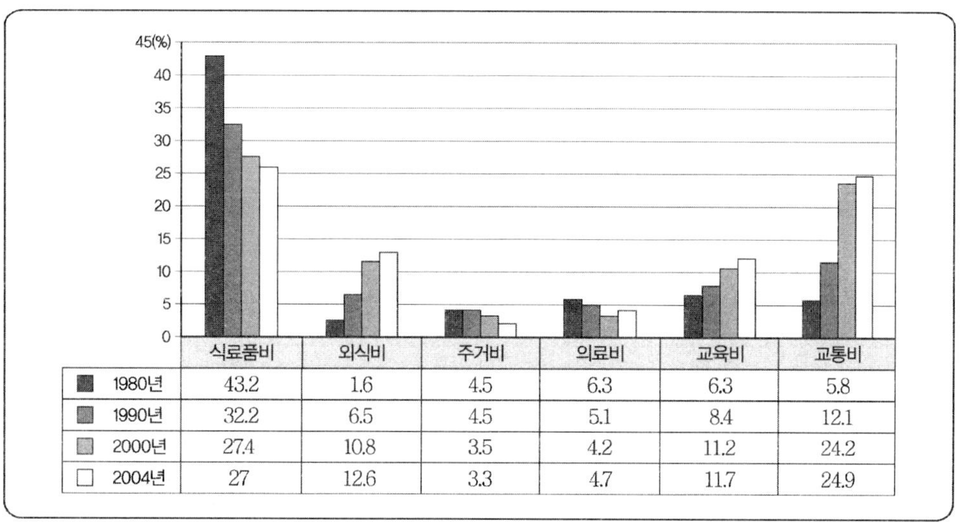

	식료품비	외식비	주거비	의료비	교육비	교통비
■ 1980년	43.2	1.6	4.5	6.3	6.3	5.8
■ 1990년	32.2	6.5	4.5	5.1	8.4	12.1
■ 2000년	27.4	10.8	3.5	4.2	11.2	24.2
□ 2004년	27	12.6	3.3	4.7	11.7	24.9

① 2004년에는 2000년보다 주거비의 구성비가 감소하였다.

② 2004년의 교육비의 구성비는 1990년보다 3.3%p 증가하였다.

③ 2000년에는 20년 전보다 식료품비와 의료비의 구성비가 감소하였다.

④ 1980년부터 1990년까지 외식비의 구성비가 증가하였기 때문에 주거비의 구성비는 감소하였다.

⑤ 1980년에 비해 2004년 지출 구성비가 가장 큰 %P 증가한 영역은 교통비이다.

Tip ④ 주거비는 1980년과 1990년이 4.5%로 동일하다.

Answer 12.③ 13.③ 14.④

15 다음은 각국 국민의 대미 인식에 대한 여론조사자료이다. 이 여론조사들이 각국 국민의 의견을 충분히 대표한다고 가정할 때 올바른 해석이 아닌 것은?

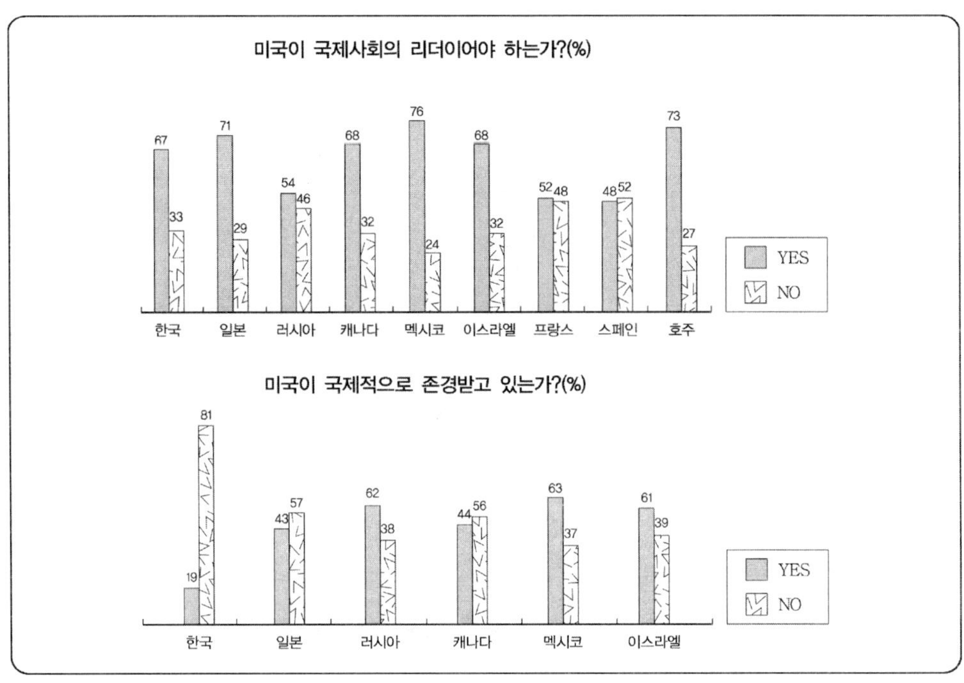

㉠ 미국의 국제 사회의 리더역할의 필요성에 대하여 러시아, 프랑스, 스페인 국민들은 상대적으로 인색하고, 미국과 지리적으로 가까운 멕시코와 캐나다, 전통적인 우방국인 한국, 호주, 이스라엘, 일본 국민들은 상대적으로 높게 평가하고 있다.

㉡ 미국의 국제사회의 리더역할에 대한 당위성은 국민 과반수가 긍정하지만, 실제로 존경받고 있는가에 대한 평가에서는 과반수가 부정하는 국가는 한국, 일본, 캐나다이다.

㉢ 모든 조사 대상 국가에서 미국이 국제사회의 리더이어야 한다는 질문에 긍정 응답이 부정 응답보다 많았다.

㉣ 모든 조사 대상 국가에서 국제사회의 리더로서 미국의 필요성에 대한 긍정보다 실제 미국이 국제사회에서 존경받고 있는가에 대한 긍정 정도가 낮게 나타나고 있다.

① ㉠, ㉡　　② ㉠, ㉡, ㉢

③ ㉡, ㉢, ㉣　　④ ㉢, ㉣

⑤ ㉠, ㉢, ㉣

㉢ 스페인은 부정 응답이 더 많았다.

㉣ 러시아는 미국이 국제사회에서 존경받고 있는가에 대한 긍정 정도가 높게 나타나고 있다.

16 다음 표는 B 중학교 학생 200명의 통학수단을 조사한 것이다. 이 학교 학생 중 지하철로 통학하는 남학생의 비율은?

(단위 : 명)

통학수단	버스	지하철	자전거	도보	합계
여학생	44	17	3	26	90
남학생	45	22	17	26	110
합계	89	39	20	52	200

① 11%
② 16%
③ 20%
④ 22%
⑤ 31%

$\frac{22}{200} \times 100 = 11(\%)$

Answer 15.④ 16.①

▌17~18▐ 다음 ⟨표⟩는 콩 교역에 관한 자료이다. 이 자료를 보고 물음에 답하시오.

(단위 : 만 톤)

순위	수출국	수출량	수입국	수입량
1	미국	3,102	중국	1,819
2	브라질	1,989	네덜란드	544
3	아르헨티나	871	일본	517
4	파라과이	173	독일	452
5	네덜란드	156	멕시코	418
6	캐나다	87	스페인	310
7	중국	27	대만	169
8	인도	24	벨기에	152
9	우루과이	18	한국	151
10	볼리비아	12	이탈리아	144

17 이 자료에 대한 설명으로 옳지 않은 것은?

① 이탈리아 수입량은 볼리비아 수출량의 12배이다.
② 수출량과 수입량 모두 상위 10위에 들어있는 국가는 네덜란드 뿐이다.
③ 캐나다의 콩 수출량은 중국, 인도, 우루과이, 볼리비아 수출량을 합친 것보다 많다.
④ 수출국 1위와 10위의 수출량은 약 250배 이상 차이난다.
⑤ 파라과이 수출량은 브라질 수출량의 10%도 되지 않는다.

② 수출량과 수입량 모두 상위 10위에 들어있는 국가는 네덜란드와 중국이다.

18 네덜란드와 중국의 '수입량－수출량'은 각각 얼마인가?

	네덜란드	중국
①	378	1,692
②	378	1,792
③	388	1,692
④	388	1,792
⑤	398	1,892

네덜란드 544－156＝388(만 톤)
중국 1,819－27＝1,792(만 톤)

19 다음은 2019년 11월부터 2020년 4월까지의 연령별 취업자 수를 나타낸 표이다. 다음 설명 중 옳지 않은 것은?

(단위 : 천명)

나이	2020. 04	2020. 03	2020. 02	2020. 01	2019. 12	2019. 11
15~19세	129	150	194	205	188	176
20~29세	3,524	3,520	3,663	3,751	3,765	3,819
30~39세	5,362	5,407	5,501	5,518	5,551	5,533
40~49세	6,312	6,376	6,426	6,455	6,483	6,484
50~59세	6,296	6,308	6,358	6,373	6,463	6,497
60세 이상	4,939	4,848	4,696	4,497	4,705	5,006

① 15~19세 연령대는 2020년 3월에 비해 2020년 4월 취업자 수가 줄었다.
② 50~59세 연령대는 2019년 11월부터 2020년 4월까지 취업자 수가 지속적으로 감소하고 있다.
③ 2020년 4월의 취업자 수는 40~49세에 연령대가 20~29세 연령대보다 2배 이상 많다.
④ 60세 이상 연령대는 2020년 2월부터 취업자 수가 계속 증가하고 있다.
⑤ 2020년 2월의 취업자 수는 50~59세 연령대가 40~49세 연령대보다 작다.

Tip ③ 6,312÷3,524≒1.76으로 2배가 안 된다.

Answer 17.② 18.④ 19.③

▌20~21 ▌ 설 연휴였던 지난 2월 셋째 주간(16 ~ 22일) 전국 시도별 미세먼지 농도에 대해 민간 기상업체 케이웨더와 Air korea가 발표한 분석표이다. 다음 물음에 답하시오.

지역 \ 일자	2/16	2/17	2/18	2/19	2/20	2/21	2/22	평균
서울	41	65	62	62	51	24	242	78
부산	54	64	59	41	26	26	37	44
대구	42	56	57	48	35	31	60	47
인천	46	68	58	48	56	34	274	83
광주	22	81	53	41	36	15	113	52
대전	18	71	63	54	48	20	108	55
울산	51	53	58	42	26	31	33	42
경기	42	70	64	64	58	31	226	79
강원	48	50	56	55	50	43	77	54
충북	26	73	69	60	53	27	126	62
충남	25	73	49	41	48	25	192	65
전북	29	83	63	49	53	24	143	63
전남	35	73	49	37	34	15	66	44
경북	39	51	56	45	34	29	57	44
경남	53	64	63	49	36	26	41	47
제주	26	116	61	33	32	18	57	49

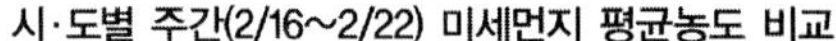

시·도별 주간(2/16~2/22) 미세먼지 평균농도 비교

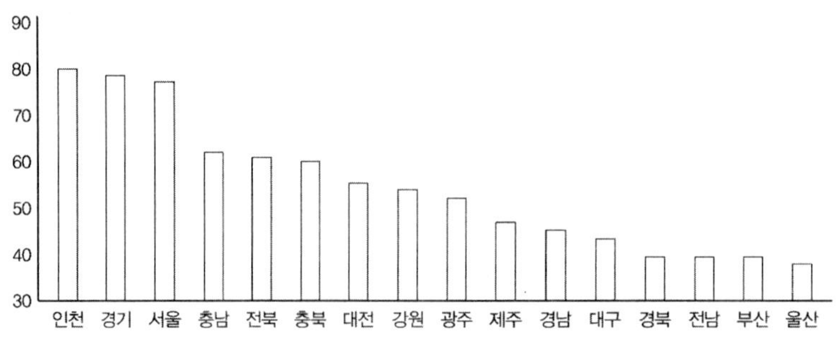

20 마지막 날이 첫날에 비해 미세먼지 농도가 가장 많이 증가한 지역은 어디인가?

① 제주 ② 강원
③ 경기 ④ 인천
⑤ 충남

① 31
② 29
③ 184
④ 228
⑤ 167

21 경기지역의 마지막 날의 미세먼지 농도는 첫날에 비해 몇% 높아졌다고 할 수 있는가?

① 420% ② 426%
③ 431% ④ 438%
⑤ 450%

Tip

$\frac{226-42}{42} \times 100 \fallingdotseq 438\%$

Answer 20.④ 21.④

22 다음 표는 2005년~2012년 어느 기업의 콘텐츠 유형별 매출액에 관한 자료이다. 이에 대한 설명으로 옳지 않은 것은?

(단위 : 백만 원)

콘텐츠 유형 / 연도	게임	음원	영화	SNS	전체
2005	235	108	371	30	744
2006	144	175	355	45	719
2007	178	186	391	42	797
2008	269	184	508	59	1,020
2009	485	199	758	58	1,500
2010	470	302	1,031	308	2,111
2011	603	411	1,148	104	2,266
2012	689	419	1,510	341	2,959

① 2006년부터 2012년까지 콘텐츠 전체 매출액은 지속적으로 증가하였다.

② 2010년 영화 매출액은 전체 매출액에서 50% 이상의 비중을 차지한다.

③ SNS 매출액은 2005년에 비해 2012년에 10배 이상 증가하였다.

④ 4개의 콘텐츠 중에서 매년 매출액이 가장 큰 것은 영화이다.

⑤ 2005년부터 2012년까지 매년 매출액이 지속적으로 증가한 콘텐츠 유형은 없다.

② 2010년 영화 매출액 비중 : $\frac{1,031}{2,111} \times 100 \fallingdotseq 48.8\%$

23 다음 표는 2004년~2013년 5개 자연재해 유형별 피해금액에 관한 자료이다. 이에 대한 설명 중 옳지 않은 것은?

(단위 : 억 원)

유형＼연도	2004	2005	2006	2007	2008	2009	2010	2011	2012	2013
태풍	3,416	1,385	118	1,609	9	0	1,725	2,183	8,765	17
호우	2,150	3,520	19,063	435	581	2,549	1,808	5,276	384	1,581
대설	6,739	5,500	52	74	36	128	663	480	204	113
강풍	0	93	140	69	11	70	2	0	267	9
풍랑	0	0	57	331	0	241	70	3	0	0
전체	12,305	10,498	19,430	2,518	637	2,988	4,268	7,942	9,620	1,720

① 풍랑의 피해금액이 0원인 해는 2004년, 2005년, 2008년, 2012년, 2013년이다.
② 피해금액이 매년 10억 원보다 큰 자연재해 유형은 호우와 대설이다.
③ 전체 피해금액이 가장 큰 해는 2006년이다.
④ 2009년 호우의 피해금액은 전체 피해 금액의 80% 이상이다.
⑤ 2010년 대설의 피해금액은 2004~2013년 강풍 피해금액 합계보다 작다.

Tip 2010년 대설의 피해금액 : 663(억 원)
2004~2013년 강풍 피해금액 합계 : 93+140+69+11+70+2+267+9=661(억 원)

Answer 22.② 23.⑤

24 다음은 A대학 B학과 1학년 학생들의 2015년 한 달 평균 이동통신요금당 인원의 도수를 나타낸 표이다. ㈏에 해당하는 값은?

한 달 평균 이동통신요금	누적도수	상대도수
45,000원 미만	1	㈎
45,000원 이상 50,000원 미만	4	0.060
50,000원 이상 55,000원 미만	8	0.080
55,000원 이상 60,000원 미만	14	0.120
60,000원 이상 65,000원 미만	23	0.180
65,000원 이상 70,000원 미만	35	0.240
70,000원 이상 75,000원 미만	45	0.200
75,000원 이상 80,000원 미만	㈏	0.100
80,000원 이상	㈐	0.000

① 35
② 38
③ 40
④ 50
⑤ 60

상대도수 = 해당 계급의 도수/전체 도수
상대도수의 총합은 1이다.
누적도수는 이전 계급의 누적도수 + 해당 계급의 도수
도수의 총합 = 마지막 계급의 누적도수
㈎+0.980 = 1이므로 ㈎는 0.020이다.
㈏는 $45+\frac{0.100}{0.020}=50$이다.

25 다음은 2018년 직업별 월별 국내여행 일수를 나타낸 표이다. 다음 설명 중 옳지 않은 것을 고르면?

(단위 : 천일)

직업	1월	2월	3월	4월	5월	6월	7월	8월
사무전문	12,604	14,885	11,754	11,225	10,127	11,455	14,629	14,826
기술생산노무	3,998	6,311	3,179	3,529	4,475	3,684	4,564	3,655
판매서비스	5,801	8,034	6,041	4,998	5,497	5,443	7,412	8,082
자영업	7,300	8,461	6,929	6,180	7,879	6,517	8,558	9,659
학생	3,983	6,209	3,649	4,126	4,154	3,763	4,417	5,442
주부	7,517	10,354	7,346	6,053	6,528	6,851	6,484	7,877
무직은퇴	2,543	2,633	3,005	2,335	2,703	2,351	2,012	2,637

① 사무전문직에 종사하는 사람들의 월별 국내여행 일수는 지속적으로 증가하고 있다.
② 판매서비스직에 종사하는 사람들의 국내여행 일수는 4월보다 5월이 많다.
③ 사무전문직의 4월 국내여행 일수는 무직은퇴인 사람들의 비해 4배 이상 많다.
④ 자영업의 경우 6월부터 지속적으로 국내여행 일수가 증가하고 있다.
⑤ 8월의 국내여행 일수는 자영업이 판매서비스 보다 많다.

① 1, 2월 증가하다 3월부터 5월까지는 하향세, 6월부터 다시 증가했다. 그러므로 지속적으로 증가하고 있다는 설명은 옳지 않다.

Answer 24.④ 25.①

26 다음 글의 [표1]과 [표2]를 분석한 내용으로 가장 적절한 것은?

다음은 미국 콜럼비아 대학의 Stepan과 Robertson이 이슬람 문화와 민주주의의 관계를 분석하기 위해 정리한 자료 중 일부이다. [표1]은 47개 이슬람권 나라(이 중 아랍권은 사우디아라비아 등 16개국, 비아랍권은 말레이시아 등 31개국)를 대상으로 삼아 민주화가 양호한 나라의 비율을 계산한 것이고, [표2]는 이슬람권뿐만 아니라 비이슬람권까지 포함시키되, 전체적으로는 소득수준이 1인당 GDP 1,500달러 미만인 나라(이슬람권 16개국, 비이슬람권 22개국)로 분석 대상을 한정시켜 각 그룹 별로 민주화가 양호한 나라의 비율을 구한 것이다.

(자료 : Journal of Democracy, 2003)

[표1] 이슬람권 나라 중 민주화가 양호한 나라

아랍권	비아랍권
16개국 중 1개국 (6%)	31개국 중 12개국 (39%)

[표2] 1인당 GDP 1,500달러 미만(1996년 기준)의 나라 중 민주화가 양호한 나라

이슬람권		비이슬람권	
16개국 중 5개국 (31%)		22개국 중 7개국 (32%)	
아랍권	비아랍권	기독교 국가	기타
1개국 중 0개국 (0%)	15개국 중 5개국 (33%)	10개국 중 3개국 (30%)	12개국 중 4개국 (33%)

* 두 표에서 민주화가 양호한지 여부는 Polity IV 및 Freedom House 지수를 근거로 1973~2001년의 기간에 대해 평가한 것임.

① 소득에 상관없이 아랍권은 민주화 정도가 높은 편이다.

② 이슬람 문화는 국가의 민주적 발전에 큰 장애가 되고 있다.

③ 저소득 국가들 가운데 기독교권의 민주화 정도가 이슬람권보다 높다.

④ 아랍권의 민주화 정도가 낮은 것은 그 안에 저소득 국가가 많기 때문이다.

⑤ 이슬람권 내에서 저소득 국가라 해서 민주화 정도가 더 낮은 것은 아니다.

⑤ 1인당 GDP 1,500달러 미만(1996년 기준)의 나라 중 민주화가 양호한 나라가 16개국 중 5개국인 것으로 보아, 저소득 국가라 해서 민주화 정도가 더 낮은 것은 아니다.

27 다음 표는 6개 기업의 사원 모집정원에 관한 자료이다. 신입사원으로 선발하는 인원이 경력사원으로 선발하는 인원보다 많은 기업은 어디인가?

[표1] 계열별 신입사원 정원

(단위 : 명)

구분	전체	인문계열	공학계열
A기업	5,600	2,400	3,200
B기업	4,100	2,200	1,900
C기업	5,100	2,700	2,400
D기업	7,800	3,500	4,300
E기업	1,300	800	500
F기업	3,200	1,500	1,700

[표2] 모집 방법별 신입사원 정원

(단위 : 명)

구분	신입사원		경력사원	
	인문계열	공학계열	인문계열	공학계열
A기업	1,200	1,600	1,200	1,600
B기업	560	420	1,640	1,480
C기업	700	660	2,000	1,740
D기업	2,300	2,800	1,200	1,500
E기업	340	240	460	260
F기업	750	770	750	930

① A기업
② B기업
③ D기업
④ E기업
⑤ F기업

Tip

① 신입사원 : 1,200 + 1,600 = 2,800
경력사원 : 1,200 + 1,600 = 2,800

② 신입사원 : 560 + 420 = 980
경력사원 : 1,640 + 1,480 = 3,120

③ 신입사원 : 2,300 + 2,800 = 5,100
경력사원 : 1,200 + 1,500 = 2,700

④ 신입사원 : 340 + 240 = 580
경력사원 : 460 + 260 = 720

⑤ 신입사원 : 750 + 770 = 1,520
경력사원 : 750 + 930 = 1,680

Answer 26.⑤ 27.③

28 다음은 2010년 코리아 그랑프리대회 기록이다. 1위의 기록이 2시간 48분 20초일 때 대회기록이 2시간 48분 59초 이내인 드라이버는 모두 몇 명인가?

드라이버	1위 와의 기록차이(초)
알론소	0
해밀턴	+ 14.9
마사	+ 30.8
슈마허	+ 39.6
쿠비차	+ 47.7
리우찌	+ 53.5
바리첼로	+ 69.2
가우이	+ 77.8
하펠트	+ 80.1
칼버그	+ 80.8

① 1명　　② 2명
③ 3명　　④ 4명
⑤ 5명

 1위와의 기록이 39초 이하로 차이가 나야한다. 따라서 알론소, 해밀턴, 마사 3명이다.

29 다음 표는 A지역 전체 가구를 대상으로 일본원자력발전소 사고 전후의 식수조달원 변경에 대해 설문조사한 결과이다. 사고 전에 비해 사고 후에 이용 가구 수가 감소한 식수조달원의 수는 몇 개인가?

사고 후 조달원 / 사고 전 조달원	수돗물	정수	약수	생수
수돗물	40	30	20	30
정수	10	50	10	30
약수	20	10	10	40
생수	10	10	10	40

① 0개
② 1개
③ 2개
④ 3개
⑤ 4개

사고 후 조달원 / 사고 전 조달원	수돗물	정수	약수	생수	합계
수돗물	40	30	20	30	120
정수	10	50	10	30	100
약수	20	10	10	40	80
생수	10	10	10	40	70
합계	80	100	50	140	

수돗물 : 120 → 80
정수 : 100 → 100
약수 : 80 → 50
생수 : 70 → 140
따라서 사고 전에 비해 사고 후에 이용 가구 수가 감소한 식수조달원은 수돗물과 약수 2개이다.

Answer 28.③ 29.③

30 다음 표는 국방비 관련 자료이다. 이에 대한 〈보기〉의 설명 중 옳은 것을 모두 고른 것은?

[표1] 국가별 국방비 현황

국가	GDP (억 $)	국방비 (억 $)	GDP대비 국방비(%)	병력 (천 명)	1인당 군사비 (억 $)
A	92,000	2,831	3.1	1,372	1,036
B	43,000	404	0.9	243	319
C	19,000	311	1.6	333	379
D	14,000	379	2.7	317	640
E	11,000	568	5.2	1,004	380
F	14,000	369	2.6	212	628
G	2,830	54	1.9	71	148
H	7,320	399	5.5	2,820	32
I	990	88	8.9	174	1,465
J	840	47	5.6	73	1,174
K	150	21	14.0	1,055	98

[표2] 한국의 연도별 국방비

(단위 : 억 원, %)

구분 \ 연도	2000	2005	2008	2009	2010	2011
국방비	66,378	110,744	138,000	137,490	144,774	153,884
재정 대비 국방비 구성비	24.2	21.3	18.3	16.4	16.3	15.5
GDP 대비 국방비 구성비	3.7	3.1	2.9	2.8	2.7	2.6

[표3] 한국의 연도별 국방비 구성

(단위 : 억 원, %)

연도	국방비							
			경상운영비			전략투자비		
	금액	증가율	금액	증가율	구성비	금액	증가율	구성비
2005	110,744	9.9	71,032	9.9	64.1	39,712	1.00	35.9
2006	122,434	10.6	79,772	12.3	65.2	42,662	7.4	34.8
2007	137,865	12.6	86,032	7.8	62.4	51,833	21.5	37.6
2008	138,000	0.1	87,098	1.2	63.1	50,902	−1.8	36.9
2009	137,490	−0.4	85,186	−2.2	62.0	52,304	2.8	38.0
2010	144,774	5.3	91,337	7.2	63.1	53,437	2.2	36.9
2011	153,884	6.3	101,743	11.4	63.1	52,141	−2.4	33.9

〈보기〉

㉠ 국방비가 많은 나라일수록 1인당 군사비가 높다.

㉡ 한국의 2011년도 국방비와 경상운영비 모두 전년대비 증가했으나 전략투자비는 전년에 비해 감소했다.

㉢ 2008~2010년 사이에 한국의 국방비 증가율이 전년보다 높은 연도에는 경상운영비의 증가율도 전년보다 높다.

㉣ 2000년 이후 한국의 GDP 대비 국방비 구성비와 재정 대비 국방비 구성비 모두 지속적으로 감소하였다.

㉤ GDP 대비 국방비의 비율이 높은 나라일수록 1인당 군사비가 높다.

① ㉠, ㉢
② ㉠, ㉤
③ ㉡, ㉢, ㉣
④ ㉡, ㉣, ㉤
⑤ ㉠, ㉢, ㉤

㉠ A국이 I국보다 국방비가 많지만 1인당 군사비는 적다.
㉤ GDP대비 국방비의 비율이 가장 높은 K국의 1인당 군사비가 매우 낮다.

Answer 30.③

31 다음은 가구당 순자산 보유액 구간별 가구 분포에 관련된 표이다. 이 표를 바탕으로 이해한 내용으로 가장 적절한 것은?

〈가구당 순자산 보유액 구간별 가구 분포〉

(단위 : %, %p)

순자산(억 원)	가구분포		
	2016년	2017년	전년차(비)
−1 미만	0.2	0.2	0.0
−1~0 미만	2.6	2.7	0.1
0~1 미만	31.9	31.2	−0.7
1~2 미만	19.1	18.5	−0.6
2~3 미만	13.8	13.5	−0.3
3~4 미만	9.5	9.4	−0.1
4~5 미만	6.3	6.8	0.5
5~6 미만	4.4	4.6	0.2
6~7 미만	3.0	3.2	0.2
7~8 미만	2.0	2.2	0.2
8~9 미만	1.5	1.5	0.0
9~10 미만	1.2	1.2	0.0
10 이상	4.5	5.0	0.5
평균(만 원)	29,918	31,142	4.1
중앙값(만 원)	17,740	18,525	4.4

① 순자산 보유액이 많은 가구보다 적은 가구의 2017년 비중이 전년보다 더 증가하였다.

② 순자산이 많은 가구의 소득은 2016년 대비 2017년에 더 감소하였다.

③ 소수의 사람들이 많은 순자산을 가지고 있다.

④ 2017년의 순자산 보유액이 3억 원 미만인 가구는 전체의 50%가 조금 안 된다.

⑤ 1억 원 미만의 순자산을 보유한 가구의 비중은 2017년에 전혀 줄지 않았다.

2017년을 기준으로 볼 때, 중앙값이 1억 8,525만 원이며, 평균이 3억 1,142만 원임을 알 수 있다. 중앙값이 평균값에 비해 매우 적다는 것은 소수의 사람들에게 순자산 보유액이 집중되어 있다는 것을 의미한다고 볼 수 있다.

① 순자산 보유액 구간의 중간인 '4~5' 미만 기준으로 구분해 보면, 상대적으로 순자산 보유액이 많은 가구가 적은 가구보다 2017년 비중이 전년보다 더 증가하였다.

② 주어진 표로 가구의 소득은 알 수 없다.

④ 전체의 66.1%를 차지한다.

⑤ 2016년 34.7%에서 2017년 34.1%로 0.6%p 줄었다.

32 다음은 신재생 에너지 및 절약 분야 사업 현황이다. '신재생 에너지' 분야의 사업별 평균 지원액이 '절약' 분야의 사업별 평균 지원액의 5배 이상이 되기 위한 사업 수의 최대 격차는? (단, '신재생 에너지' 분야의 사업 수는 '절약' 분야의 사업 수보다 큼)

(단위 : 억 원, %, 개)

구분	신재생 에너지	절약	합
지원금(비율)	3,500(85.4)	600(14.6)	4,100(100.0)
사업 수	(　　)	(　　)	600

① 44개

② 46개

③ 48개

④ 54개

⑤ 56개

'신재생 에너지' 분야의 사업 수를 x, '절약' 분야의 사업 수를 y라고 하면

$x+y=600$ …… ㉠

$\frac{3,500}{x} \geq 5\times\frac{600}{y}$ → (양 변에 xy 곱함) → $3,500y \geq 3,000x$ …… ㉡

㉠, ㉡을 연립하여 풀면 $y \geq 276.92\cdots$

따라서 '신재생 에너지' 분야의 사업별 평균 지원액이 '절약' 분야의 사업별 평균 지원액의 5배 이상이 되기 위한 사업 수의 최대 격차는 '신재생 에너지' 분야의 사업 수가 323개, '절약' 분야의 사업 수가 277개일 때로 46개이다.

Answer 31.③ 32.②

33 다음은 A시의 연도별 · 혼인종류별 건수와 관련된 자료이다. 빈 칸 ㉠, ㉡에 들어갈 알맞은 수치는 얼마인가?

〈A시의 연도별 · 혼인종류별 건수〉

(단위 : 건)

구분		2007	2008	2009	2010	2011	2012	2013	2014	2015	2016
남자	초혼	279	270	253	274	278	274	272	257	253	㉠
	재혼	56	58	52	53	47	55	48	47	45	㉡
여자	초혼	275	266	248	269	270	272	267	255	249	231
	재혼	60	62	57	58	55	57	53	49	49	49

(단위 : 건)

구분	2007	2008	2009	2010	2011	2012	2013	2014	2015	2016
남(초) + 여(초)	260	250	235	255	260	255	255	241	( )	( )
남(재) + 여(초)	15	16	13	14	10	17	12	14	( )	( )
남(초) + 여(재)	19	20	18	19	18	19	17	16	( )	( )
남(재) + 여(재)	41	42	39	39	37	38	36	33	( )	( )

※ 초 : 초혼, 재 : 재혼

구분	2015년의 2007년 대비 증감 수	2014~2016년의 연평균 건수
남(초) + 여(초)	−22	233
남(재) + 여(초)	−4	12
남(초) + 여(재)	−4	16
남(재) + 여(재)	−7	33

① 237, 53
② 240, 55
③ 237, 43
④ 240, 43
⑤ 237, 55

주어진 자료를 근거로 괄호 안의 숫자를 채우면 다음과 같다.

구분	2015년	2016년
남(초) + 여(초)	$260 - 22 = 238$	$(241 + 238 + x) \div 3 = 233,\ x = 220$
남(재) + 여(초)	$15 - 4 = 11$	$(14 + 11 + x) \div 3 = 12,\ x = 11$
남(초) + 여(재)	$19 - 4 = 15$	$(16 + 15 + x) \div 3 = 16,\ x = 17$
남(재) + 여(재)	$41 - 7 = 34$	$(33 + 34 + x) \div 3 = 33,\ x = 32$

따라서 ㉠은 초혼 남자이므로 '남(초) + 여(초)'인 220명과 '남(초) + 여(재)'인 17명의 합인 237명이 되며, ㉡은 재혼 남자이므로 '남(재) + 여(초)'인 11명과 '남(재) + 여(재)'인 32명의 합인 43명이 된다.

34 다음은 A사의 2020년 추진 과제의 전공별 연구책임자 현황에 대한 자료이다. 다음 설명 중 옳지 않은 것을 고르면?

(단위 : 명, %)

전공 \ 연구책임자	남자		여자	
	연구책임자 수	비율	연구책임자 수	비율
이학	2,833	14.8	701	30.0
공학	11,680	61.0	463	19.8
농학	1,300	6.8	153	6.5
의학	1,148	6.0	400	17.1
인문사회	1,869	9.8	544	23.3
기타	304	1.6	78	3.3
계	19,134	100.0	2,339	100.0

① 전체 연구책임자 중 공학전공의 연구책임자가 차지하는 비율이 50%를 넘는다.
② 전체 연구책임자 중 의학전공의 여자 연구책임자가 차지하는 비율은 1.9%이다.
③ 전체 연구책임자 중 인문사회전공의 연구책임자가 차지하는 비율은 12%를 넘는다.
④ 전체 연구책임자 중 농학전공의 남자 연구책임자가 차지하는 비율은 6%를 넘는다.
⑤ 전체 연구책임자 중 이학전공의 연구책임자가 차지하는 비율은 16%를 넘는다.

③ $\frac{1,869+544}{19,134+2,339} \times 100 \fallingdotseq 11.23$이므로 12%를 넘지 않는다.

Answer 33.③ 34.③

35 다음은 P사의 계열사 중 철강과 지원 분야에 관한 자료이다. 다음을 이용하여 A, B, C 중 두 번째로 큰 값은? (단, 지점은 역할에 따라 실, 연구소, 공장, 섹션, 사무소 등으로 구분되며, 하나의 지점은 1천 명의 직원으로 조직된다.)

구분	그룹사	편제	직원 수(명)
철강	PO강판	1지점	1,000
	PONC	2지점	2,000
지원	PO메이트	실 10지점, 공장 A지점	( )
	PO터미날	실 5지점, 공장 B지점	( )
	PO기술투자	실 7지점, 공장 C지점	( )
	PO휴먼스	공장 6지점, 연구소 1지점	( )
	PO인재창조원	섹션 1지점, 사무소 1지점	2,000
	PO경영연구원	1지점	1,000
계		45지점	45,000

- PO터미날과 PO휴먼스의 직원 수는 같다.
- PO메이트의 공장 수는 PO휴먼스의 공장 수의 절반이다.
- PO메이트의 공장 수와 PO터미날의 공장 수를 합하면 PO기술투자의 공장 수와 같다.

① 3　② 4
③ 5　④ 6
⑤ 7

- 총 45지점이므로 $A+B+C=10$
- PO터미날과 PO휴먼스의 직원 수가 같으므로 $5+B=6+1$, $\therefore B=2$
- PO메이트의 공장 수는 PO휴먼스의 공장 수의 절반이므로 $\therefore A=6\times\frac{1}{2}=3$
- PO메이트의 공장 수와 PO터미날의 공장 수를 합하면 PO기술투자의 공장 수와 같으므로 $A+B=C$, $\therefore C=5$

따라서 $A=3$, $B=2$, $C=5$이므로 두 번째로 큰 값은 3(A)이다.

36 다음은 사무용 물품의 조달단가와 구매 효용성을 나타낸 것이다. 20억 원 이내에서 구매예산을 집행한다고 할 때, 정량적 기대효과 총합의 최댓값은? (단, 각 물품은 구매하지 않거나, 1개만 구매 가능하며 $구매효용성 = \frac{정량적\ 기대효과}{조달단가}$ 이다.)

구분 \ 물품	A	B	C	D	E	F	G	H
조달단가(억 원)	3	4	5	6	7	8	10	16
구매 효용성	1	0.5	1.8	2.5	1	1.75	1.9	2

① 35
② 36
③ 37
④ 38
⑤ 39

구분 \ 물품	A	B	C	D	E	F	G	H
조달단가(억 원)	3	4	5	6	7	8	10	16
구매 효용성	1	0.5	1.8	2.5	1	1.75	1.9	2
정량적 기대효과	3	2	9	15	7	14	19	32

따라서 20억 원 이내에서 구매예산을 집행한다고 할 때, 정량적 기대효과 총합이 최댓값이 되는 조합은 C, D, F로 9 + 15 + 14 = 38이다.

Answer 35.① 36.④

37 다음 자료에 대한 설명으로 올바른 것은?

〈한우 연도별 등급 비율〉

(단위 : %, 두)

연도	육질 등급					합계	한우등급 판정두수
	1++	1+	1	2	3		
2008	7.5	19.5	27.0	25.2	19.9	99.1	588,003
2009	8.6	20.5	27.6	24.7	17.9	99.3	643,930
2010	9.7	22.7	30.7	25.2	11.0	99.3	602,016
2011	9.2	22.6	30.6	25.5	11.6	99.5	718,256
2012	9.3	20.2	28.6	27.3	14.1	99.5	842,771
2013	9.2	21.0	31.0	27.1	11.2	99.5	959,751
2014	9.3	22.6	32.8	25.4	8.8	98.9	839,161

① 1++ 등급으로 판정된 한우의 두수는 2010년이 2011년보다 더 많다.

② 1등급 이상이 60%를 넘은 해는 모두 3개년이다.

③ 3등급 판정을 받은 한우의 두수는 2010년이 가장 적다.

④ 전년보다 1++ 등급의 비율이 더 많아진 해에는 3등급의 비율이 매번 더 적어졌다.

⑤ 1++ 등급의 비율이 가장 낮은 해는 3등급의 비율이 가장 높은 해이며, 반대로 1++ 등급의 비율이 가장 높은 해는 3등급의 비율이 가장 낮다.

③ 3등급 판정을 받은 한우의 비율은 2014년이 가장 낮지만, 비율을 통해 한우등급 판정두수를 계산해 보면 2010년의 두수가 602,016×0.11=약 66,222두로, 2014년의 839,161×0.088=약 73,846두보다 더 적음을 알 수 있다.

① 1++ 등급으로 판정된 한우의 수는 2010년이 602,016×0.097=약 58,396두이며, 2011년이 718,256×0.092=약 66,080두이다.

② 1등급 이상이 60%를 넘은 해는 2010, 2011, 2013, 2014년으로 4개년이다.

④ 2011년에서 2012년으로 넘어가면서 1++등급은 0.1%p 비율이 더 많아졌으며, 3등급의 비율도 2.5%p 더 많아졌다.

⑤ 1++ 등급의 비율이 가장 낮은 2008년에는 3등급의 비율이 가장 높았지만, 반대로 1++ 등급의 비율이 가장 높은 2010년에는 3등급의 비율도 11%로 2014년보다 더 높아 가장 낮지 않았다.

38 다음은 최근 5년간 혼인형태별 평균연령에 관한 자료이다. A~E에 들어갈 값으로 옳지 않은 것은? (단, 남성의 나이는 여성의 나이보다 항상 많다)

(단위 : 세)

연도	평균 초혼연령			평균 이혼연령			평균 재혼연령		
	여성	남성	남녀차	여성	남성	남녀차	여성	남성	남녀차
2013	24.8	27.8	3.0	C	36.8	4.1	34.0	38.9	4.9
2014	25.4	28.4	A	34.6	38.4	3.8	35.6	40.4	4.8
2015	26.5	29.3	2.8	36.6	40.1	3.5	37.5	42.1	4.6
2016	27.0	B	2.8	37.1	40.6	3.5	37.9	E	4.3
2017	27.3	30.1	2.8	37.9	41.3	D	38.3	42.8	4.5

① A − 3.0
② B − 29.8
③ C − 32.7
④ D − 3.4
⑤ E − 42.3

Tip ⑤ E에 들어갈 값은 37.9 + 4.3 = 42.2이다.

Answer 37.③ 38.⑤

39 다음은 2015~2017년도의 지방자치단체 재정력지수에 대한 자료이다. 매년 지방자치단체의 기준재정수입액이 기준재정수요액에 미치지 않는 경우, 중앙정부는 그 부족분만큼의 지방교부세를 당해년도에 지급한다고 할 때, 3년간 지방교부세를 지원받은 적이 없는 지방자치단체는 모두 몇 곳인가? ($재정력지수 = \frac{기준재정수입액}{기준재정수요액}$)

지방자치단체 \ 연도	2005	2006	2007	평균
서울	1.106	1.088	1.010	1.068
부산	0.942	0.922	0.878	0.914
대구	0.896	0.860	0.810	0.855
인천	1.105	0.984	1.011	1.033
광주	0.772	0.737	0.681	0.730
대전	0.874	0.873	0.867	0.871
울산	0.843	0.837	0.832	0.837
경기	1.004	1.065	1.032	1.034
강원	0.417	0.407	0.458	0.427
충북	0.462	0.446	0.492	0.467
충남	0.581	0.693	0.675	0.650
전북	0.379	0.391	0.408	0.393
전남	0.319	0.330	0.320	0.323
경북	0.424	0.440	0.433	0.432
경남	0.653	0.642	0.664	0.653

① 0곳
② 1곳
③ 2곳
④ 3곳
⑤ 5곳

재정력지수가 1 이상이면 지방교부세를 지원받지 않는다. 따라서 3년간 지방교부세를 지원받은 적이 없는 지방자치단체는 서울, 경기 두 곳이다.

40 다음은 푸르미네의 에너지 사용량과 연료별 탄소배출량 및 수종(樹種)별 탄소흡수량을 나타낸 것이다. 푸르미네 가족의 월간 탄소배출량과 나무의 월간 탄소흡수량을 같게 하기 위한 나무의 올바른 조합을 고르면?

■ 푸르미네의 에너지 사용량

연료	사용량
전기	420kWh/월
상수도	40㎥/월
주방용 도시가스	60㎥/월
자동차 가솔린	160ℓ /월

■ 연료별 탄소배출량

연료	탄소배출량
전기	0.1kg/kWh
상수도	0.2kg/㎥
주방용 도시가스	0.3kg/㎥
자동차 가솔린	0.5kg/ℓ

■ 수종별 탄소흡수량

수종	탄소흡수량
소나무	14kg/그루 · 월
벚나무	6kg/그루 · 월

① 소나무 4그루와 벚나무 12그루

② 소나무 6그루와 벚나무 9그루

③ 소나무 7그루와 벚나무 10그루

④ 소나무 8그루와 벚나무 6그루

⑤ 소나무 9그루와 벚나무 4그루

- 푸르미네 가족의 월간 탄소배출량은
  (420 × 0.1) + (40 × 0.2) + (60 × 0.3) + (160 × 0.5) = 42 + 8 + 18 + 80 = 148kg이다.
- 소나무 8그루와 벚나무 6그루를 심을 경우 흡수할 수 있는 탄소흡수량은
  (14 × 8) + (6 × 6) = 112 + 36 = 148kg/그루 · 월로 푸르미네 가족의 월간 탄소배출량과 같다.

Answer 39.③ 40.④

41 다음은 2006년 인구 상위 10개국과 2056년 예상 인구 상위 10개국에 대한 자료이다. 이에 대한 설명 중 옳지 않은 것을 고르면?

(단위 : 백만 명)

순위 \ 구분	2006년		2056년(예상)	
	국가	인구	국가	인구
1	중국	1,311	인도	1,628
2	인도	1,122	중국	1,437
3	미국	299	미국	420
4	인도네시아	225	나이지리아	299
5	브라질	187	파키스탄	295
6	파키스탄	166	인도네시아	285
7	방글라데시	147	브라질	260
8	러시아	146	방글라데시	231
9	나이지리아	135	콩고	196
10	콩고	128	러시아	145

① 2006년 대비 2056년 콩고의 인구는 50% 이상 증가할 것으로 예상된다.

② 2006년 대비 2056년 러시아의 인구는 감소할 것으로 예상된다.

③ 2006년 대비 2056년 인도의 인구 증가율은 중국의 인구 증가율보다 낮을 것으로 예상된다.

④ 2006년 대비 2056년 미국의 인구 증가율은 중국의 인구 증가율보다 높을 것으로 예상된다.

⑤ 2006년 대비 2056년 나이지리아의 인구는 두 배 이상이 될 것으로 예상된다.

③ 2006년 대비 2056년 인도의 인구 증가율 $= \frac{1,628-1,122}{1,122} \times 100 ≒ 45.1\%$

2006년 대비 2056년 중국의 인구 증가율 $= \frac{1,437-1,311}{1,311} \times 100 ≒ 9.6\%$

① 2006년 대비 2056년 콩고의 인구 증가율 $= \frac{196-128}{128} \times 100 = 53.125\%$

② 2006년 러시아의 인구는 146(백만 명), 2056년 러시아의 인구는 145(백만 명)

④ 2006년 대비 2056년 미국의 인구 증가율 $= \frac{420-299}{299} \times 100 ≒ 40.5\%$

2006년 대비 2056년 중국의 인구 증가율 $= \frac{1,437-1,311}{1,311} \times 100 ≒ 9.6\%$

⑤ 2006년 나이지리아의 인구는 135(백만 명), 2056년 나이지리아의 인구는 299(백만 명)

42 다음은 A~E 5대의 자동차별 속성과 연료 종류별 가격에 관한 자료이다. 60km를 운행하는 데에 연료비가 가장 많이 드는 자동차는?

■ 자동차별 속성

자동차 \ 특성	사용연료	최고시속(km/h)	연비(km/l)	연료탱크용량(l)
A	휘발유	200	10	60
B	LPG	160	8	60
C	경유	150	12	50
D	휘발유	180	20	45
E	경유	200	8	50

■ 연료 종류별 가격

연료 종류	리터당 가격(원/l)
휘발유	1,700
LPG	1,000
경유	1,500

① A
② B
③ C
④ D
⑤ E

60km를 운행할 때 연료비는
① A의 연료비 : 60/10 × 1,700 = 10,200원
② B의 연료비 : 60/8 × 1,000 = 7,500원
③ C의 연료비 : 60/12 × 1,500 = 7,500원
④ D의 연료비 : 60/20× 1,700 = 5,100원
⑤ E의 연료비 : 60/8 × 1,500 = 11,250원

Answer 41.③ 42.⑤

43 다음은 '갑' 지역의 연도별 65세 기준 인구의 분포를 나타낸 자료이다. 이에 대한 올바른 해석은 어느 것인가?

구분	인구 수(명)		
	계	65세 미만	65세 이상
2010년	66,557	51,919	14,638
2011년	68,270	53,281	14,989
2012년	150,437	135,130	15,307
2013년	243,023	227,639	15,384
2014년	325,244	310,175	15,069
2015년	465,354	450,293	15,061
2016년	573,176	557,906	15,270
2017년	659,619	644,247	15,372

① 65세 미만 인구수는 조금씩 감소하였다.
② 전체 인구수는 매년 지속적으로 증가하였다.
③ 65세 이상 인구수는 매년 지속적으로 증가하였다.
④ 65세 이상 인구수는 매년 전체의 5% 이상이다.
⑤ 전년 대비 65세 이상 인구수가 가장 많이 변화한 3개 연도는 2011년, 2012년, 2016년이다.

② 전체 인구수는 전년보다 동일하거나 감소하지 않고 매년 꾸준히 증가한 것을 알 수 있다.
① 65세 미만 인구수 역시 매년 꾸준히 증가하였다.
③ 2014년과 2015년에는 전년보다 감소하였다.
④ 2014년 이후부터는 5% 미만 수준을 계속 유지하고 있다.
⑤ 증가나 감소가 아닌 변화 전체를 묻고 있으므로 2011년(+351명), 2012년(+318명), 그리고 2014년(−315명)이 된다.

44 다음은 산업재산권 유지를 위한 등록료에 관한 자료이다. 다음 중 권리 유지비용이 가장 많이 드는 것은? (단, 특허권, 실용신안권의 기본료는 청구범위의 항 수와는 무관하게 부과되는 비용으로 청구범위가 1항인 경우 기본료와 1항에 대한 가산료가 부과된다)

(단위 : 원)

구분 권리	설정등록료 (1~3년분)		연차등록료			
			4~6년차	7~9년차	10~12년차	13~15년차
특허권	기본료	81,000	매년 60,000	매년 120,000	매년 240,000	매년 480,000
특허권	가산료 (청구범위의 1항마다)	54,000	매년 25,000	매년 43,000	매년 55,000	매년 68,000
실용 신안권	가산료	60,000	매년 40,000	매년 80,000	매년 160,000	매년 320,000
실용 신안권	가산료 (청구범위의 1항마다)	15,000	매년 10,000	매년 15,000	매년 20,000	매년 25,000
디자인권	75,000		매년 35,000	매년 70,000	매년 140,000	매년 280,000
상표권	211,000 (10년분)		10년 연장 시 256,000			

① 청구범위가 3항인 특허권에 대한 3년간의 권리 유지
② 청구범위가 1항인 특허권에 대한 4년간의 권리 유지
③ 청구범위가 3항인 실용신안권에 대한 5년간의 권리 유지
④ 한 개의 디자인권에 대한 7년간의 권리 유지
⑤ 한 개의 상표권에 대한 10년간의 권리 유지

④ 75,000 + (35,000 × 3) + 70,000 = 250,000원
① 81,000 + (54,000 × 3) = 243,000원
② 81,000 + 54,000 + 25,000 = 160,000원
③ 60,000 + (15,000 × 3) + (10,000 × 2) = 125,000원
⑤ 211,000원

Answer 43.② 44.④

┃45~46┃ 다음 표는 성, 연령집단 및 교육수준별 삶의 만족도에 관한 표이다. 다음 표를 보고 물음에 답하시오.

(단위 : %)

		2003	2006	2009	2011	2012	2013
전체	전체	20.4	28.9	20.9	24.1	33.3	34.1
	만족도 점수	4.7	4.8	4.6	4.9	5.4	5.5
성별	남자	21	29.4	22.3	24.4	33.6	34.6
	여자	19.9	28.5	19.5	23.9	33	33.6
연령집단	20세 미만	25.5	35.9	23.8	36.1	47.8	48
	20 ~ 29세	22.9	31.1	23	26.1	36.1	38.9
	30 ~ 39세	23.1	33	24.1	26.1	36.4	39.6
	40 ~ 49세	18.8	28.1	22.5	25.7	34.2	36
	50 ~ 59세	16.4	24.3	19.4	21.1	28.5	27.5
	60세 이상	16.3	22.9	13.6	14.5	23.6	22.1
교육수준	초졸 이하	14.6	21	10.7	16.2	25.8	24.7
	중졸	17.1	25.7	17.1	22.1	31.1	28.8
	고졸	19	26.5	17.7	20.8	30.4	29.9
	대졸 이상	29.6	39.4	31.6	33	41.5	45.4

* 만족도 : "귀하의 생활을 전반적으로 고려할 때 현재 삶에 어느 정도 만족하십니까?"라는 질문에 대하여 "매우 만족"과 "약간 만족"의 응답비율을 합한 것
* 만족도점수 : "매우 만족"에 10점, "약간 만족"에 7.5점, "보통"에 5점, "약간 불만족"에 2.5점, "매우 불만족"에 0점을 부여하여 산출한 응답 평균 점수

45 위의 표에 대한 설명으로 옳지 않은 것은?

① 대체로 교육수준이 높을수록 삶의 만족도가 높다.
② 대체로 연령이 낮을수록 삶의 만족도가 높다.
③ 20세 미만의 경우 2013년에는 거의 과반수가 "매우 만족" 또는 "약간 만족"이라고 응답했다.
④ 전체집단의 삶의 만족도는 점점 증가하고 있다.
⑤ 만족도 점수를 보았을 때 전체집단의 평균적인 삶의 만족도는 보통 수준이다.

Tip ④ 전체집단의 삶의 만족도는 2009년에 감소했다.

46 2012년 응답 대상자 중 여자가 24,965(천 명)이라고 한다면, 2012년 응답 대상자 중 질문에 대하여 "매우 만족"과 "약간 만족"에 응답한 여자는 총 몇 명인가?

① 8,238,440명
② 8,238,450명
③ 8,238,460명
④ 8,238,470명
⑤ 8,238,480명

Tip 24,965,000×0.33=8,238,450

Answer 45.④ 46.②

▌47~48▐ 다음 표는 가구 월평균 교통비 지출액 및 지출율에 관한 표이다. 다음 표를 보고 물음에 답하시오.

(단위 : 천 원, %)

		2010	2011	2012	2013	2014	2015
월평균 교통비 (천 원)	전체	271	295	302	308	334	322
	개인교통비	215	238	242	247	271	258
	대중교통비	56	57	60	61	63	63
교통비 지출율 (%)	전체	11.9	12.3	12.3	12.4	13.1	12.5
	개인교통비	9.4	9.9	9.8	10	10.6	10.1
	대중교통비	2.4	2.4	2.4	2.4	2.5	2.5

* 교통비 지출율 : 가구 월평균 소비지출 중 교통비가 차지하는 비율

* 개인교통비 : 자동차 구입비, 기타 운송기구(오토바이, 자전거 등) 구입비, 운송기구 유지 및 수리비(부품 및 관련용품, 유지 및 수리비), 운송기구 연료비, 기타 개인교통서비스(운전교습비, 주차료, 통행료, 기타 개인교통) 등 포함

* 대중교통비 : 철도운송비, 육상운송비, 기타운송비(항공, 교통카드 이용, 기타 여객운송) 등 포함

47 위의 표에 대한 설명으로 옳은 것은?

① 2010년 월평균 교통비에서 개인교통비는 80% 이상을 차지한다.

② 2011년 월평균 교통비에서 대중교통비는 20% 이상을 차지한다.

③ 2012년 월평균 교통비에서 개인교통비는 80% 이상을 차지한다.

④ 전체 월평균 교통비는 해마다 증가한다.

⑤ 개인 월평균 교통비는 해마다 증가한다.

③ 242÷302×100=80.13
① 215÷271×100=79.33
② 57÷295×100=19.32
④ 2015년에는 전체 월평균 교통비가 감소했다.
⑤ 2015년에는 개인 월평균 교통비가 감소했다.

48 2015년의 가구 월평균 소비지출은 얼마인가?

① 2,572,000원

② 2,573,000원

③ 2,574,000원

④ 2,575,000원

⑤ 2,576,000원

Tip 가구 월평균 소비지출 중 교통비가 차지하는 비율이 교통비 지출율이므로 이를 이용해서 2015년 가구 월평균 소비지출을 구할 수 있다.

2015년 가구 월평균 소비지출 = $\frac{322,000}{0.125}$ = 2,576,000원

49 다음은 OECD 가입 국가별 공공도서관을 비교한 표이다. 다음 중 바르게 설명한 것을 고르면?

국명	인구수	도서관수	1관당 인구수	장서수	1인당 장서수	기준년도
한국	49,268,928	607	81,168	54,450,217	1.11	2007
미국	299,394,900	9,198	31,253	896,786,000	3.1	2005
영국	59,855,742	4,549	13,158	107,654,000	1.8	2005
일본	127,998,984	3,111	41,144	356,710,000	2.8	2006
프랑스	60,798,563	4,319	14,077	152,159,000	2.51	2005
독일	82,505,220	10,339	7,980	125,080,000	1.5	2005

㉠ 2007년 우리나라 공공도서관 수는 607개관으로 8만 1천명 당 1개관 수준으로 국제 간 비교 도서관 수와 이용자 서비스의 수준이 떨어진다.

㉡ 우리나라의 1관당 인구수가 미국 대비 약 2.5배, 일본 대비 약 2배로 도서관 수가 OECD 선진국 대비 현저히 부족하다.

㉢ 우리나라의 도서관수는 현재 미국이나, 일본의 2분의 1 수준이나 영국 등과는 비슷한 수준이다.

※ 단, 수치는 백의 자리에서 버림, 소수 둘째자리에서 반올림한다.

① ㉠, ㉢　　② ㉠, ㉡

③ ㉡, ㉢　　④ ㉡, ㉣

⑤ ㉢, ㉣

Tip ㉢ 미국이나 일본의 2분의 1 수준에도 미치지 못한다.

Answer 47.③ 48.⑤ 49.②

50 다음 제시된 〈도표〉는 외국인 직접투자의 '투자건수 비율'과 '투자금액 비율'을 투자규모에 따라 정리한 자료이다. 이에 대한 설명으로 옳은 것을 고르면?

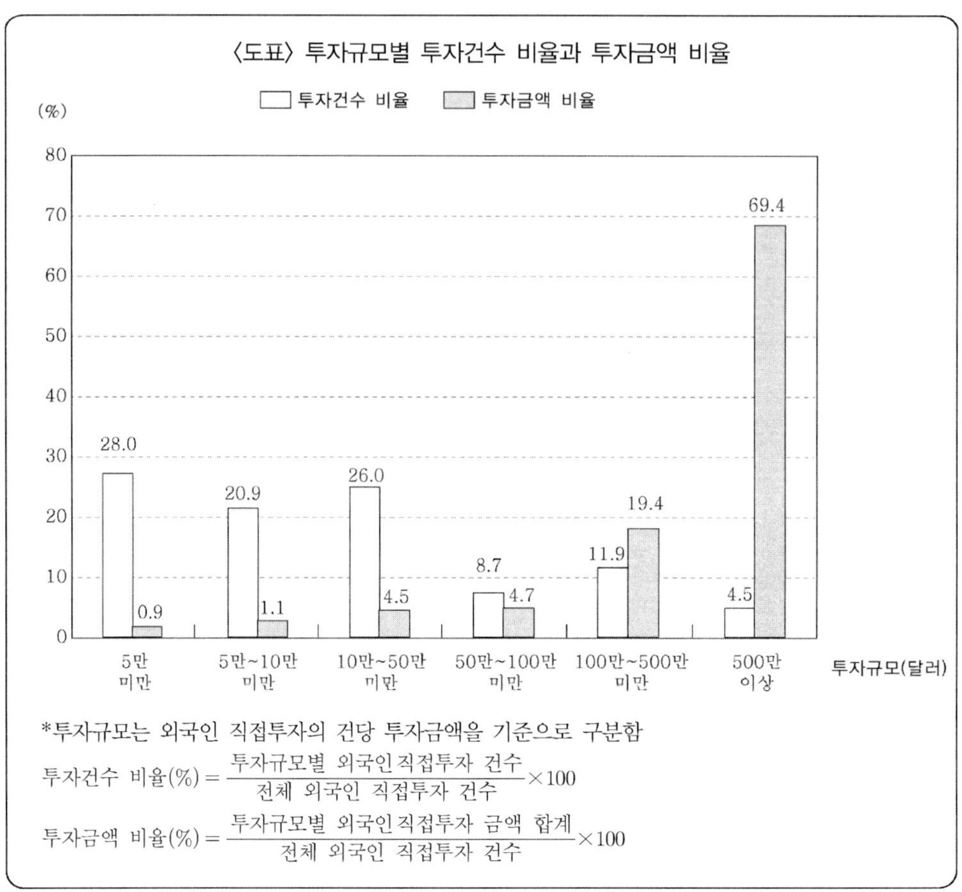

*투자규모는 외국인 직접투자의 건당 투자금액을 기준으로 구분함

$$\text{투자건수 비율(\%)} = \frac{\text{투자규모별 외국인 직접투자 건수}}{\text{전체 외국인 직접투자 건수}} \times 100$$

$$\text{투자금액 비율(\%)} = \frac{\text{투자규모별 외국인 직접투자 금액 합계}}{\text{전체 외국인 직접투자 건수}} \times 100$$

① 투자규모가 50만 달러 미만인 투자건수 비율은 75% 이상이다.

② 투자규모가 100만 달러 이상인 투자금액 비율은 85% 이하이다.

③ 투자규모가 100만 달러 이상인 투자건수는 5만 달러 미만의 투자건수보다 적다.

④ 투자규모가 100만 달러 이상인 투자건수는 전체 외국인 직접 투자건수의 25% 이상이다.

⑤ 투자규모가 100만 달러 이상 500만 달러 미만인 투자금액 비율은 50만 달러 미만의 투자금액 비율보다 적다.

③ 100만 달러 이상의 투자건수 비율은 16.4%(= 11.9 + 4.5), 5만 달러 미만의 투자건수 비율 28%보다 적다.

① 투자규모가 50만 달러 미만인 투자건수 비율은 74.9%(= 28 + 20.9 + 26)이다.

② 투자규모가 100만 달러 이상인 투자금액 비율은 88.8%(= 19.4 + 69.4)이다.

④ 100만 달러 이상의 투자건수 비율은 16.4%(= 11.9 + 4.5)이다.

⑤ 100만 달러 이상 500만 달러 미만인 투자금액 비율은 19.4%이고, 50만 달러 미만의 투자금액 비율은 6.5%(= 0.9 + 1.1 + 4.5)이다.

Answer 50.③

02 응용수리

1 같은 지점에서 동시에 출발하는 민주는 동쪽으로 매분 300m의 속력으로 소라는 서쪽으로 매분 180m의 속력으로 달려가고 있다. 두 사람이 1.6km 이상 떨어지려면 최소 몇 분이 경과해야 하는가?

① 3분
② 4분
③ 5분
④ 6분
⑤ 7분

x분 후에 1.6km 이상 떨어진다고 하면

$300x+180x \geq 1,600$

$\therefore\ x \geq 3.333....$

최소 4분

2 어떤 일을 정수가 혼자하면 6일, 선희가 혼자하면 12일 걸린다. 정수와 선희가 함께 동시에 일을 시작했지만 정수가 중간에 쉬어서 일을 끝마치는데 8일이 걸렸다고 한다. 이 때 정수가 쉬었던 기간은?

① 2일
② 3일
③ 4일
④ 5일
⑤ 6일

하루에 정수가 하는 일의 양은 $\frac{1}{6}$, 하루에 선희가 하는 일의 양은 $\frac{1}{12}$

선희는 처음부터 8일 동안 계속해서 일을 하였으므로 선희가 한 일의 양은 $\frac{1}{12}\times 8$

(일의 양) − (선희가 한 일의 양)=(정수가 한 일의 양)

$1-\frac{8}{12}=\frac{4}{12}$

정수가 일을 하는데 걸린시간은 $\frac{4}{12}\div\frac{1}{6}=2$(일)

작업기간 − 정수가 일한 기간 = 정수가 쉬었던 날이므로 $8-2=6$

즉, 6일이 된다.

3 영수가 700원짜리 볼펜과 500원짜리 형광펜을 사는데 16,000원을 지불하였고 볼펜과 형광펜을 합해서 모두 30자루를 샀다면 볼펜은 몇 자루를 산 것인가?

① 4자루
② 5자루
③ 6자루
④ 7자루
⑤ 8자루

볼펜 x자루, 형광펜을 y자루 샀다고 하면,
$x+y=30$
$700x+500y=16,000$
$\therefore\ x=5$

4 원가 500원의 물품에 3할의 이익을 계산하여 정가를 붙였지만, 팔리지 않아 정가의 3할을 인하하여 판매했다. 이익 또는 손실액은 얼마인가?

① 55원의 손실
② 50원의 손실
③ 45원의 손실
④ 손익 0원
⑤ 손익 50원

$500\times1.3\times0.7=455$
원가 500원의 물품을 455원에 팔았으므로 45원의 손실이 발생한다.

5 일정한 속력으로 달리는 기차가 5,800m 길이의 터널을 완전히 통과하는데 2분이 걸리고 4,300m 길이의 다리를 완전히 통과하는데 1분 30초가 걸린다고 한다. 이 기차의 길이는?

① 100m
② 120m
③ 150m
④ 180m
⑤ 200m

기차의 길이를 x라고 할 때 속력=거리/시간 이므로
$\frac{5,800+x}{2}=\frac{4,300+x}{1.5}$
$8,700+1.5x=8,600+2x$
$\therefore\ x=200\text{m}$

Answer 1.② 2.⑤ 3.② 4.③ 5.⑤

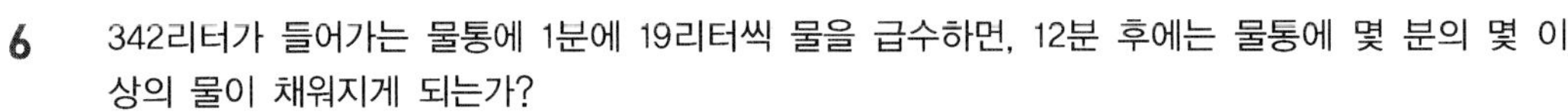

6 342리터가 들어가는 물통에 1분에 19리터씩 물을 급수하면, 12분 후에는 물통에 몇 분의 몇 이상의 물이 채워지게 되는가?

① $\frac{1}{2}$
② $\frac{1}{3}$
③ $\frac{2}{3}$
④ $\frac{1}{4}$
⑤ $\frac{3}{4}$

$19 \times 12 = 228$

$\frac{228}{342} = \frac{2}{3}$

7 두 사건 A와 B는 서로 배반사건이고 $\mathrm{P}(A) = \mathrm{P}(B)$, $\mathrm{P}(A)\mathrm{P}(B) = \frac{1}{9}$ 일 때, $\mathrm{P}(A \cup B)$의 값은?

① $\frac{1}{6}$
② $\frac{1}{3}$
③ $\frac{1}{2}$
④ $\frac{2}{3}$
⑤ $\frac{5}{6}$

$\mathrm{P}(A) = \mathrm{P}(B)$, $\mathrm{P}(A)\mathrm{P}(B) = \frac{1}{9}$ 에서

$\{\mathrm{P}(A)\}^2 = \frac{1}{9}$ 이므로

$\mathrm{P}(A) = \mathrm{P}(B) = \frac{1}{3}$

따라서 두 사건 A와 B가 배반사건이므로

$\mathrm{P}(A \cup B) = \mathrm{P}(A) + \mathrm{P}(B) = \frac{1}{3} + \frac{1}{3} = \frac{2}{3}$

8 월말 서류 정리를 진희 혼자서 하면 12일이 걸린다. 진희와 유정이가 같이 정리하면 3일이 걸린다고 가정할 때, 유정이가 혼자 서류를 정리하면 며칠이 걸리겠는가?

① 3.5일 ② 4일
③ 4.5일 ④ 5일
⑤ 5.5일

진희가 하루에 하는 일의 양 $\frac{1}{12}$

유정이가 혼자 월말 서류 정리를 하는 데 걸리는 날은 x라 하면,

$\left(\frac{1}{12}+\frac{1}{x}\right)\times 3=1$

$\therefore x=4$(일)

9 재민이는 동화책 한 권을 3일 동안 다 읽었다. 첫째 날에는 전체 쪽수의 $\frac{1}{3}$보다 10쪽을 더 읽었고, 둘째 날에는 나머지 쪽수의 $\frac{3}{5}$보다 18쪽을 더 읽고, 마지막 날은 30쪽을 읽었다. 이 동화책은 모두 몇 쪽인가?

① 350쪽 ② 420쪽
③ 310쪽 ④ 205쪽
⑤ 195쪽

동화책의 전체 쪽수를 x라고 하면

첫째 날 읽은 쪽수 : $\frac{1}{3}x+10$

둘째 날 읽은 쪽수 : $\frac{3}{5}\times\left(x-\frac{1}{3}x-10\right)+18=\frac{2}{5}x+12$

마지막 날 읽은 쪽수 : 30

모두 더하면, $\frac{1}{3}x+10+\frac{2}{5}x+12+30=x$가 된다.

$\therefore x=195$

Answer 6.③ 7.④ 8.② 9.⑤

10 어떤 일을 하는데 영호는 8일이 걸리고, 정아는 12일이 걸린다. 이 일을 영호와 정아가 3일동안 같이 한 후, 남은 일을 영호 혼자 끝내려고 한다. 영호는 혼자 며칠 일해야 하는가?

① 1일
② 2일
③ 3일
④ 4일
⑤ 5일

영호가 하루 일하는 양 : $\frac{1}{8}$

정아가 하루 일하는 양 : $\frac{1}{12}$

전체 일의 양을 1이라고 하면

$\left(\frac{1}{8}+\frac{1}{12}\right)\times 3+\frac{1}{8}x=1$

$\frac{3x}{24}=\frac{9}{24}$

$\therefore\ x=3$일

11 두 사건 A, B에 대하여 $\mathrm{P}(A\cup B)=\frac{2}{3}\mathrm{P}(A)=\frac{2}{5}\mathrm{P}(B)$일 때, $\frac{\mathrm{P}(A\cup B)}{\mathrm{P}(A\cap B)}$의 값은? (단, $\mathrm{P}(A\cap B)\neq 0$이다.)

① 3
② $\frac{7}{2}$
③ 4
④ $\frac{9}{2}$
⑤ 5

$\mathrm{P}(A\cap B)=\frac{2}{3}\mathrm{P}(A)=\frac{2}{5}\mathrm{P}(B)$에서

$\mathrm{P}(A)=\frac{3}{2}\mathrm{P}(A\cap B)$, $\mathrm{P}(B)=\frac{5}{2}\mathrm{P}(A\cap B)$이므로

$\mathrm{P}(A\cup B)=\mathrm{P}(A)+\mathrm{P}(B)-\mathrm{P}(A\cap B)$

$=\frac{3}{2}\mathrm{P}(A\cap B)+\frac{5}{2}\mathrm{P}(A\cap B)-\mathrm{P}(A\cap B)$

$=3\mathrm{P}(A\cap B)$

$\therefore\ \frac{\mathrm{P}(A\cup B)}{\mathrm{P}(A\cap B)}=\frac{3\mathrm{P}(A\cap B)}{\mathrm{P}(A\cap B)}=3$

12 은행에서 10명이 업무를 하면 60시간이 걸린다. 24시간 안에 일을 끝내고 싶다면 최소 몇 명이 더 필요한가?

① 6명 ② 9명
③ 12명 ④ 15명
⑤ 18명

전체 작업량을 1이라 하면, 10명이서 60시간 동안 일을 완성하므로 시간당 작업량은 $\frac{1}{60}$ 이다.

10명이므로 1인당 작업량은 시간당 $\frac{1}{600}$ 이다.

x명이 24시간 동안 일을 하면

$\frac{1}{600} \times x \times 24 = 1$

$\therefore x = 25$

지금보다 15명 이상이 많아야 한다.

13 일의 자리의 숫자가 8인 두 자리의 자연수에서 십의 자리와 일의 자리의 숫자를 바꾸면 원래의 수의 2배보다 26만큼 크다. 이 자연수는?

① 28 ② 38
③ 48 ④ 58
⑤ 68

십의 자리 수를 x라 하면

$2(10x+8)+26 = 80+x$

$19x = 38$

$x = 2$

따라서 자연수는 28이다.

Answer 10.③ 11.① 12.④ 13.①

14 두 사건 A, B에 대하여 $P(A\cap B)=\frac{1}{8}$, $P(B^C|A)=2P(B|A)$일 때, $P(A)$의 값은? (단, B^C는 B의 여사건이다.)

① $\frac{5}{12}$

② $\frac{3}{8}$

③ $\frac{1}{3}$

④ $\frac{7}{24}$

⑤ $\frac{1}{4}$

$P(B|A)+P(B^C|A)=1$이므로

$3P(B|A)=1 \quad \therefore P(B|A)=\frac{1}{3}$

$P(B|A)=\frac{P(A\cap B)}{P(A)}$이므로 $P(A)=\frac{P(A\cap B)}{P(B|A)}=\frac{\frac{1}{8}}{\frac{1}{3}}=\frac{3}{8}$

15 상인이 우산을 팔려고 한다. 우산 원가의 30%의 이익을 붙여서 정가를 매겼는데, 정가에서 1,000원을 할인해서 팔았더니 원가에 대해 10%이 이익이 생겼다면 처음에 매긴 정가는 얼마인가?

① 5,000원

② 5,500원

③ 6,000원

④ 6,500원

⑤ 7,000원

원가를 x라 하면

$1.3x-1,000=1.1x$

$0.2x=1,000$

$\therefore x=5,000$원

원가가 5,000원이므로 처음에 매긴 정가는 $1.3\times 5,000=6,500$원

16 철수는 2010년 1월 말부터 매달 말에 20만 원씩 적금을 넣기로 하였다. 월이율 2%의 복리로 계산할 때, 2011년 12월 말에 철수가 모은 금액은? (단, $1.02^{12} = 1.3$으로 계산한다)

① 300만 원
② 690만 원
③ 790만 원
④ 850만 원
⑤ 900만 원

월 납입액을 a, 월이율을 r, 납입 월수를 n이라고 하고 철수가 2011년 12월 말까지 모은 금액 M_n을 등비급수로 계산하면

$$M_n = \frac{a(r^n - 1)}{r-1} = \frac{20(1.02^{24} - 1)}{1.02 - 1} = \frac{20(1.3^2 - 1)}{0.02}$$

∴ 철수가 2011년 12월 말까지 모은 금액은 690만 원이다.

17 어떤 상품을 40% 이상의 이익이 남게 정가를 정한 후 결국 할인을 30%해서 9,800원으로 판매하였다. 원가는 얼마인가?

① 9,200원
② 9,400원
③ 9,600원
④ 9,800원
⑤ 10,000원

원가를 x라 하면,

$x \times (1+0.4) \times (1-0.3) = 9800$

$0.98x = 9800$

$x = 10{,}000$원

Answer 14.② 15.④ 16.② 17.⑤

18 어떤 마을의 총인구는 150명이다. 어른과 어린이의 비율이 2 : 1이고, 남자어린이와 여자어린이의 비율이 2 : 3이면 남자어린이의 수는?

① 15명
② 20명
③ 25명
④ 30명
⑤ 35명

어른과 어린이의 비율이 각각 $\frac{2}{3}$, $\frac{1}{3}$이므로, 어린아이의 수는 $150\times\frac{1}{3}=50$(명)이다.

남자어린이와 여자어린이의 비율이 각각 $\frac{2}{5}$, $\frac{3}{5}$이므로, 남자어린이의 수는 $50\times\frac{2}{5}=20$(명)이다.

19 원가가 150원의 상품을 200개 사들이고 4할 이익이 남게 정가를 정하여 판매하였지만 그 중 50개가 남았다. 팔다 남은 상품을 정가의 2할 할인으로 전부 팔았다면 이익의 총액은 얼마인가?

① 9,900원
② 10,000원
③ 11,000원
④ 11,200원
⑤ 13,000원

판매가의 이익은 $150\times0.4=60$이고, 150개 판매했으므로
$60\times150=9{,}000$(원)이다.
판매가에서 2할 할인가격은 $150(1+0.4)(1-0.2)=168$(원)
원가와의 차익은 $168-150=18$(원)
나머지 판매에서 얻은 이익은 $18\times50=900$(원)
$\therefore$ 총 이익은 $9{,}000+900=9{,}900$(원)

20 상자 속에 검사하지 않은 제품 30개가 있다. 이 상자에서 2개의 제품을 임의로 선택하여 한 개씩 검사할 때, 두 개 모두 합격품이면 30개 모두 합격품인 것으로 인정한다. 30개의 제품 중 불량품이 6개 들어 있을 때, 이들 30개의 제품이 합격품으로 인정받을 확률은?

① $\frac{83}{135}$　② $\frac{91}{135}$

③ $\frac{87}{145}$　④ $\frac{82}{145}$

⑤ $\frac{92}{145}$

Tip

• 30개의 제품이 합격품으로 인정받으려면 24개의 합격품 중 2개를 뽑아야 한다.

• 상자에서 처음 꺼낸 제품이 합격품이 나올 확률은 $\frac{24}{30}=\frac{4}{5}$, 두 번째 제품이 합격품일 확률은 $\frac{23}{29}$이다.

$\therefore \frac{4}{5}\times\frac{23}{29}=\frac{92}{145}$

21 아버지가 혼자 하면 8일이 걸리고, 아들이 혼자 하면 12일이 걸리는 일이 있다. 이 일을 아버지가 하다가 도중에 아들이 교대하였더니 10일 만에 끝낼 수 있었다. 이 때, 아들이 일한 날은 며칠인가?

① 4일　② 5일

③ 6일　④ 7일

⑤ 8일

Tip

전체 일의 양을 1, 아버지가 일한 날을 x, 아들이 일한 날을 y라고 하면

$x+y=10$, $\frac{x}{8}+\frac{y}{12}=1$이므로 $x=4$, $y=6$

따라서 아들이 일한 날은 6일이다.

Answer 18.② 19.① 20.⑤ 21.③

22 준상이는 세 번의 수학 시험에서 91점, 82점, 95점을 받았다. 네 번에 걸친 수학 시험의 평균이 90점 이상이 되려면 네 번째 수학 시험에서 몇 점 이상을 받아야 하는가?

① 91점
② 92점
③ 93점
④ 94점
⑤ 95점

네 번째 수학 시험에서 x점을 받는다고 하면

$$\frac{91+82+95+x}{4} \geq 90$$

$\therefore x \geq 92$

23 2명의 손녀를 둔 할아버지의 현재 나이는 손녀들 나이의 합의 5배이다. 10년 후, 할아버지의 나이가 손녀들 나이의 합의 3배가 된다고 할 때 할아버지의 현재 나이는?

① 100세
② 125세
③ 50세
④ 60세
⑤ 75세

할아버지의 현재 나이를 x, 손녀들 나이의 합을 y라고 했을 때 $x=5y$가 성립한다. 10년 후에 할아버지의 나이는 $x+10$, 손녀들 나이의 합은 $y+20$이고 할아버지의 나이가 손녀들 나이의 합의 3배가 된다고 하였으므로 $x+10=3(y+20)$이 성립한다.
이를 통해 할아버지의 현재 나이를 계산하면 $5y+10=3y+60$이므로 $2y=50$
$y=25$, $x=125$이므로 할아버지의 현재 나이는 125세이다.

24 순아와 석규는 12km 떨어진 지점에서 동시에 마주 보고 걷기 시작하였다. 순아는 시속 5km로, 석규는 시속 3km로 걷다가 도중에 만났다고 할 때 두 사람이 만날 때까지 걸린 시간은?

① 1시간
② 1시간 15분
③ 1시간 30분
④ 2시간
⑤ 2시간 15분

두 사람이 서로 반대 방향에서 마주보는 방향으로 걷고 있으므로, 두 사람이 만날 때까지 걸린 시간을 t라고 하면, $5\times t+3\times t=12km$, $t=1.5h$
1.5시간은 1시간 30분이므로 정답은 ③이다.

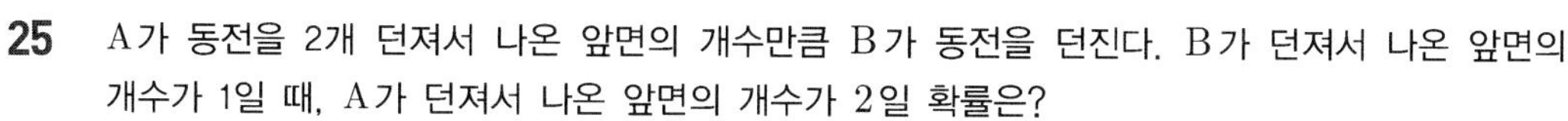

25 A가 동전을 2개 던져서 나온 앞면의 개수만큼 B가 동전을 던진다. B가 던져서 나온 앞면의 개수가 1일 때, A가 던져서 나온 앞면의 개수가 2일 확률은?

① $\frac{1}{6}$
② $\frac{1}{5}$
③ $\frac{1}{4}$
④ $\frac{1}{3}$
⑤ $\frac{1}{2}$

(i) A가 2개의 동전을 던졌을 때 앞면이 1개 나오고 B가 1개의 동전을 던져서 앞면이 1개 나올 확률은 $_2C_1\left(\frac{1}{2}\right)^1\left(\frac{1}{2}\right)^1 \times \frac{1}{2} = \frac{1}{4}$

(ii) A가 2개의 동전을 던졌을 때 앞면이 2개 나오고 B가 2개의 동전을 던져서 앞면이 1개 나올 확률은 $_2C_2\left(\frac{1}{2}\right)^2\left(\frac{1}{2}\right)^0 \times {_2C_1}\left(\frac{1}{2}\right)^1\left(\frac{1}{2}\right)^1 = \frac{1}{8}$

(i), (ii)에서 구하는 확률은 $\dfrac{\frac{1}{8}}{\frac{1}{4}+\frac{1}{8}} = \frac{1}{3}$

26 전교생이 1,000명이고 이 중 남학생이 여학생보다 200명이 많은 어느 학교에서 안경 낀 학생 수를 조사하였다. 안경 낀 학생은 안경을 끼지 않은 학생보다 300명이 적었다. 안경 낀 남학생은 안경 낀 여학생의 1.5배이었다면 안경 낀 여학생은 몇 명인가?

① 120명
② 140명
③ 160명
④ 180명
⑤ 200명

안경을 낀 학생 수를 x라 하면
안경을 끼지 않은 학생 수는 $x+300$이다.
$x+(x+300)=1,000$이므로 x는 350명이다.
안경을 낀 남학생을 $1.5y$라 하면,
안경을 낀 여학생은 y가 된다.
$y+1.5y=350$이므로 y는 140명이다.
따라서 안경을 낀 여학생 수는 140명이다.

Answer 22.② 23.② 24.③ 25.④ 26.②

27 한 학년에 세 반이 있는 학교가 있다. 학생수가 A반은 20명, B반은 30명, C반은 50명이다. 수학 점수 평균이 A반은 70점, B반은 80점, C반은 60점일 때, 이 세 반의 평균은 얼마인가?

① 62점
② 64점
③ 66점
④ 68점
⑤ 70점

반	학생수	점수 평균	총점
A	20	70	1,400
B	30	80	2,400
C	50	60	3,000
합계	100		6,800

세 반의 평균을 구하면 $\frac{6,800}{100} = 68$(점)

28 어느 학교에서 학생과 선생님 총 48명이 소풍을 갔다. 점심시간에 학생들은 한 명당 빵을 두 개씩 먹었고, 선생님들은 두 명당 한 개씩 먹었다. 총 48개의 빵을 먹었다면, 소풍에 참여한 학생의 수는?

① 8명
② 16명
③ 24명
④ 32명
⑤ 35명

학생을 x, 선생님을 y라 하면

$x + y = 48$

$2x + \frac{1}{2}y = 48$

두 식을 연립하여 풀면 $x = 16$, $y = 32$

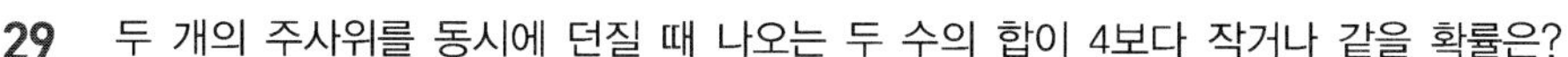

29 두 개의 주사위를 동시에 던질 때 나오는 두 수의 합이 4보다 작거나 같을 확률은?

① $\frac{1}{6}$ ② $\frac{1}{5}$

③ $\frac{1}{4}$ ④ $\frac{1}{3}$

⑤ $\frac{1}{2}$

두 개의 주사위를 각각 a, b라고 할 때 합이 4보다 작거나 같을 확률은 다음과 같다.

㉠ $a+b=2$일 확률 : $\frac{1}{6}\times\frac{1}{6}=\frac{1}{36}$

㉡ $a+b=3$일 확률

- $a=1,\ b=2$ • $a=2,\ b=1$

$=\frac{2}{36}$

㉢ $a+b=4$일 확률

- $a=1,\ b=3$ • $a=2,\ b=2$ • $a=3,\ b=1$

$=\frac{3}{36}$

$\therefore\ \frac{1+2+3}{36}=\frac{6}{36}=\frac{1}{6}$

30 4% 소금물에 8% 소금물을 섞어서 5% 소금물 800g을 만들 때, 사용된 4% 소금물의 무게는?

① 400g ② 500g

③ 600g ④ 700g

⑤ 800g

4%의 소금물 무게를 x라고 하고 8%의 소금물 무게를 y라고 했을 때 $x+y=800$이다.

계산하면 $\frac{4}{100}x+\frac{8}{100}y=\frac{5}{100}\times800$

$=4x+8y=4,000$

$y=(800-x)$이므로

$4x+8(800-x)$

$=4x-8x+6,400=4,000$

$=4x=2,400$

$\therefore\ x=600(\text{g})$

Answer 27.④ 28.② 29.① 30.③

PART IV

추리

01 추리

▌예제▌ 다음 규칙을 참고하여 문제의 정답을 고르시오.

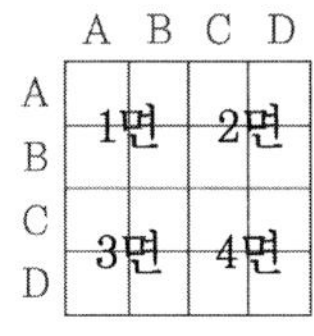

	전체도형 시계방향 90° 회전
	전체도형 180° 회전
	전체도형 시계방향 270° 회전
n	n면 시계방향 90° 회전
n	n면 180° 회진
n	n면 시계방향 270° 회전
A →	A행 배경색 반전
A ↓	A열 배경색 반전
	검은색 배경 도형은 왼쪽으로, 흰색 배경 도형은 오른쪽으로 정렬 (각 구간별 배경색을 기준으로)
	흰색 배경 도형은 왼쪽으로, 검은색 배경 도형은 오른쪽으로 정렬 (각 구간별 배경색을 기준으로)

[예시]

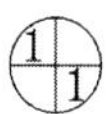 같은 숫자가 적힌 해당 구간끼리 도형과 배경색을 모두 교환

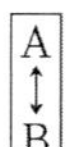 A열과 B열을 교환

A↔B A행과 B행을 교환

A→n A행 칸을 화살표 방향으로 n만큼 이동(A행에 속한 도형, 배경색 모두 이동하며, D열 오른쪽으로 벗어난 도형을 A열로 이동함)

A↓n A열 칸을 화살표 방향으로 n만큼 이동(A열에 속한 도형, 배경색 모두 이동하며, D행 아래로 벗어난 도형을 A행으로 이동함)

[비교규칙]

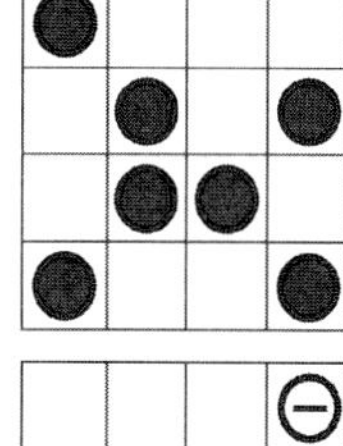

변환된 도형과 배경색이 일치하면 Yes, 그렇지 않으면 No로 이동

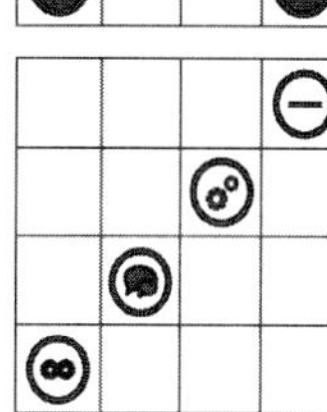

변환된 도형과 표시된 위치의 도형 모양 및 방향이 일치하면 Yes, 그렇지 않으면 No로 이동

| 1~10 | 다음을 주어진 규칙에 따라 변환시킬 때 '?'에 해당하는 것을 고르시오.

1

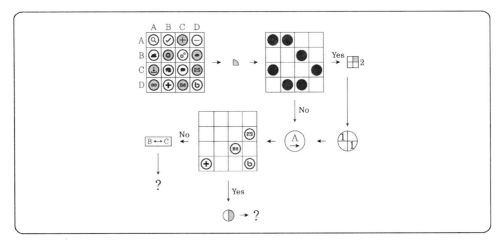

① ② ③ ④ ⑤

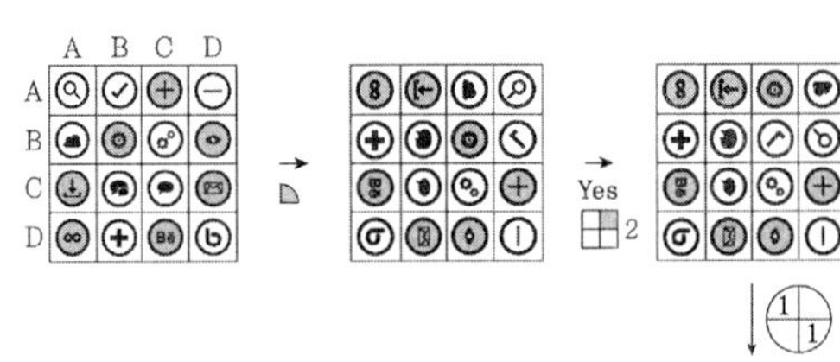

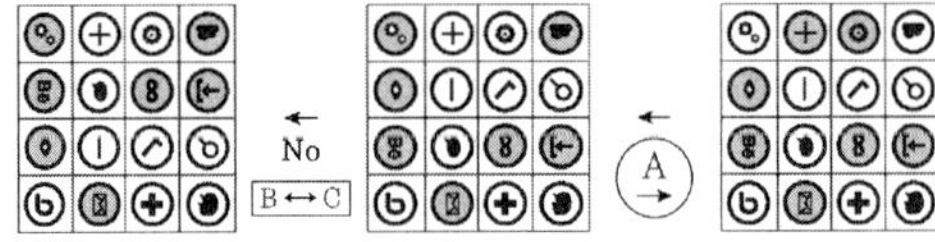

2

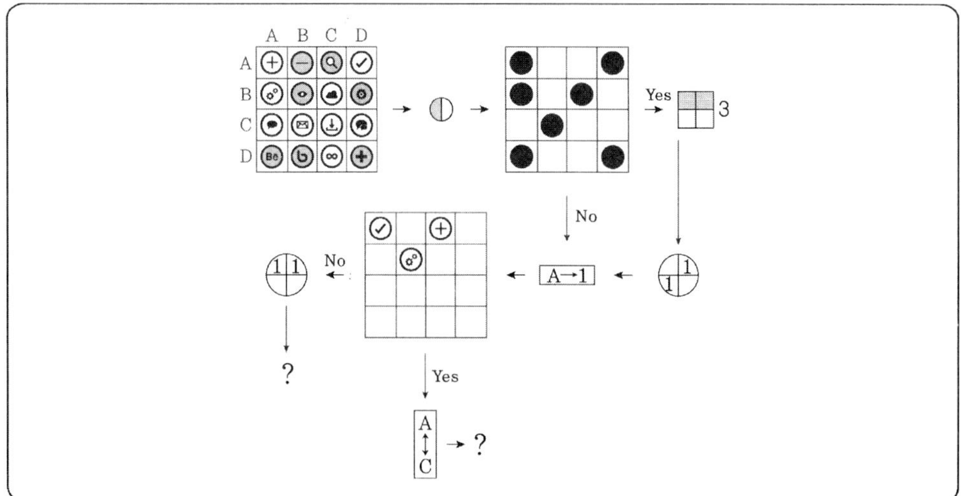

①

②

③

④

⑤

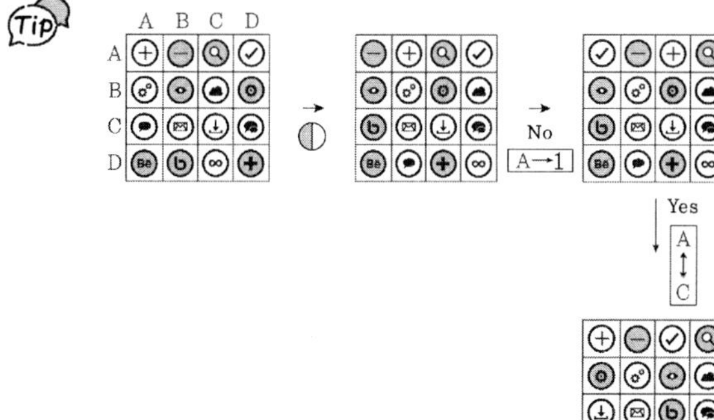

Answer 1.① 2.②

3

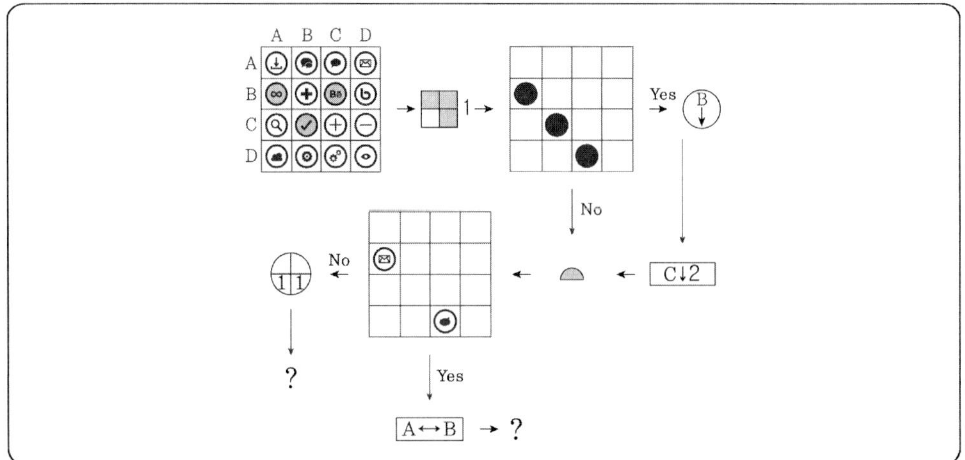

①

②

③

④

⑤

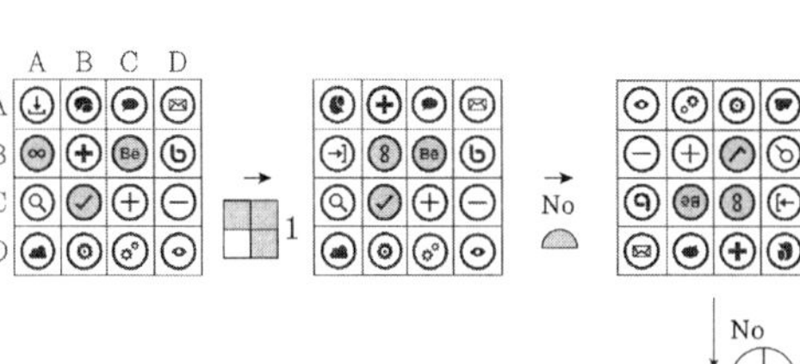

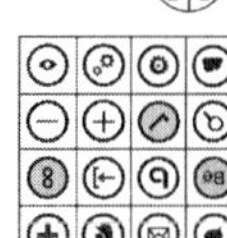

4

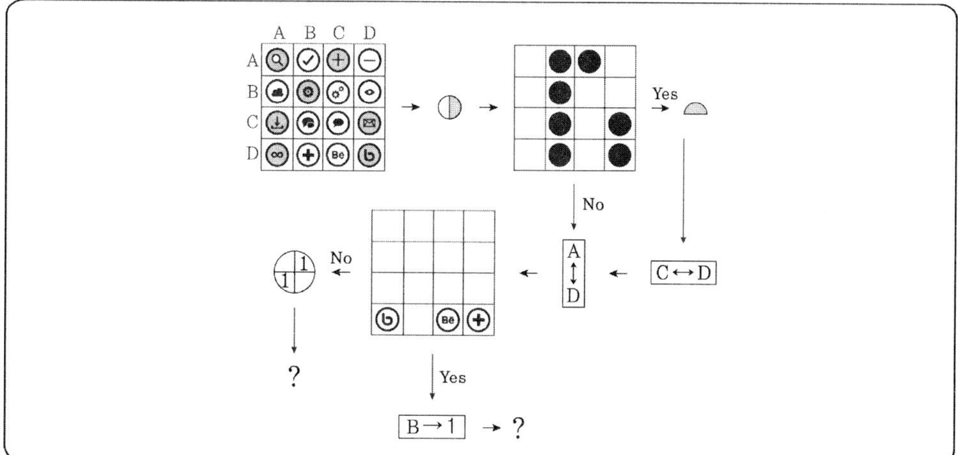

①

②

③

④

⑤

Tip

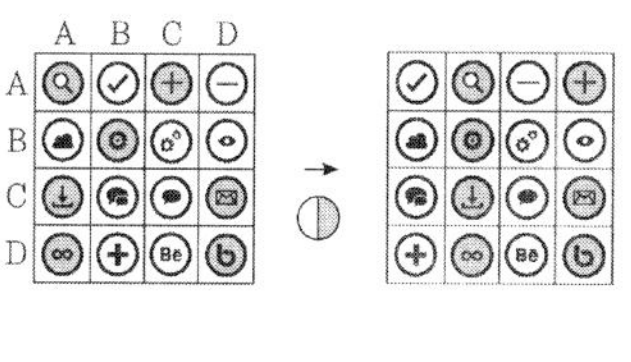

Answer 3.④ 4.③

5

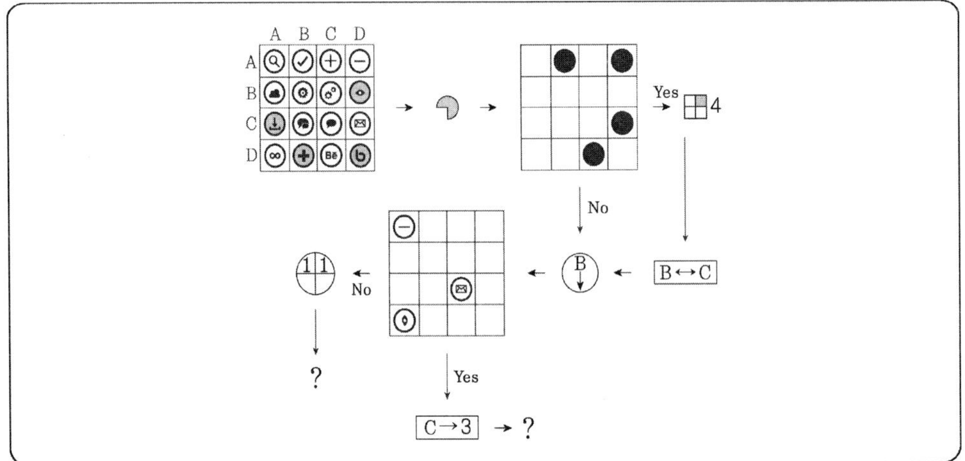

①

②

③

④

⑤

Tip

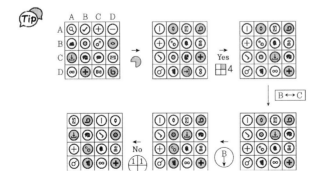

6

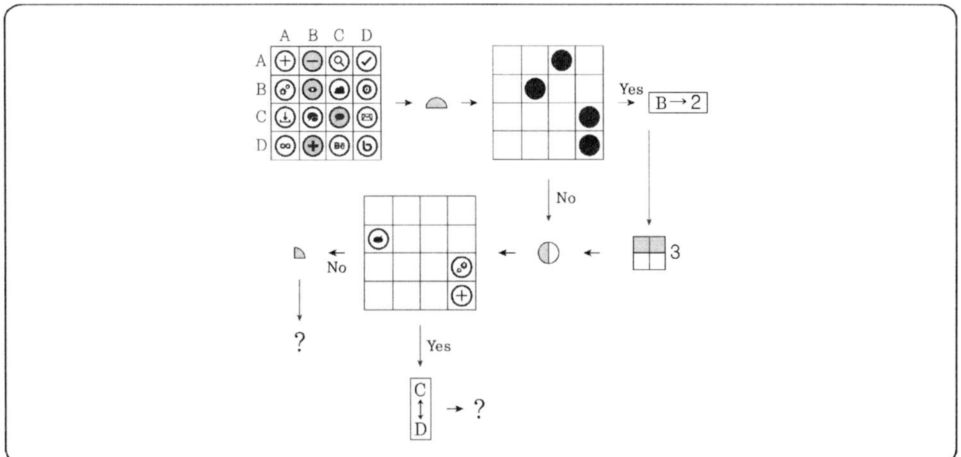

①

②

③

④

⑤

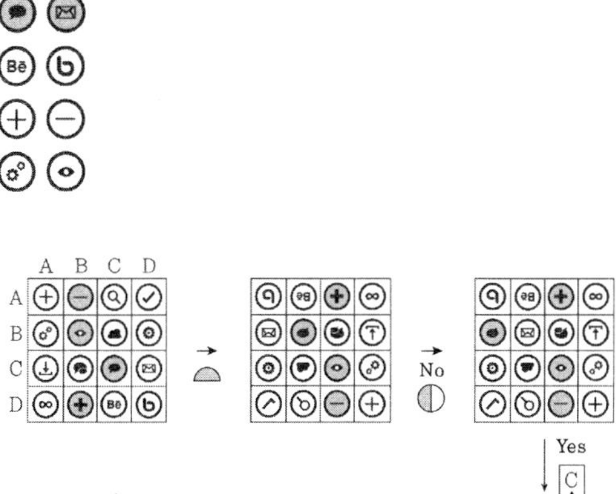

Answer 5.⑤ 6.③

7

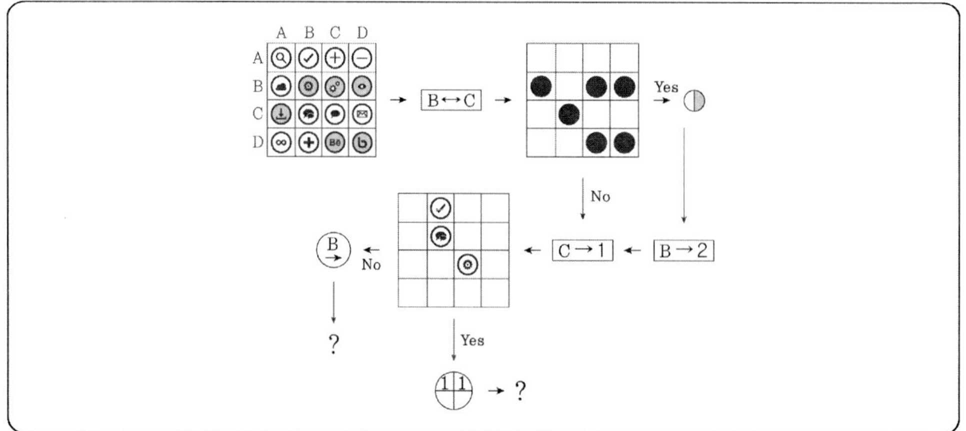

①

②

③

④

⑤

Tip

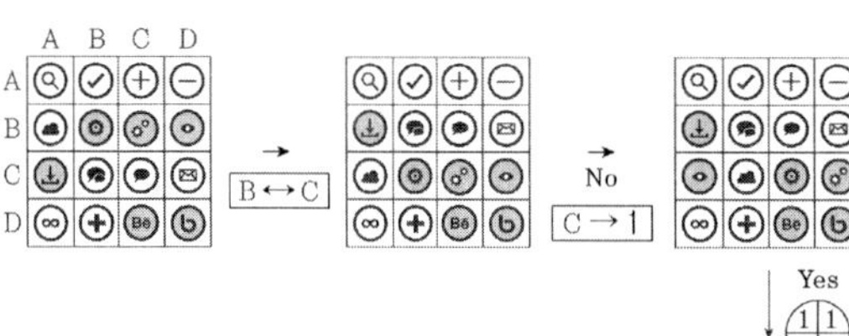

8

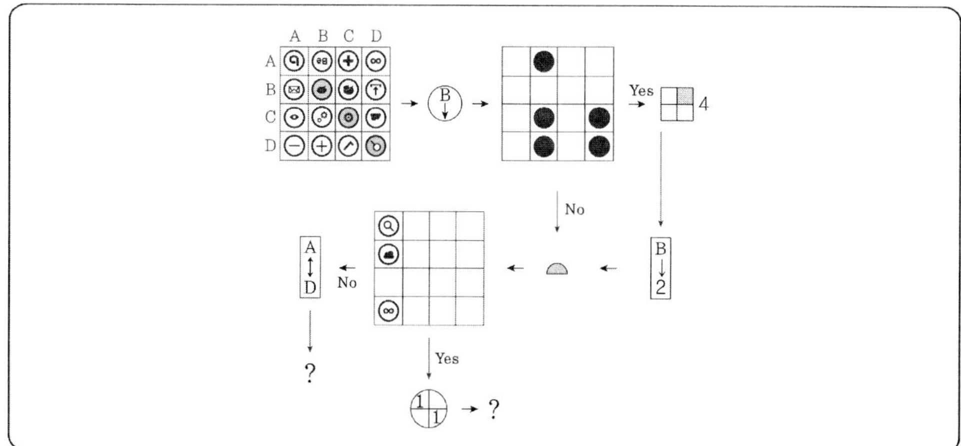

①

②

③

④

⑤

Tip

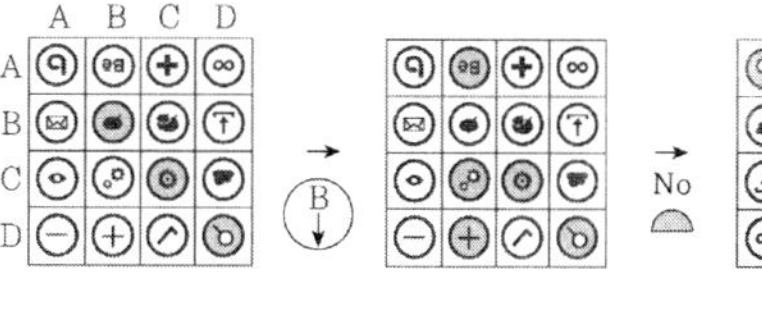

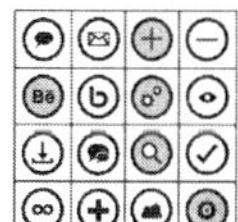

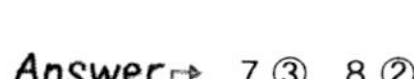

7.③ 8.②

9

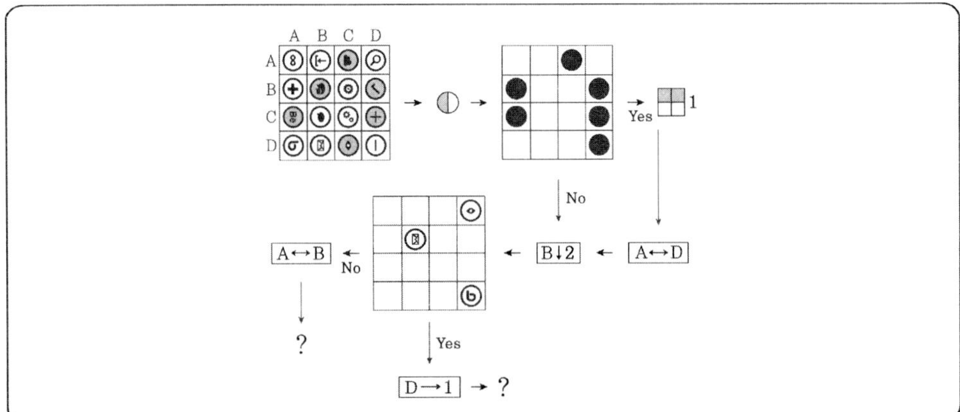

①

②

③

④

⑤

Tip

A B C D

A

B

C

D

No

B↓2

No

A↔B

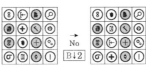

10

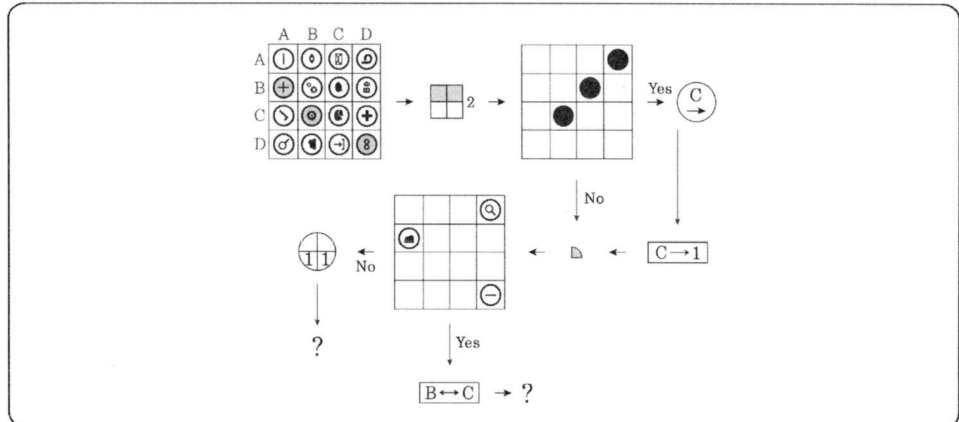

①

②

③

④

⑤

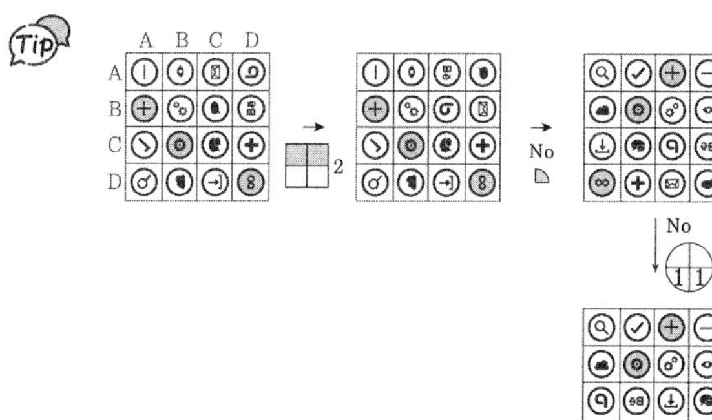

Answer 9.④ 10.①

▌예제▐ 다음 규칙을 참고하여 문제의 정답을 고르시오.

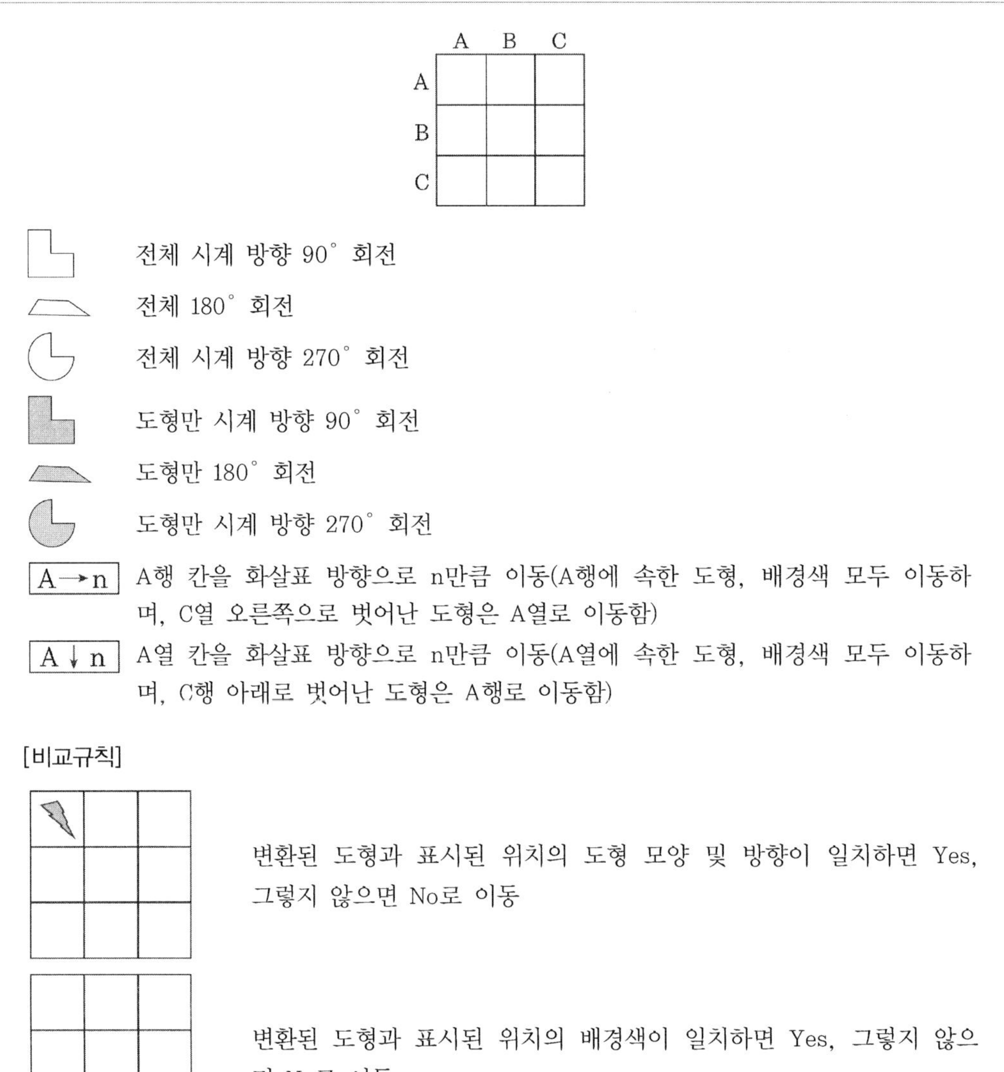

A B C
A
B
C
전체 시계 방향 90° 회전
전체 180° 회전
전체 시계 방향 270° 회전
도형만 시계 방향 90° 회전
도형만 180° 회전
도형만 시계 방향 270° 회전
A→n
A행 칸을 화살표 방향으로 n만큼 이동(A행에 속한 도형, 배경색 모두 이동하며, C열 오른쪽으로 벗어난 도형은 A열로 이동함)
A↓n
A열 칸을 화살표 방향으로 n만큼 이동(A열에 속한 도형, 배경색 모두 이동하며, C행 아래로 벗어난 도형은 A행로 이동함)
[비교규칙]
변환된 도형과 표시된 위치의 도형 모양 및 방향이 일치하면 Yes, 그렇지 않으면 No로 이동
변환된 도형과 표시된 위치의 배경색이 일치하면 Yes, 그렇지 않으면 No로 이동

▌11~20▐ 다음을 주어진 규칙에 따라 변환시킬 때 '?'에 해당하는 것을 고르시오.

11

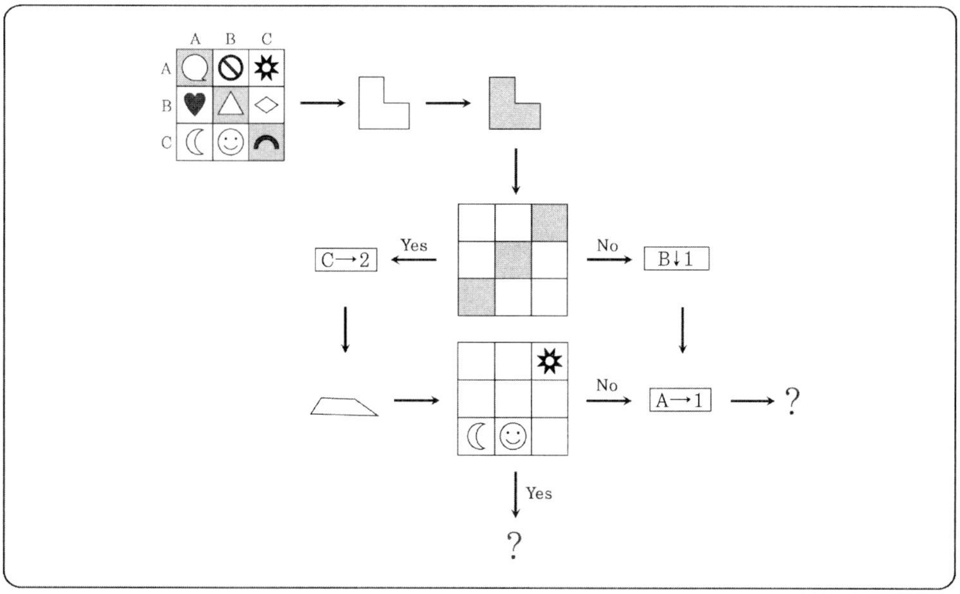

A B C

A B C

Yes C→2

No B↓1

No A→1 → ?

Yes

?

①

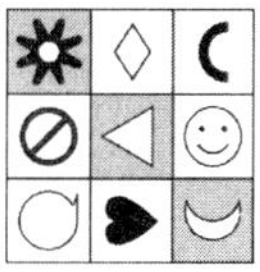

②

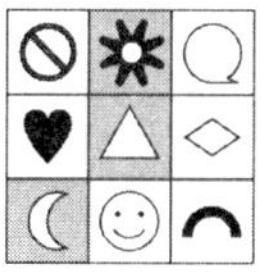

③

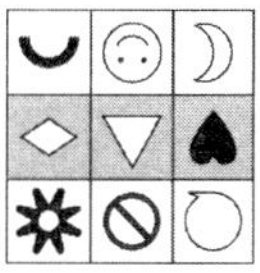

④

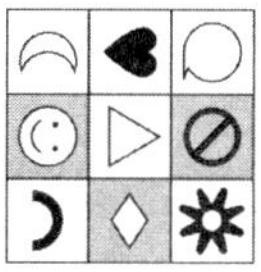

⑤

Tip

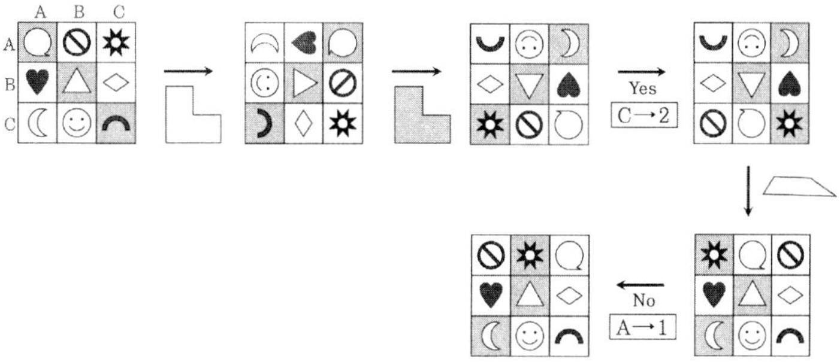

A B C

A B C

Yes C→2

No A→1

Answer 11.②

12

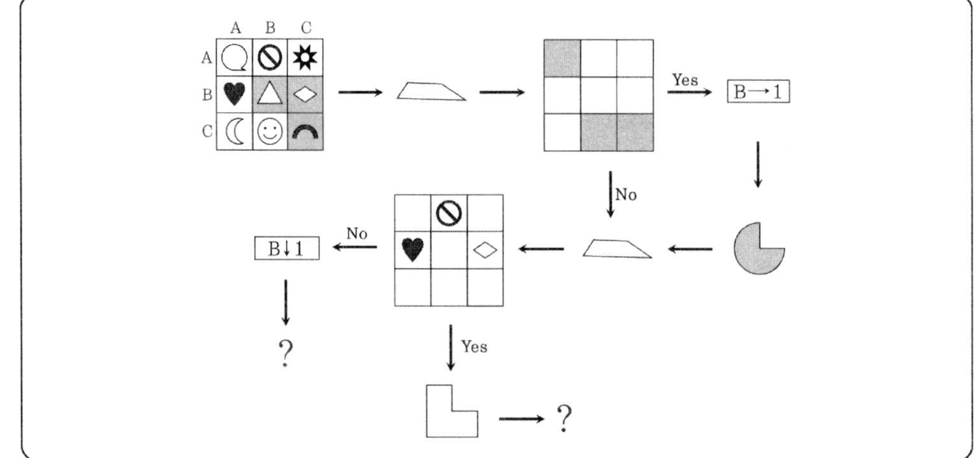

① 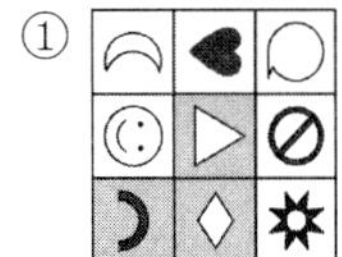

② 

③ 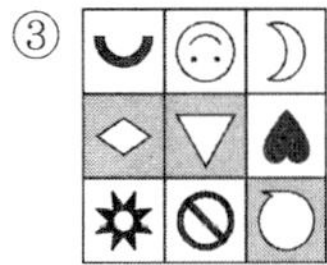

④ 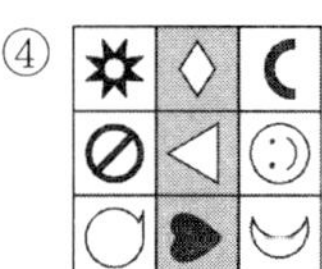

⑤ 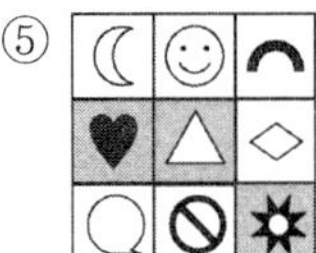

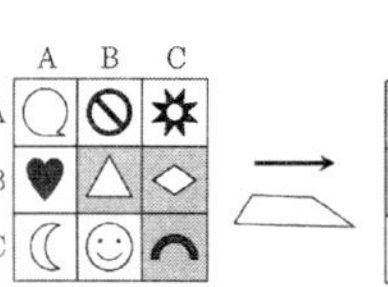

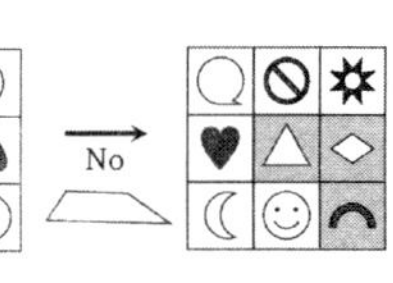

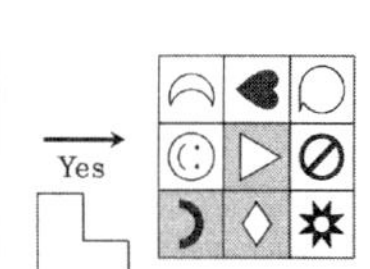

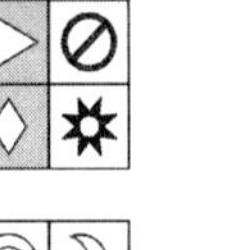

13

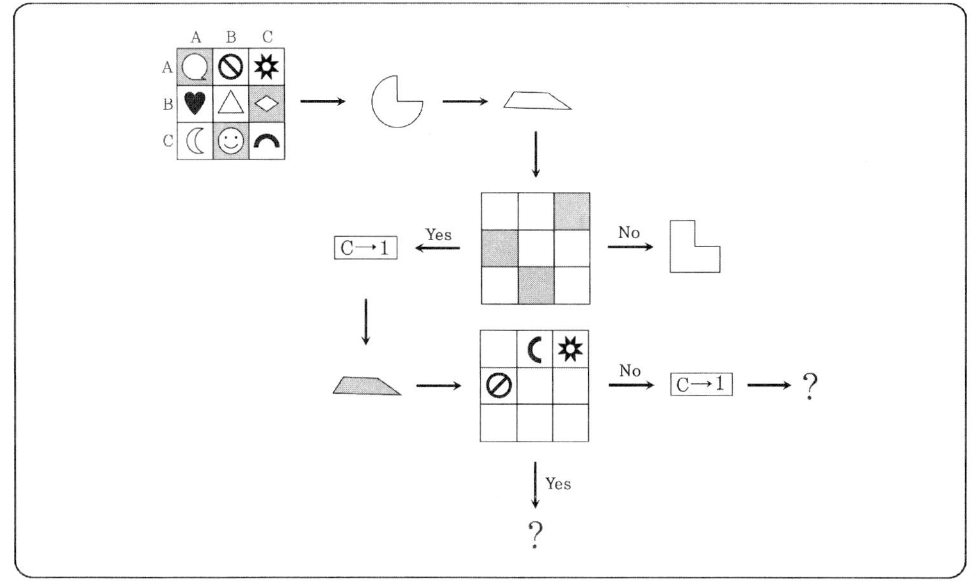

①
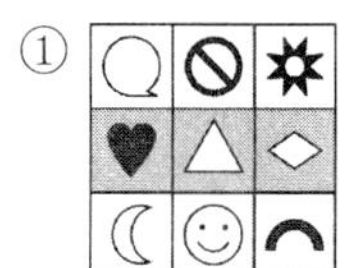

②
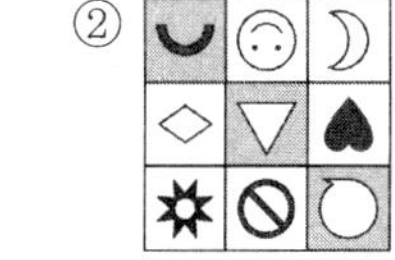

③
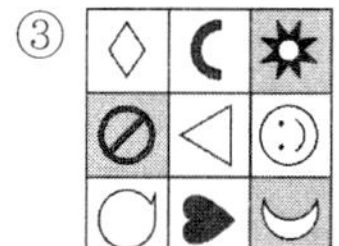

④
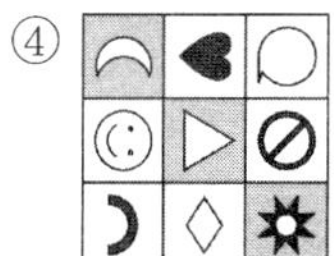

⑤
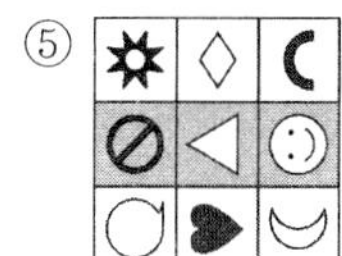

Tip

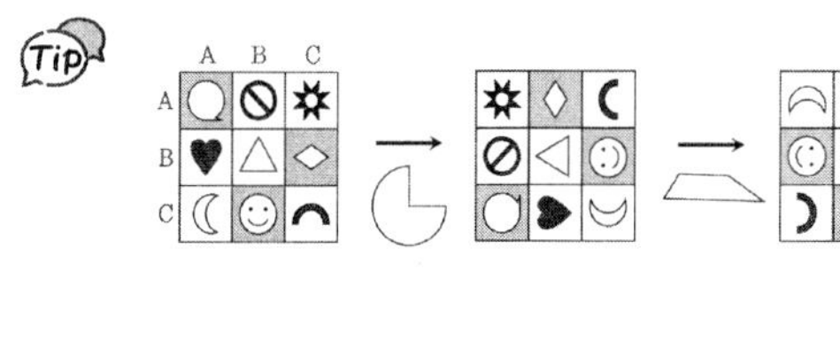

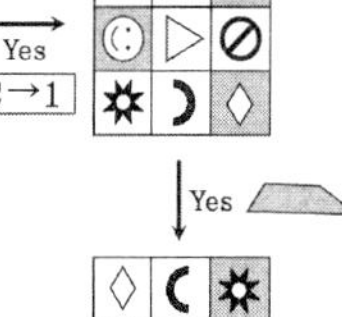

Answer 12.① 13.③

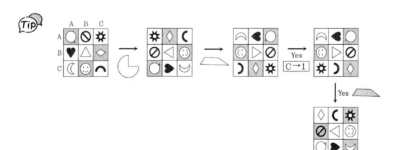

14

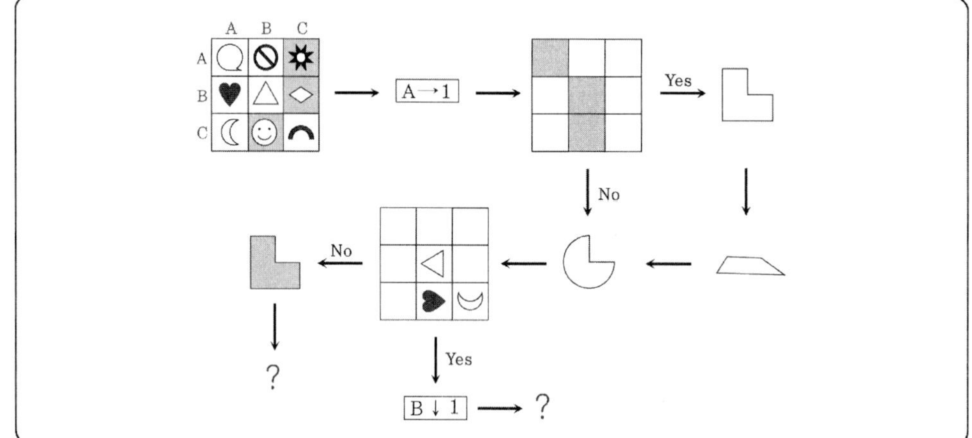

①

②

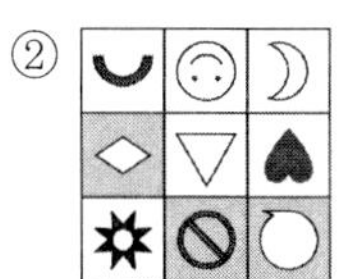

③

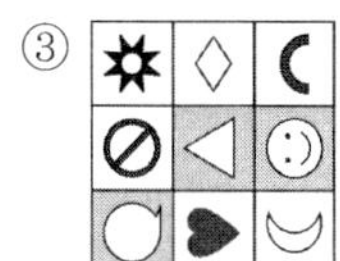

④

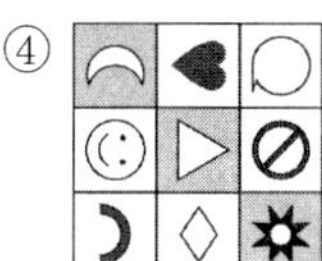

⑤

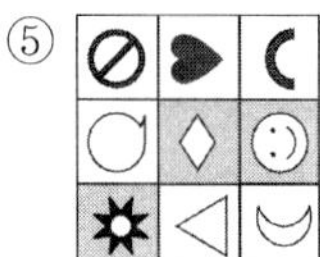

Tip

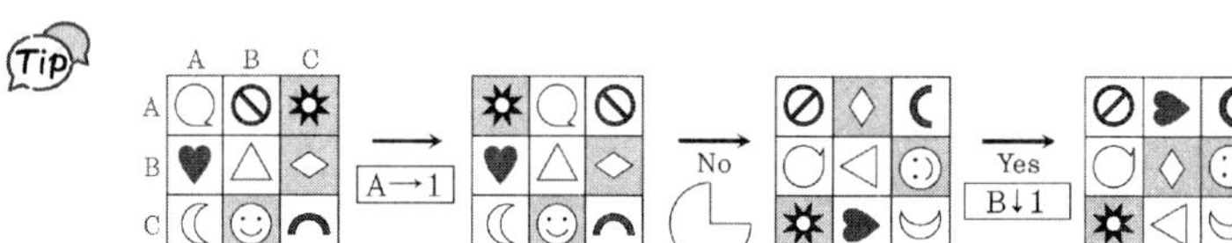

15

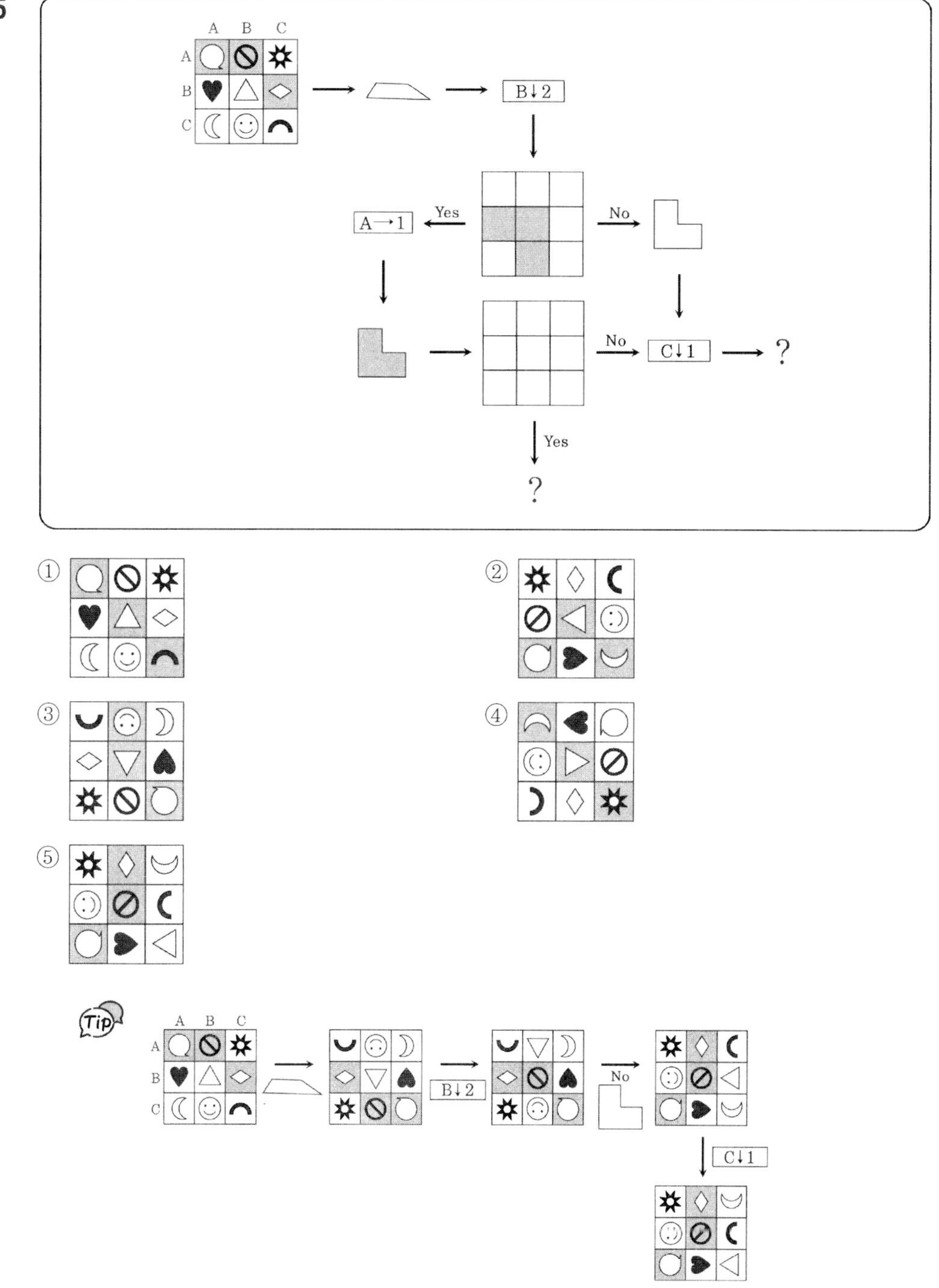

Answer 14.⑤ 15.⑤

16

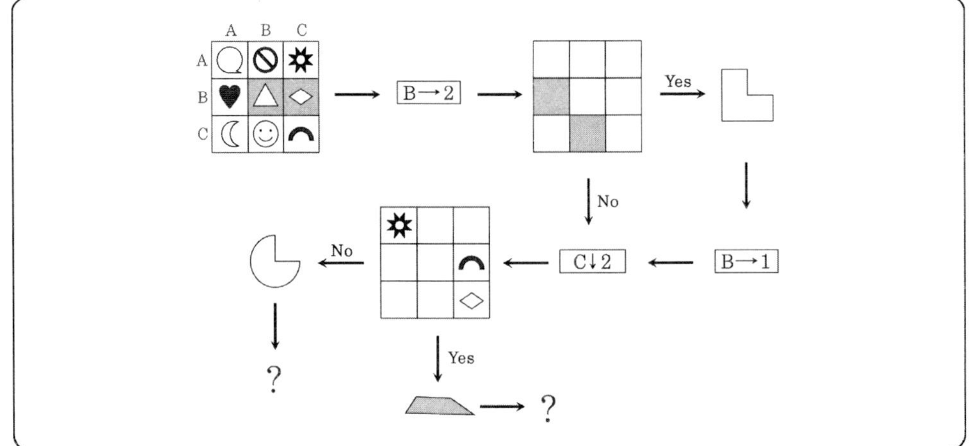

① 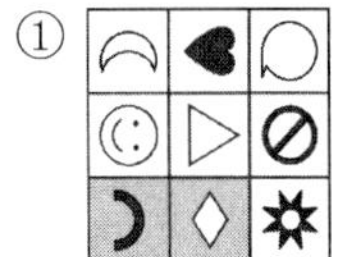

② 

③ 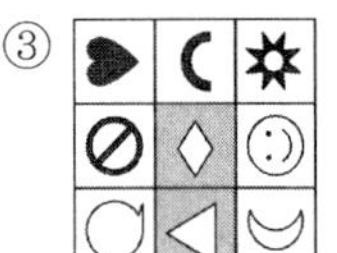

④ 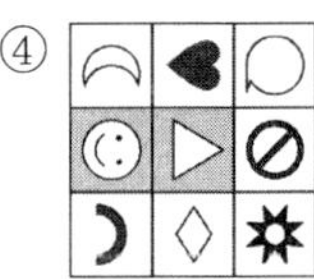

⑤ 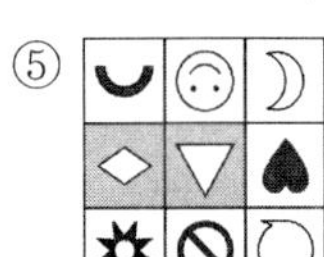

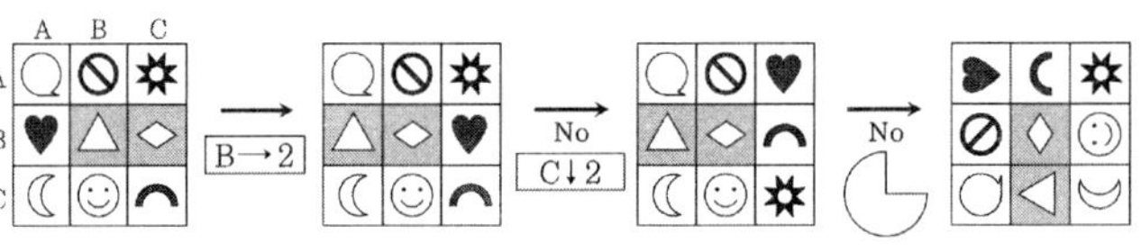

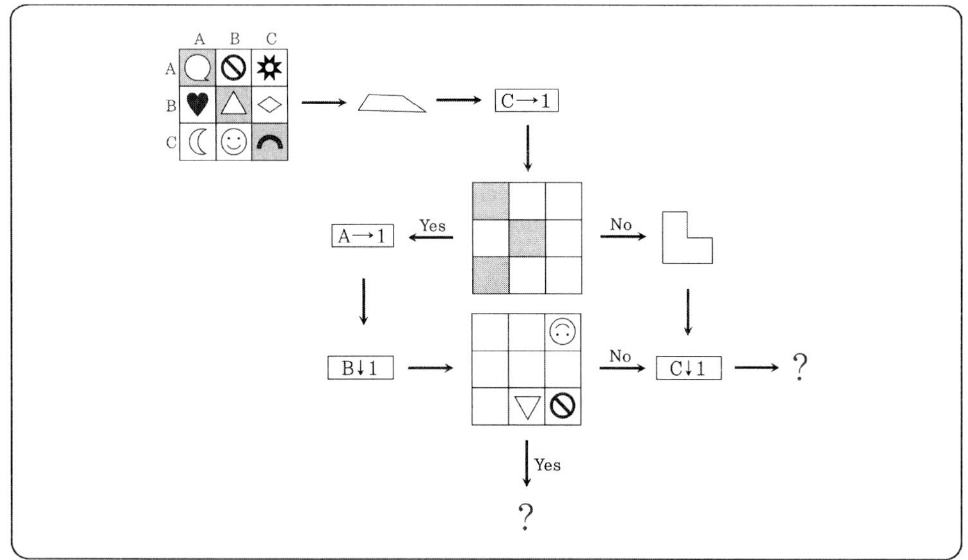

① 

② 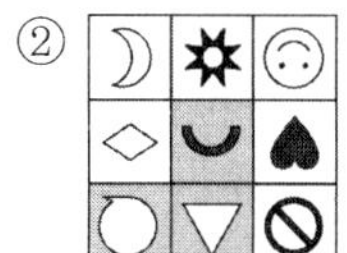

③ 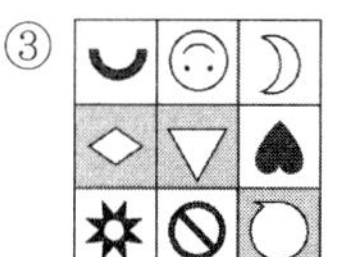

④ 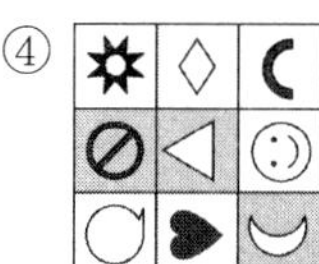

⑤ 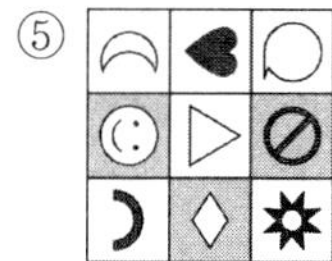

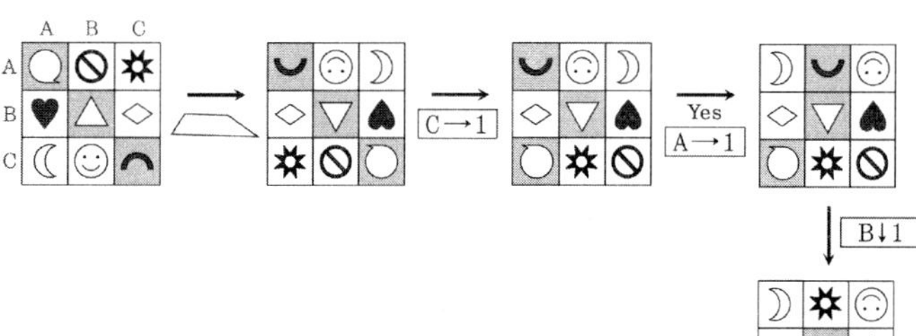

Answer 16.③ 17.②

18

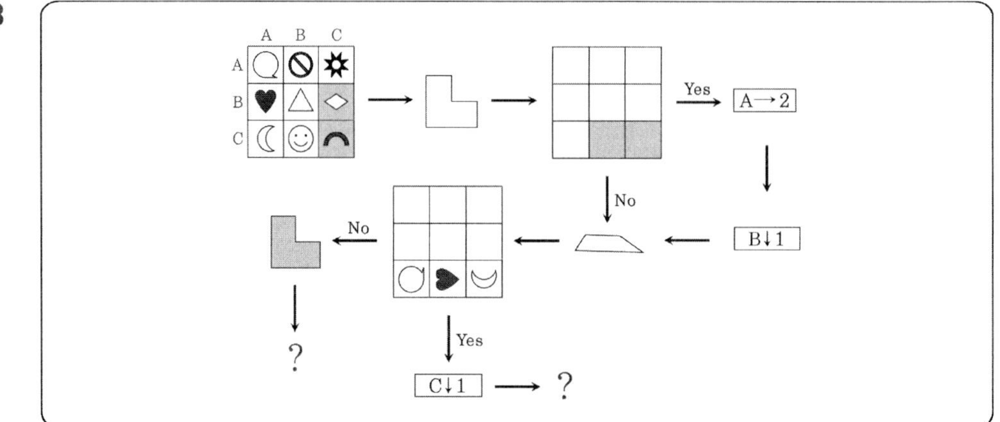

① 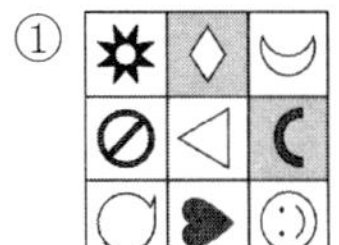

② 

③ 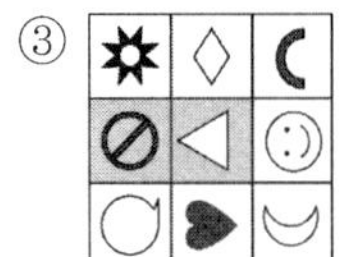

④ 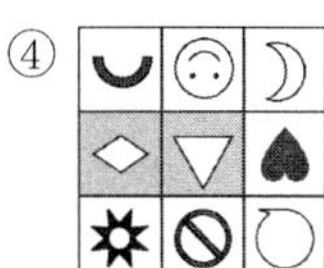

⑤ 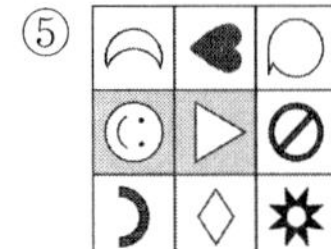

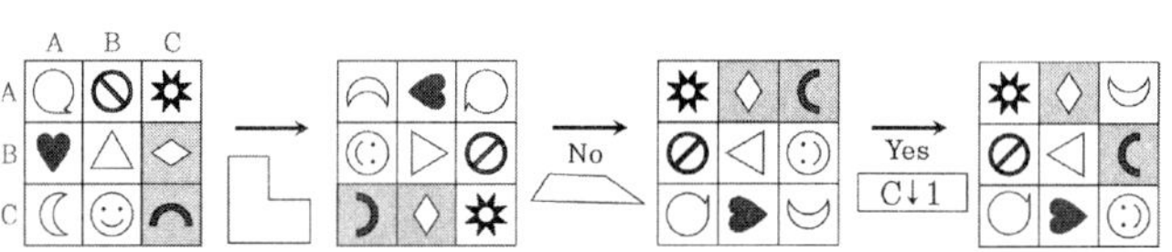

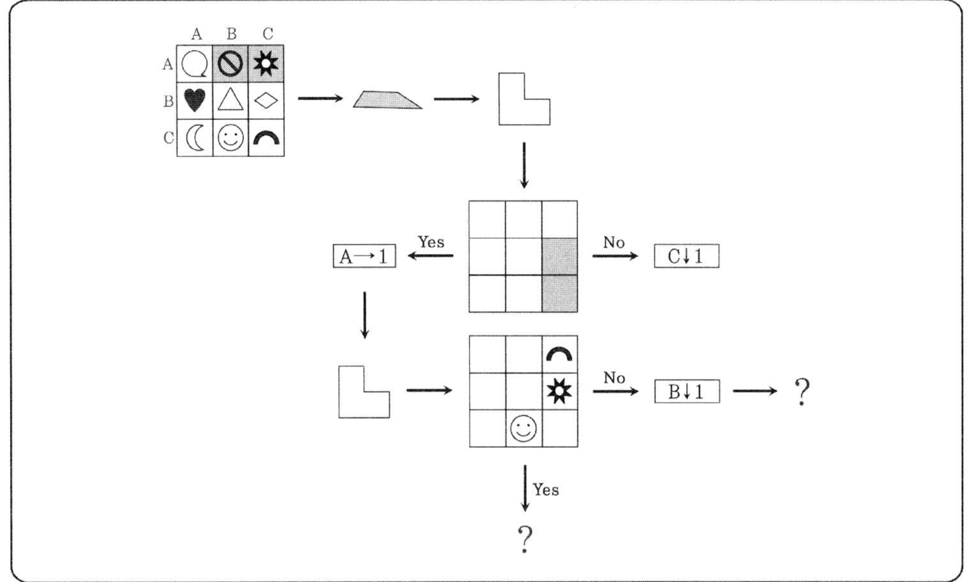

①
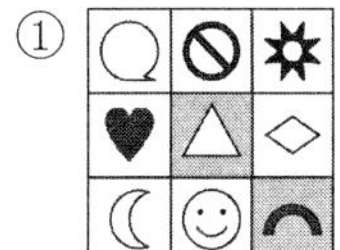

②
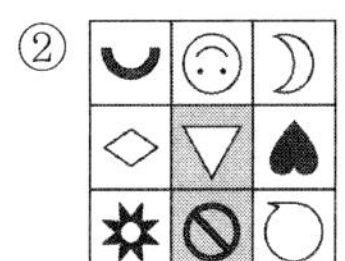

③
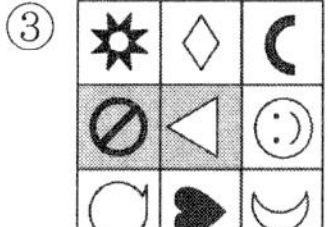

④
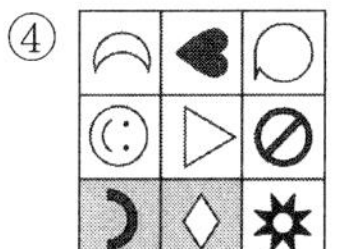

⑤

Tip
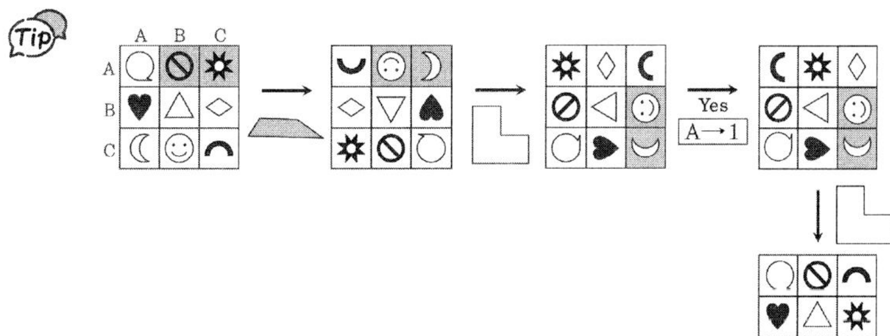

Answer 18.① 19.⑤

20

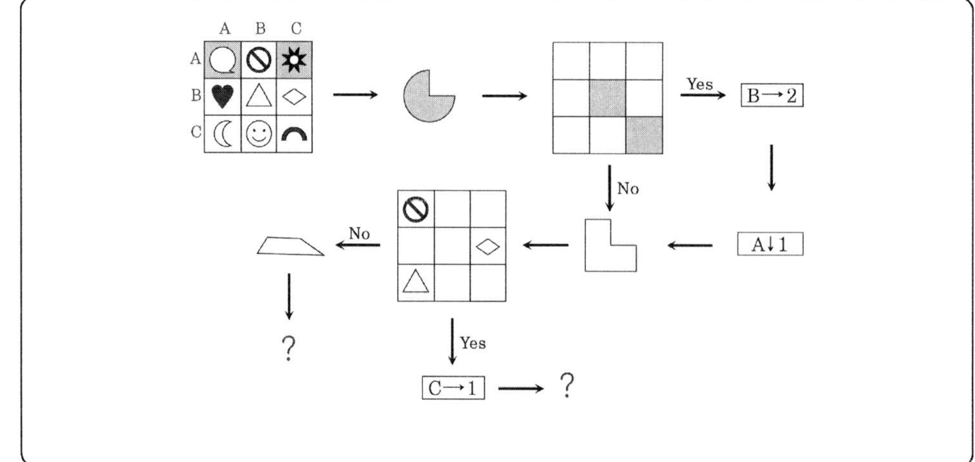

①
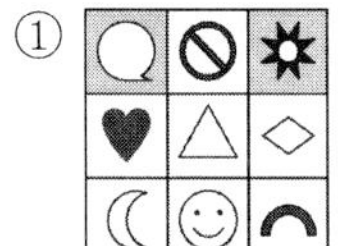

②
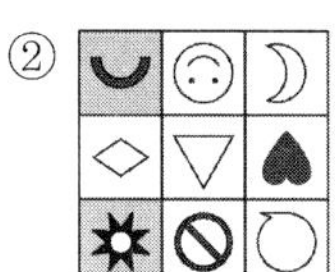

③
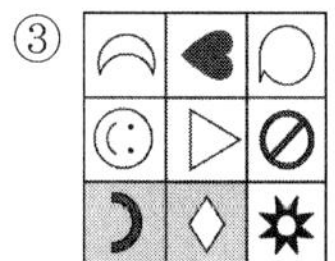

④
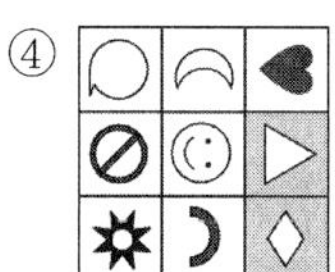

⑤
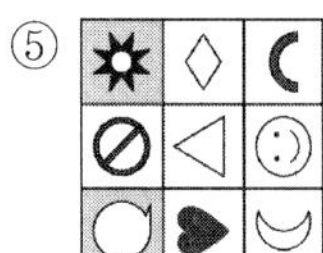

Tip
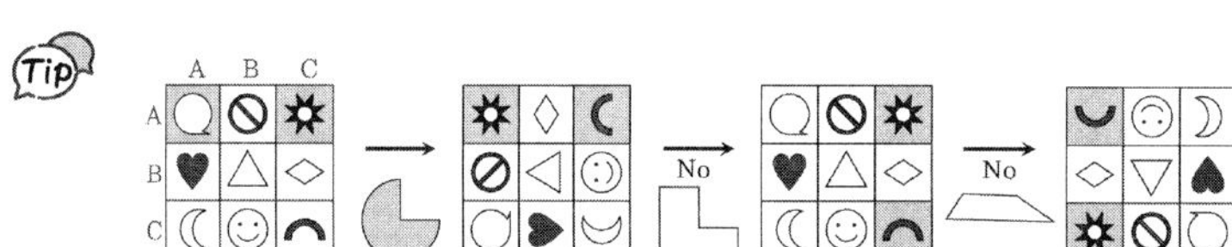

▍21~25 ▍ 다음 기호들은 일정한 규칙에 따라 도형을 변화시킨다. 주어진 도형을 도식에 따라 변화시켰을 때 결과로 올바른 것을 고르시오.

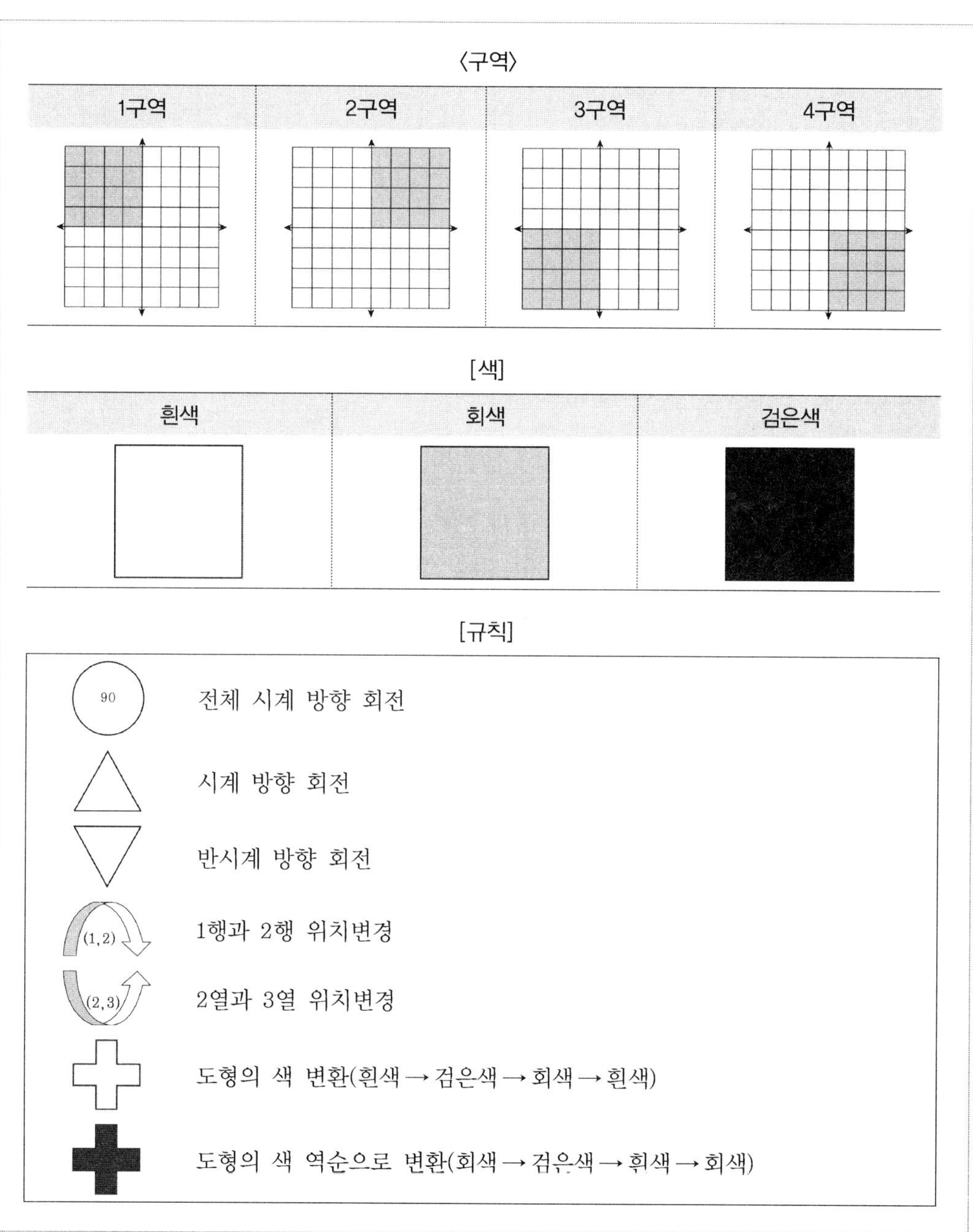

Answer 20.②

〈조건〉

1구역에 적용	2구역에 적용	3구역에 적용	4구역에 적용
(좌상단 회색)	(우상단 회색)	(좌하단 회색)	(우하단 회색)

(흰색 칸)	흰색 도형에만 적용
(회색 칸)	회색 도형에만 적용
(검은색 칸)	검은색 도형에만 적용

! 해당 칸의 최초 도형과 색깔 비교
-해당 칸의 최초 도형과 색깔이 같으면 해당 구역 내에서 해당 열의 색 순서대로 변환
-해당 칸의 최초 도형과 색깔이 다르면 해당 구역 내에서 해당 행의 색 순서대로 변환

21

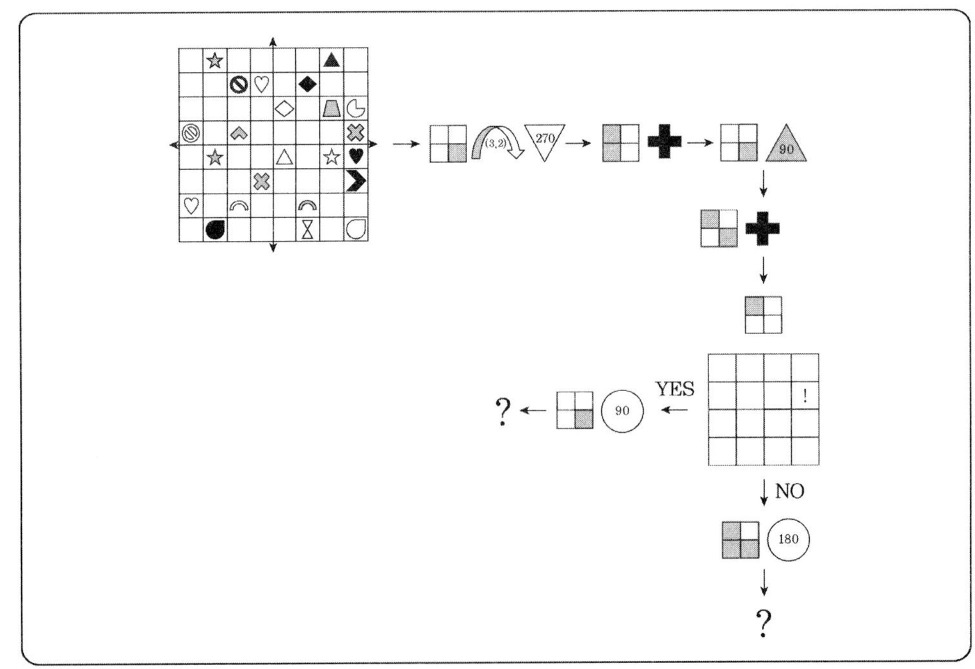

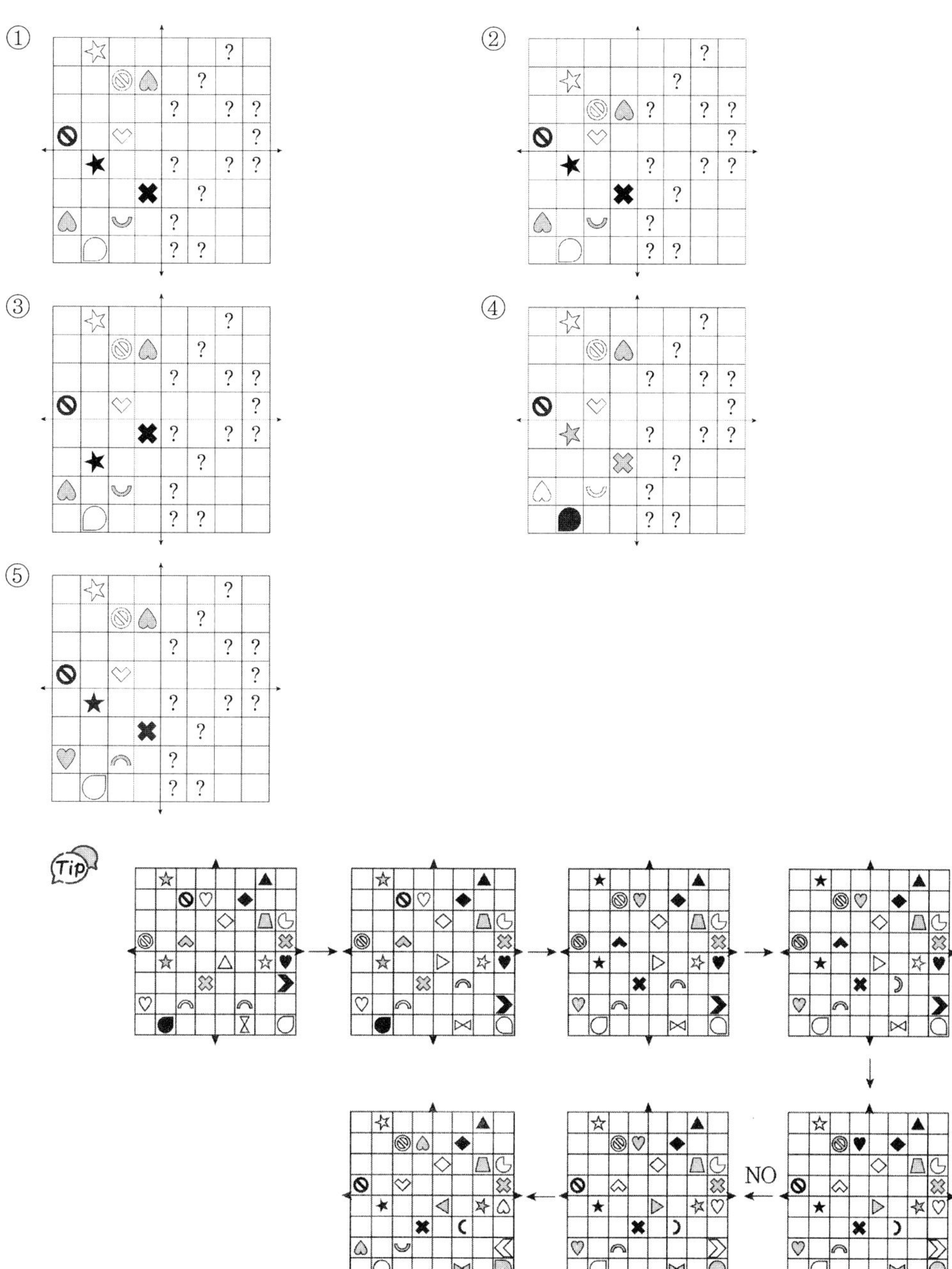

Answer 21.①

22

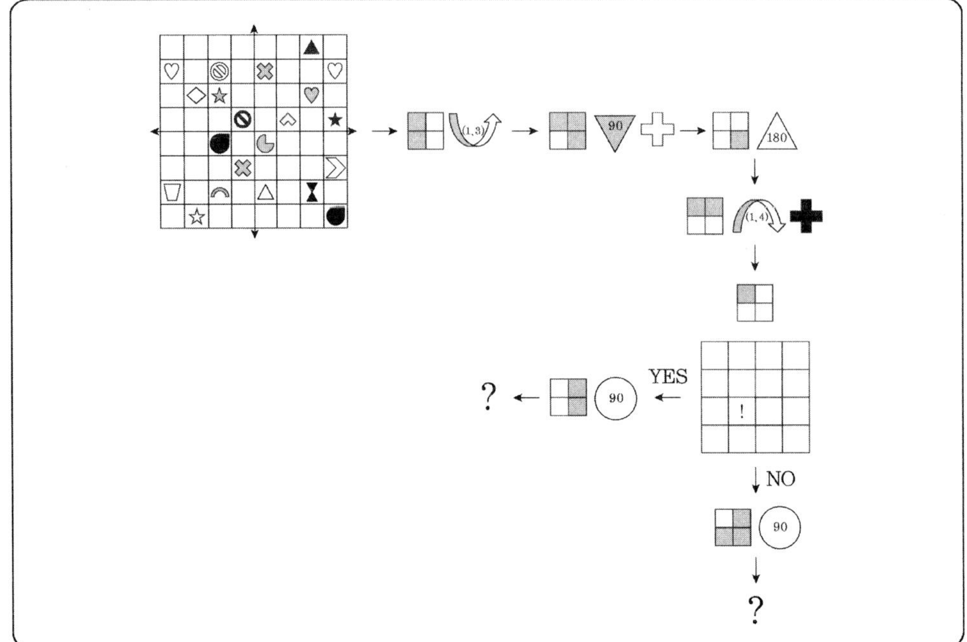

①

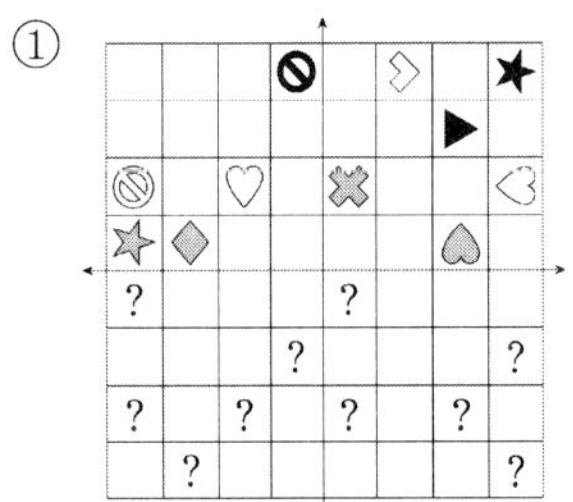

②

③

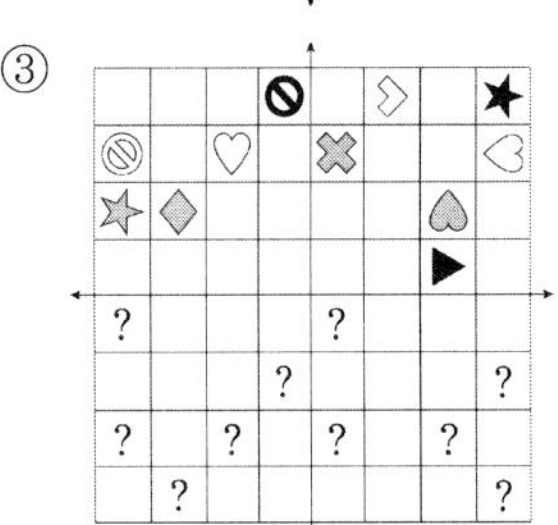

④

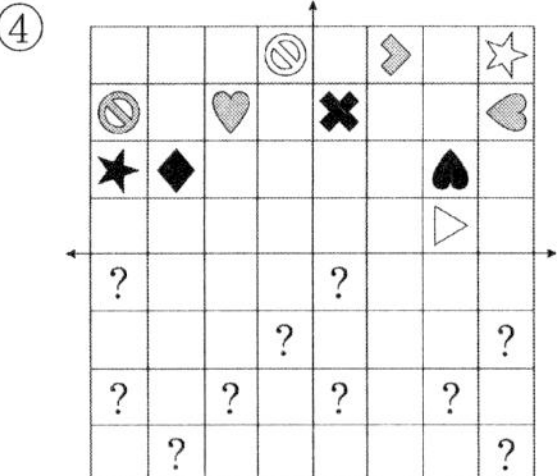

⑤

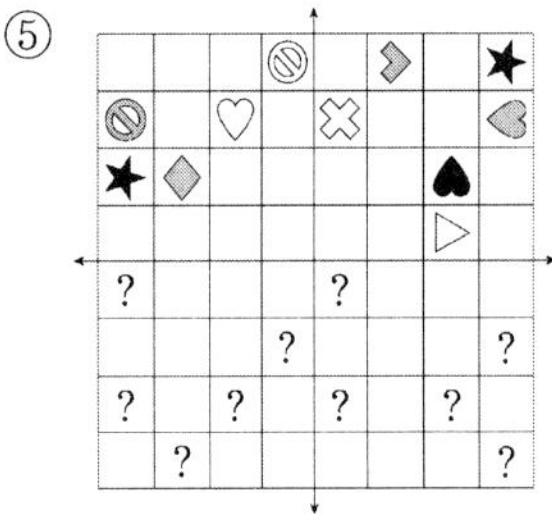

Tip

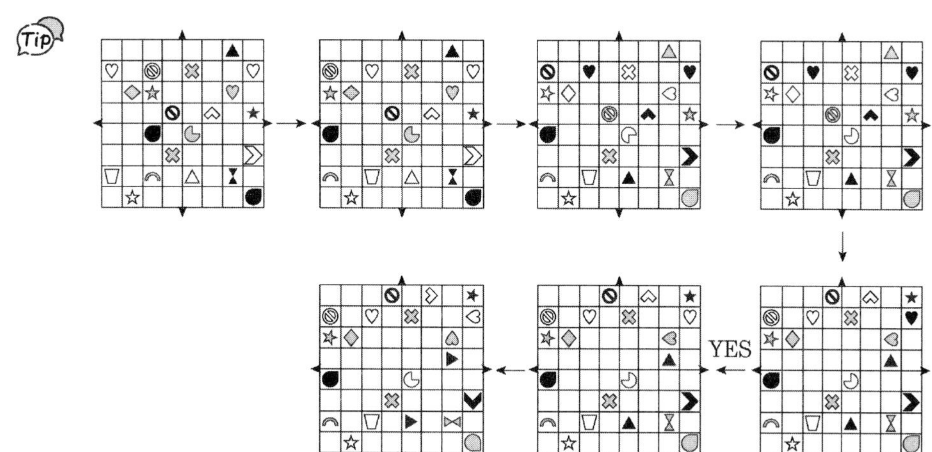

Answer 22.③

23

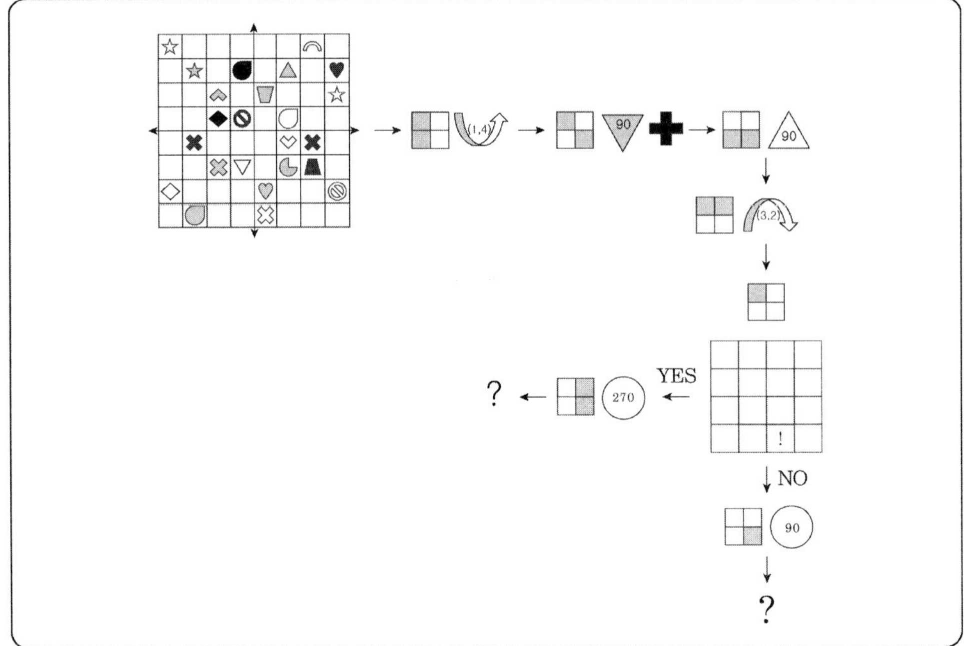

①

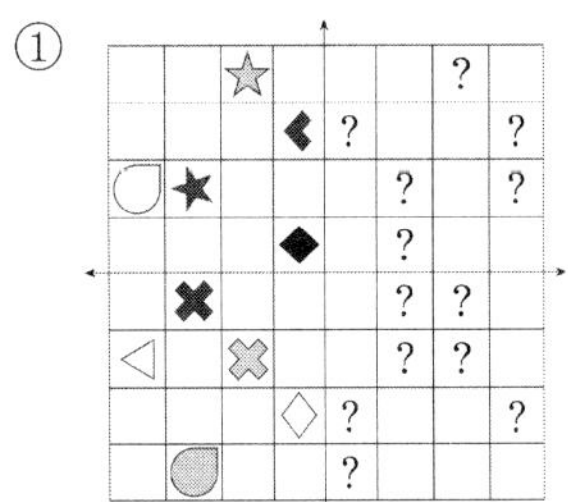

②

③

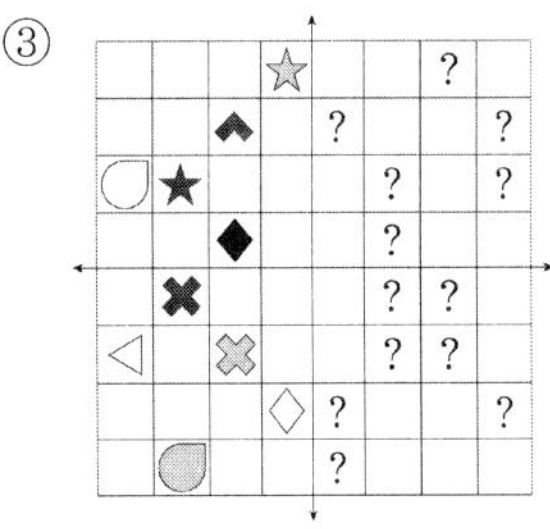

④

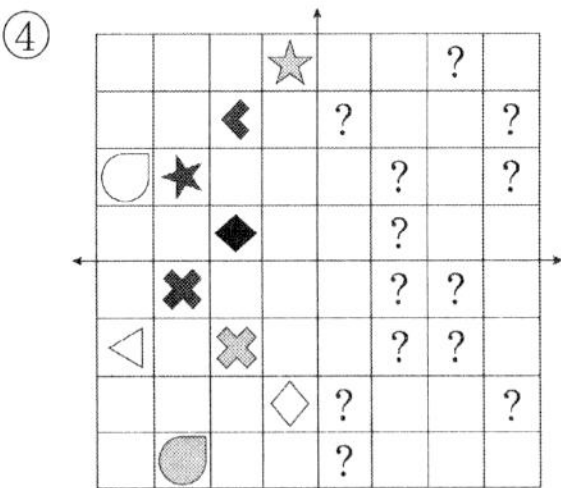

⑤

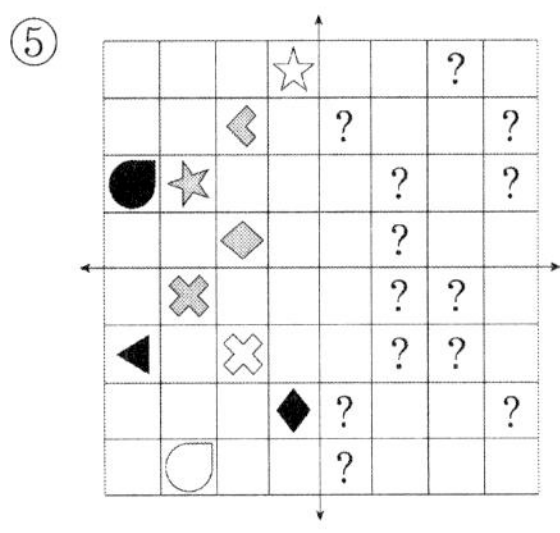

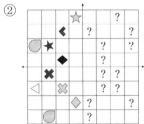

Tip

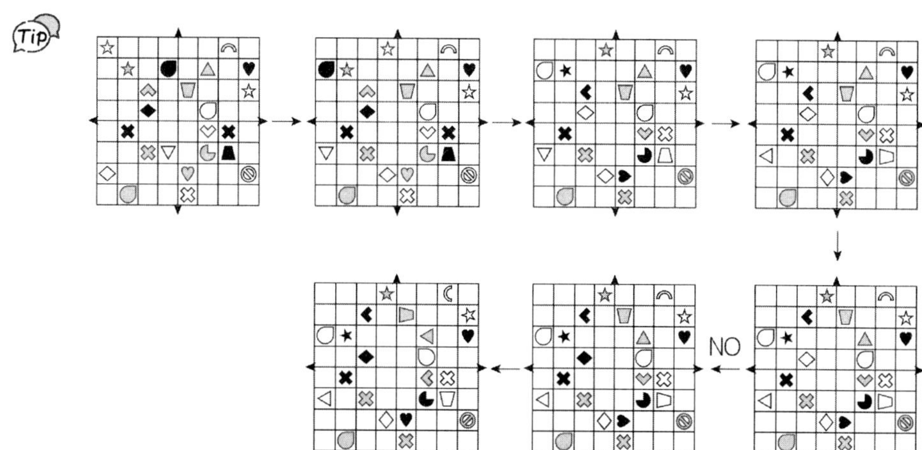

Answer 23.④

24

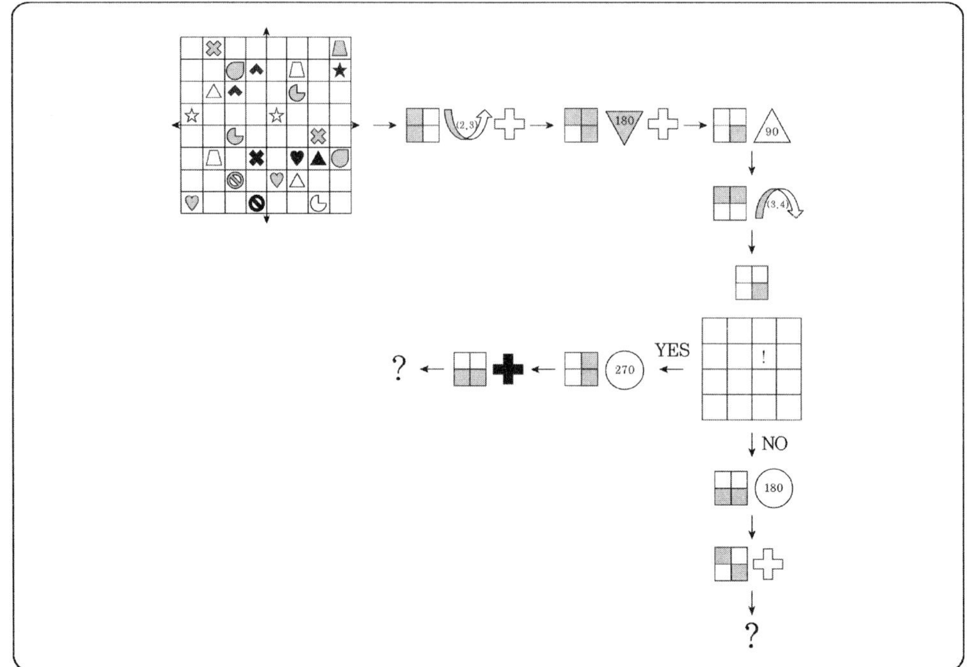

①

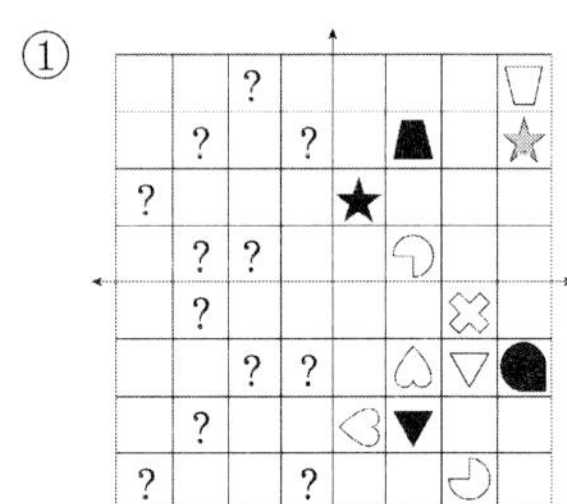

②

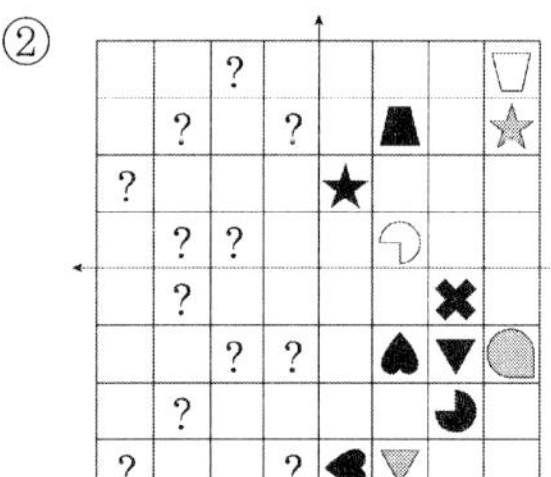

③

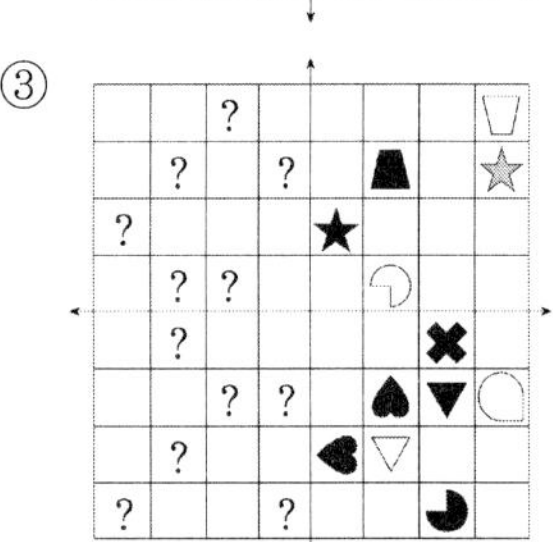

④

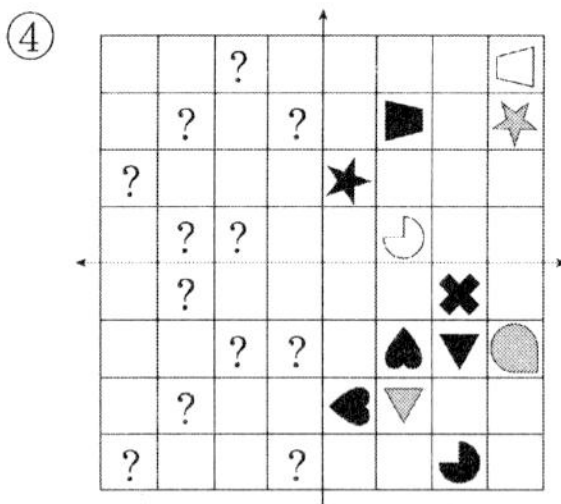

⑤

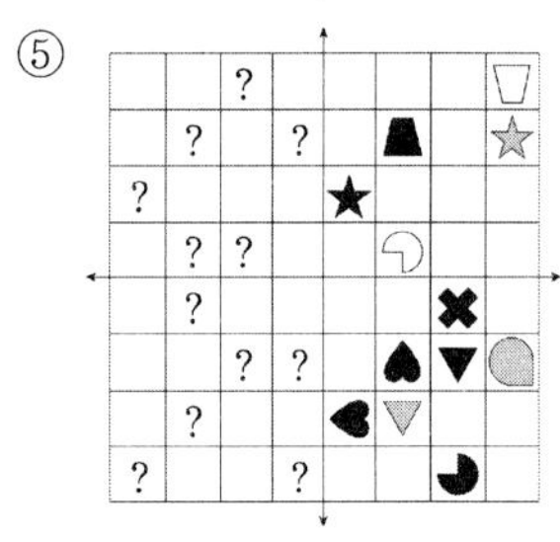

Tip

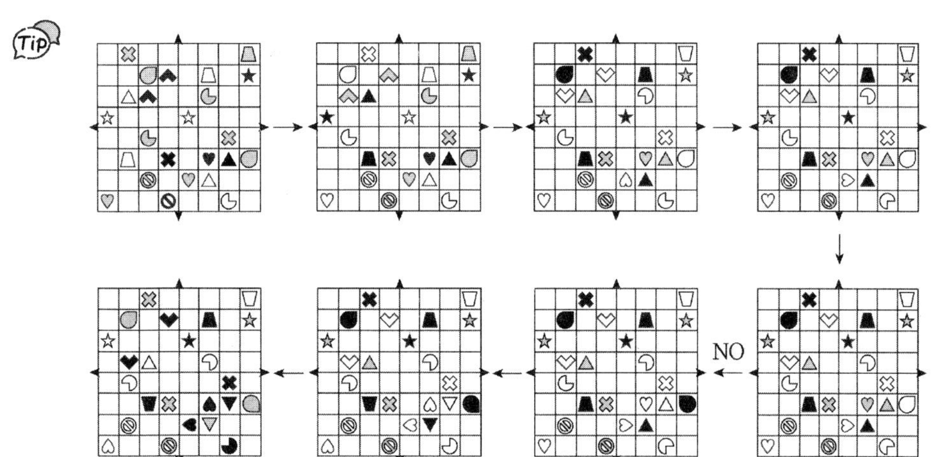

Answer 24.⑤

25

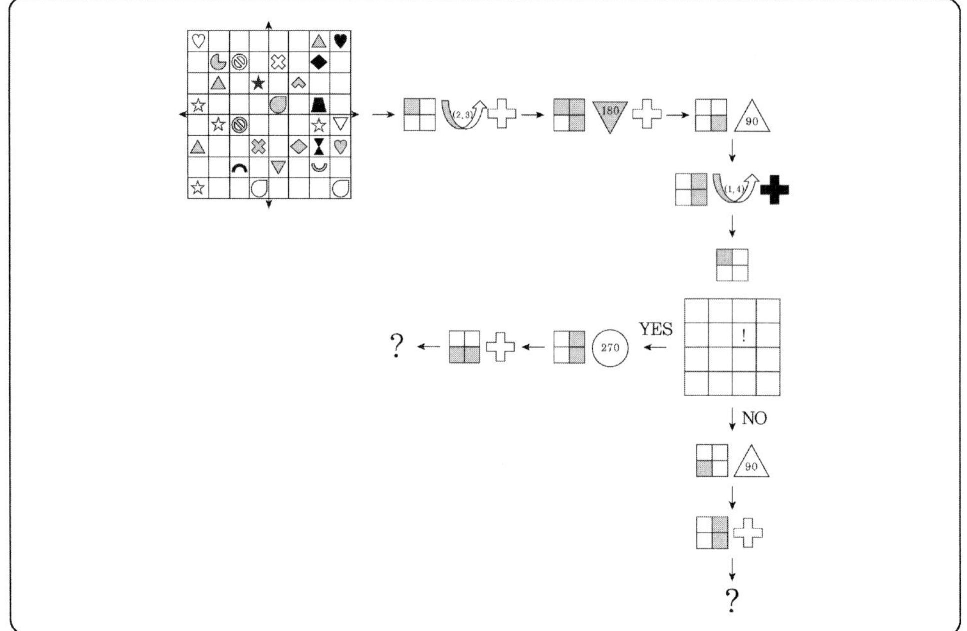

①

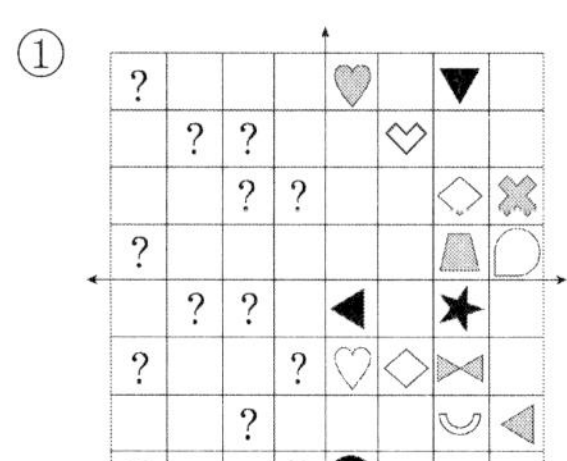

②

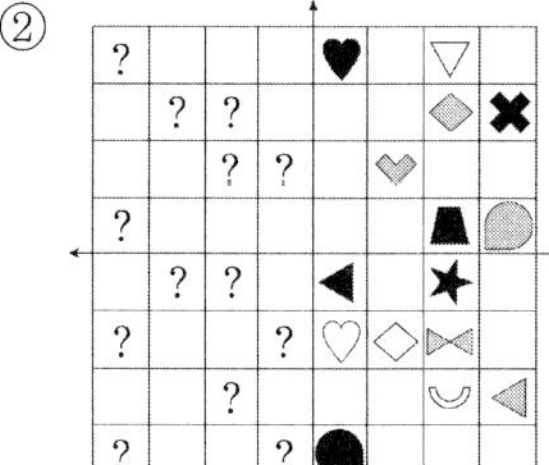

③

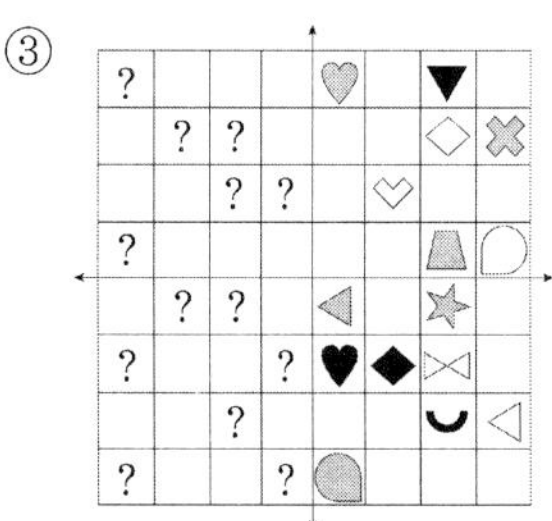

④

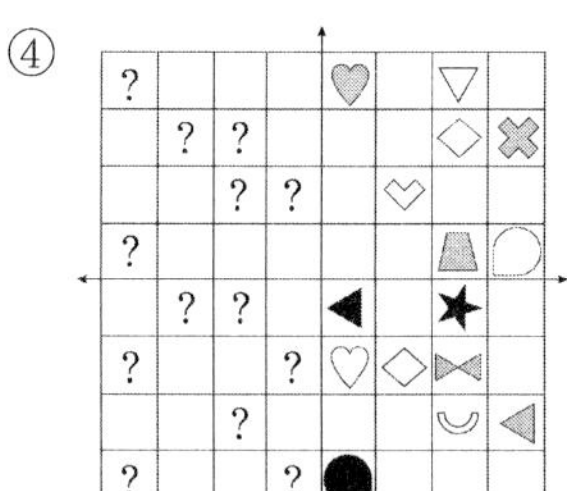

⑤

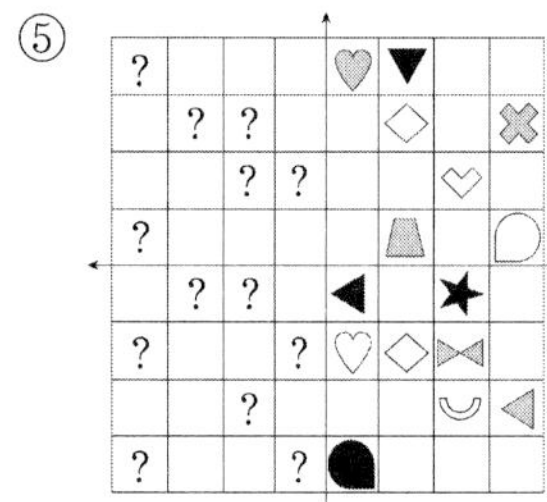

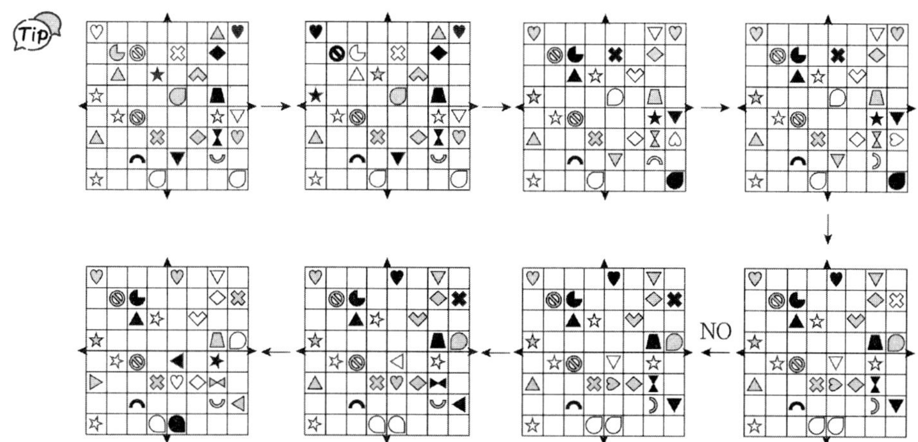

Answer 25.④

❙26~30❙ 다음 규칙에 따라 도형을 변화시켰을 때 물음표에 들어갈 도형으로 알맞은 것은?

〈기본규칙〉

	Ⅰ	Ⅱ	Ⅲ	Ⅳ
i				
ii				
iii				
iv				

- n◈ : 해당 행/열의 도형 색상 반전
  - 예 i ◈ = i 행의 도형 색상 반전
- n◇ : 해당 행/열의 도형 상하 반전
  - 예 Ⅱ◇ = Ⅱ열의 도형 상하 반전
- x◧n : 해당 행/열을 오른쪽/위쪽으로 x칸 이동
  - 예 2◧iii = iii행을 오른쪽으로 2칸 이동
  - 예 2◧Ⅲ = Ⅲ열을 위쪽으로 2칸 이동
- xn◧ : 해당 행/열을 왼쪽/아래쪽으로 x칸 이동
  - 예 3 i ◧ = i 행을 왼쪽으로 3칸 이동
  - 예 3 i ◧ = i 열을 아래쪽으로 3칸 이동
- (도형) : 해당 도형의 색을 전부 지정색으로 변환
  - 예 ♧ = ♧을 전부 흰색으로 변환
  - 예 ♠ = ♤을 전부 검은색으로 변환
- n⦶x° : 해당 행/열의 도형을 시계 방향으로 x° 회전
  - 예 i ⦶ 90° = i 행의 도형을 시계 방향으로 90° 회전
- x◎ : 외부 도형을 시계 방향으로 x칸씩 이동

※ 외부도형 = 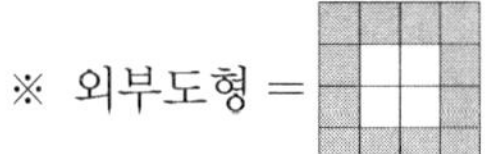

- x◉ : 내부 도형을 시계 방향으로 x칸씩 이동

※ 내부도형 = 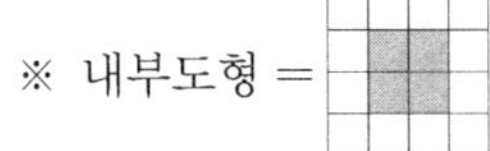

〈대조규칙〉

◬ : 해당 칸이 도형과 모양 비교

–해당 칸의 도형과 모양이 같으면 1행씩 오른쪽으로 이동

–해당 칸의 도형과 모양이 다르면 1열씩 아래로 이동

예 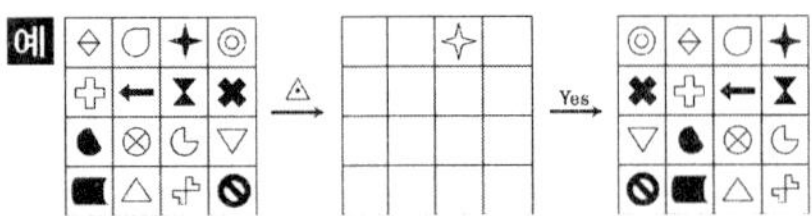

◘ : 해당 칸의 최초 도형과 색깔 비교

–해당 칸의 최초 도형과 색깔이 같으면 해당 열 색 반전

–해당 칸의 최초 도형과 색깔이 다르면 해당 행 색 반전

예 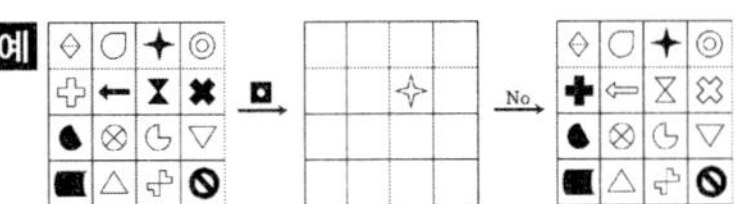

26

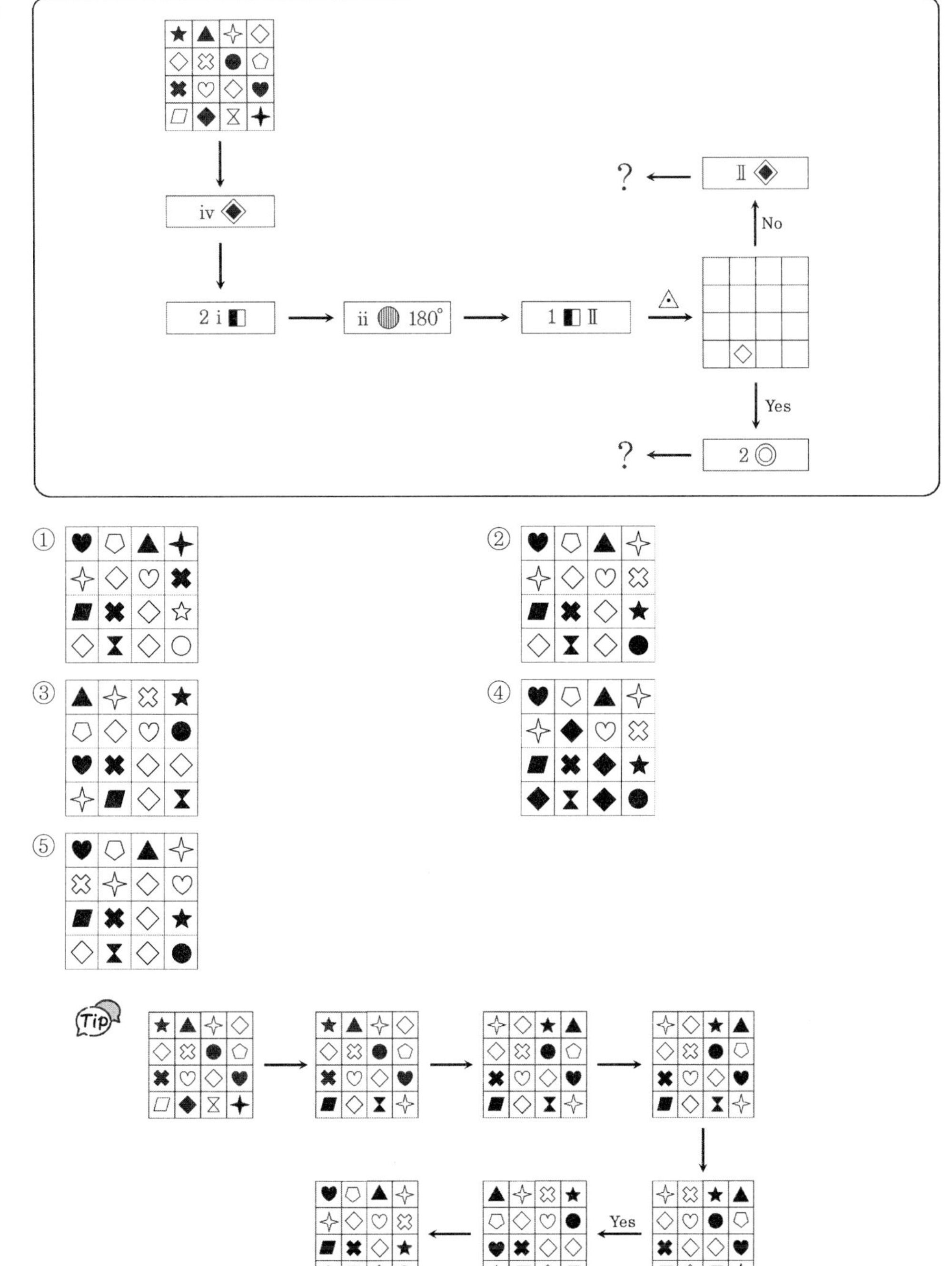

Answer 26.②

27

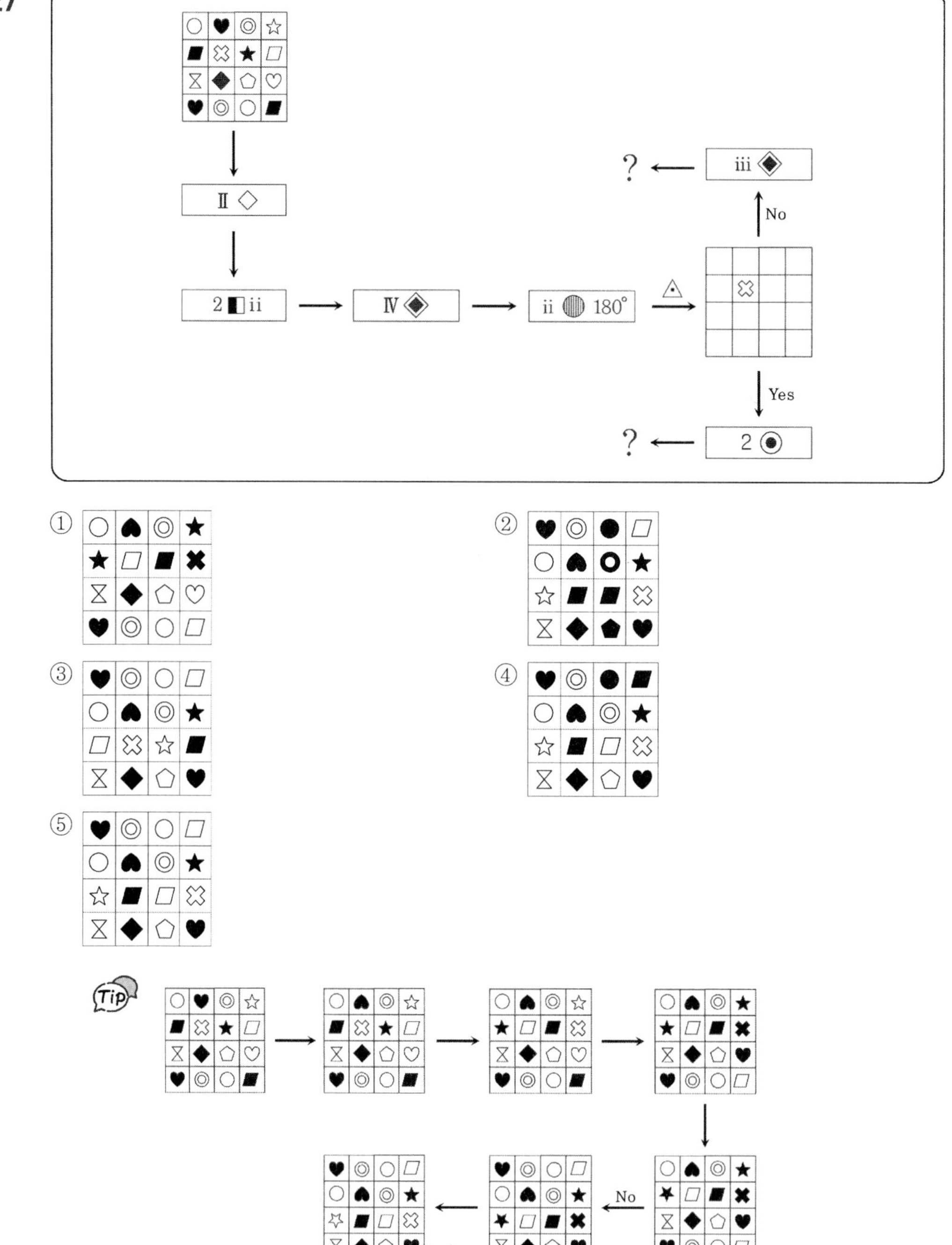

28

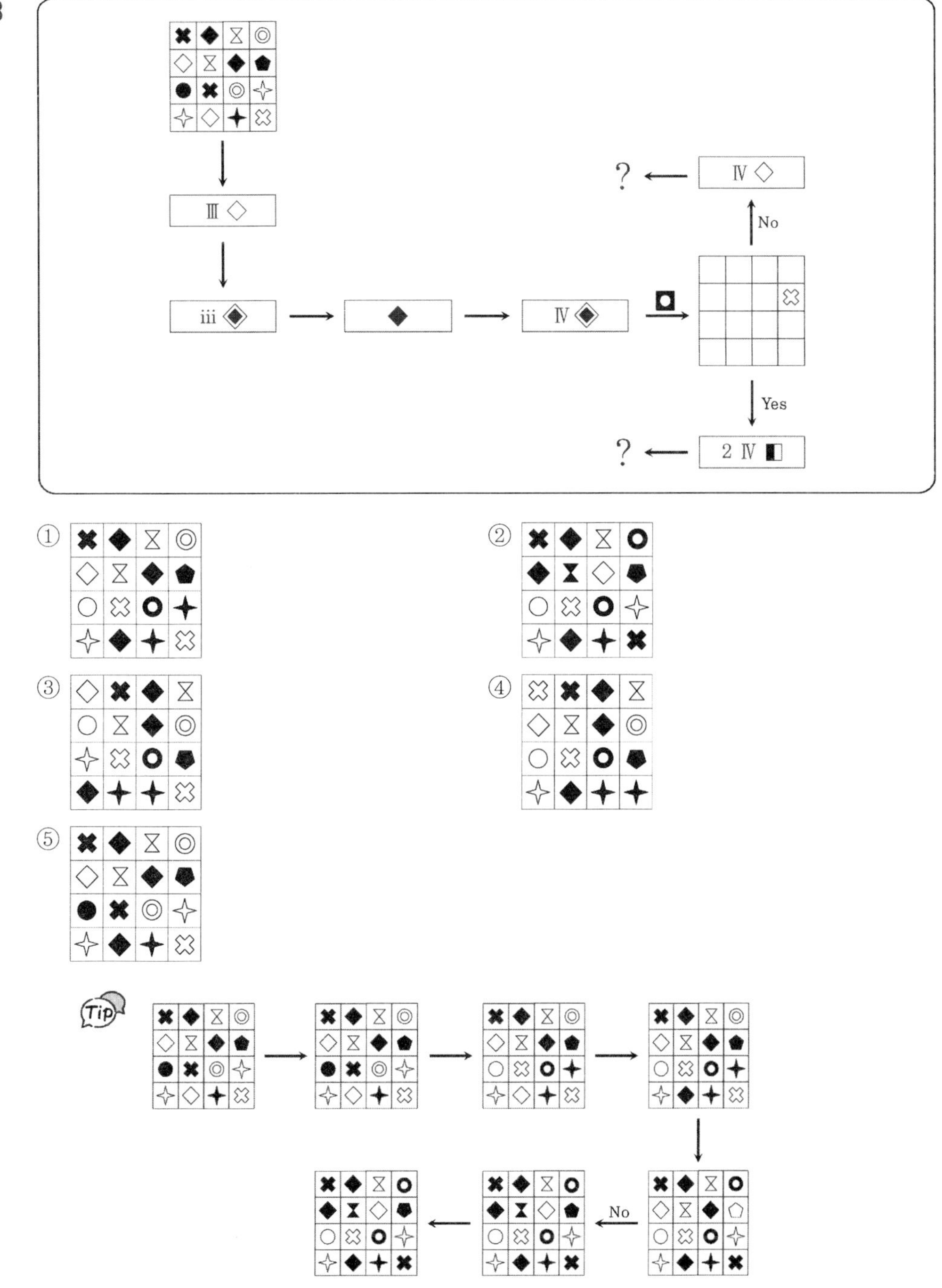

Answer 27.⑤ 28.②

29

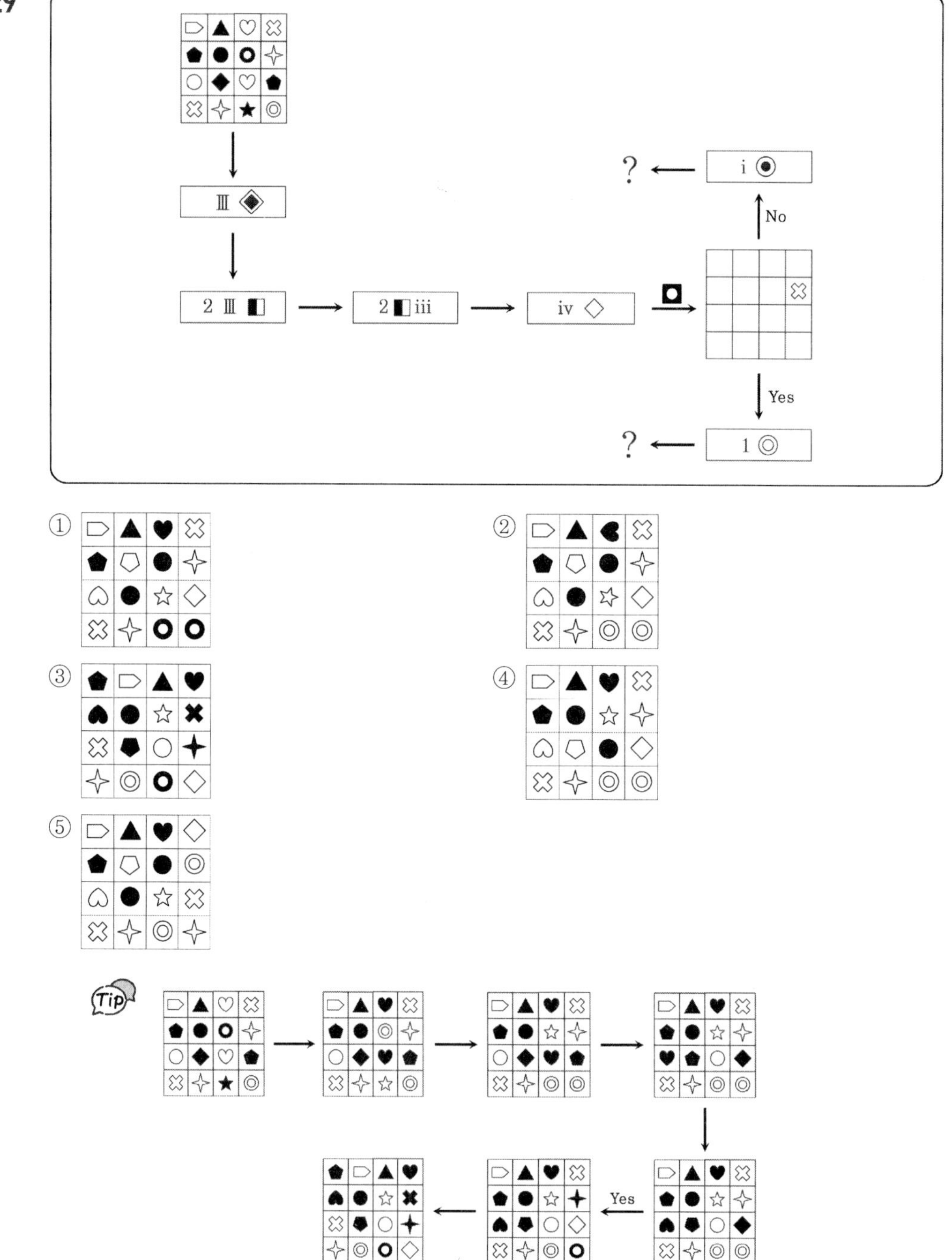

30

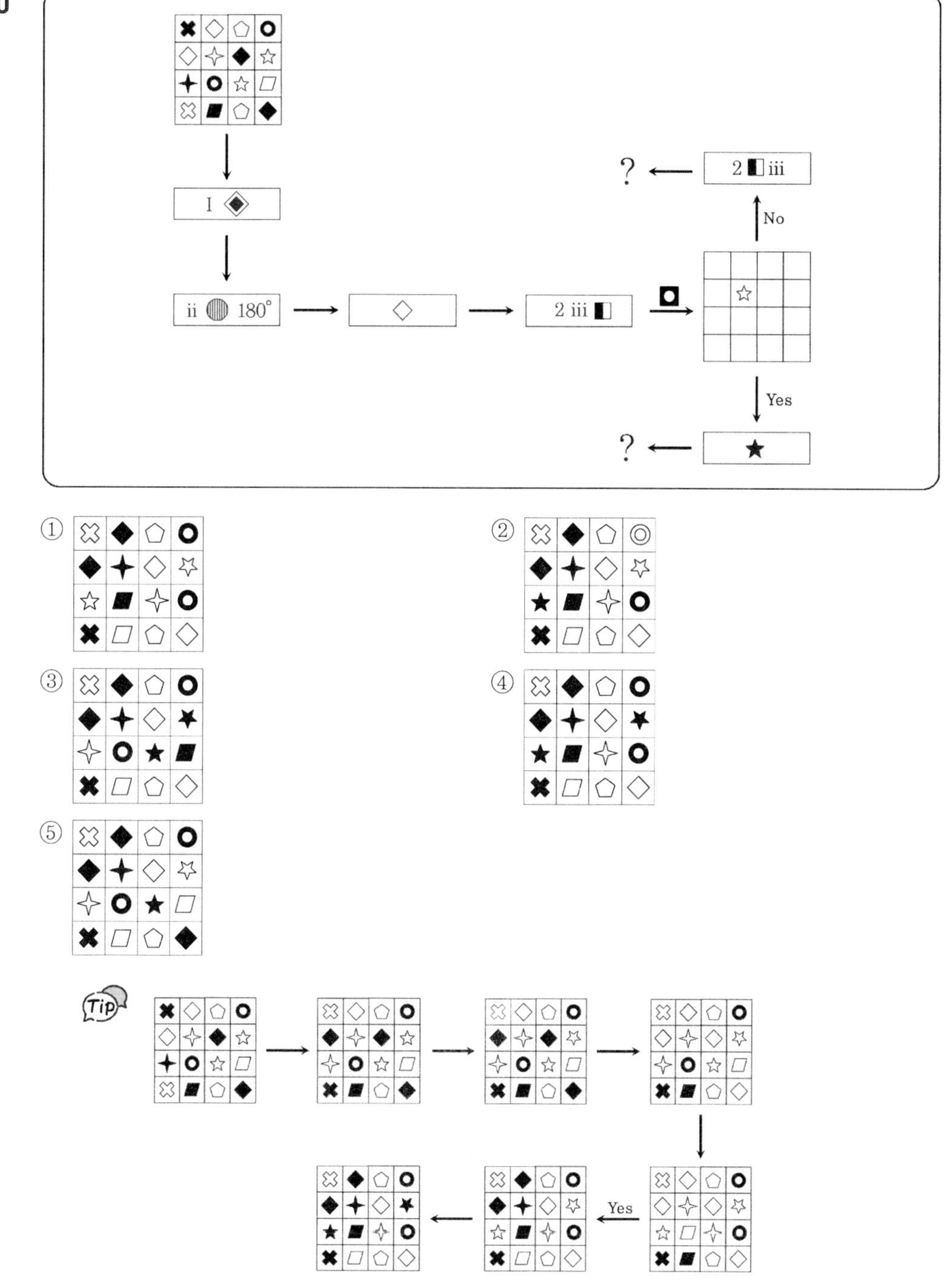

Answer 29.③ 30.④

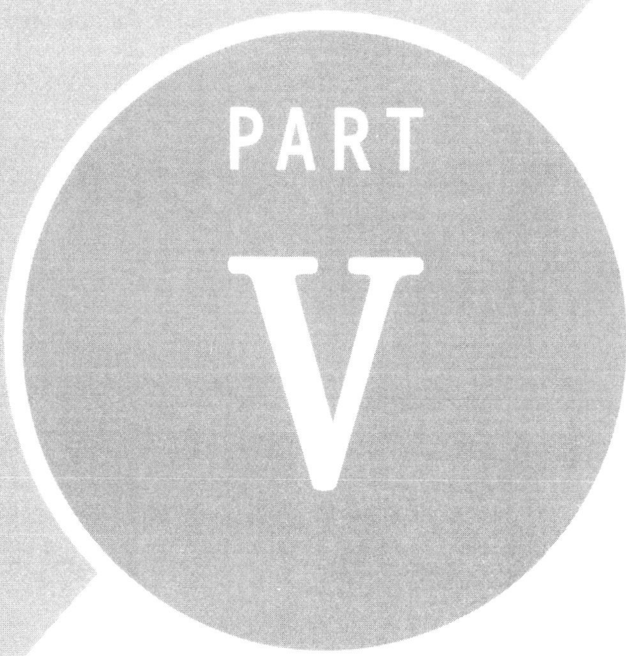

공간지각

01 공간지각

▌1~30▌ 다음 두 블록을 합쳤을 때 나올 수 없는 형태를 고르시오.

1

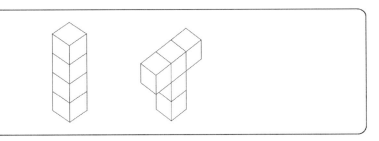

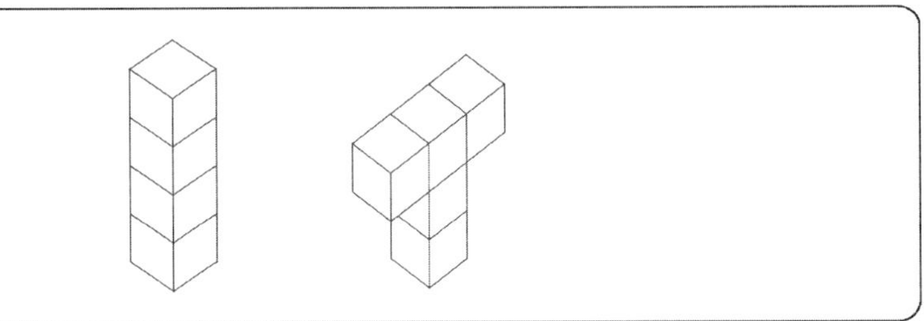

①

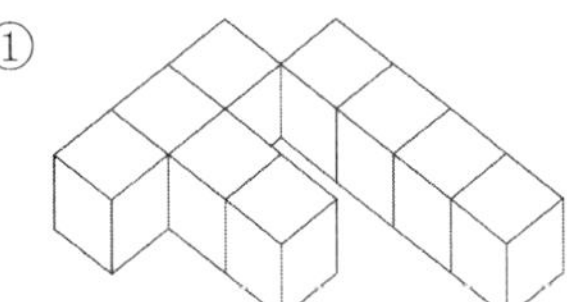

②

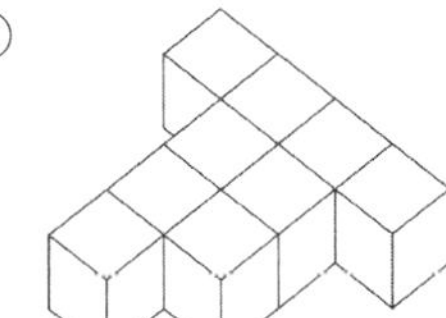

③

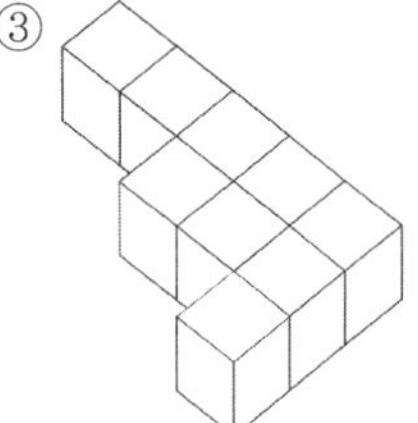

④

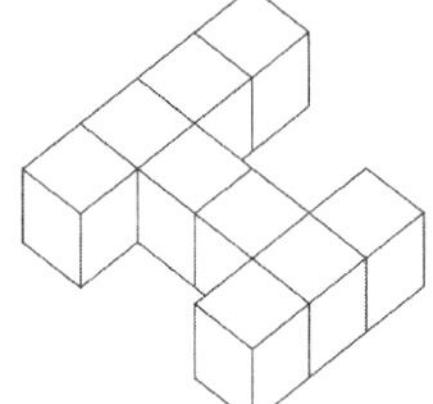

⑤

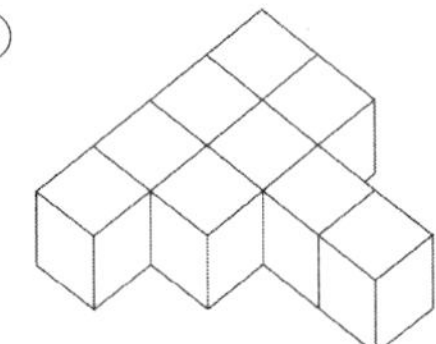

Tip ②

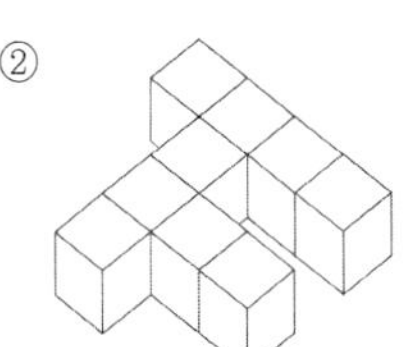

2

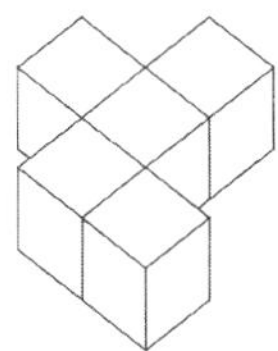
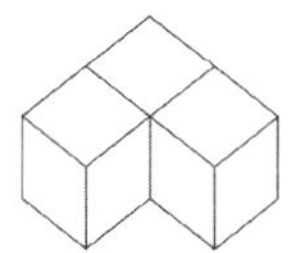

①

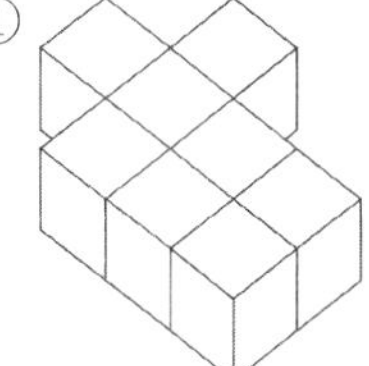

②

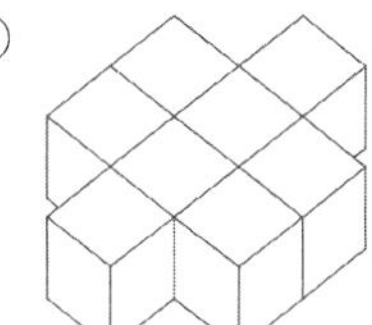

③

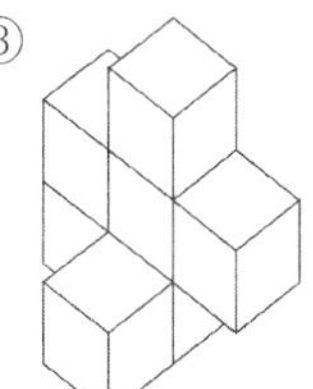

④

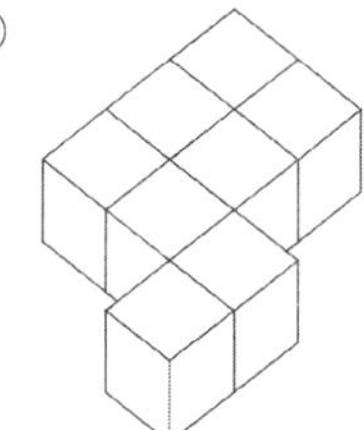

⑤

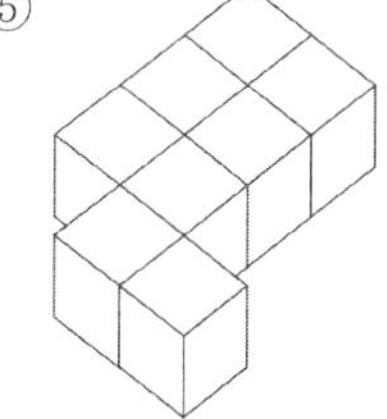

Tip ③

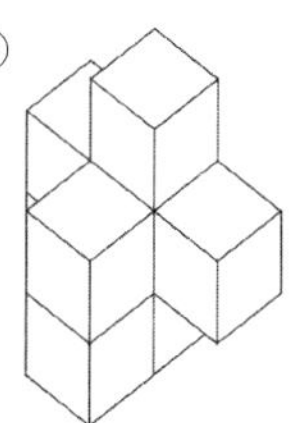

Answer 1.② 2.③

3

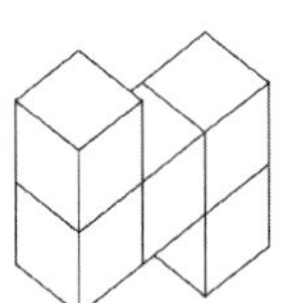
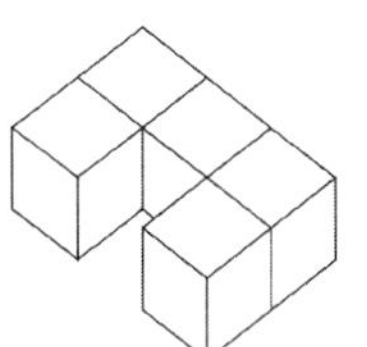

①

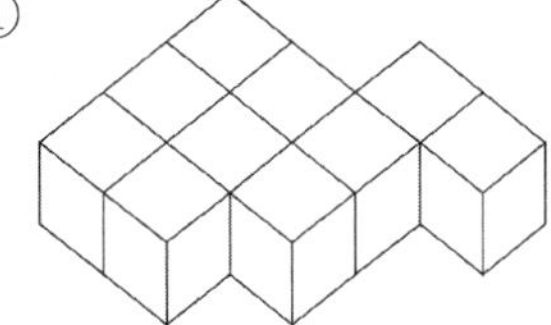

②

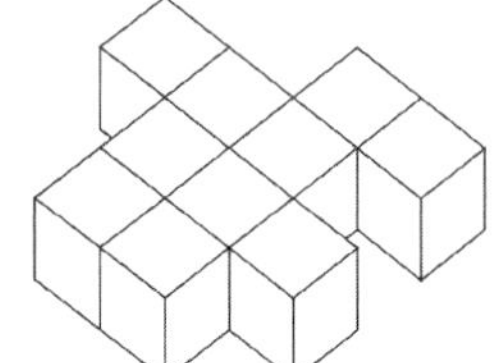

③

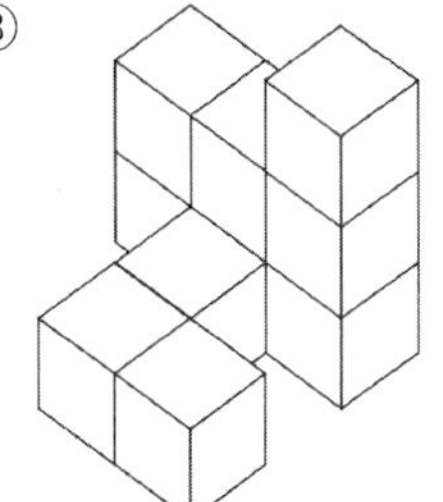

④

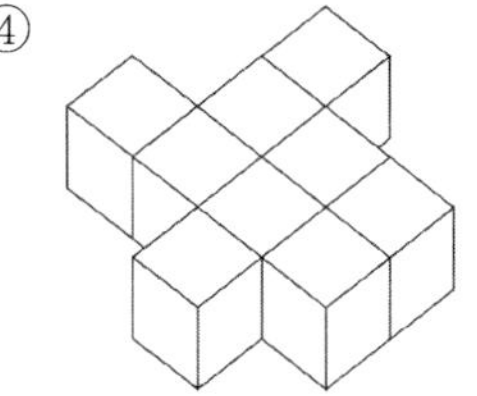

⑤

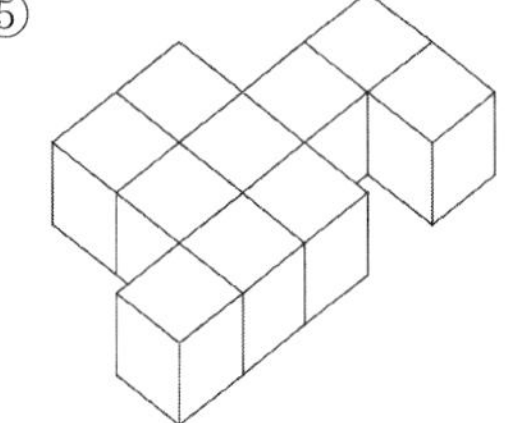

Tip ④

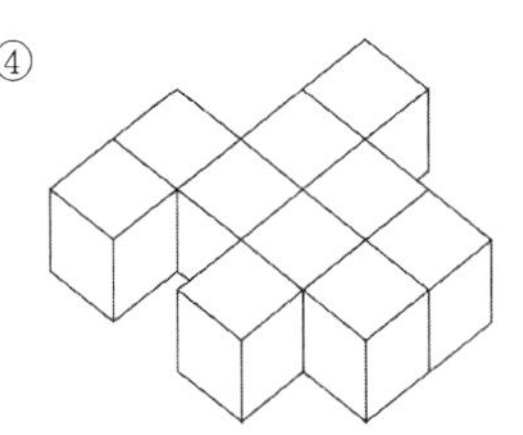

4

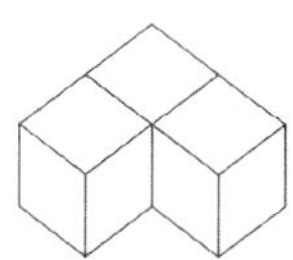
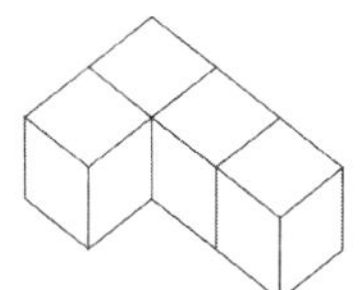

①

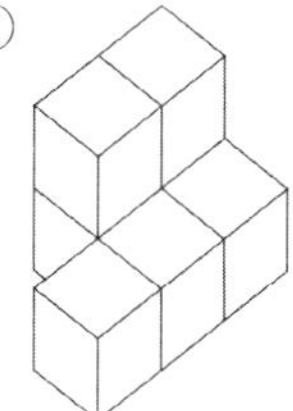

②

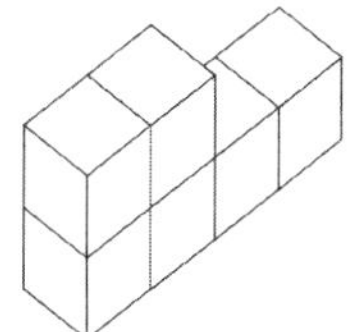

③

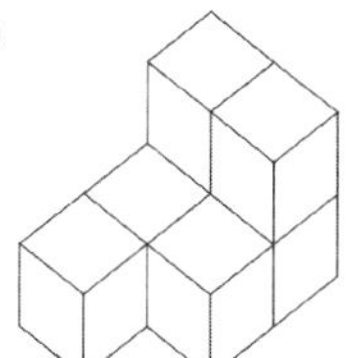

④

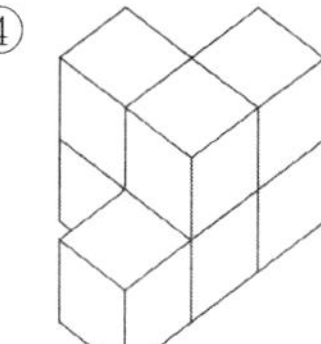

⑤

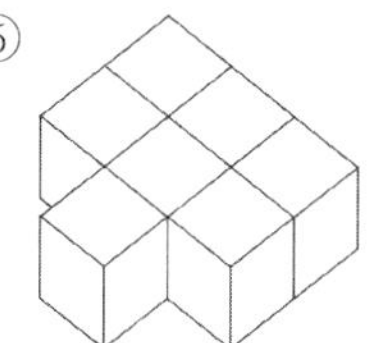

Tip ②

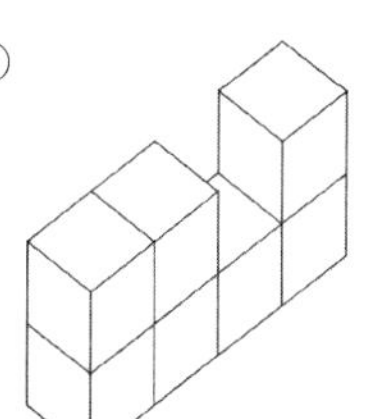

Answer 3.④ 4.②

5

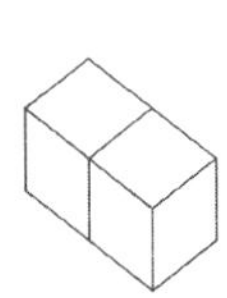

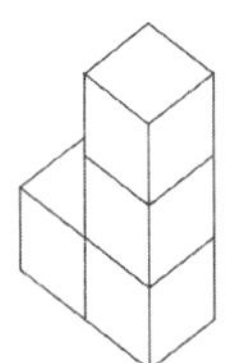

①

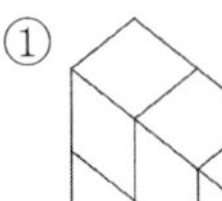

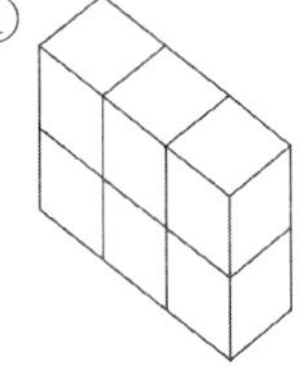

②

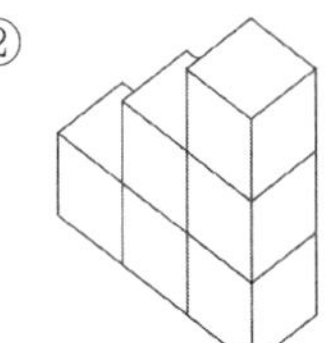

③

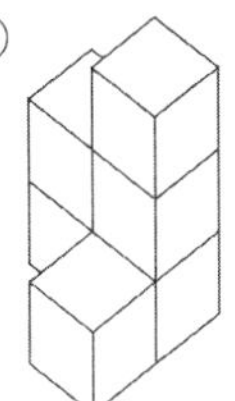

④

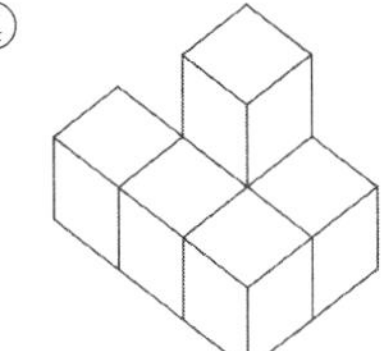

⑤

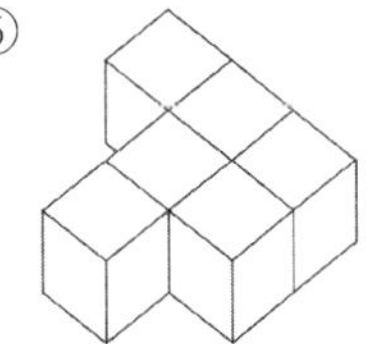

②

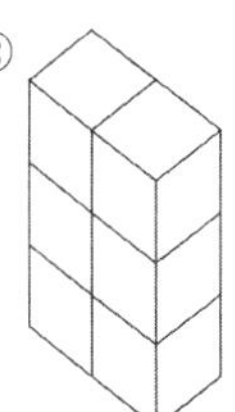

6

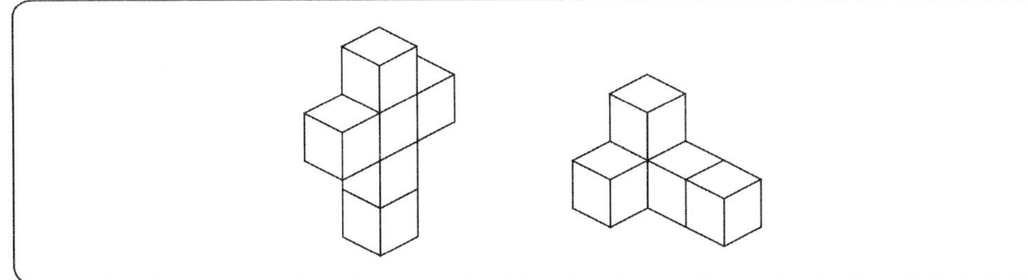

①

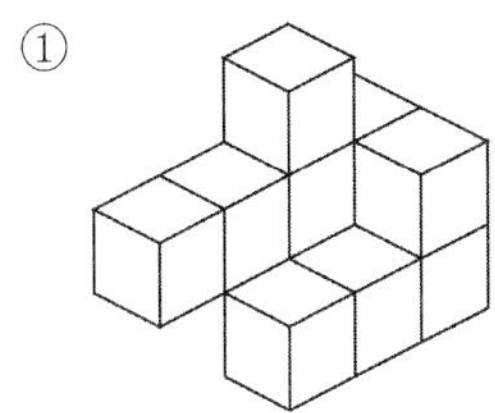

②

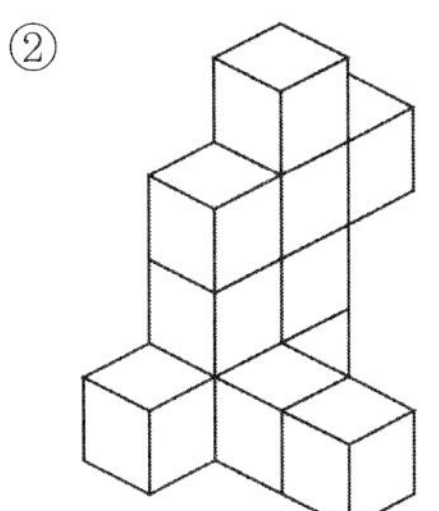

③

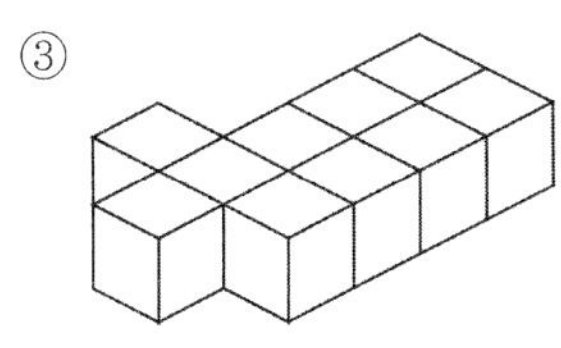

④

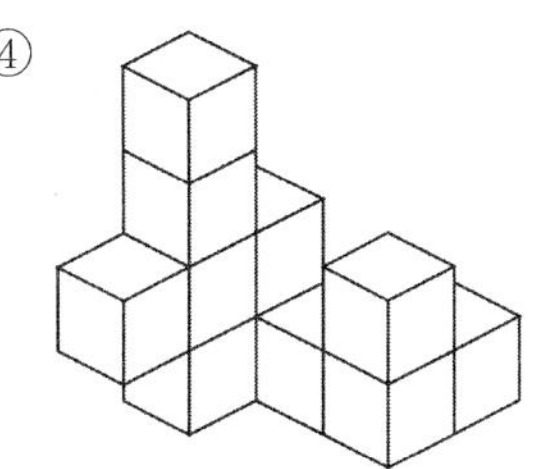

⑤

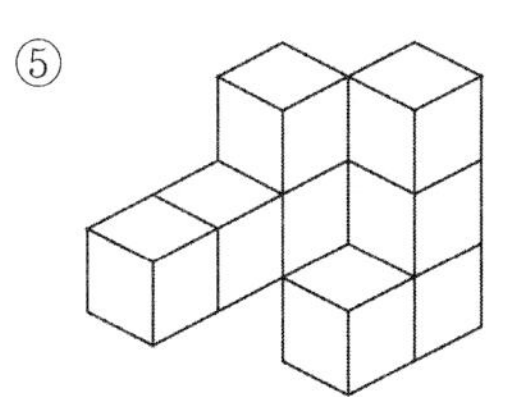

Tip ③

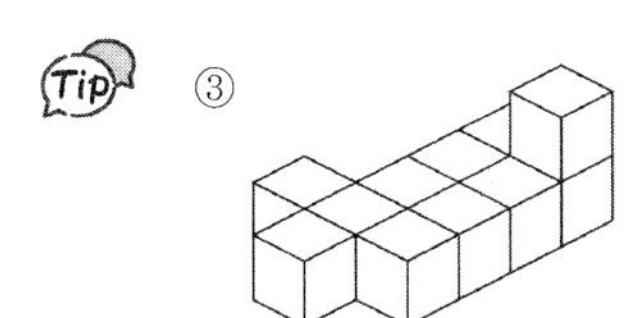

Answer 5.② 6.③

7

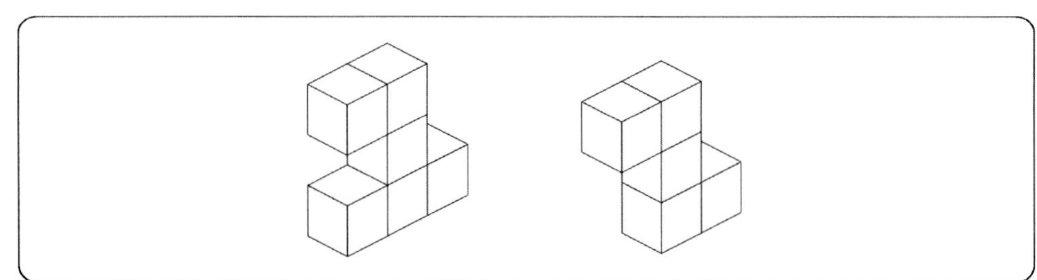

①

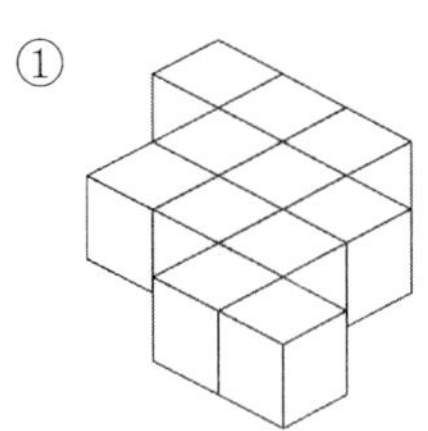

②

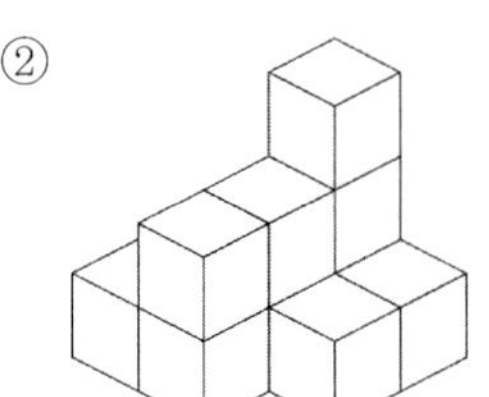

③

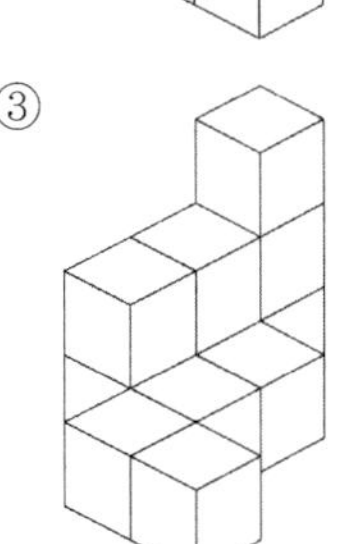

④

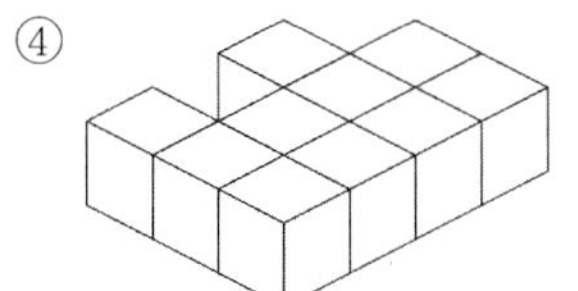

⑤

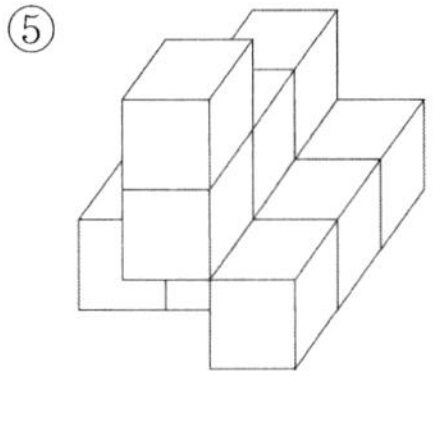

Tip ④

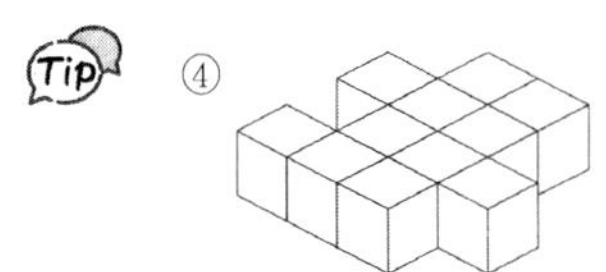

8

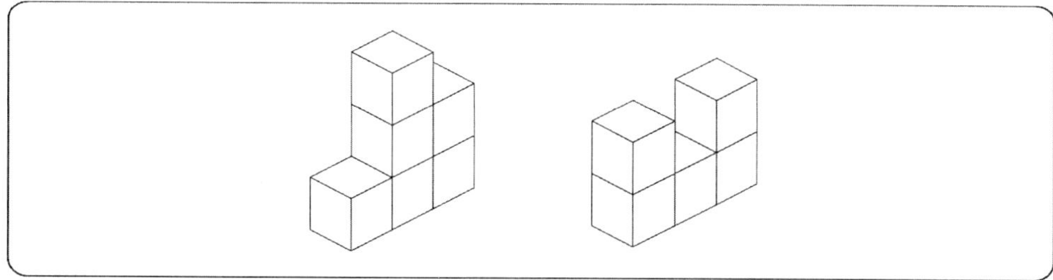

①

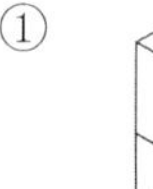

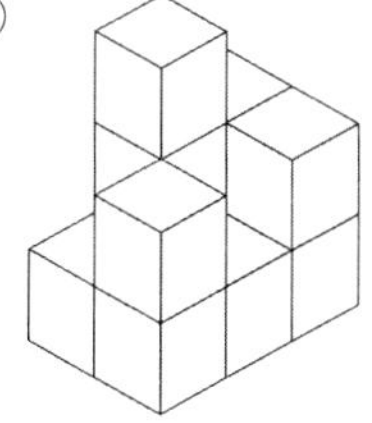

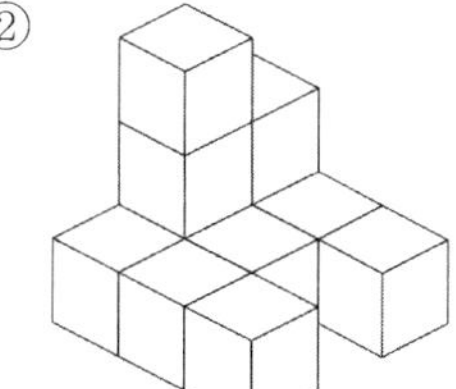

③

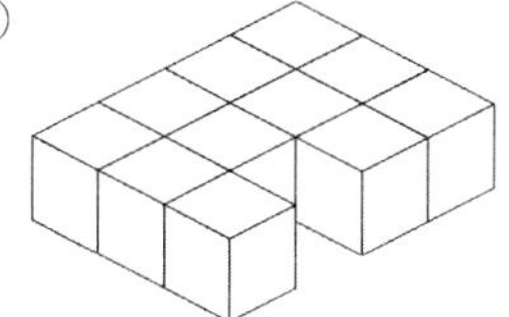

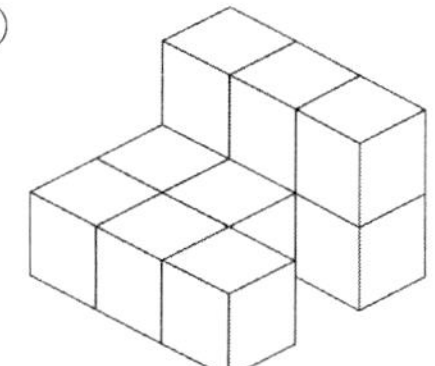

⑤

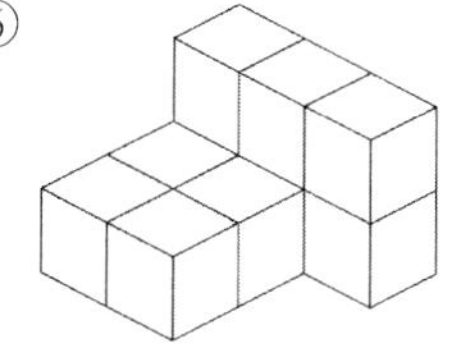

⑤

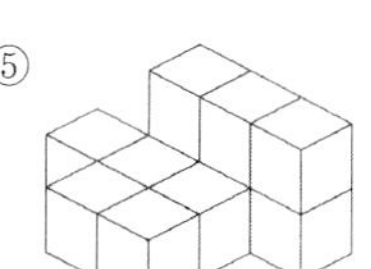

Answer 7.④ 8.⑤

9

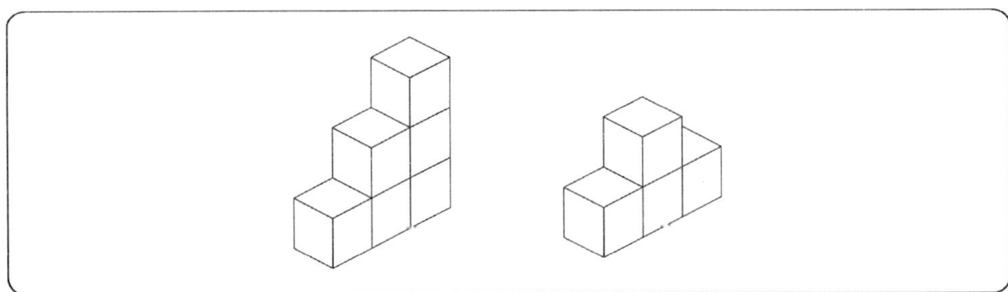

① 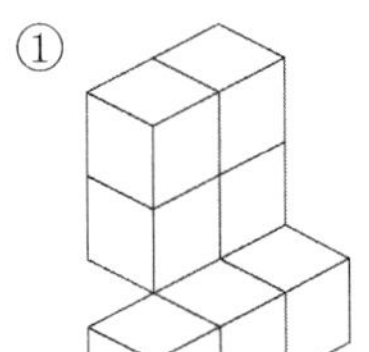

② 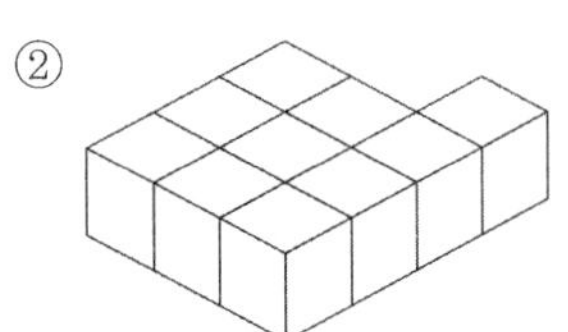

③ 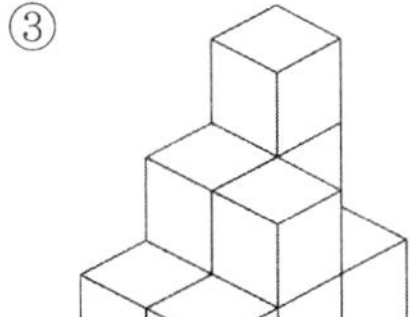

④ 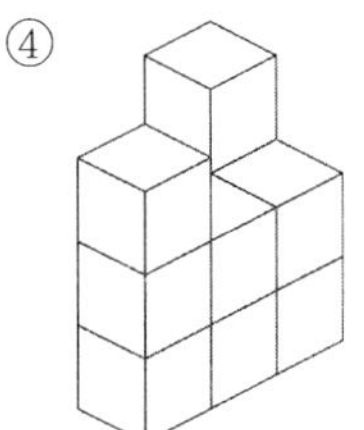

⑤ 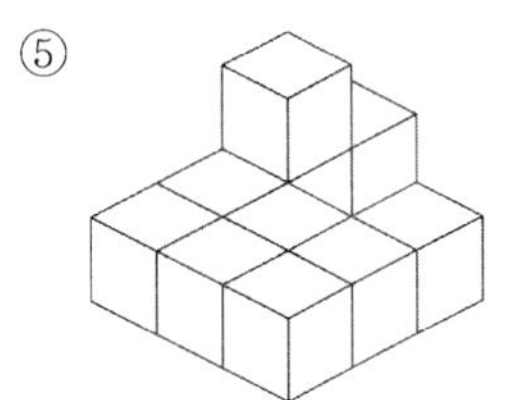

 ① 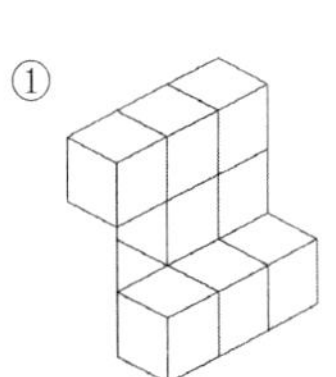

10

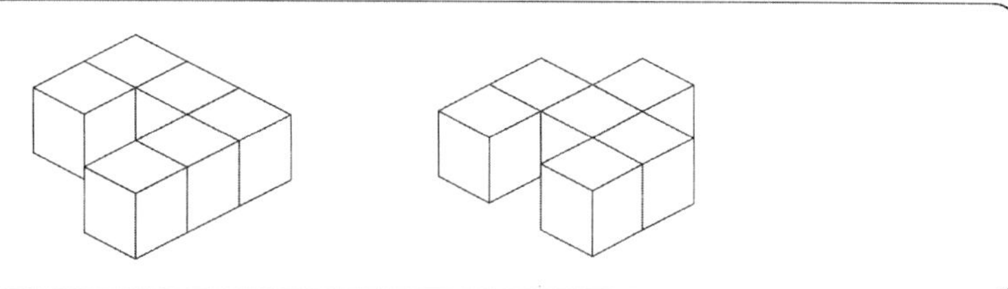

①

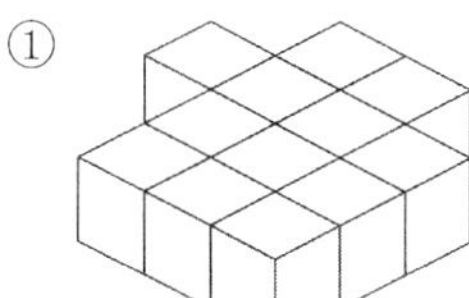

②

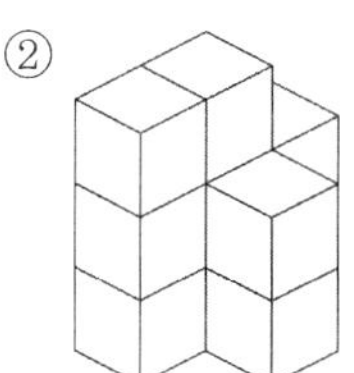

③

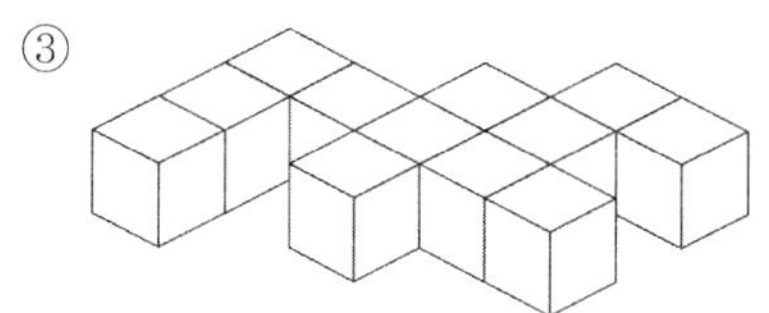

④

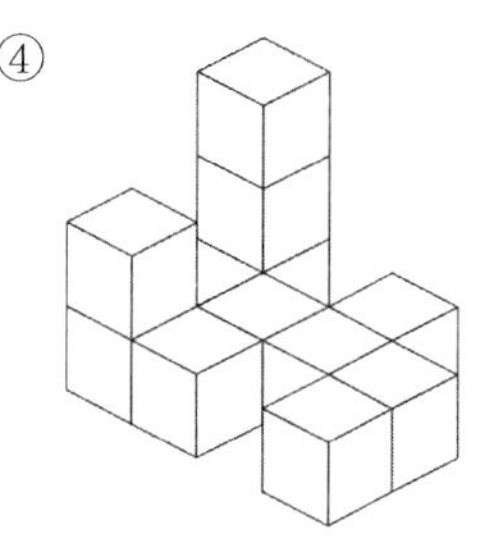

⑤

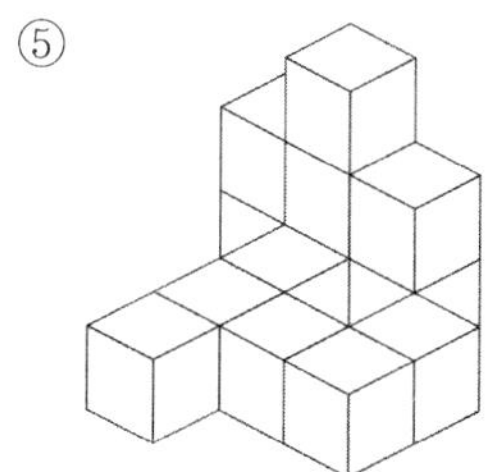

Tip ⑤

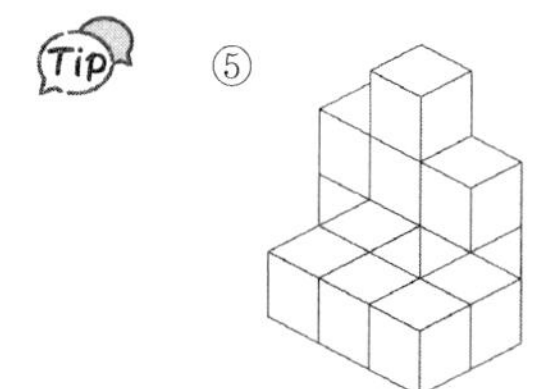

Answer 9.① 10.⑤

11

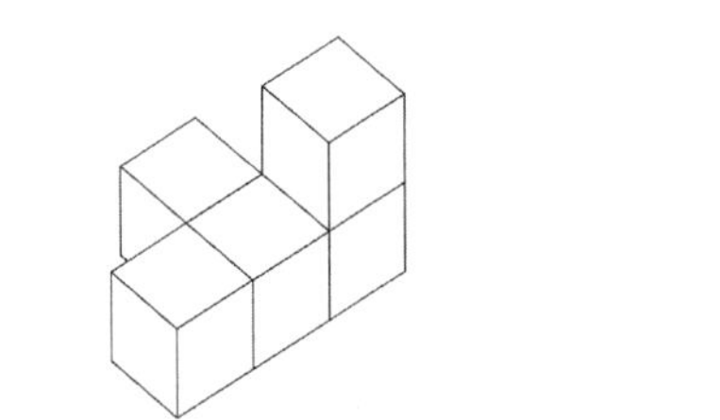
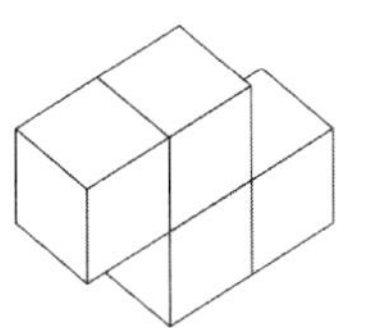

①

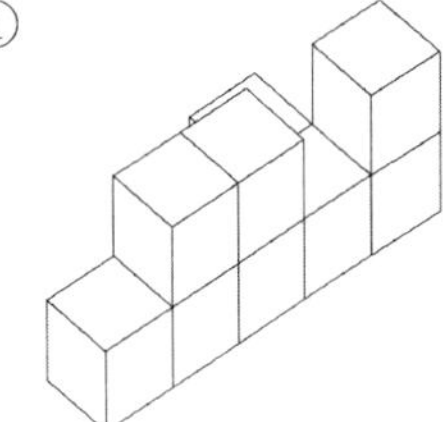

②

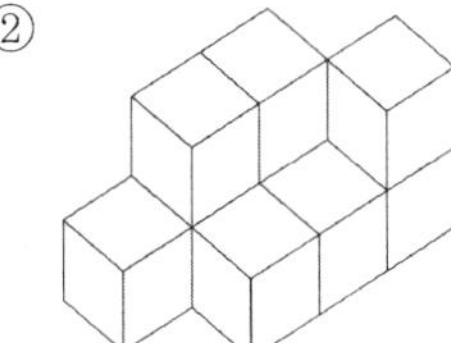

③

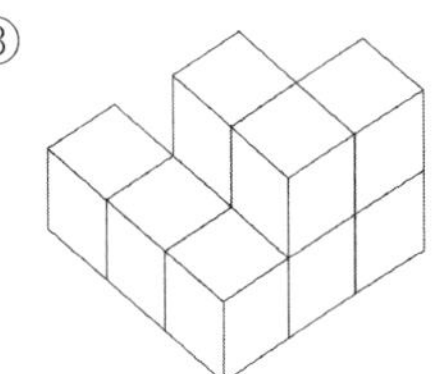

④

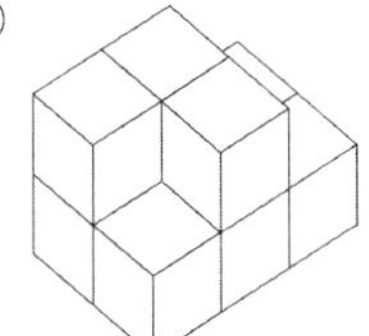

⑤

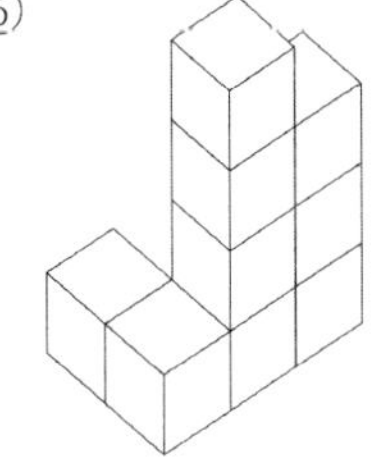

Tip ③

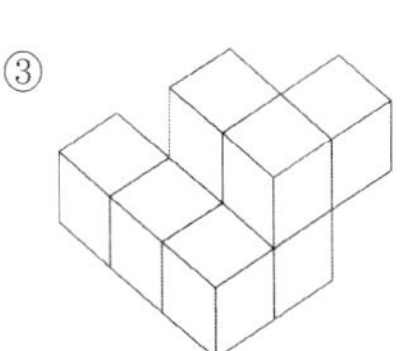

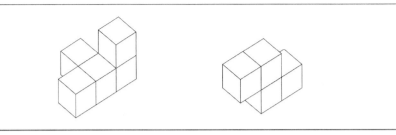

12

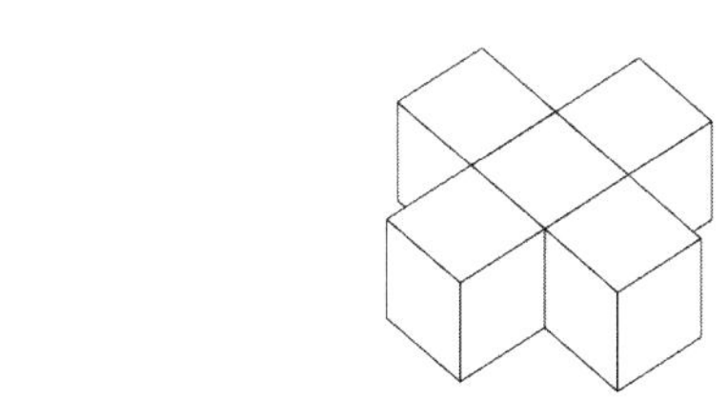
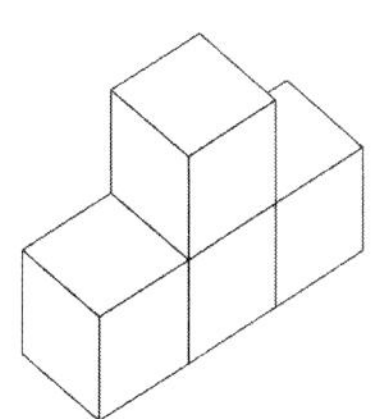

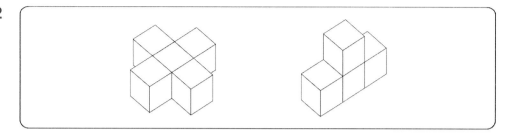

① 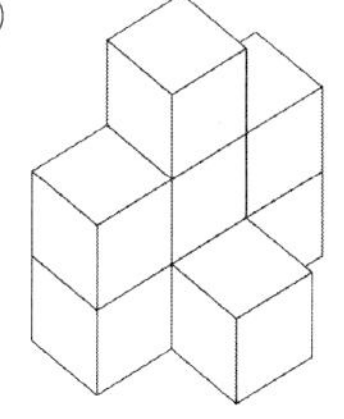

② 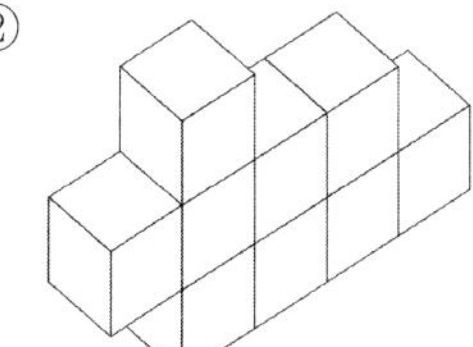

③ 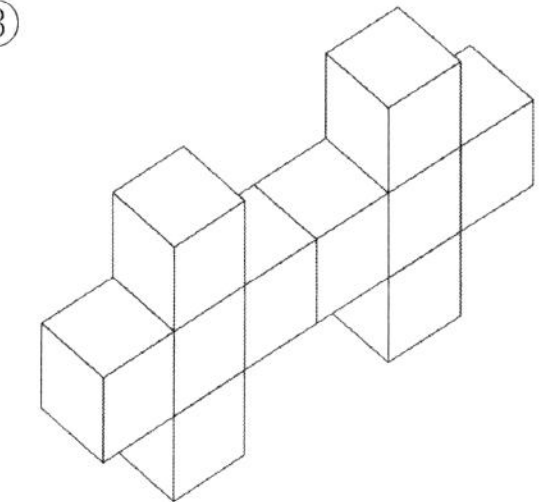

④ 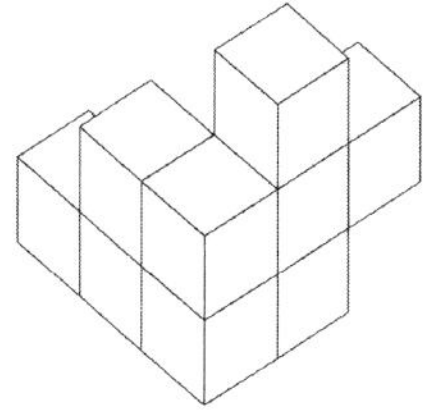

⑤ 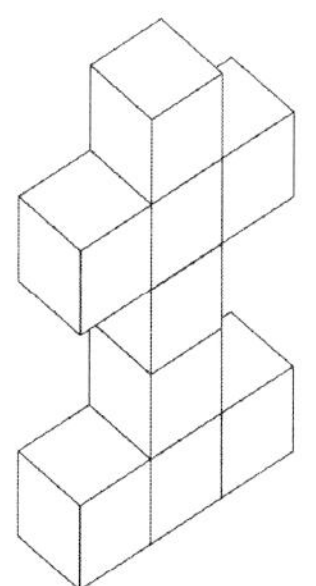

Tip ③

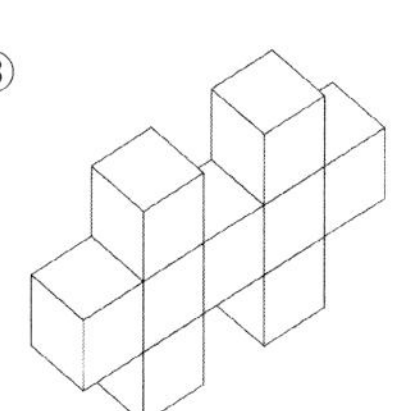

Answer 11.③ 12.③

13

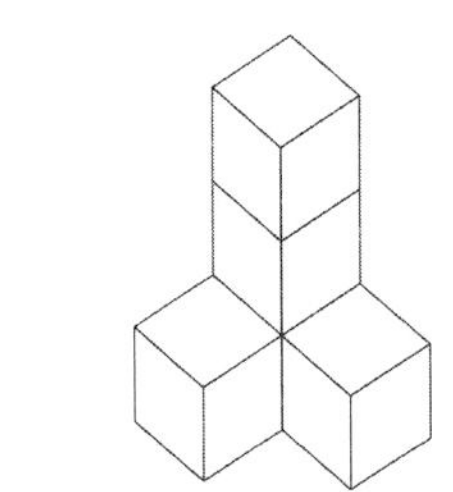

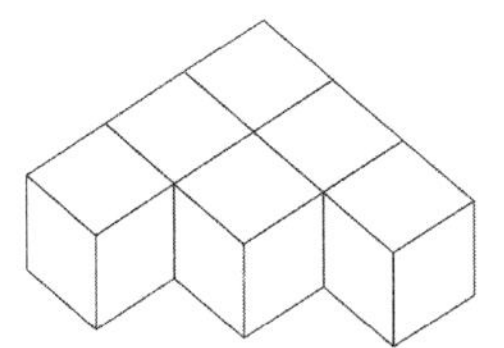

①

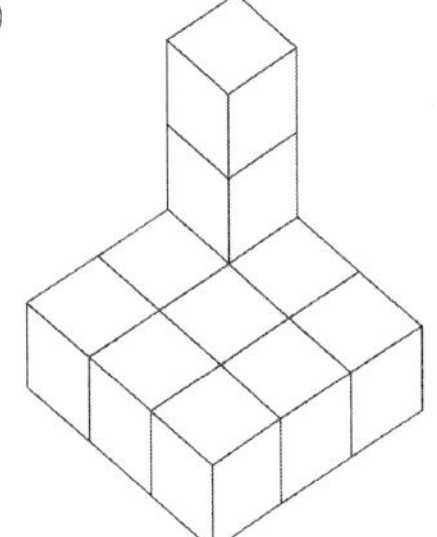

②

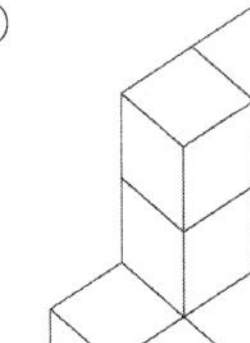

③

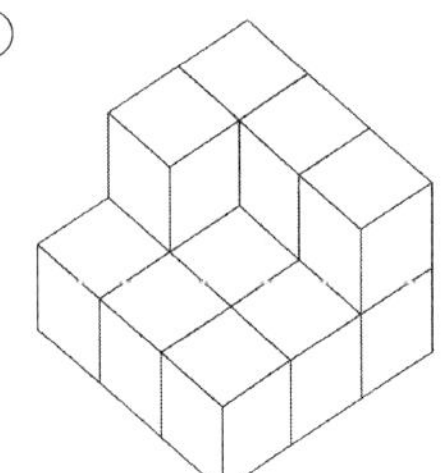

④

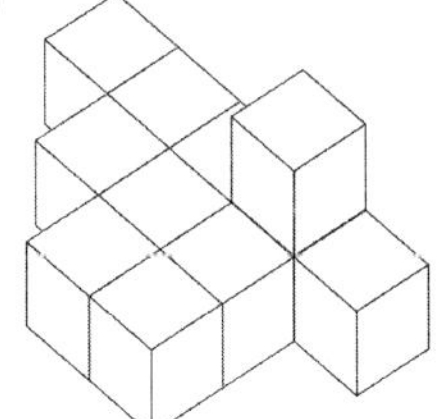

⑤

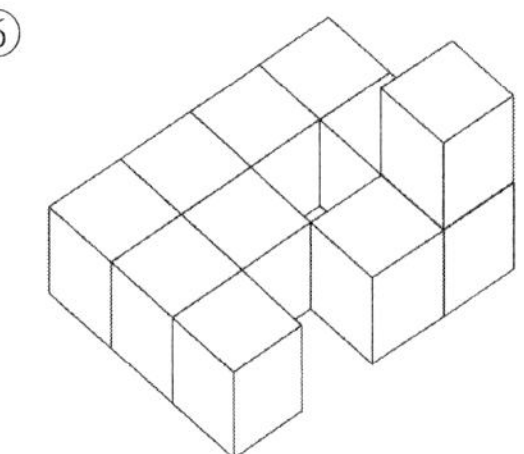

②

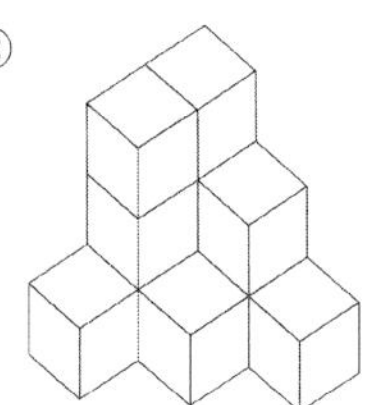

14

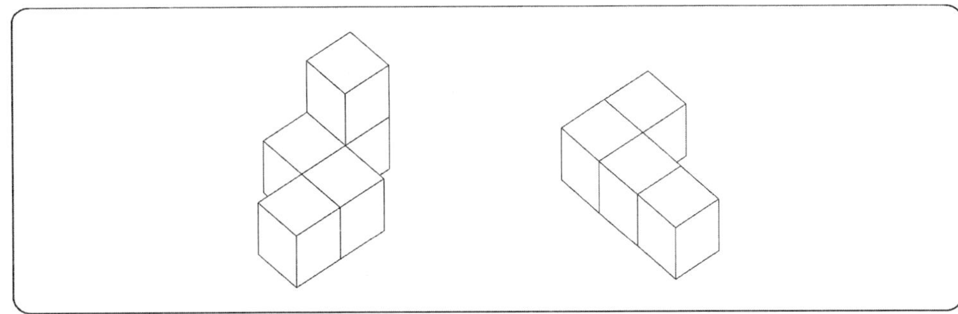

①

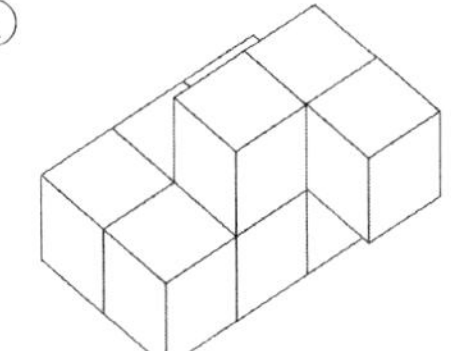

②

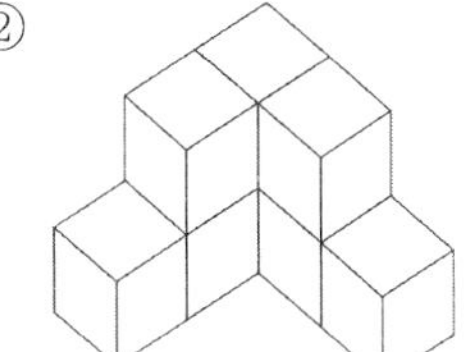

③

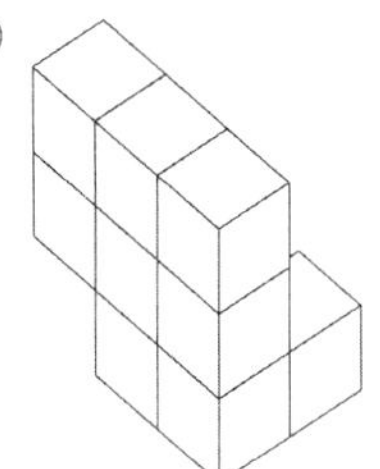

④

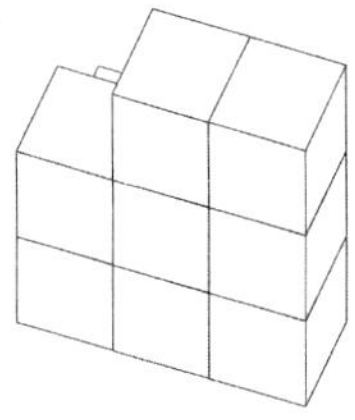

⑤

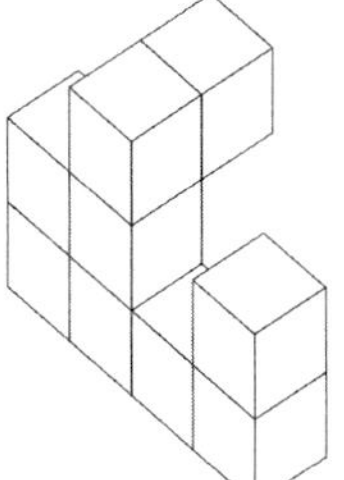

Tip ②

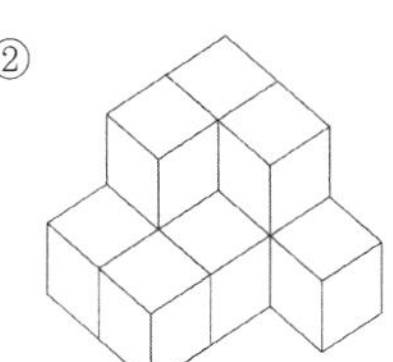

Answer 13.② 14.②

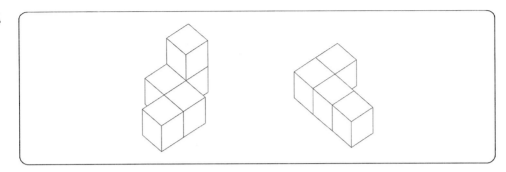

15

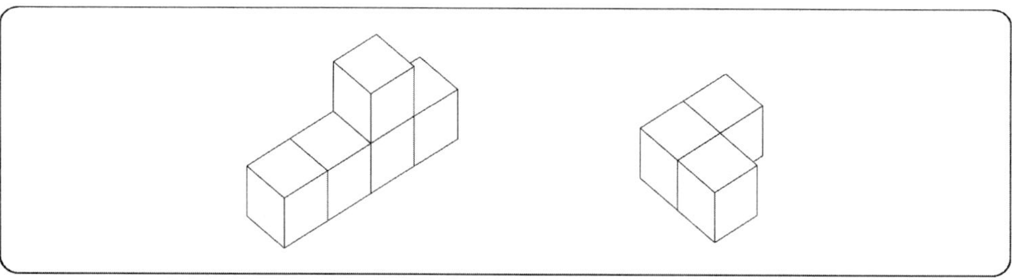

①

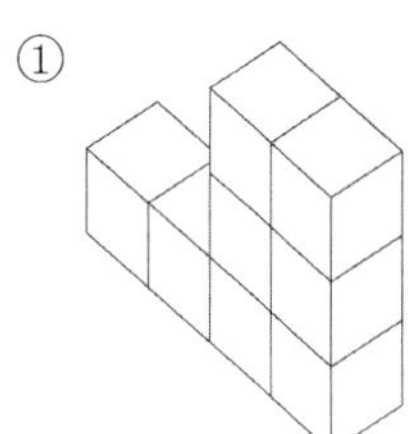

②

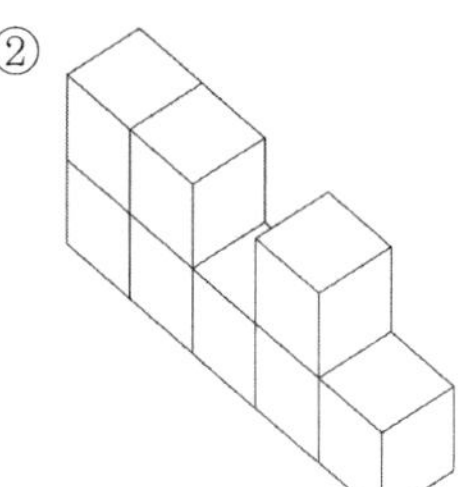

③

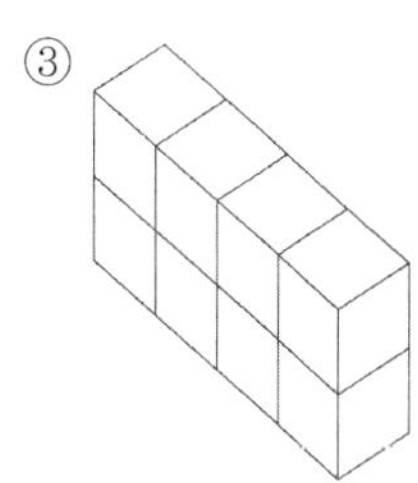

④

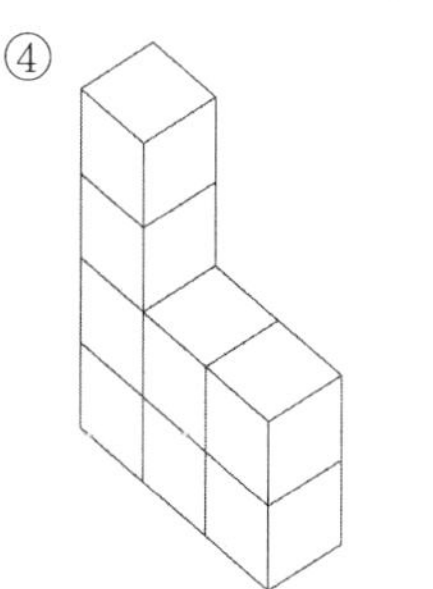

⑤

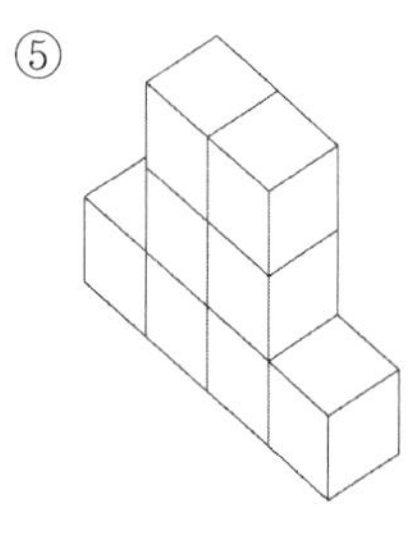

Tip ③

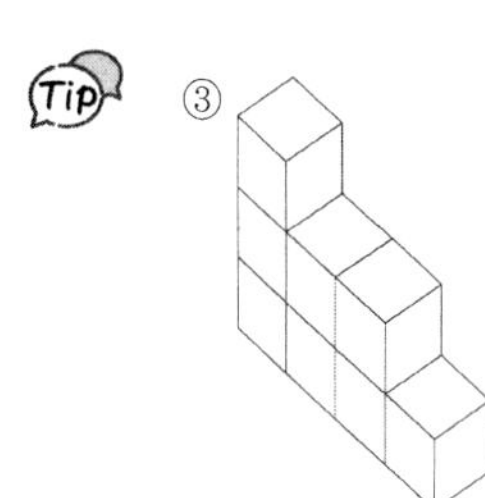

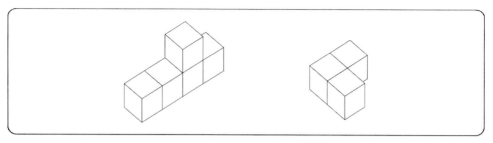

16

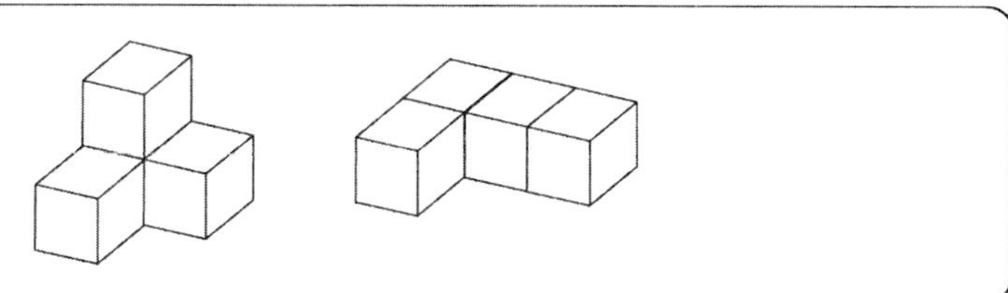

 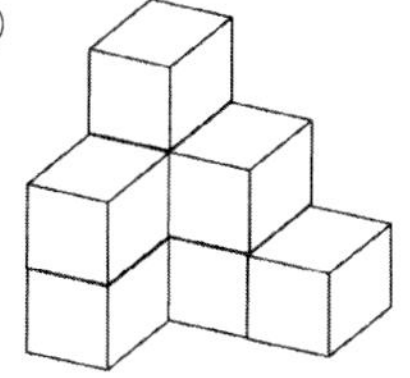

② 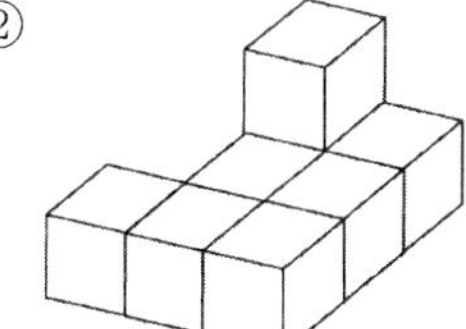

 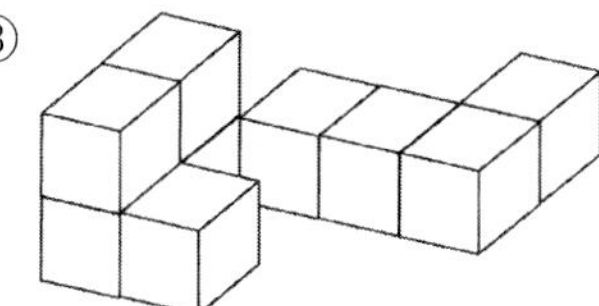

 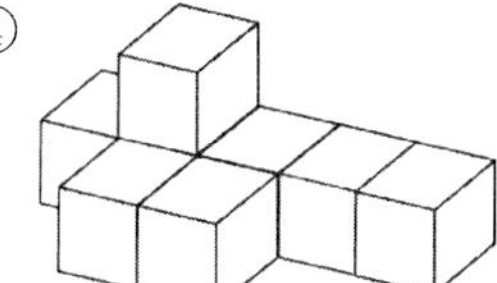

⑤ 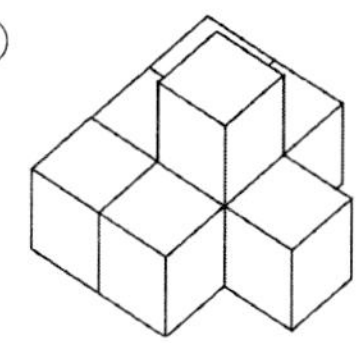

 ③ 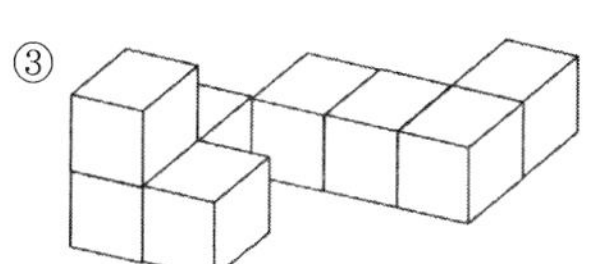

Answer 15.③ 16.③

17

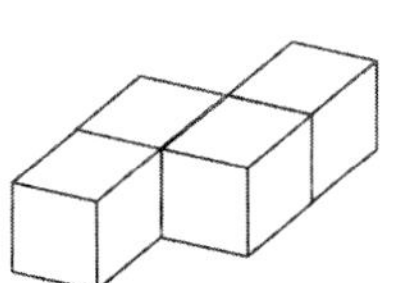
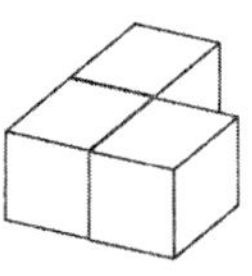

①
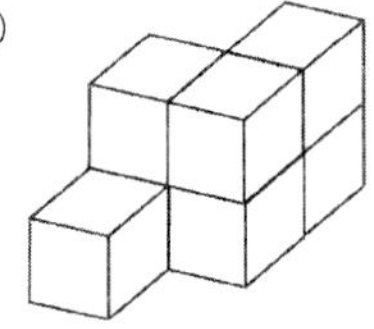

②
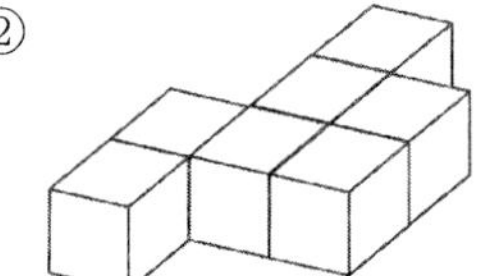

③
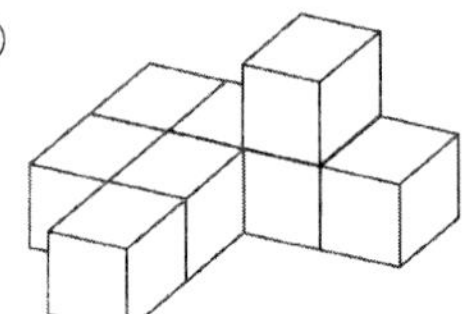

④
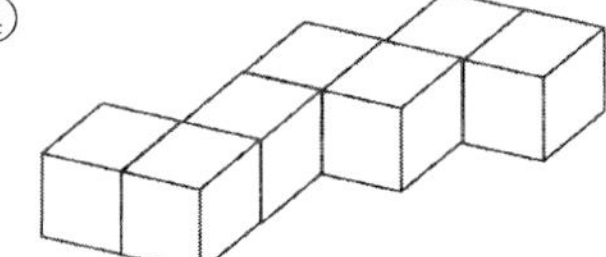

⑤
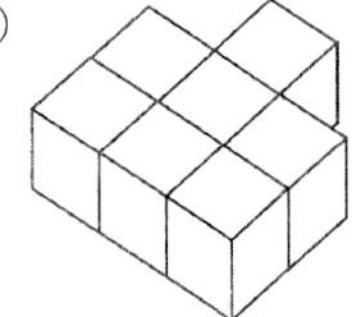

Tip ③

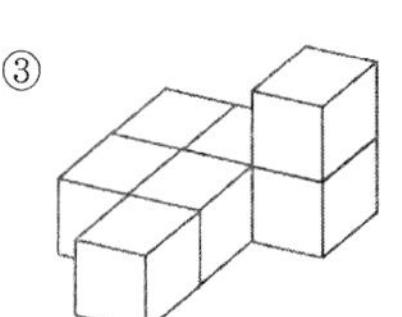

18

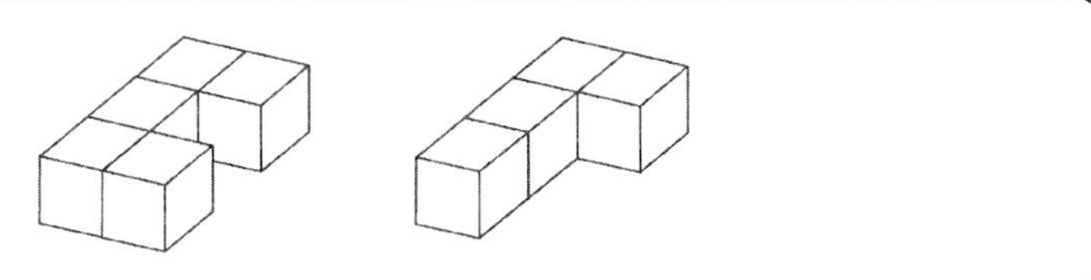

①

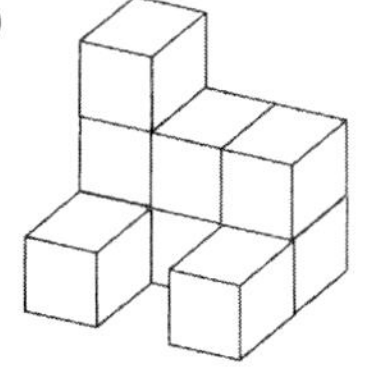

②

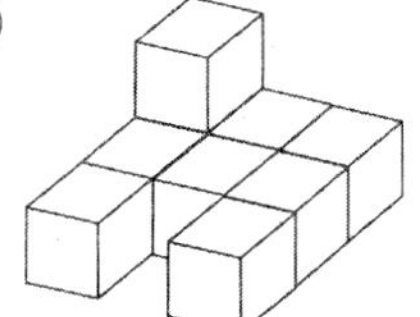

③

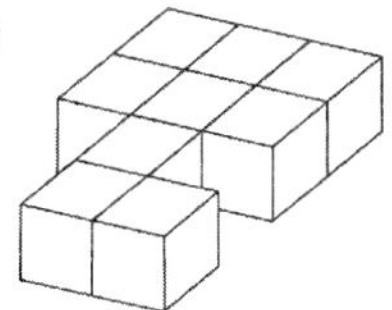

④

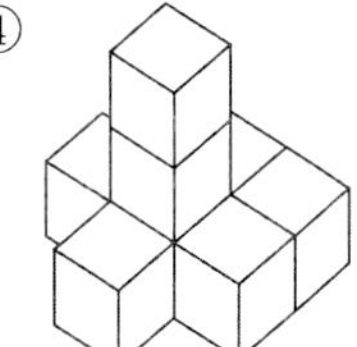

⑤

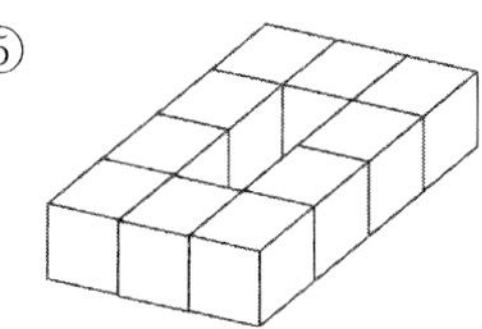

Tip ⑤

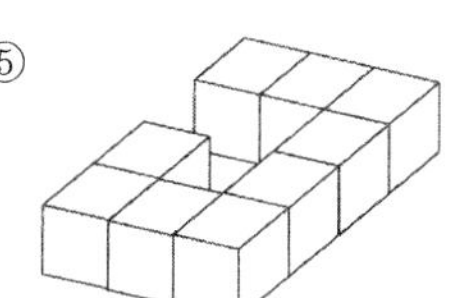

Answer 17.③ 18.⑤

19

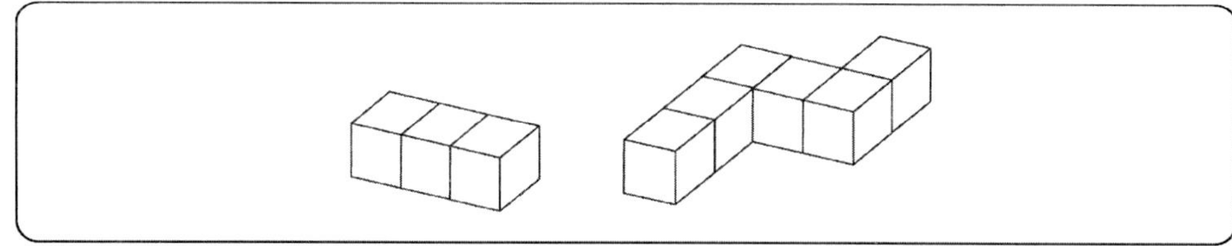

①

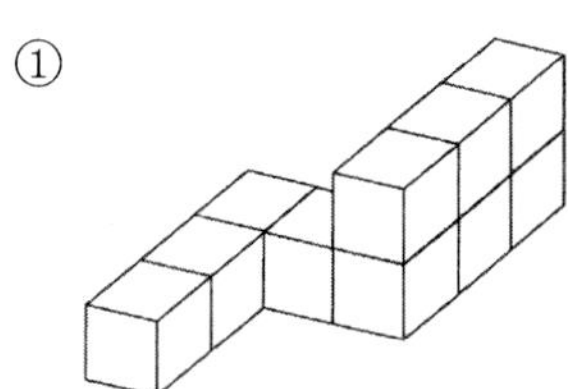

②

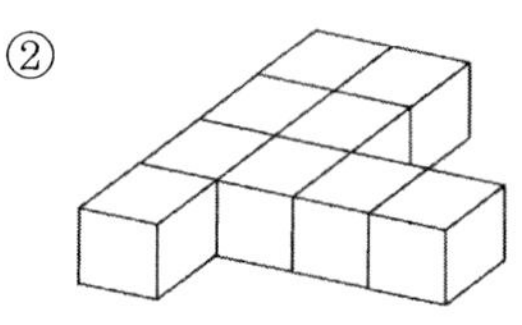

③

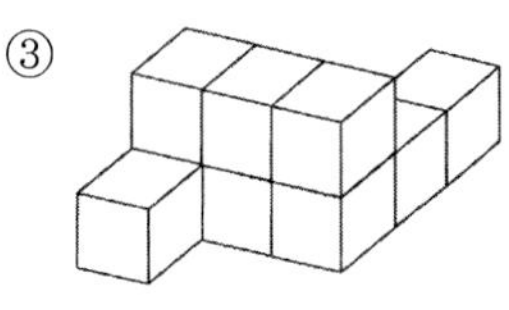

④

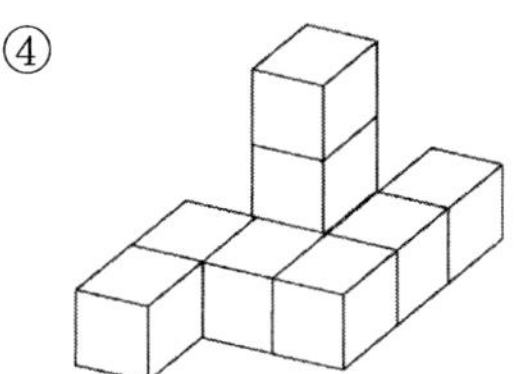

⑤

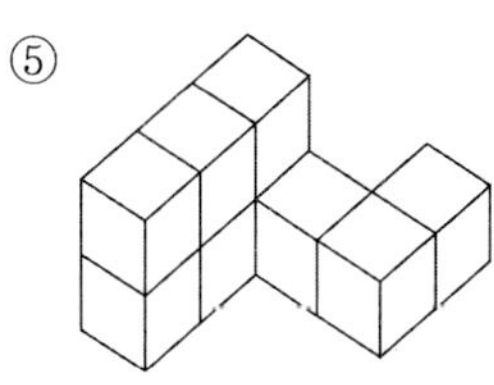

①

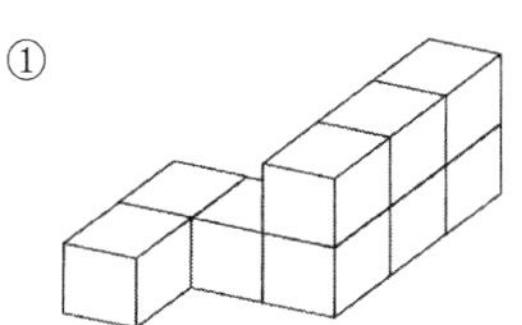

20

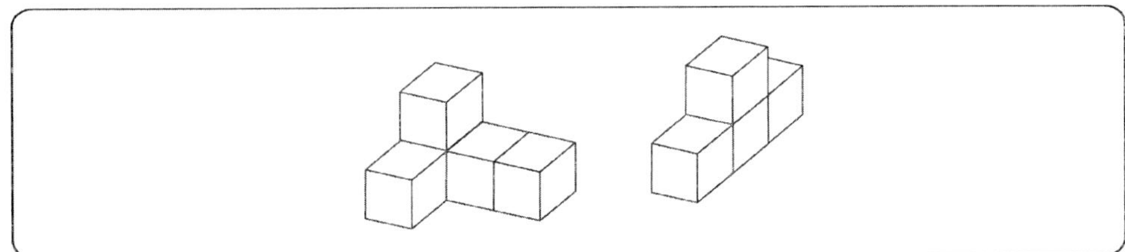

①

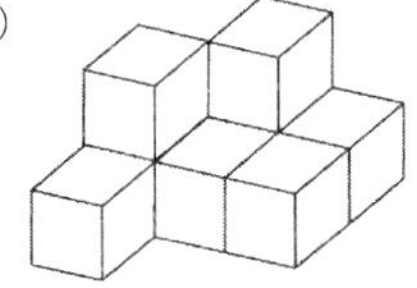

②

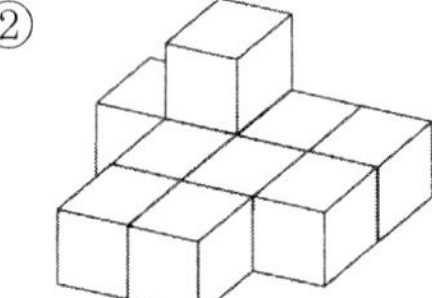

③

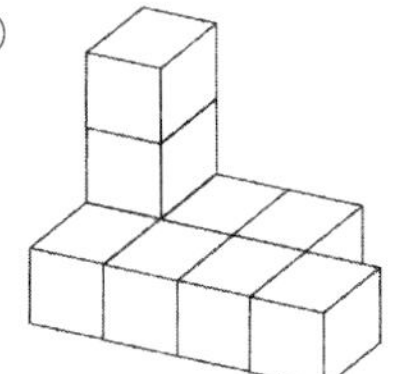

④

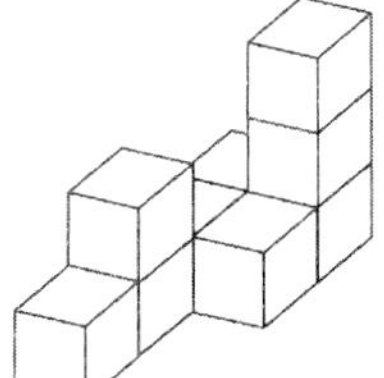

⑤

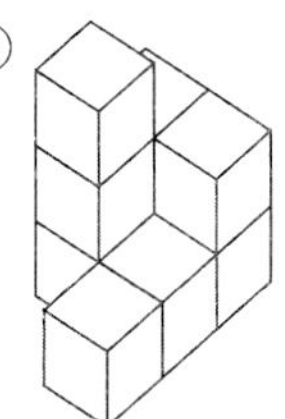

②

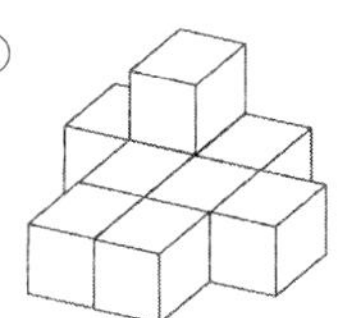

Answer 19.① 20.②

21

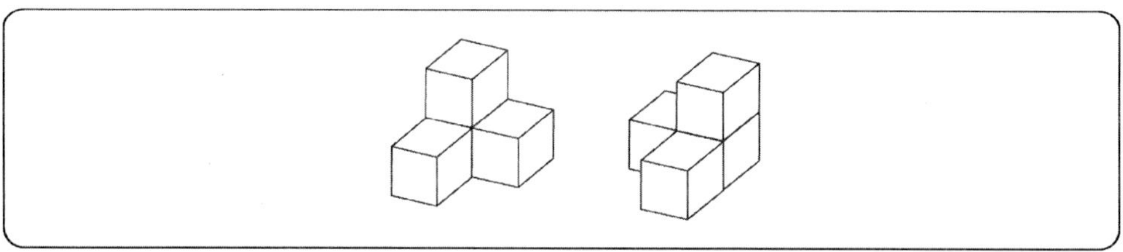

① 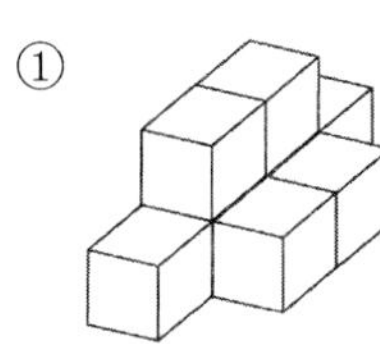

② 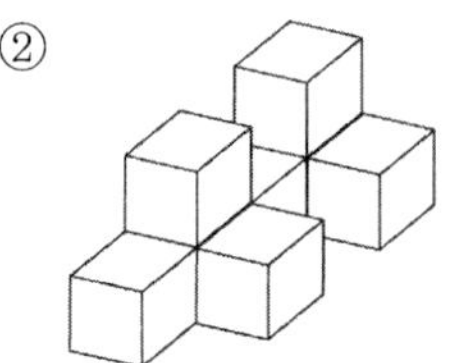

③ 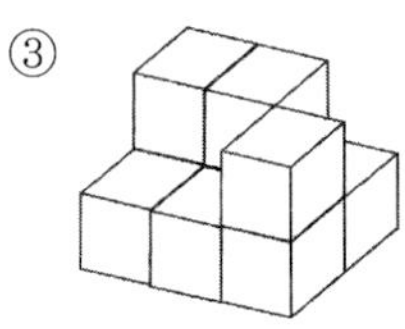

④ 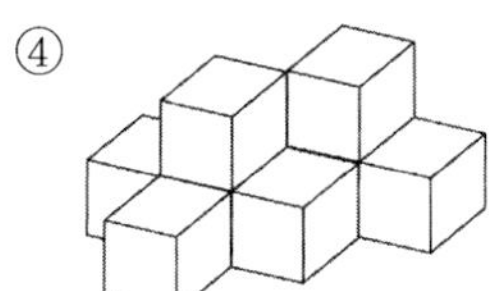

⑤ 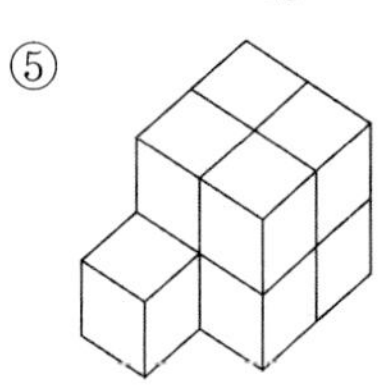

③

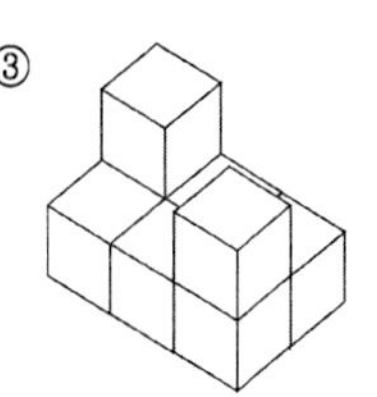

22

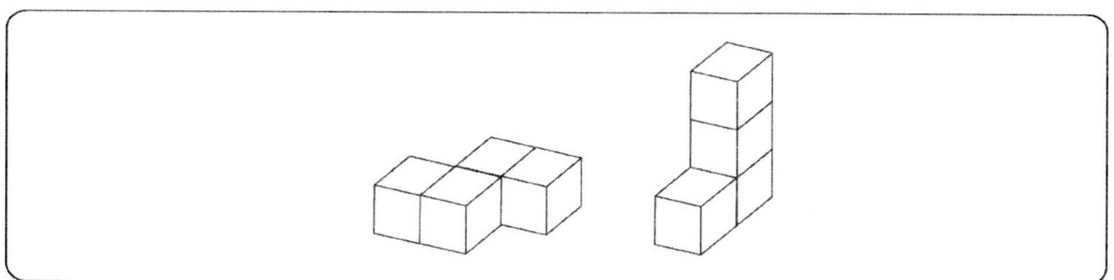

①

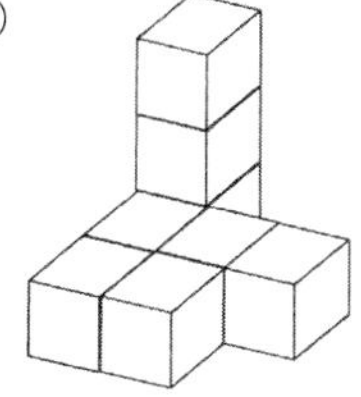

②

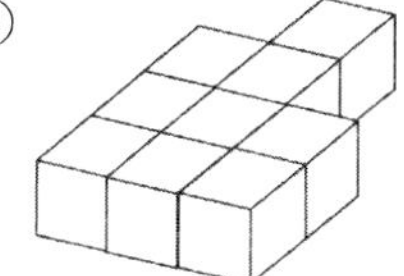

③

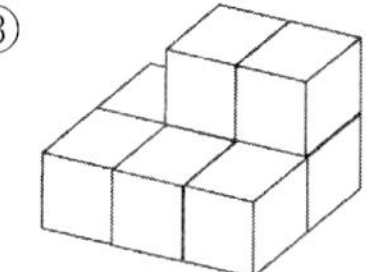

④

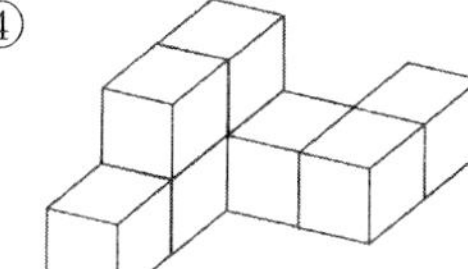

⑤

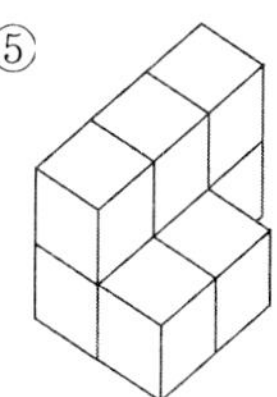

Tip ②

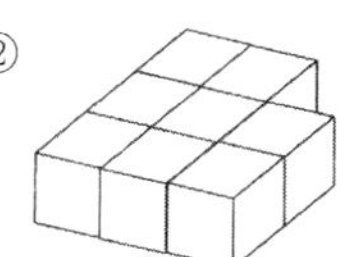

Answer 21.③ 22.②

23

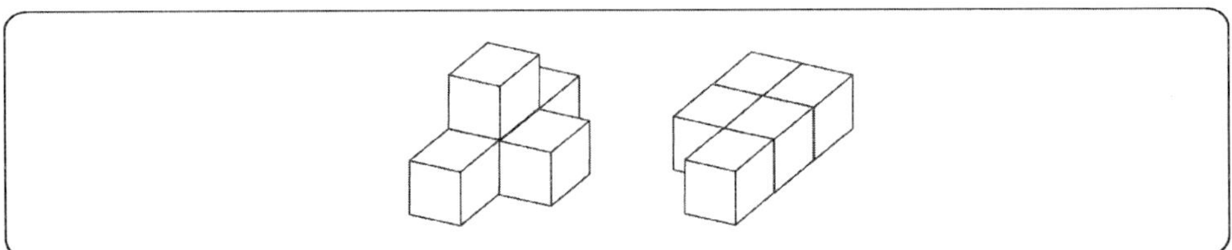

①

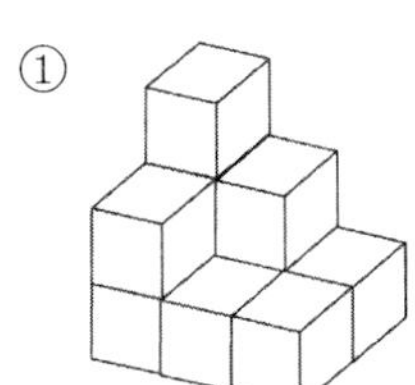

②

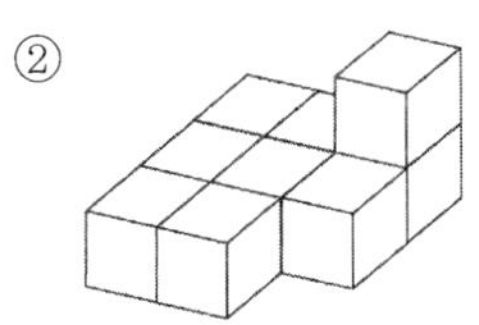

③

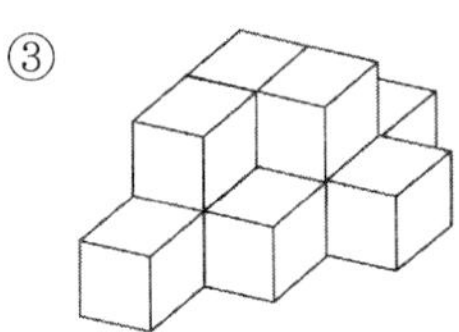

④

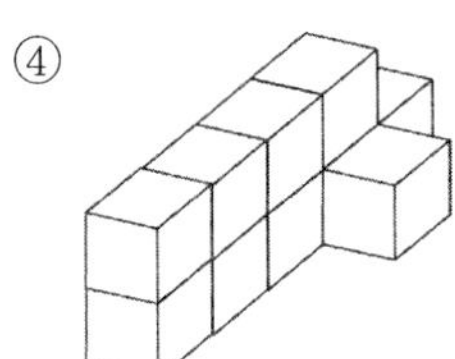

⑤

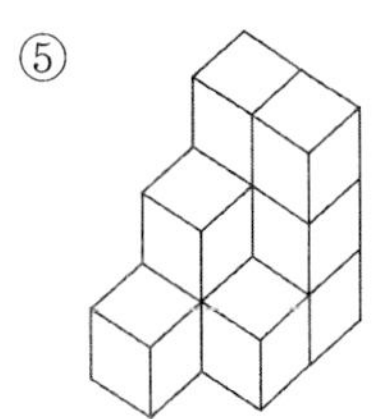

Tip ②

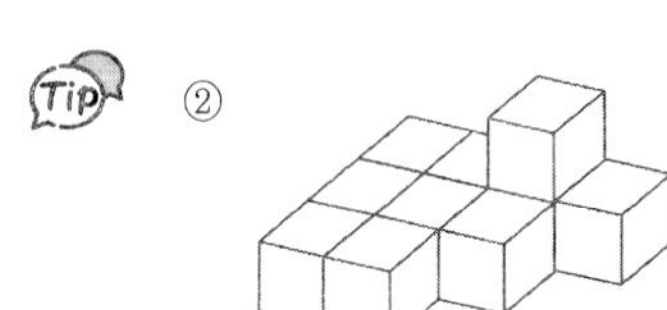

24

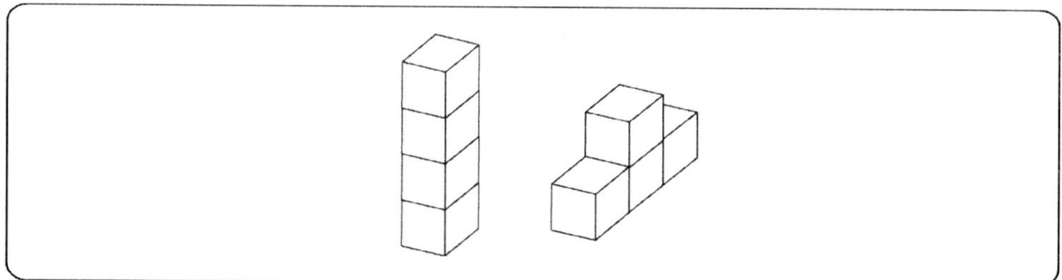

①

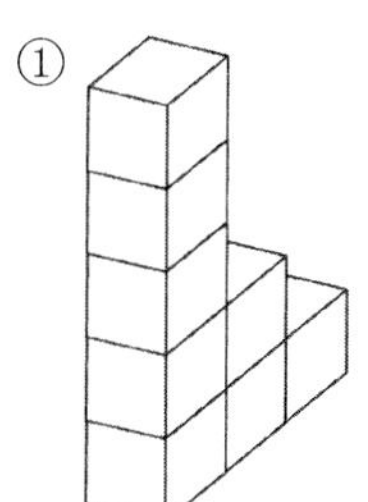

②

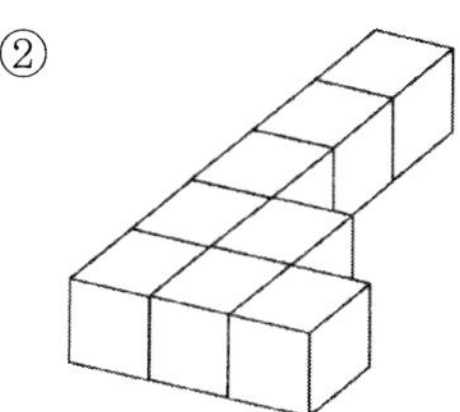

③

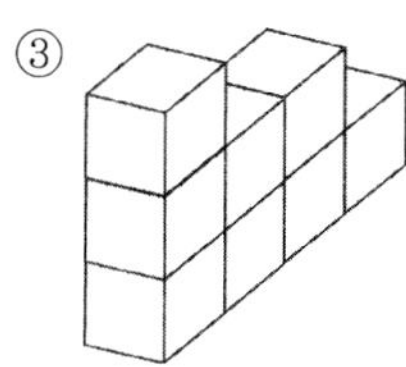

④

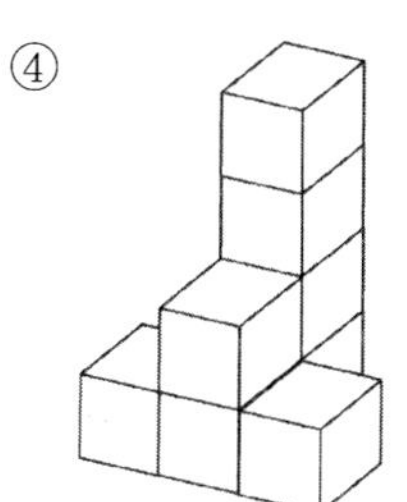

⑤

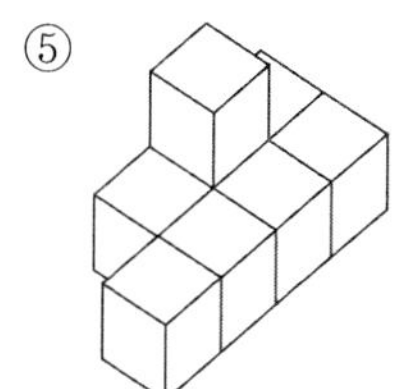

③

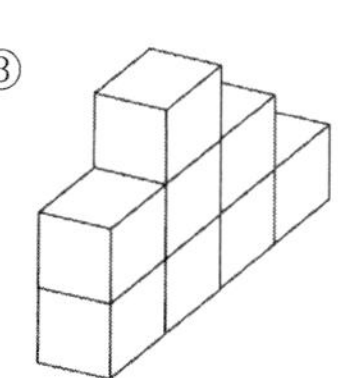

Answer 23.② 24.③

25

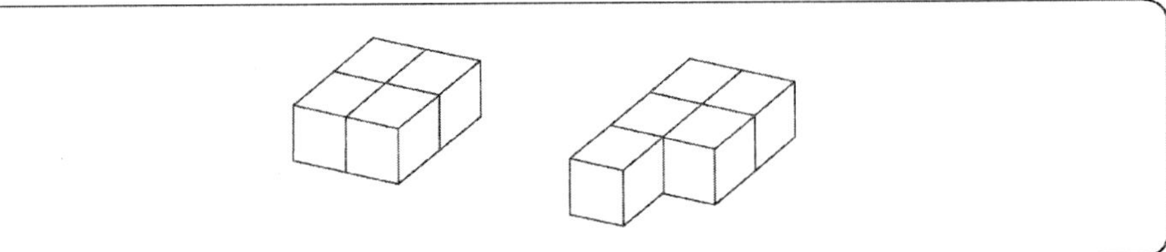

① 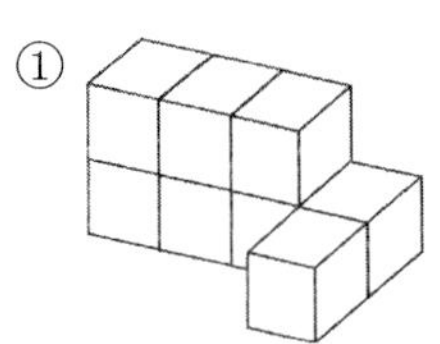

② 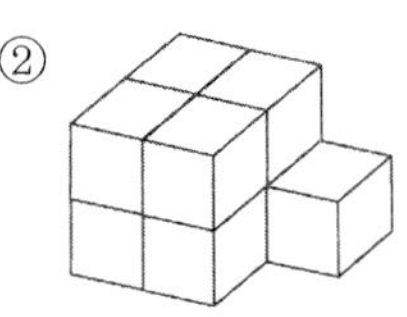

③ 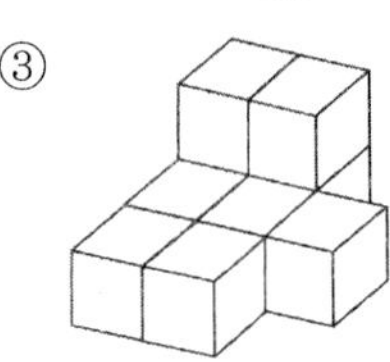

④ 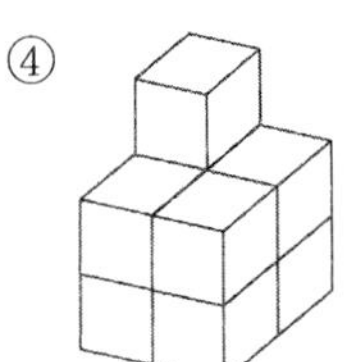

⑤ 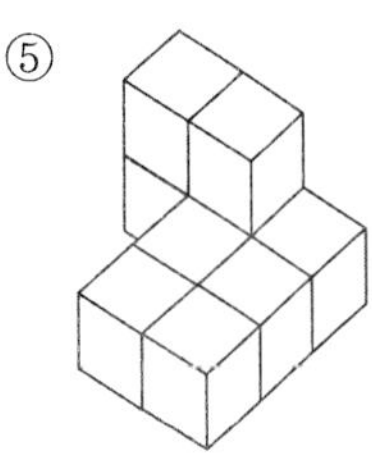

Tip ① 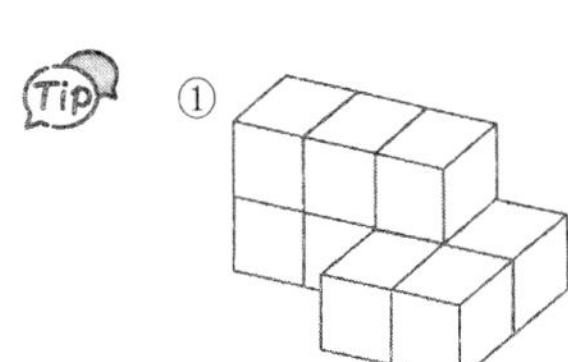

26

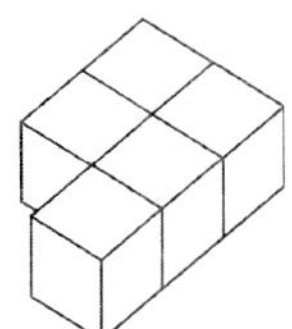
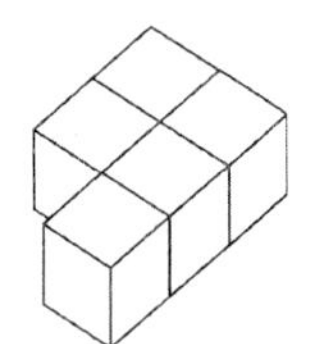

① 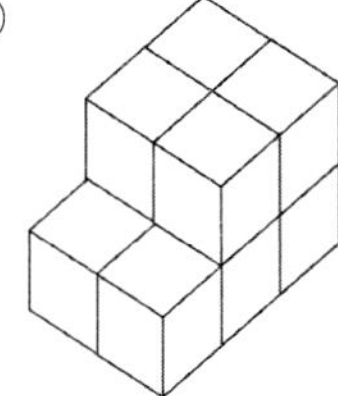

② 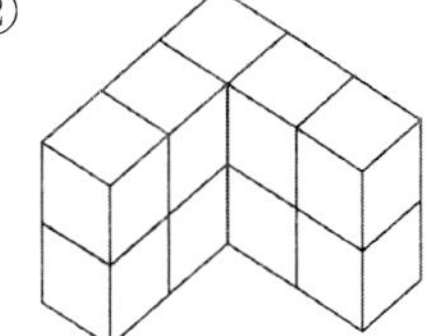

③ 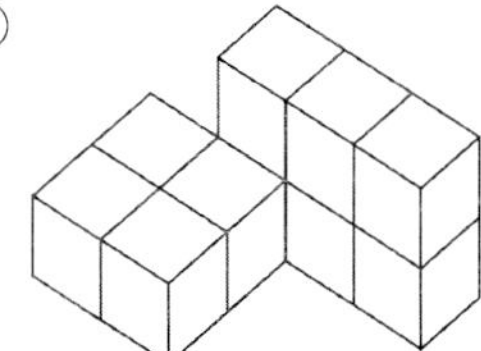

④ 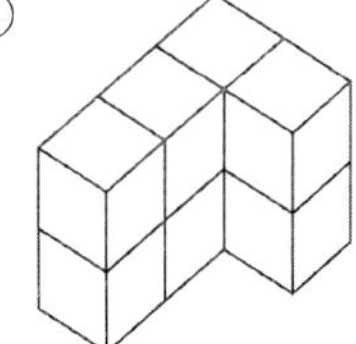

⑤ 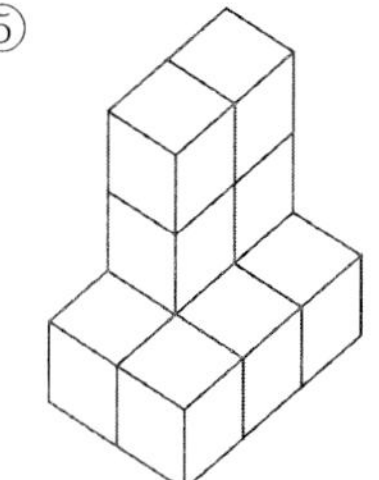

Tip ④

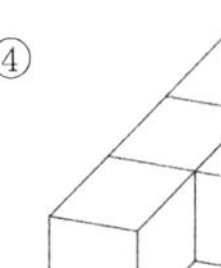

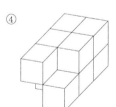

Answer 25.① 26.④

27

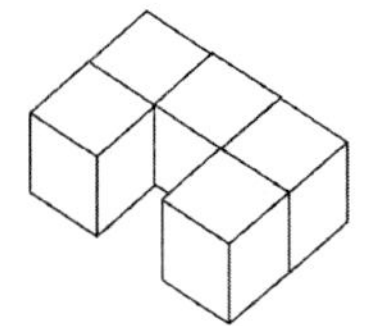
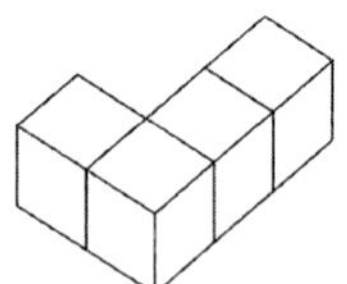

①

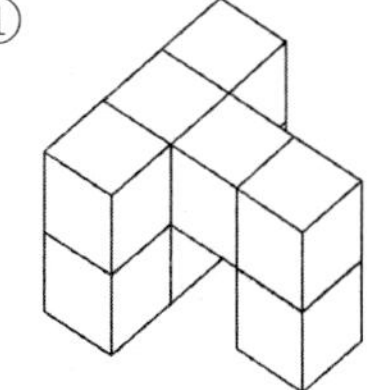

②

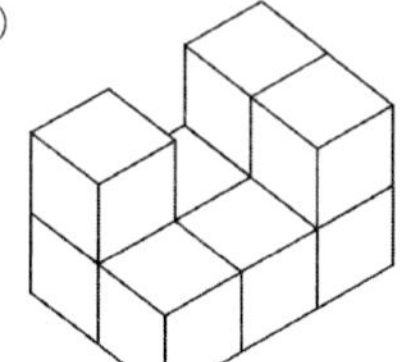

③

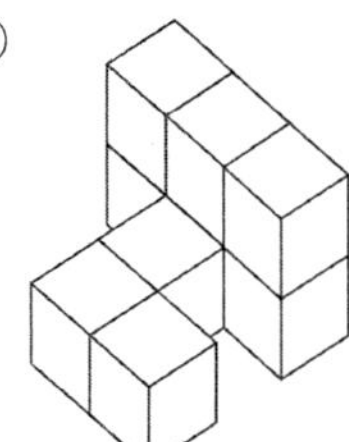

④

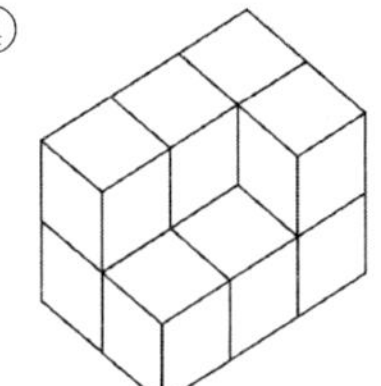

⑤

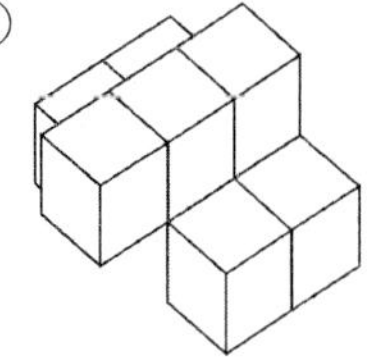

Tip ⑤

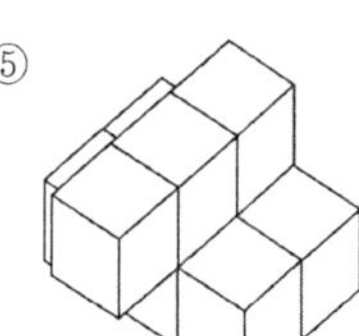

28

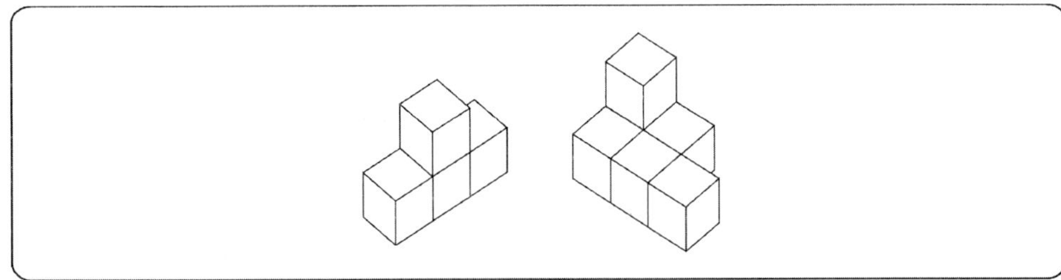

①

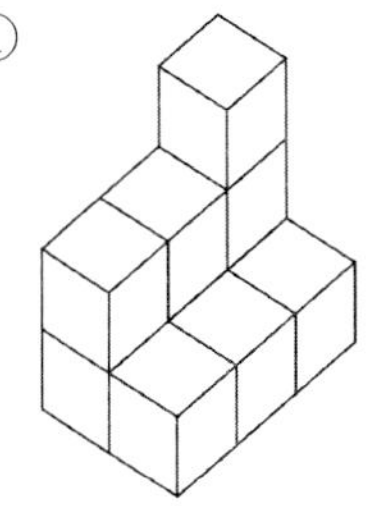

②

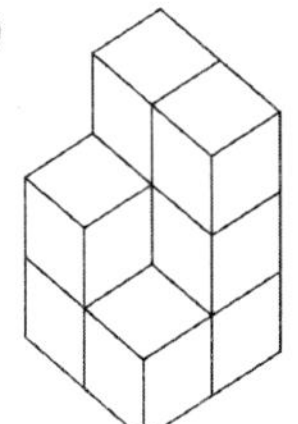

③

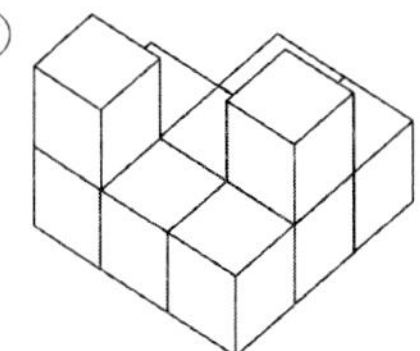

④

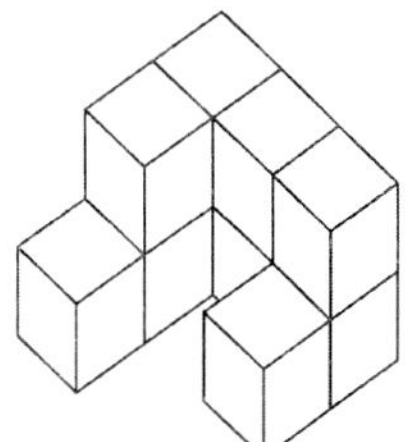

⑤

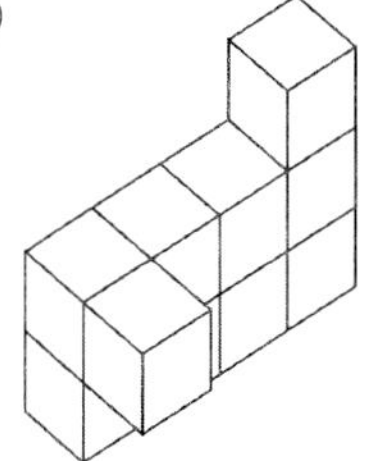

Tip ②

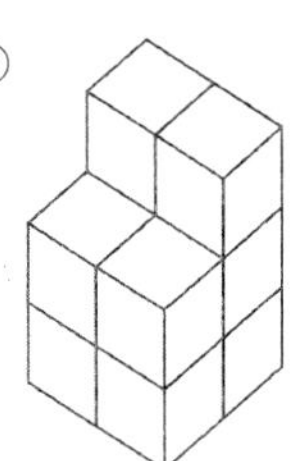

Answer 27.⑤ 28.②

29

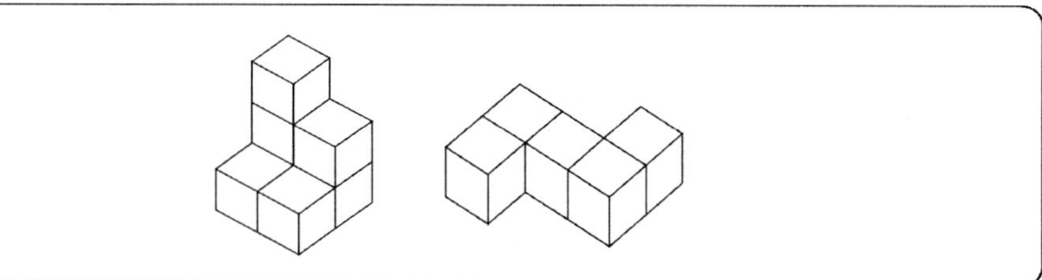

①

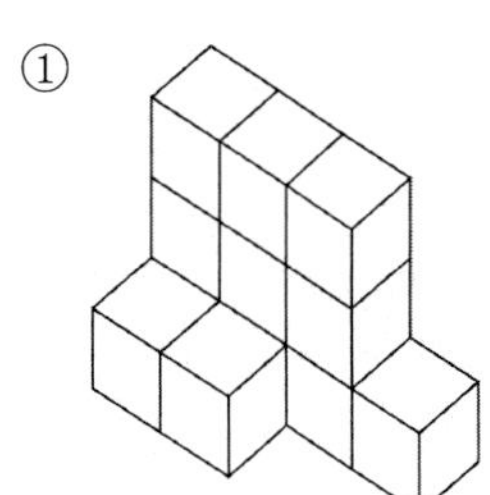

②

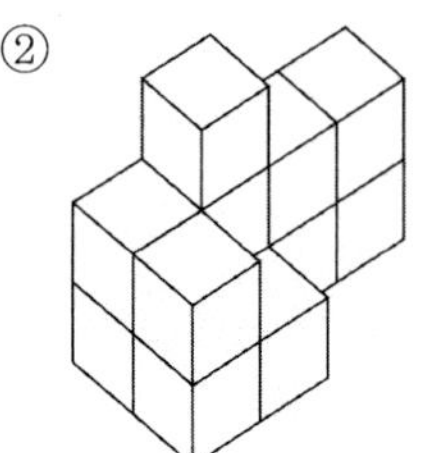

③

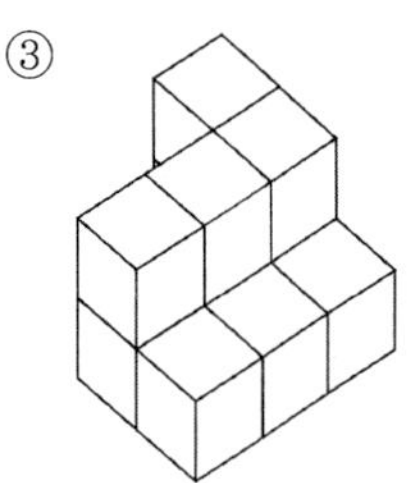

④

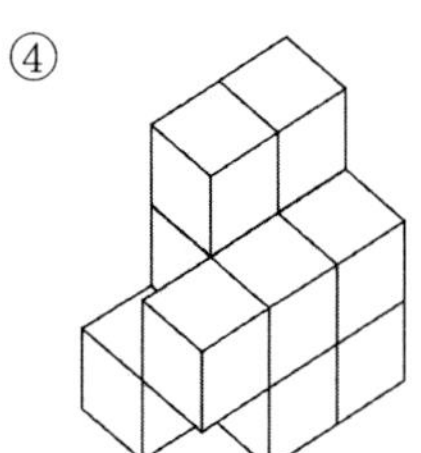

⑤

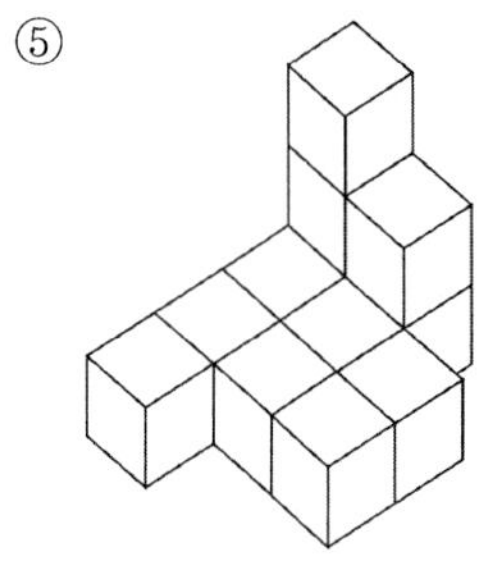

Tip ③

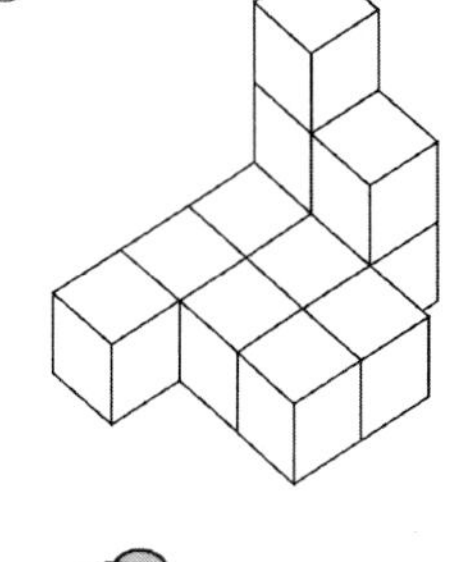

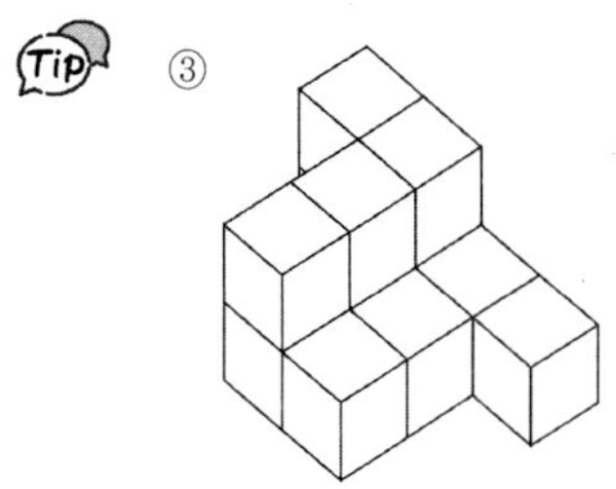

30

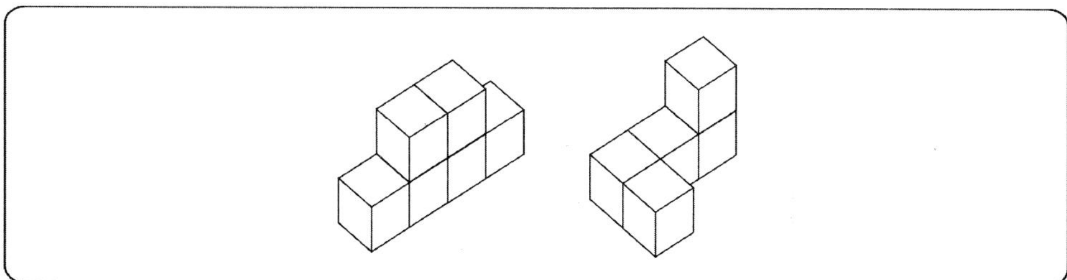

①

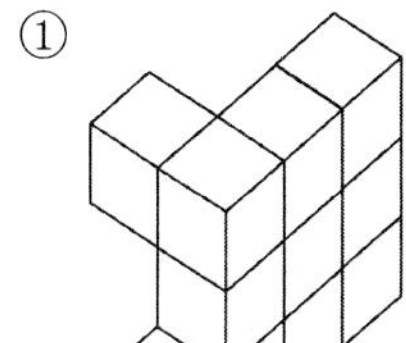

②

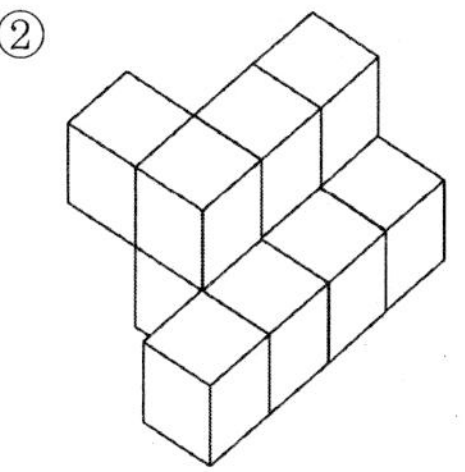

③

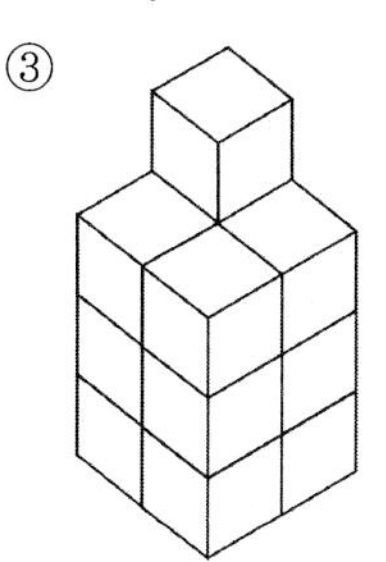

④

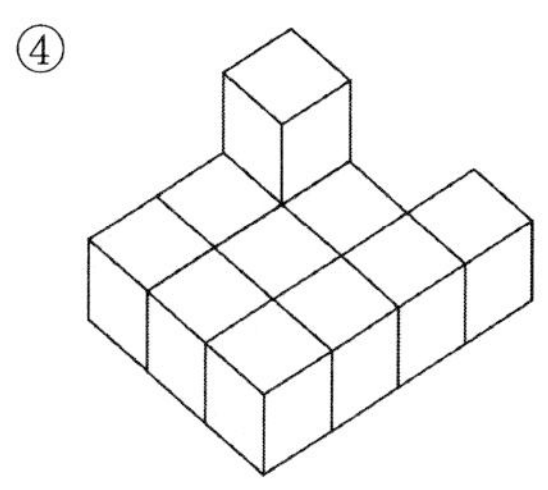

⑤

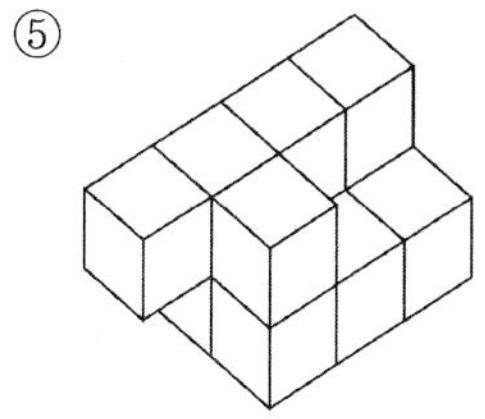

Tip ③

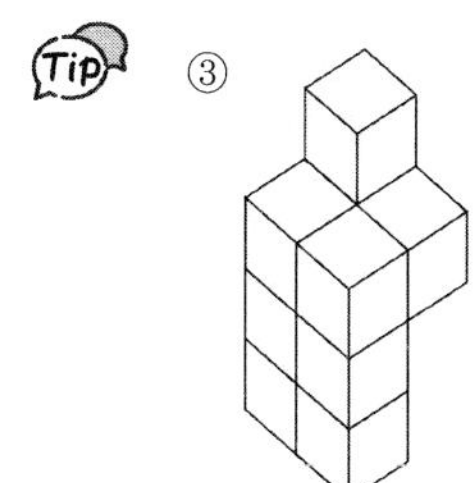

Answer 29.③ 30.③

PART

VI

인문상식

01 인문상식

1 다음 밑줄 친 부분의 사례에 해당하지 않는 것은?

> 지난 17일 CJ오쇼핑과 CJ E&M 양사는 합병을 결의하고 국내 최초의 융복합 미디어 커머스 기업으로 거듭난다고 밝혔다. CJ오쇼핑과 CJ E&M이 1 : 0.41 비율로 합병하며 오는 6월 주주총회 승인을 거쳐 8월 1일 합병을 완료할 계획이다.
>
> 이번 합병은 미디어빅뱅이라는 표현이 부족할 정도로 급변하고 있는 글로벌 미디어환경 변화에 대응하고, 미디어와 커머스가 융복합되는 새로운 시장을 선점하기 위한 선제적인 조치라고 회사 측은 설명했다.
>
> 양사가 글로벌 인프라를 상호 공유하면 글로벌사업은 즉시 확대될 것으로 보인다. CJ오쇼핑은 현재 태국, 필리핀, 말레이시아 등에서 현지 주요 미디어 기업과 합작 관계를 맺고 있고, CJ E&M은 베트남, 태국, 터키 등에 사업거점을 확보하고 있다. 상대회사가 구축한 네트워크를 기반으로 콘텐츠 IP를 활용한 커머스를 선보이거나 콘텐츠 합자사업 확대에 나설 계획이다.

① 비보이를 사랑한 발레리나

② 태양의 서커스

③ 라라랜드

④ 난타

⑤ 4D 영화관

Tip ⑤는 기술적인 부분으로 융복합 콘텐츠의 사례에 해당하지 않는다.

2 다음 글과 유사한 목적을 가진 활동으로 옳은 것은?

> 선화공주님은
> 남 몰래 정을 통해 두고
> 서동 도련님(薯童房)을
> 밤에 몰래 안고 간다.

① CJ 문화재단
② CJ 꿈키움아카데미
③ CJ 도너스캠프
④ CJ 서포터즈
⑤ 즐거운 동행

제시된 글은 신라 향가 '서동요'이다. 서동은 입소문의 원천이 될 동네 아이들을 하나씩 자기 편으로 끌어여 친해진 뒤 서동요를 널리 퍼뜨리게 했다. 이는 바이럴 마케팅에 해당한다. 바이럴 마케팅은 입소문을 타고 저절로 확산되는 것을 뜻한다.

※ CJ 서포터즈

CJ E&M과 커빙은 대학생 서포터즈 공고 이후 공연기획과 온/오프라인 마케팅에 관심있는 대학생들의 폭발적인 지원 속에서 약 40여명의 우수한 대학생들과 함께 100일간의 서포터즈 활동을 진행한다. Play! M Live 대학생 서포터즈는 아티스트 인터뷰를 통한 웹진 제작, 자체 제작 콘텐츠 온라인 바이럴, 버스킹과공연기획등 다양한 온/오프라인 마케팅 활동을 진행하게 된다.

Answer 1.⑤ 2.④

3 다음에서 설명하는 CJ그룹의 마케팅기법은 무엇인가?

> • 영화관에서 '조조할인' 서비스를 통하여 아침에 영화를 보는 고객에게 할인을 적용
> • 3~5시 사이 20~30대 딘치(Dinch)족들을 위한 외식업계의 차별화된 메뉴와 저렴한 가격 제시

① 드림슈머 마케팅
② 타임 마케팅
③ 게릴라 마케팅
④ 바이러스 마케팅
⑤ 시스템 마케팅

타임 마케팅 … 짧은 시간 동안 저렴한 가격을 원하는 고객의 수요를 모아 주목 받음으로써 브랜드 이미지를 높이고, 경쟁력을 강화시키는 마케팅 기법으로 CJ푸드빌 패밀리레스토랑인 빕스의 경우 15주년 기념행사로 당일 점심 샐러드바를 1만 원에 판매하여 매장당 고객의 대기인원수를 초과하는 성공을 거두어 화제가 되었다.

① 잠재된 끼와 재능을 발휘해 새로운 도전과 꿈을 실현하고자 희망하는 소비자들을 지칭하는 드림슈머에게 꿈을 실현할 수 있는 기회를 제공함으로써 기업홍보를 하는 마케팅 방법
③ 게릴라 전술을 마케팅 전략에 응용한 것으로, 장소와 시간에 구애받지 않고 잠재고객이 많이 모인 공간에 갑자기 나타나 상품을 선전하거나 판매를 촉진하는 마케팅 방법
④ 네티즌의 커뮤니케이션 매체가 다양해지면서 이를 통하여 기업이 제품을 자발적으로 확산하면서 홍보하도록 하는 마케팅 방법
⑤ 판매활동을 조직적으로 하는 것으로 시장환경이 복잡해지고 제품의 종류가 많아지며 또 그 수명이 짧다는 조건 하에서 효율적인 판매를 하기 위해 판래를 지원하는 다양한 전략의 전개를 조직적으로 추진하는 마케팅 방법

4　다음 글이 설명하고 있는 프로그램에 해당하는 것은?

> 스타시스템 밖에 있는 다양한 장르의 신인 뮤지션들에게 평소 만나보고 싶었던 선배 뮤지션과의 공동작업, 음반제작 지원 및 홍보 마케팅, 공연무대 등 뮤지션의 음악적 성장에 필요한 부분을 순차적으로 지원하는 프로젝트다. 신인 뮤지션에게는 쇼케이스와 네트워크의 장을 마련해 주고, 음악시장에는 다양한 음악과 실력을 갖춘 음악인을 소개하는 가교 역할을 하고 있다.

① 튠업　　② 즐거운 동행
③ 크리에이티브마인즈　　④ CJ azit
⑤ 프로젝트S

② 대 – 중소기업간 상생과 동반성장 모델이자 브랜드이다.
③ 뮤지컬, 연극부문 신인 공연창작자의 신작 개발을 지원하는 프로그램이다.
④ 신인 창작자들의 자유로운 창작과 관객과 소통하는 공연을 지원하는 오프라인 플랫폼이다.
⑤ 영화, 방송, 웹툰, 웹드라마 등 다양한 장르의 창작물을 구상하고 기획하는 젊은 인재들의 아이템을 찾아 완성도 있는 작품이 될 수 있도록 지원하는 프로그램이다.

5　다음 지문의 내용과 관련이 없는 것은?

> CJ E&M 인기 콘텐츠들이 잇달아 해외에 포맷을 판매하는 쾌거를 이뤄내 주목을 끌고 있다. '꽃보다 할배' 미국 포맷 판매 이후 1여년 만에 '미국판 꽃할배'로 불리는 'Better Late Than Never'(美 NBC 방송 예정)가 오는 8월부터 촬영을 시작한다는 반가운 소식이 전해졌다.

① 더 지니어스　　② 식샤를 합시다
③ 너의 목소리가 보여　　④ 풍월주
⑤ 렛미인

① 영국, ② 러시아, ③ 중국, ⑤ 태국으로 각각 수출되었다.

Answer 3.② 4.① 5.④

6 다음 지문에서 공통적으로 묘사하고 있는 것으로 알맞은 것은?

> • 악마같이 검고 지옥처럼 뜨겁고, 천사같이 순수하고 사탕처럼 달콤하다.
> • 세상에 있는 모든 종교를 합친 것보다 더 강하며, 어쩌면 인간의 영혼 그 자체보다 강할 것이다.
> • 우리를 진지하고 엄숙하고 철학적으로 만든다.
> • 어둠처럼 검고 재즈는 선율처럼 따뜻했다. 내가 그 조그만 세계를 음미할 때 풍경은 나를 축복했다.

① 포도　　② 콜라
③ 커피　　④ 초콜릿
⑤ 카카오열매

각각 탈레랑, 마크헬프린, 조나단 스위프트, 무라카미 하루키가 '커피'에 대해 묘사한 글들이다.

7 다음 밑줄 친 '심리'와 관련된 것으로 적절한 것은?

> CJ 오쇼핑에서는 사람들의 <u>심리</u>를 반영하여 전문가들이 좋은 상품을 추천해 주는 큐레이션 서비스를 제공하고 있다. 큐레이션이란 큐레이터처럼 인터넷에서 원하는 콘텐츠를 수집해 공유하고 가치를 부여하면서 다른 사람도 소비할 수 있도록 도와주는 서비스를 이르는 말이다. 빅데이터 속에서 허우적대는 정보과잉 시대에, 소비자들의 선택을 도와주는 서비스이다.

① 햄릿 증후군　　② 놈코어
③ 파랑새 증후군　　④ 노푸
⑤ 왝더독

① 음식 메뉴를 결정하는 것부터 결혼과 같은 대사를 치르는 과정에서 하나를 선택하지 못해 불안해하거나 초조해 하는 사람들의 심리를 '햄릿증후군'이라고 한다.
② 이미 가지고 있는 아이템 활용으로 실용적이고 평범함을 추구하는 패션을 말한다.
③ 자신의 현재 일에는 별 흥미를 느끼지 못하고 장래의 막연한 행복만을 추구하는 현상을 말한다.
④ 샴푸제품을 사용하지 않고 물로만 머리를 감는 것이다.
⑤ 덤이 제품 구매를 결정하는 중요한 요인으로 떠오른 최근의 소비 트렌드를 말한다.

8 다음에서 각각 설명하는 용어들의 알파벳 첫 글자만 따서 순서대로 나열한 것은?

> ㉠ 특별이벤트 기간에 가입해 혜택은 다 누리고, 그 이후부터는 카드를 다시 쓰지 않는 고객
> ㉡ 부당한 이익을 취하고자 악성민원을 고의적, 상습적으로 제기하는 정여사 같은 고객
> ㉢ 소비만하는 수동적인 소비자에서 벗어나 소비뿐만 아니라 직접 제품의 생산, 개발에도 참여하는 생산하는 소비자

① B - B - P
② D - B - T
③ C - B - P
④ E - A - R
⑤ C - P - G

㉠ **체리피커**(Cherry picker) : 신포도 대신 체리만 골라 먹는다고 해서 붙여진 명칭으로 기업의 상품 구매, 서비스 이용 실적은 좋지 않으면서 자신의 실속 챙기기에만 관심이 있는 소비자를 뜻한다.
㉡ **블랙컨슈머**(Black consumer) : 악성을 뜻하는 블랙(black)과 소비자(consumer)의 합성 신조어로, 악성민원을 고의적, 상습적으로 제기하는 소비자를 뜻한다.
㉢ **프로슈머**(Prosumer) : 앨빈 토플러가 저서 "제3의 물결"에서 주장한 생산자(producer)와 소비자(consumer)를 합성한 용어로, 기업들이 소비자가 제품의 개발을 요구하거나 아이디어를 제안하면 이를 수용해 신제품을 개발, 판매하는 마케팅기법이다.

9 다음 중 실버관련 공헌활동이 아닌 것은?

① 도움지기
② 실버택배
③ 은빛누리 카페
④ 이바구 자전거
⑤ 프로젝트S

⑤ 영화, 방송, 웹툰, 웹드라마 등 다양한 장르의 창작물을 구상하고 기획하는 젊은 인재들의 아이템을 찾아 완성도 있는 작품이 될 수 있도록 지원하는 프로그램이다.
① CJ CGV에서 60세 이상 장년층을 대상으로 하여, 극장 내 입장 및 퇴장 안내 등 현장 업무를 담당하도록 '도움지기'를 채용하고 있다.
② CJ대한통운은 2013년부터 실버 택배사업을 운영해왔다. 현재 서울, 부산, 경남 등 70여 개 거점에서 500여 명의 만 60세 이상 시니어 인력들이 참여하고 있다.
③ 시니어 인력이 운영하는 택배 사업장 안 카페이다.
④ 시니어 가이드가 전동 자전거에 관광객을 태우고 문화해설을 해 주는 지역 관광 프로그램이다.

Answer 6.③ 7.① 8.③ 9.⑤

10 다음 두 지문의 공통적인 내용으로 적절한 것은?

(가)	(나)
Imagine there's no heaven, It's easy if you try, No hell below us, Above us only sky, Imagine all the people living for today... Imagine there's no countries, It isn't hard to do, Nothing to kill or die for, No religion too, Imagine all the people living life in peace... (you)	길동에게는 평생 이루고 싶은 단 한 가지 꿈이 있었다. 백성들이 행복한 나라, 차별과 특혜가 없는 나라를 세우는 것이었다. 제도가 비록 풍족한 땅이지만 큰 나라가 되기에는 부족한 부분이 많았다. 길동은 남쪽에 있는 큰 나라 율도국을 전부터 마음에 두고 있었다. 율도국의 백성들 역시 희망을 줄 수 있는 새로운 나라를 원했다. (하략)

① 평화
② 유토피아
③ 권력
④ 평등
⑤ 자유

(가)는 존레논의 'Imagine', (나)는 홍길동전에서 율도국에 관한 내용이다. 둘 다 현실적으로는 아무데도 존재하지 않는 이상의 나라인 '유토피아'를 그리고 있다.

11 다음에서 설명하고 있는 브랜드로 올바른 것은?

NO 1. Korean food company인 CJ제일제당에서 오랫동안 쌓아온 한식에 대한 이해를 바탕으로 만든 브랜드로, 한식 고유의 전통에 현대인이 추구하는 가치를 더해, 새로운 라이프스타일을 만들어가는 글로벌 한식 대표 브랜드이다.

이 브랜드는 대표 한식 '비빔밥'에서 유래된 '비빔'의 철학을 담아, '비빔'과 영어 'go'를 합친 합성어이다. 'Mix'를 나타내는 '비빔'은 서로 다른 것이 만나 조화와 균형을 이룬다는 의미이며, 'go'는 한식 세계화를 향한 브랜드 의지를 담고 있다.

브랜드 로고는 대표 한식 '비빔밥'과 이를 내놓을 때 쓰이는 돌솥, 그리고 숟가락과 젓가락에 착안해서 만들어졌다.

① 해찬들　　② 비비고
③ 고메　　④ 다담
⑤ 산들애

① 해찬들은 '해가 가득 찬 들녘'의 줄임말로서, CJ주식회사의 장류 전문 브랜드이다.
③ 고메는 기존의 음식과 차별화 된 미식을 컨셉으로 한 음식 브랜드이다.
④ 다담은 요리를 쉽고 편리하게 할 수 있도록 도와주는 요리양념 제품 브랜드이다.
⑤ 산들애는 자연에서 온 재료로 맛을 내는 육수 제품 브랜드이다.

Answer 10.② 11.②

12 다음에서 설명하고 있는 용어로 올바른 것은?

> 영어의 '별 일 아니다(No Big Deal)'를 줄여 만든 축약어다. 소셜 미디어나 문자 메시지를 이용할 때 줄여서 사용하다 관용적으로 줄여 쓰게 된 말이다. 내용 그대로 어떤 것이 중요하지 않다는 의미로도 사용하고, 동시에 사실 중요한 일임에도 불구하고 별 일이 아니라는 식으로 문장 끝에 덧붙여 비꼬는 투로도 많이 쓰인다. 예를 들면 시험을 망친 학생이 "나 기말고사에서 79점을 맞았어. 평균보다 10점 낮은 점수야."라고 하는 식이다.

① WFP　　② LAZE

③ NBD　　④ COFIX

⑤ SWOT

① 세계식량안보와 극빈국의 농업개발문제, 식량개발에 관한 정책토의, 식량원조 모금, 개발도상국의 식량자급정책에 관한 지원을 하는 국제기구

② 용암을 뜻하는 영단어 'lava'와 아지랑이를 뜻하는 'haze'가 합쳐진 말로 미국 하와이 킬라우에아 화산 폭발로 흘러나온 용암에 의한 '유독성 연무'를 지칭하는 단어

④ 대한민국 내 9개 은행들이 제공한 자금조달 관련 정보를 기초로 하여 산출되는 자금조달비용지수

⑤ 기업의 내부 환경과 외부 환경을 분석하여 강점, 약점, 기회, 위협 요인을 규정하고 경영전략을 수립하는 기법

13 다음 빈칸에 공통적으로 들어갈 용어로 적절한 것은?

> 원래 _____이라는 단어는 라틴어 '빌라누스(villanus)'에서 유래된 것으로, 빌라누스는 고대 로마의 농장 '빌라(villa)'에서 일하는 농민들을 가리키는 말이었다. 빌라누스들은 차별과 곤궁에 시달리다 결국 상인과 귀족들의 재산을 약탈하고 폭력을 휘두르게 되었다. 이처럼 아픈 과거들로 인해 결국 악당으로 변모하게 됐다는 점에서, 창작물 등에서는 _____을 '악당'을 뜻하는 말로 사용하기 시작했다.
>
> 그러다 최근에는 _____이 무언가에 집착하거나 평범한 사람과 다른 행동을 보이는 '괴짜'를 일컫는 말로 확장돼 사용되고 있다. 이는 마블이나 DC코믹스 등의 히어로 영화에서 평범한 인물이 과도한 집착이나 이상한 계기 탓에 _____이 되는 것을 빗댄 것이다. 보통 이 말은 어떤 사람이 집착하는 대상 뒤에 _____이라는 말을 붙이는 식으로 사용된다.

① 빅블러　　② 컬리

③ 소호　　④ 성덕

⑤ 빌런

① 빅블러는 인공지능(AI), 빅데이터, 사물인터넷(IoT) 등 첨단정보통신기술(ICT)의 발달로 산업 경계가 모호해지는 현상을 말한다.
② 세계 최초 인공지능 컬링 로봇으로, 빙판 위에서 주행하며 스스로 경기 전략을 수립해 투구한다.
③ 'Small Office Home Office'의 앞글자를 따서 만든 용어로, 가정에서 인터넷 등과 같은 컴퓨터 통신망을 이용해 혼자의 힘으로 자신만의 사업을 영위해 가는 직업 형태를 말한다.
④ '성공한 덕후'를 줄여 이르는 말로, 자신이 좋아하고 몰두해 있는 분야에서 성공한 사람을 뜻한다.

Answer 12.③ 13.⑤

14 다음에서 설명하고 있는 개념으로 옳은 것은?

> 일(Work)과 휴가(Vacation)의 합성어로, 원하는 곳에서 업무와 휴가를 동시에 소화할 수 있는 새로운 근무제도다. 이는 휴가지에서의 업무를 인정함으로써 직원들의 장기휴가 사용을 보다 쉽게 만드는 것이 취지다.

① 리볼빙 ② 나비효과

③ 워라밸 ④ 워케이션

⑤ 임파워먼트

① 카드 회원의 이용대금에 대해 매월 대금 결제시 카드사와 회원이 미리 약정한 청구율이나 청구액 만큼만 결제하는 제도

② 나비의 작은 날갯짓이 날씨 변화를 일으키듯, 미세한 변화나 작은 사건이 추후 예상하지 못한 엄청난 결과로 이어진다는 의미

③ 일과 삶의 균형이라는 뜻으로 "Work and Life Balance"의 준말

⑤ 조직 현장의 구성원에게 업무 재량을 위임하고 자주적이고 주체적인 체제 속에서 사람이나 조직의 의욕과 성과를 이끌어 내기 위한 '권한부여', '권한이양'의 의미

15 다음 빈칸에 들어갈 용어로 올바른 것은?

> ______은/는 일상에서의 작지만 진정한 행복을 말하는 것으로 덴마크의 '휘게(hygge)'나 스웨덴의 '라곰(lagom)', 프랑스의 '오캄(au calme)'과 맞닿아 있다.
> 일본 작가 무라카미 하루키는 한 수필집에서 행복을 '갓 구운 빵을 손으로 찢어 먹는 것, 서랍 안에 반듯하게 접어 넣은 속옷이 잔뜩 쌓여 있는 것' 등으로 정의했다.

① 쉼포족 ② 소확행

③ 1코노미 ④ 하이구이

⑤ 카피레프트

① 휴가를 포기할 정도로 바쁜 직장인

③ 1인과 이코노미의 합성어로, 혼자만의 소비 생활을 즐기는 사람

④ 중국의 귀국유학생을 뜻하는 말로, 중국 경제성장을 이끄는 원동세력으로 평가되고 있음

⑤ 지적 창작물에 대한 권리를 모든 사람이 공유할 수 있도록 하는 것 또는 그러한 운동

16 다음에서 설명하는 용어로 적절한 것은?

> '세계화'와 '현지화 또는 지역화'를 조합한 말로, 세계화(세계를 무대로 하는 경영활동)와 현지화(현지의 시장에 가장 적합한 경영활동) 전략을 동시에 진행하는 기업의 경영기법을 의미한다. 다시 말해 세계화를 추구하면서도 현지의 문화에 적응하고 현지 고객의 특성과 욕구를 만족시키기 위한 경영전략을 가리키는 말이다.

① 로컬리제이션
② 크라우드 소싱
③ 니치 마케팅
④ 코즈 마케팅
⑤ 글로컬리제이션

⑤ 기업들이 자국시장을 벗어나 세계시장으로 진출했던 국제화 초기 단계에는 대부분 세계시장을 하나의 시장으로 간주하고 가능한 한 표준화된 제품을 대량생산하여 본사가 주도하는 관리를 통해 세계시장을 공략하는 세계화(글로벌화) 전략을 구사하였다. 하지만 해외시장의 국가별 · 지역별 문화 또는 고객 취향을 고려하지 않은 제품 표준화는 어떤 소비자도 만족시킬 수 없는 결과를 초래할 수 있기 때문에 현지 국가 또는 지역의 시장 요구에 맞춰 제품을 차별화하여 생산 · 공급하고 현지에 본사의 권한을 대폭 위임하여 경쟁력을 강화시키는 현지화 전략이 중요해졌으며, 현지화를 바탕으로 한 경영은 글로벌 기업의 생존전략으로 설정되고 있는 추세이다.

Answer 14.④ 15.② 16.⑤

17 다음 중 일인미디어에 관한 설명으로 옳지 않은 것은?

> 인터넷의 대중화에 힘입어 사회 곳곳에서 조금씩 영향력을 키워왔던 개인들이 이제는 미디어 영역에서도 목소리를 높이게 됐는데, 이른바 1인 미디어 시대가 등장한 것이다. 즉, 이제는 누구나 정보를 공유할 수 있는 송신자 겸 수신자의 형태로 진화하게 되었다.
> 인터넷 환경에서 '공유, 참여, 개방'으로 축약되는 웹 2.0 개념이 확산되면서 누구나 특별한 진입 장벽 없이 정보를 생산 · 가공하고 의견을 자유롭게 표출할 수 있게 되었기 때문이다. 인터넷의 대중화 이후 온라인 커뮤니케이션의 장으로 등장하게 된 1인 미디어는 블로그, 미니홈피, 트위터 등의 사용자를 급속도로 증가시켰으며, 이러한 커뮤니티의 변화로 인해 고전적 커뮤니티 구조인 송신자와 수신자의 구조에서 수평적 구조의 커뮤니티 현상을 가속화했다.

① 국내에서는 MCN 창작자들이 모인 회사로 CJ(종목홈) E&M이 만든 다이아 TV가 있다.
② 공유와 확산 속도가 빨라 그 파급력 역시 크다.
③ MCN 배포 플랫폼으로는 아프리카 TV, 판도라 TV 등이 있다.
④ 제작자 중심으로 나아가고 있다.
⑤ 블로그와 SNS로 대표할 수 있다.

Tip ④ 1인 미디어는 소비자중심으로 한 개개인의 취향에 맞춘 세분화된 미디어이다.

18 아시아 작가로서는 최초로 세계 3대 문학상인 맨부커상을 받은 소설가의 작품으로, 영화로도 제작되었으며 CGV아트하우스에서도 상영되었던 것은?

① 모든 빛깔들의 밤
② 소년을 위로해줘
③ 두근두근 내 인생
④ 완득이
⑤ 채식주의자

Tip 맨부커 인터내셔널상 수상작인 한강의 소설 '채식주의자'는 육식을 거부하는 아내를 바라보는 '나'의 이야기를 담은 작품이다.

19 다음 영화의 시대적 배경에 일어난 일이 아닌 것은?

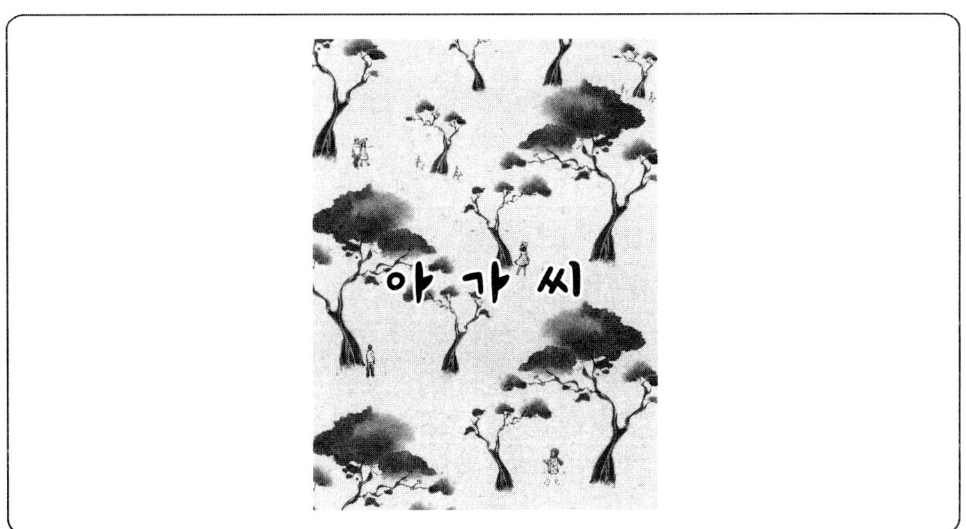

① 농촌진흥운동 ② 만주사변
③ 국가총동원법 제정 ④ 조선의용대 창설
⑤ 회사령 철폐

Tip 영화 '아가씨'는 1930년대의 시대적 상황을 반영하고 있다.
① 농촌진흥운동(1932)
② 만주사변(1931)
③ 국가총동원법 제정(1938)
④ 조선의용대 창설(1938)
⑤ 회사령 철폐(1920)

Answer 17.④ 18.⑤ 19.⑤

20 다음 헌법 조항과 관련된 드라마는?

> 모든 국민은 법률이 정하는 바에 의하여 납세의 의무를 진다.

① 나쁜녀석들
② 뱀파이어 탐정
③ 38사기동대
④ 리셋
⑤ 처용

'38사기동대'는 세금 징수 공무원과 사기꾼이 합심하여, 편법으로 부를 축적하고 상습적으로 탈세를 저지르는 악덕 체납자들에게 세금을 징수하는 통쾌한 스토리를 다룬 드라마이다.

21 다음 ( ) 안에 들어갈 말과 관련이 있는 프로그램으로 적절한 것은?

> • 짧은 인생은 ( )의 허비로 인해 더욱 짧아진다.
> • 선천적으로 현명한 사람은 없다. ( )이 모든 것을 완성한다.
> • ( )과 정성을 들이지 않고 얻을 수 있는 결실은 없다.

① 나인
② 풍선껌
③ 두 번째 스무살
④ 오 나의 귀신님
⑤ 일리있는 사랑

( ) 안에 들어갈 말은 '시간'이다. '나인'은 남자 주인공이 20년 전 과거로 돌아갈 수 있는 신비의 향 9개를 얻게 되면서 펼쳐지는 흥미진진한 이야기로, 시간과 관련된 드라마이다.

22 다음 중 CSV 활동이 아닌 것은?

① 상생아카데미
② 즐거운 동행
③ 거북이 마라톤
④ 계절밥상
⑤ 실버택배

CSV는 기업이 수익을 만든 뒤에 사회 공헌 활동을 하는 CRS와 달리, 기업 활동 자체가 사회적 가치를 만들어 내는 동시에 기업에 경제적인 이익을 가져오는 행위를 말한다.

23 다음 지문의 내용과 관련 있는 마케팅 믹스의 구성 요소를 모두 고르면?

> 지난 2012년 11월, 하이트진로사의 소주 참이슬의 누적 판매량이 200억 병을 돌파했다. 이는 1988년에 참이슬이 처음 출시된 이후로 하루 평균 389만 병, 1초당 45병이 팔린 셈이다. 이러한 성과에 영향을 미친 가장 큰 요인은 참이슬의 맛이었다. 참이슬은 잡미와 불순물이 제거된 부드러운 맛으로 출시 당시부터 인기를 끌었지만 회사는 이에 안주하지 않고 일곱 번이나 제품을 리뉴얼했다. 또한, 국내 주류 업계 1위 자리를 지키고 있었음에도 해외 시장을 개척하기 위해 노력했으며 특히 태국 시장에 진출했을 때에는 태국의 대표 주류 업체와 수출 및 유통 계약을 체결함으로써 성공적으로 현지에서 유통 루트를 확보할 수 있었다. 이뿐만 아니라 주류 광고에는 남자 모델이 나와야 한다는 기존의 관행을 깨고 여자 모델을 기용하여 부드러운 맛이라는 제품의 컨셉을 많은 소비자에게 각인시켰고, 그 결과 주류 업계의 대표 브랜드로 확고히 자리 잡을 수 있었다.

㉠ Product(제품)	㉡ Price(가격)
㉢ Place(유통경로)	㉣ Promotion(판매촉진)

① ㉠, ㉣
② ㉡, ㉢
③ ㉢, ㉣
④ ㉠, ㉢, ㉣
⑤ ㉡, ㉢, ㉣

㉠ 더 나은 품질을 위해 여러 차례 제품을 리뉴얼했다는 내용과 관련 있다.
㉢ 해외 시장 확보를 위해 태국 주류 업체와 수출 및 유통 계약을 체결했다는 내용과 관련 있다.
㉣ 제품의 특징을 소비자에게 효과적으로 전달하기 위해 기존의 관행을 깨고 광고에 여자 모델을 기용했다는 내용과 관련있다.

Answer 20.③ 21.① 22.③ 23.④

24 다음 글의 내용과 관련이 없는 것은?

> 통계청이 발표한 장래 인구 추계에 따르면 고령화가 급속히 진행되어 2018년에는 생산가구 5명, 2050년에는 1.4명이 노인 1명을 부양해야 한다. 젊은 인구의 노년층에 대한 부양 부담 증가는 물론 노인 스스로의 해결 능력을 높여야 한다는 점에서 노인복지 사업이 더욱 주목받고 있다.
>
> 한 사회복지시설 관계자는 "기초노령연금처럼 소득 하위 노인들에 대한 일률적인 연금 지급보다는, 공공서비스와 노인 일자리를 접목한다면 더 큰 파급효과를 누릴 수 있다"고 했다.
>
> 도 관계자는 "노인 일자리를 신청한 2016년 대기자가 현재 2만 5,374명에 이를 정도로 관심이 매우 높다"며 "다양한 유형의 안정적이고 지속적인 일자리 마련에 더욱 노력하겠다"고 했다.

① 장바구니 배달
② 은빛누리 카페
③ 이어드림
④ 실버택배
⑤ 이바구 자전거

③ 이어드림은 세계 최초 시각장애인용 TV이다.
① 기존 아파트 단지 내 실버택배 사업에 더해 마트에서 구입한 상품을 가정으로 배달해 주는 서비스
② 시니어 인력이 운영하는 택배 사업장 안 카페
④ 60세 이상의 어르신들이 지역 내 택배 배송원으로 근무하는 사업
⑤ 시니어 가이드가 전동 자전거에 관광객을 태우고 문화해설을 해주는 지역 관광 프로그램

25 다음 각 설명에 해당하는 국제기구에 공통적으로 들어가는 알파벳으로 적절한 것은?

> • 아시아와 태평양지역의 무역 증진과 지속적인 경제 성장을 위해 설립된 국제기구이다.
> • 지구의 기후변화에 대한 원인을 평가하고 국제적 대안을 마련하기 위해 세계기상기구(WMO)와 유엔환경계획(UNEP)이 공동으로 설립한 UN 산하의 국제협의체이다.
> • 회원국 간의 정책 조정과 협력을 통해 각 회원국의 경제 발전을 추구하고 전 세계적인 경제 문제에 공동으로 대응하기 위해 설립된 국제기구이다.

① A　　② C
③ E　　④ F
⑤ G

첫 번째는 APEC, 두 번째는 IPCC, 세 번째는 OECD에 해당하는 설명이다. 따라서 공통적으로 들어가는 알파벳은 'C'이다.

26 다음과 같은 시대상을 영화로 만든다면 들어갈 수 있는 장면은?

> 근면 · 자조 · 협동의 기본적인 정신과 실천을 범국민적 · 범국가적으로 추진함으로써, 국가발전을 가속적으로 촉진시키려는 목적 하에 진행된 운동이다.
> 1971년 정부는 전국 3만 3,267개 행정 리 · 동에 시멘트 335부대씩을 지원하여 전 리 · 동에서 일제히 '새마을가꾸기운동'을 추진하게 했다.
> 새마을사업은 정부의 절대적 지원으로 전국으로 확대되면서, 단순한 농촌개발사업이 아니라 공장 · 도시 · 직장 등 한국사회 전체의 근대화운동으로 확대 · 발전하였다.

① 금모으기 운동　　② 굴렁쇠 소년
③ 성수대교 붕괴 사고　　④ 문맹 퇴치 운동
⑤ 장발 규제

새마을운동과 관련 있는 시대상은 '장발 규제'이다. 1976년 5월 14일 치안본부(현 경찰청)는 전국 경찰에 일제 추방령을 내리고 남녀의 성별을 구별할 수 없을 정도의 긴 머리, 옆머리가 귀를 덮고 뒷머리카락이 옷깃을 덮는 머리, 파마 또는 여자의 단발 형태 머리를 하는 남자들에 대해 '뒷머리 하단은 이발기로 깎고 면도를 하며 옆 머리카락 길이가 귀 윗부분에 닿지 않도록 짧게 올려 깎으라'는 구체적 지시를 내렸다. 서울에서는 일제단속을 하면서 시내에 임시 이발소까지 설치하여 즉석에서 머리를 강제로 깎아버리기도 했다.

Answer 24.③ 25.② 26.⑤

27 다음에서 설명하는 세 가지 내용에 알맞은 각각의 용어를 앞의 알파벳 이니셜만 따서 나열했을 때 해당하는 가수 이름은?

> ㉠ 열량은 높지만 영양가는 낮은 패스트푸드 · 인스턴트 식품의 총칭
> ㉡ 맥그리거가 주장한 조직관리에 있어서의 인간관 또는 인간에 관한 가설 유형 중 하나로 인간본성을 긍정적, 능동적으로 보고 이들 조직관리를 위해서는 민주적 관리유형이 필요하다고 보는 이론
> ㉢ 첨단 단열공법을 이용하여 에너지의 낭비를 최소화한 건축물

① JYJ
② PSY
③ JYP
④ TOP
⑤ AOA

㉠ 정크푸드(junk food) → J
㉡ Y이론(Y theory) → Y
㉢ 패시브 하우스(passive house) → P

28 다음에서 설명하는 '이것'은 무엇인가?

> 2015년 CJ제일제당은 세계 최초로 '이것' 상업화 생산에 성공했다. 이것은 건포도나 무화과, 밀 등에 존재하는 당 성분으로 설탕에 가까운 단맛을 내면서도 칼로리는 설탕의 5%도 되지 않는 초저칼로리 당 성분이다. 이것은 다른 식품과 혼합해 사용하면 칼로리를 크게 떨어뜨릴 뿐 아니라 체지방 감소 효과가 있다는 연구 결과도 발표되어 '꿈의 감미료'라고 일컬어지기도 한다.

① 사카린
② 타가토스
③ 꿀
④ 알룰로스
⑤ 타우린

Tip 제시문에서 설명하는 '이것'은 '알룰로스'로서 CJ제일제당은 세계 최초로 알룰로스 대량생산 효소 개발에 성공하여 알룰로스 액상당을 시장에 출시하였다.

29 다음 (　) 안에 들어갈 말과 가장 관련 있는 것을 고르면?

> 모든 음식에는 궁합이라는 것이 있게 마련이다. 우리나라 음식은 밥과 반찬 그리고 국에 관해서라면 세계 어느 나라보다 훌륭한 궁합을 자랑한다. 서양 요리에서는 국물의 위치를 와인이 대신하고 있다고 볼 수 있다. 국물 없는 요리를 먹다가 입이 텁텁해질 때 쯤 마시는 한 모금의 와인은 요리의 맛을 한 층 더 훌륭하게 만들어준다.
> 그러므로 서양 요리에서 와인의 선택은 매우 중요한 부분일 수밖에 없는데, 이렇게 서로 잘 어울리는 와인과 요리의 결합을 프랑스어로 (　)라고 부른다.

① 칸타타
② 오페라
③ 레퀴엠
④ 아리아
⑤ 세레나데

(　) 안에 들어갈 말은 '마리아주'이다. 프랑스어로 결혼을 뜻하는 말이다. 이와 가장 관련된 것은 밤에 연인의 집 창가에서 부르거나 연주하던 사랑의 노래를 뜻하는 '세레나데'이다.

30 다음 글에서 설명하고 있는 것을 고르면?

> 김대리는 편의점에서 음료수를 하나 사고 갤럭시3를 꺼내 결제했다. 이 기술은 근거리 무선통신으로 칩에 교통카드와 신용카드를 내장해 지갑 기능을 대체할 수 있다. 또한 결제뿐만 아니라 티켓 발급, 모바일 쿠폰 발급, 데이터 공유 등 다양한 기능으로 활용할 수 있다.

① 블루투스
② Wi – fi
③ DMB
④ NFC
⑤ 안심결제

NFC란 10cm 이내의 가까운 거리에서 다양한 무선 데이터를 주고받는 통신 기술 무선태그(RFID) 기술 중 하나로, 비접촉식 통신 기술을 말한다. 결제뿐만 아니라 슈퍼마켓이나 일반 상점에서 물품 정보나 방문객을 위한 여행 정보 전송, 교통, 출입통제, 잠금장치 등에 광범위하게 활용된다. 데이터 읽기와 쓰기가 모두 가능해 기존 RFID 사용을 위해 필요했던 리더가 필요없으며, 블루투스와 비슷하지만 기기 간 설정이 필요없다는 점이 다르다

Answer 27.③ 28.④ 29.⑤ 30.④

31 다음 그림에 대해 바르게 말하고 있는 사람을 아래에서 모두 고르면?

소현 : ㉠과 ㉡을 그린 화가는 서로 다른 인물이다.
정현 : ㉡의 화가는 ㉢의 화가에 비해 대상을 섬세하고 세련된 필치로 그렸다.
진현 : ㉡의 화가는 일반 서민들의 생업에 관계된 일상생활을 소재로 많이 다루었으며, ㉢의 화가는 한량과 기녀들의 풍류를 비롯한 남녀간의 로맨스를 주로 소재로 삼았다.
미현 : ㉠을 그린 화가와 ㉢을 그린 화가는 모두 조선 후기 풍속화를 대표하는 양대 거장으로 현실적이고 생동감 넘치는 풍속화로 유명하다.

① 진현, 정현
② 진현, 미현
③ 소현, 미현
④ 소현, 진현, 미현
⑤ 진현, 미현, 정현

㉠ 김홍도 – 씨름 ㉡ 김홍도 – 서당 ㉢ 신윤복 – 단오풍정
신윤복은 김홍도에 비해 대상을 섬세하고 세련된 필치로 그렸으며, 빨강, 파랑, 노랑의 3원색을 주조로 다채로운 색을 곁들여 묘사해 화려한 느낌을 주고 있다. 또한 18세기말에서 19세기 초의 환락적이고 유흥적이었던 서울의 분위기를 반영해 양반과 기생, 부인을 주인공으로 삼아 성적인 적나라함으로 신랄하게 양반을 풍자했다.
김홍도는 서민 생활의 일상적이고 소박한 삶과 사회상을 주로 그림의 소재로 삼았으며, 그림의 배경을 생략하고 먹물만 사용하여 그릴 대상의 특징과 윤곽을 빠른 붓놀림으로 잡아내어 간결하면서도 투박하고 담백한 맛을 풍기는 것이 특징이다.

32 다음 글과 같은 이론으로 설명이 불가능한 현상은?

> 1940년에 미국의 워싱턴주에 있는 타코마 해협을 횡단하는 길이 853m의 다리가 건설되었다. 이 다리는 현수교로 약한 바람이 불어도 좌우로 흔들리는 경향이 있었다. 개통식을 하고 4개월이 지난 11월 7일 아침, 시속 67km/h의 바람을 동반한 폭풍이 1시간 이상 불었고 타코마 다리는 옆으로 흔들리는 동시에 노면이 비틀리는 비틀림 진동이 가세하였다. 그 결과, 원인을 알 수 없는 진동에 의해 교량은 4개월 만에 붕괴되었다.

① 버스를 타면 멀미를 하는 것도 같은 현상이다.
② 테크노마트의 흔들림을 이와 같은 현상으로 설명하기도 한다.
③ 구급차가 나를 향해 다가올 때와 나에게서 멀어질 때의 사이렌 소리가 다르게 들리는 것도 같은 현상이다.
④ 사찰의 종소리가 일정한 소리로 울리는 현상도 같은 이론이다.
⑤ 라디오 주파수를 맞추거나 TV채널을 바꾸는 것 또한 같은 원리가 적용된다.

제시된 글은 공명 현상에 대한 예이다. 모든 물체는 자신만의 고유 진동수를 가지고 있어 자신의 진동수와 똑같은 진동수를 지닌 음파가 와서 부딪히면 그 물체는 같은 진동수로 진동을 시작하는데 이를 공명 현상이라고 한다. 타코마 다리는 한 번의 강력한 바람에 의해 무너진 것이 아니라 바람의 진동수가 다리가 흔들리는 진동수와 일치하면서 점점 더 거세게 흔들리다가 결국은 무너져 내리고 만 것이다.

③은 도플러 효과에 관한 예로 운동상태에 따라 파장이 다르게 관측되는 것을 말한다. 이 현상은 오래 전부터 천문학에서 별의 시선속도를 결정하는 기초로 사용되어 왔다.

Answer 31.② 32.③

33 다음 그림과 같은 원리가 아닌 것은?

① 로켓이 가스를 내뿜으며 위로 나아간다.

② 총알이 발사될 때 총신은 뒤로 밀린다.

③ 육상 선수들이 결승점을 통과한 후에 바로 멈추지 못하고 천천히 속도를 낮춘다.

④ 배를 타고 노를 저어 앞으로 나아간다.

⑤ 내가 용수철을 세게 누르면 용수철은 나를 튕겨 날린다.

제시된 사진은 스타팅 블록이다. 스타팅 블록은 육상경기에서 출발 시에 발이 땅을 차는 힘을 이용해 기록을 단축시킬 수 있는 역할을 하는 기구로 작용반작용의 원리를 이용한 것이다.
③ 운동 상태를 유지하려는 관성의 법칙에 관련된 예이다.

34 다음 글에서 설명하는 마케팅 기법에 관한 내용으로 옳지 않은 것은?

> 프랑스 월드컵 기간 동안 나이키는 파리 시내 중심지에 대형 테마공원 'NIKE Park'를 설치하여 젊은이들에게 무료로 개방하는가 하면, 테마파크 안에 고객 참여형 오락물을 설치해 내국인과 관광객들에게 깊은 인상을 심어주었다.
>
> 또 한편으로, 나이키 매장과 TV매체에서 나이키가 지원하는 브라질 국가 대표팀을 최대한 광고함으로써 월드컵 브랜드의 이미지를 고취시켰다.
>
> 결국 나이키와 축구, 월드컵을 연계한 효과적인 월드컵 마케팅을 통해 나이키는 많은 사람들에게 아디다스가 아닌 나이키를 월드컵의 공식스폰서로서 착각하게 만드는 성과를 거둘 수 있었다.

① 경쟁관계에 있는 공식 스폰서보다 많은 비용을 들인다.

② 특정 제품의 판매 촉진을 목적으로 한다.

③ 공식 스폰서가 얻을 수 있는 효과를 상대적으로 약화시킨다.

④ 사전에 철저하게 계획된 의도적인 활동이다.

⑤ 교묘히 규제를 피해 가는 마케팅 기법이다.

제시된 글은 '앰부시 마케팅(ambush marketing)'에 관한 설명이다. 앰부시 마케팅은 스포츠 이벤트에서 공식적인 후원업체가 아니면서 광고 문구 등을 통해 올림픽과 관련이 있는 업체라는 인상을 심어주어 고객의 시선을 끌어 모으는 마케팅 전략이다. 경쟁관계에 있는 공식 스폰서 못지않은 비용을 들이는 것이지 더 많은 비용을 들이는 것은 아니다.

35 다음 ㉠, ㉡, ㉢에 공통으로 들어가는 단어를 찾고, 그와 관련된 서적을 고르면?

- (㉠) : 충청남도의 동북단에 위치하여 동으로는 충북 청원군과 서로는 공주시, 남으로는 대전광역시, 북으로는 천안시와 경계를 이루며 1읍 9면 14동 125리로 되어있다.
- (㉡) : 남극대륙 북쪽, 사우스쉐틀랜드 제도의 킹조지섬 바턴반도에 있는 한국 최초의 남극과학기지로, 남극의 무한한 자원개발에 참여할 수 있는 연고권을 획득하기 위해 설치하였다.
- (㉢) : 국내에서 가장 큰 규모의 사설 천문대로 경기대 여주수련원 내에 위치해 있다.

① 목민심서　② 용비어천가
③ 열하일기　④ 삼국유사
⑤ 삼국사기

㉠ 세종특별자치시
㉡ 남극세종과학기지
㉢ 세종천문대
㉠㉡㉢에 공통으로 들어가는 단어는 '세종'이다. 용비어천가는 1445년(세종 27년) 4월에 편찬되어 1447년(세종 29년) 5월에 간행된 조선왕조의 창업을 송영한 노래이다. 125장에 달하는 서사시로, 한글로 엮은 최초의 책이다.

Answer 33.③ 34.① 35.②

36 다음 중 윤달에 관한 설명으로 옳지 않은 것은?

① 예로부터 윤달은 무탈한 달이라고 여겨 집수리나 이사와 조심해야 하는 집안 일을 마음 놓고 하였다.

② 계절의 길잡이로 태양의 움직이는 각도로 날짜가 구분된다.

③ 태음력상 역일과 계절이 서로 어긋나는 것을 막기 위해 끼워 넣은 달이다.

④ 음력에서 평년의 12개월보다 1개월 더 보태진 달이다.

⑤ 윤달에는 이장(移葬)을 하거나 수의(壽衣)를 하는 풍습이 전해 내려온다.

Tip 절기에 관한 설명이다. 절기는 태양의 움직임을 따라 15° 간격으로 24개의 절기의 날짜로 구분된다.

37 다음 〈보기〉는 어떤 책의 본문 중 일부를 발췌한 것이다. 지도에서 〈보기〉와 관련이 있는 나라는 어디인가?

〈보기〉

자, 로테!
나는 두려움 없이 차갑고 으스스한 술잔을 손에 들고 죽음을 들이켭니다.
당신이 내게 준 술잔입니다.
두려워하지 않습니다.
이것으로 내 생애의 모든 소망이 다 이루어지는 것입니다.
이토록 냉정하게, 이토록 두려움 없이 죽음의 철문을 두드릴 수가 있다니!

① 프랑스
② 영국
③ 독일
④ 이탈리아
⑤ 런던

〈보기〉는 괴테의 「젊은 베르테르의 슬픔」 중 한 구절이다. 괴테는 독일의 시인, 소설가, 극작가이자 자연과학자, 미술연구가, 정치가였다. 따라서 지도에서 독일을 찾아야 한다.

38 다음 중 제시된 글과 공통 특성을 갖지 않는 것은?

> '슛 포 러브'는 도심 한 복판에 설치된 게릴라 축구장에서 시민들이 한 골을 성공시킬 때마다 5,000원이 소아암 환아의 치료비로 기부되는 공익캠페인으로, 1,000골이 모이면 소아암 환아 1명의 생명을 구할 수 있다는 취지로 시작되었다.

① 서스펜디드 커피 ② 아이스버킷 챌린지
③ 폭스바겐 피아노계단 ④ CJ미네워터의 바코드롭
⑤ 롯데제과 스위트홈

Tip 폭스바겐사는 스톡홀름의 한 역에 피아노 건반 모양의 소리 나는 계단을 설치하여 계단 이용률을 자연스럽게 끌어올림과 동시에 자사를 홍보하는 계기를 마련하였다. 이는 '넛지(nudge) 마케팅'의 한 예로 '타인의 선택을 유도하는 부드러운 개입'이라는 뜻이다. 금지와 명령이 아닌 팔꿈치로 옆구리를 슬쩍 치는 듯한 부드러운 권유로 타인의 바른 선택을 돕는 방법이다. 나머지 보기들은 기부와 관련된 내용에 해당한다.

① 돈이 없어 커피를 사 먹지 못하는 노숙자나 불우한 이웃을 위해 미리 돈을 내고 맡겨두는 커피를 말한다. 자신의 커피 값을 지급하면서 불우한 이웃의 커피 값도 미리 지급해 보관하는 식이다.

② 루게릭병(근위축성 측색 경화증 : ALS) 환자들에 대한 관심을 불러일으키고 기부금을 모으기 위해 미국에서 시작된 이벤트이다. 2014년 여름 미국에서 시작된 이 운동은 SNS를 타고 전 세계로 확산됐다. 참가자는 세 명을 지목해 "24시간 안에 이 도전을 받아들여 얼음물을 뒤집어쓰든지 100달러를 ALS단체에 기부하라"고 요구한다. 그 뒤 자신이 얼음물을 뒤집어쓰는 장면을 동영상으로 찍어 인터넷에 올린다.

④ CJ제일제당이 진행하는 캠페인으로 전국에서 판매되는 미네워터를 구입하는 소비자들 중 기부를 희망하는 소비자들이 기존의 미네워터 가격에 100원을 더 붙여 계산하도록 한 바코드를 말한다. 조성된 기부 금액은 유니세프를 통해 아프리카 어린이들이 마실 수 있는 깨끗한 물로 전달되며 1명이 기부할 때마다 300명의 어린이들에게 물을 나눠 줄 수 있게 된다.

⑤ 롯데제과와 세이브더칠드런이 함께 한 지역아동센터 신축 프로젝트 사회공헌활동 CSR이다. 빼빼로 판매 수익금으로 열악한 시설환경의 문제를 갖고 있는 지역아동센터에 건물을 신축함으로써 아동친화적 공간 제공을 통해 아동들이 안전하고 쾌적한 환경에서 교육, 보호받을 수 있도록 도와 아동권리 실천에 동참하기 위한 캠페인이다.

Answer 36.② 37.③ 38.③

39 다음 중 소설이나 만화를 원작으로 하지 않는 영화는?

① 

② 

③ 

④ 

⑤ 

① 미야베 미유키의 소설 「화차」
② 장 마르크 로셰트와 자크 로브의 만화 「설국열차」
④ 히가시노 게이고의 소설 「용의자 X의 헌신」
⑤ 공지영의 소설 「도가니」

40 다음 중 영화 〈명량〉 보다 시대적 배경이 늦은 영화로 알맞은 것은?

① 

② 

③ 

④ 

⑤ 

명량의 시대적 배경 : 1597년 임진왜란 6년

① 조선시대 연산조(1476~1506)

② 1636년 병자호란

③ 1453년 계유정난

④ 조선시대 중종(1488~1544)

⑤ 1448년, 세종 30년

Answer 39.③ 40.②

CJAT 인성검사

01 인성검사의 이해

1 인성(성격)검사의 개념과 목적

인성(성격)이란 개인을 특징짓는 평범하고 일상적인 사회적 이미지, 즉 지속적이고 일관된 공적 성격(Public – personality)이며, 환경에 대응함으로써 선천적 · 후천적 요소의 상호작용으로 결정화된 심리적 · 사회적 특성 및 경향을 의미한다.

인성검사는 직무적성검사를 실시하는 대부분의 기업체에서 병행하여 실시하고 있으며, 인성검사만 독자적으로 실시하는 기업도 있다.

기업체에서는 인성검사를 통하여 각 개인이 어떠한 성격 특성이 발달되어 있고, 어떤 특성이 얼마나 부족한지, 그것이 해당 직무의 특성 및 조직문화와 얼마나 맞는지를 알아보고 이에 적합한 인재를 선발하고자 한다. 또한 개인에게 적합한 직무 배분과 부족한 부분을 교육을 통해 보완하도록 할 수 있다.

인성검사의 측정요소는 검사방법에 따라 차이가 있다. 또한 각 기업체들이 사용하고 있는 인성검사는 기존에 개발된 인성검사방법에 각 기업체의 인재상을 적용하여 자신들에게 적합하게 재개발하여 사용하는 경우가 많다. 그러므로 기업체에서 요구하는 인재상을 파악하여 그에 따른 대비책을 준비하는 것이 바람직하다. 본서에서 제시된 인성검사는 크게 '특성'과 '유형'의 측면에서 측정하게 된다.

2 성격의 특성

(1) 정서적 측면

정서적 측면은 평소 마음의 당연시하는 자세나 정신상태가 얼마나 안정되어 있는지 또는 불안정한지를 측정한다.

정서의 상태는 직무수행이나 대인관계와 관련하여 태도나 행동으로 드러난다. 그러므로 정서적 측면을 측정하는 것에 의해, 장래 조직 내의 인간관계에 어느 정도 잘 적응할 수 있을까(또는 적응하지 못할까)를 예측하는 것이 가능하다.

그렇기 때문에, 정서적 측면의 결과는 채용 시에 상당히 중시된다. 아무리 능력이 좋아도 장기적으로 조직 내의 인간관계에 잘 적응할 수 없다고 판단되는 인재는 기본적으로는 채용되지 않는다.

일반적으로 인성(성격)검사는 채용과는 관계없다고 생각하나 정서적으로 조직에 적응하지 못하는 인재는 채용단계에서 가려내지는 것을 유의하여야 한다.

① **민감성**(신경도) … 꼼꼼함, 섬세함, 성실함 등의 요소를 통해 일반적으로 신경질적인지 또는 자신의 존재를 위협받는다는 불안을 갖기 쉬운지를 측정한다.

질문	전혀 그렇지 않다	그렇지 않다	그렇다	매우 그렇다
• 배려적이라고 생각한다. • 어지러진 방에 있으면 불안하다. • 실패 후에는 불안하다. • 세세한 것까지 신경쓴다. • 이유 없이 불안할 때가 있다.				

▶**측정결과**

㉠ **'그렇다'가 많은 경우**(상처받기 쉬운 유형) : 사소한 일에 신경 쓰고 다른 사람의 사소한 한마디 말에 상처를 받기 쉽다.

- **면접관의 심리** : '동료들과 잘 지낼 수 있을까?', '실패할 때마다 위축되지 않을까?'
- **면접대책** : 다소 신경질적이라도 능력을 발휘할 수 있다는 평가를 얻도록 한다. 주변과 충분한 의사소통이 가능하고, 결정한 것을 실행할 수 있다는 것을 보여주어야 한다.

㉡ **'그렇지 않다'가 많은 경우**(정신적으로 안정적인 유형) : 사소한 일에 신경 쓰지 않고 금방 해결하며, 주위 사람의 말에 과민하게 반응하지 않는다.

- **면접관의 심리** : '계약할 때 필요한 유형이고, 사고 발생에도 유연하게 대처할 수 있다.'
- **면접대책** : 일반적으로 '민감성'의 측정치가 낮으면 플러스 평가를 받으므로 더욱 자신감 있는 모습을 보여준다.

② 자책성(과민도) … 자신을 비난하거나 책망하는 정도를 측정한다.

질문	전혀 그렇지 않다	그렇지 않다	그렇다	매우 그렇다
• 후회하는 일이 많다. • 자신이 하찮은 존재라 생각된다. • 문제가 발생하면 자기의 탓이라고 생각한다. • 무슨 일이든지 끙끙대며 진행하는 경향이 있다. • 온순한 편이다.				

▶측정결과

㉠ '그렇다'가 많은 경우(자책하는 유형) : 비관적이고 후회하는 유형이다.
- 면접관의 심리 : '끙끙대며 괴로워하고, 일을 진행하지 못할 것 같다.'
- 면접대책 : 기분이 저조해도 항상 의욕을 가지고 생활하는 것과 책임감이 강하다는 것을 보여준다.

㉡ '그렇지 않다'가 많은 경우(낙천적인 유형) : 기분이 항상 밝은 편이다.
- 면접관의 심리 : '안정된 대인관계를 맺을 수 있고, 외부의 압력에도 흔들리지 않는다.'
- 면접대책 : 일반적으로 '자책성'의 측정치가 낮아야 좋은 평가를 받는다.

③ 기분성(불안도) … 기분의 굴곡이나 감정적인 면의 미숙함이 어느 정도인지를 측정하는 것이다.

질문	전혀 그렇지 않다	그렇지 않다	그렇다	매우 그렇다
• 다른 사람의 의견에 자신의 결정이 흔들리는 경우가 많다. • 기분이 쉽게 변한다. • 종종 후회한다. • 다른 사람보다 의지가 약한 편이라고 생각한다. • 금방 싫증을 내는 성격이라는 말을 자주 듣는다.				

▶측정결과

㉠ '그렇다'가 많은 경우(감정의 기복이 많은 유형) : 의지력보다 기분에 따라 행동하기 쉽다.

- 면접관의 심리 : '감정적인 것에 약하며, 상황에 따라 생산성이 떨어지지 않을까?'
- 면접대책 : 주변 사람들과 항상 협조한다는 것을 강조하고 한결같은 상태로 일할 수 있다는 평가를 받도록 한다.

㉡ '그렇지 않다'가 많은 경우(감정의 기복이 적은 유형) : 감정의 기복이 없고, 안정적이다.

- 면접관의 심리 : '안정적으로 업무에 임할 수 있다.'
- 면접대책 : 기분성의 측정치가 낮으면 플러스 평가를 받으므로 자신감을 가지고 면접에 임한다.

④ 독자성(개인도) … 주변에 대한 견해나 관심, 자신의 견해나 생각에 어느 정도의 속박감을 가지고 있는지를 측정한다.

질문	전혀 그렇지 않다	그렇지 않다	그렇다	매우 그렇다
• 창의적 사고방식을 가지고 있다. • 융통성이 있는 편이다. • 혼자 있는 편이 많은 사람과 있는 것보다 편하다. • 개성적이라는 말을 듣는다. • 교제는 번거로운 것이라고 생각하는 경우가 많다.				

▶측정결과

㉠ '그렇다'가 많은 경우 : 자기의 관점을 중요하게 생각하는 유형으로, 주위의 상황보다 자신의 느낌과 생각을 중시한다.

- 면접관의 심리 : '제멋대로 행동하지 않을까?'
- 면접대책 : 주위 사람과 협조하여 일을 진행할 수 있다는 것과 상식에 얽매이지 않는다는 인상을 심어준다.

㉡ '그렇지 않다'가 많은 경우 : 상식적으로 행동하고 주변 사람의 시선에 신경을 쓴다.

- 면접관의 심리 : '다른 직원들과 협조하여 업무를 진행할 수 있겠다.'
- 면접대책 : 협조성이 요구되는 기업체에서는 플러스 평가를 받을 수 있다.

⑤ **자신감(자존심도)** … 자기 자신에 대해 얼마나 긍정적으로 평가하는지를 측정한다.

질문	전혀 그렇지 않다	그렇지 않다	그렇다	매우 그렇다
• 다른 사람보다 능력이 뛰어나다고 생각한다. • 다소 반대의견이 있어도 나만의 생각으로 행동할 수 있다. • 나는 다른 사람보다 기가 센 편이다. • 동료가 나를 모욕해도 무시할 수 있다. • 대개의 일을 목적한 대로 헤쳐나갈 수 있다고 생각한다.				

▶측정결과

㉠ **'그렇다'가 많은 경우** : 자기 능력이나 외모 등에 자신감이 있고, 비판당하는 것을 좋아하지 않는다.

- **면접관의 심리** : '자만하여 지시에 잘 따를 수 있을까?'
- **면접대책** : 다른 사람의 조언을 잘 받아들이고, 겸허하게 반성하는 면이 있다는 것을 보여주고, 동료들과 잘 지내며 리더의 자질이 있다는 것을 강조한다.

㉡ **'그렇지 않다'가 많은 경우** : 자신감이 없고 다른 사람의 비판에 약하다.

- **면접관의 심리** : '패기가 부족하지 않을까?', '쉽게 좌절하지 않을까?'
- **면접대책** : 극도의 자신감 부족으로 평가되지는 않는다. 그러나 마음이 약한 면은 있지만 의욕적으로 일을 하겠다는 마음가짐을 보여준다.

⑥ 고양성(분위기에 들뜨는 정도) … 자유분방함, 명랑함과 같이 감정(기분)의 높고 낮음의 정도를 측정한다.

질문	전혀 그렇지 않다	그렇지 않다	그렇다	매우 그렇다
• 침착하지 못한 편이다. • 다른 사람보다 쉽게 우쭐해진다. • 모든 사람이 아는 유명인사가 되고 싶다. • 모임이나 집단에서 분위기를 이끄는 편이다. • 취미 등이 오랫동안 지속되지 않는 편이다.				

▶측정결과

㉠ '그렇다'가 많은 경우 : 자극이나 변화가 있는 일상을 원하고 기분을 들뜨게 하는 사람과 친밀하게 지내는 경향이 강하다.

- 면접관의 심리 : '일을 진행하는 데 변덕스럽지 않을까?'
- 면접대책 : 밝은 태도는 플러스 평가를 받을 수 있지만, 착실한 업무능력이 요구되는 직종에서는 마이너스 평가가 될 수 있다. 따라서 자기조절이 가능하다는 것을 보여준다.

㉡ '그렇지 않다'가 많은 경우 : 감정이 항상 일정하고, 속을 드러내 보이지 않는다.

- 면접관의 심리 : '안정적인 업무 태도를 기대할 수 있겠다.'
- 면접대책 : '고양성'의 낮음은 대체로 플러스 평가를 받을 수 있다. 그러나 '무엇을 생각하고 있는지 모르겠다' 등의 평을 듣지 않도록 주의한다.

⑦ **허위성**(진위성) … 필요 이상으로 자기를 좋게 보이려 하거나 기업체가 원하는 '이상형'에 맞춘 대답을 하고 있는지, 없는지를 측정한다.

질문	전혀 그렇지 않다	그렇지 않다	그렇다	매우 그렇다
• 약속을 깨뜨린 적이 한 번도 없다. • 다른 사람을 부럽다고 생각해 본 적이 없다. • 꾸지람을 들은 적이 없다. • 사람을 미워한 적이 없다. • 화를 낸 적이 한 번도 없다.				

▶**측정결과**

㉠ **'그렇다'가 많은 경우** : 실제의 자기와는 다른, 말하자면 원칙으로 해답할 가능성이 있다.

- **면접관의 심리** : '거짓을 말하고 있다.'
- **면접대책** : 조금이라도 좋게 보이려고 하는 '거짓말쟁이'로 평가될 수 있다. '거짓을 말하고 있다.'는 마음 따위가 전혀 없다 해도 결과적으로는 정직하게 답하지 않는다는 것이 되어 버린다. '허위성'의 측정 질문은 구분되지 않고 다른 질문 중에 섞여 있다. 그러므로 모든 질문에 솔직하게 답하여야 한다. 또한 자기 자신과 너무 동떨어진 이미지로 답하면 좋은 결과를 얻지 못한다. 그리고 면접에서 '허위성'을 기본으로 한 질문을 받게 되므로 당황하거나 또다른 모순된 답변을 하게 된다. 겉치레를 하거나 무리한 욕심을 부리지 말고 '이런 사회인이 되고 싶다.'는 현재의 자신보다, 조금 성장한 자신을 표현하는 정도가 적당하다.

㉡ **'그렇지 않다'가 많은 경우** : 냉정하고 정직하며, 외부의 압력과 스트레스에 강한 유형이다. '대쪽 같음'의 이미지가 굳어지지 않도록 주의한다.

(2) 행동적인 측면

행동적 측면은 인격 중에 특히 행동으로 드러나기 쉬운 측면을 측정한다. 사람의 행동 특징 자체에는 선도 악도 없으나, 일반적으로는 일의 내용에 의해 원하는 행동이 있다. 때문에 행동적 측면은 주로 직종과 깊은 관계가 있는데 자신의 행동 특성을 살려 적합한 직종을 선택한다면 플러스가 될 수 있다.

행동 특성에서 보여 지는 특징은 면접장면에서도 드러나기 쉬운데 본서의 모의 TEST의 결과를 참고하여 자신의 태도, 행동이 면접관의 시선에 어떻게 비치는지를 점검하도록 한다.

① **사회적 내향성** … 대인관계에서 나타나는 행동경향으로 '낯가림'을 측정한다.

질문	선택
A : 파티에서는 사람을 소개받은 편이다. B : 파티에서는 사람을 소개하는 편이다.	
A : 처음 보는 사람과는 어색하게 시간을 보내는 편이다. B : 처음 보는 사람과는 즐거운 시간을 보내는 편이다.	
A : 친구가 적은 편이다. B : 친구가 많은 편이다.	
A : 자신의 의견을 말하는 경우가 적다. B : 자신의 의견을 말하는 경우가 많다.	
A : 사교적인 모임에 참석하는 것을 좋아하지 않는다. B : 사교적인 모임에 항상 참석한다.	

▶**측정결과**

㉠ **'A'가 많은 경우** : 내성적이고 사람들과 접하는 것에 소극적이다. 자신의 의견을 말하지 않고 조심스러운 편이다.

- **면접관의 심리** : '소극적인데 동료와 잘 지낼 수 있을까?'
- **면접대책** : 대인관계를 맺는 것을 싫어하지 않고 의욕적으로 일을 할 수 있다는 것을 보여준다.

㉡ **'B'가 많은 경우** : 사교적이고 자기의 생각을 명확하게 전달할 수 있다.

- **면접관의 심리** : '사교적이고 활동적인 것은 좋지만, 자기주장이 너무 강하지 않을까?'
- **면접대책** : 협조성을 보여주고, 자기주장이 너무 강하다는 인상을 주지 않도록 주의한다.

② 내성성(침착도) … 자신의 행동과 일에 대해 침착하게 생각하는 정도를 측정한다.

질문	선택
A : 시간이 걸려도 침착하게 생각하는 경우가 많다. B : 짧은 시간에 결정을 하는 경우가 많다.	
A : 실패의 원인을 찾고 반성하는 편이다. B : 실패를 해도 그다지(별로) 개의치 않는다.	
A : 결론이 도출되어도 몇 번 정도 생각을 바꾼다. B : 결론이 도출되면 신속하게 행동으로 옮긴다.	
A : 여러 가지 생각하는 것이 능숙하다. B : 여러 가지 일을 재빨리 능숙하게 처리하는 데 익숙하다.	
A : 여러 가지 측면에서 사물을 검토한다. B : 행동한 후 생각을 한다.	

▶측정결과

㉠ 'A'가 많은 경우 : 행동하기 보다는 생각하는 것을 좋아하고 신중하게 계획을 세워 실행한다.

- 면접관의 심리 : '행동으로 실천하지 못하고, 대응이 늦은 경향이 있지 않을까?'
- 면접대책 : 발로 뛰는 것을 좋아하고, 일을 더디게 한다는 인상을 주지 않도록 한다.

㉡ 'B'가 많은 경우 : 차분하게 생각하는 것보다 우선 행동하는 유형이다.

- 면접관의 심리 : '생각하는 것을 싫어하고 경솔한 행동을 하지 않을까?'
- 면접대책 : 계획을 세우고 행동할 수 있는 것을 보여주고 '사려깊다'라는 인상을 남기도록 한다.

③ **신체활동성** … 몸을 움직이는 것을 좋아하는가를 측정한다.

질문	선택
A : 민첩하게 활동하는 편이다. B : 준비행동이 없는 편이다.	
A : 일을 척척 해치우는 편이다. B : 일을 더디게 처리하는 편이다.	
A : 활발하다는 말을 듣는다. B : 얌전하다는 말을 듣는다.	
A : 몸을 움직이는 것을 좋아한다. B : 가만히 있는 것을 좋아한다.	
A : 스포츠를 하는 것을 즐긴다. B : 스포츠를 보는 것을 좋아한다.	

▶측정결과

㉠ **'A'가 많은 경우** : 활동적이고, 몸을 움직이게 하는 것이 컨디션이 좋다.

- **면접관의 심리** : '활동적으로 활동력이 좋아 보인다.'
- **면접대책** : 활동하고 얻은 성과 등과 주어진 상황의 대응능력을 보여준다.

㉡ **'B'가 많은 경우** : 침착한 인상으로, 차분하게 있는 타입이다.

- **면접관의 심리** : '좀처럼 행동하려 하지 않아 보이고, 일을 빠르게 처리할 수 있을까?'

④ **지속성**(노력성) … 무슨 일이든 포기하지 않고 끈기 있게 하려는 정도를 측정한다.

질문	선택
A : 일단 시작한 일은 시간이 걸려도 끝까지 마무리한다. B : 일을 하다 어려움에 부딪히면 단념한다.	
A : 끈질긴 편이다. B : 바로 단념하는 편이다.	
A : 인내가 강하다는 말을 듣는다. B : 금방 싫증을 낸다는 말을 듣는다.	
A : 집념이 깊은 편이다. B : 담백한 편이다.	
A : 한 가지 일에 구애되는 것이 좋다고 생각한다. B : 간단하게 체념하는 것이 좋다고 생각한다.	

▶**측정결과**

㉠ **'A'가 많은 경우** : 시작한 것은 어려움이 있어도 포기하지 않고 인내심이 높다.

- **면접관의 심리** : '한 가지의 일에 너무 구애되고, 업무의 진행이 원활할까?'
- **면접대책** : 인내력이 있는 것은 플러스 평가를 받을 수 있지만 집착이 강해 보이기도 한다.

㉡ **'B'가 많은 경우** : 뒤끝이 없고 조그만 실패로 일을 포기하기 쉽다.

- **면접관의 심리** : '질리는 경향이 있고, 일을 정확히 끝낼 수 있을까?'
- **면접대책** : 지속적인 노력으로 성공했던 사례를 준비하도록 한다.

⑤ **신중성(주의성)** … 자신이 처한 주변상황을 즉시 파악하고 자신의 행동이 어떤 영향을 미치는지를 측정한다.

질문	선택
A : 여러 가지로 생각하면서 완벽하게 준비하는 편이다. B : 행동할 때부터 임기응변적인 대응을 하는 편이다.	
A : 신중해서 타이밍을 놓치는 편이다. B : 준비 부족으로 실패하는 편이다.	
A : 자신은 어떤 일에도 신중히 대응하는 편이다. B : 순간적인 충동으로 활동하는 편이다.	
A : 시험을 볼 때 끝날 때까지 재검토하는 편이다. B : 시험을 볼 때 한 번에 모든 것을 마치는 편이다.	
A : 일에 대해 계획표를 만들어 실행한다. B : 일에 대한 계획표 없이 진행한다.	

▶**측정결과**

㉠ **'A'가 많은 경우** : 주변 상황에 민감하고, 예측하여 계획 있게 일을 진행한다.

- **면접관의 심리** : '너무 신중해서 적절한 판단을 할 수 있을까?', '앞으로의 상황에 불안을 느끼지 않을까?'
- **면접대책** : 예측을 하고 실행을 하는 것은 플러스 평가가 되지만, 너무 신중하면 일의 진행이 정체될 가능성을 보이므로 추진력이 있다는 강한 의욕을 보여준다.

㉡ **'B'가 많은 경우** : 주변 상황을 살펴보지 않고 착실한 계획 없이 일을 진행시킨다.

- **면접관의 심리** : '사려 깊지 않고, 실패하는 일이 많지 않을까?', '판단이 빠르고 유연한 사고를 할 수 있을까?'
- **면접대책** : 사전준비를 중요하게 생각하고 있다는 것 등을 보여주고, 경솔한 인상을 주지 않도록 한다. 또한 판단력이 빠르거나 유연한 사고 덕분에 일 처리를 잘 할 수 있다는 것을 강조한다.

(3) 의욕적인 측면

의욕적인 측면은 의욕의 정도, 활동력의 유무 등을 측정한다. 여기서의 의욕이란 우리들이 보통 말하고 사용하는 '하려는 의지'와는 조금 뉘앙스가 다르다. '하려는 의지'란 그 때의 환경이나 기분에 따라 변화하는 것이지만, 여기에서는 조금 더 변화하기 어려운 특징, 말하자면 정신적 에너지의 양으로 측정하는 것이다.

의욕적 측면은 행동적 측면과는 다르고, 전반적으로 어느 정도 점수가 높은 쪽을 선호한다. 모의검사의 의욕적 측면의 결과가 낮다면, 평소 일에 몰두할 때 조금 의욕 있는 자세를 가지고 서서히 개선하도록 노력해야 한다.

① **달성의욕** … 목적의식을 가지고 높은 이상을 가지고 있는지를 측정한다.

질문	선택
A : 경쟁심이 강한 편이다. B : 경쟁심이 약한 편이다.	
A : 어떤 한 분야에서 제 1 인자가 되고 싶다고 생각한다. B : 어느 분야에서든 성실하게 임무를 진행하고 싶다고 생각한다.	
A : 규모가 큰 일을 해보고 싶다. B : 맡은 일에 충실히 임하고 싶다.	
A : 아무리 노력해도 실패한 것은 아무런 도움이 되지 않는다. B : 가령 실패했을 지라도 나름대로의 노력이 있었으므로 괜찮다.	
A : 높은 목표를 설정하여 수행하는 것이 의욕적이다. B : 실현 가능한 정도의 목표를 설정하는 것이 의욕적이다.	

▶**측정결과**

㉠ **'A'가 많은 경우** : 큰 목표와 높은 이상을 가지고 승부욕이 강한 편이다.

- **면접관의 심리** : '열심히 일을 해줄 것 같은 유형이다.'
- **면접대책** : 달성의욕이 높다는 것은 어떤 직종이라도 플러스 평가가 된다.

㉡ **'B'가 많은 경우** : 현재의 생활을 소중하게 여기고 비약적인 발전을 위하여 기를 쓰지 않는다.

- **면접관의 심리** : '외부의 압력에 약하고, 기획입안 등을 하기 어려울 것이다.'
- **면접대책** : 일을 통하여 하고 싶은 것들을 구체적으로 어필한다.

② **활동의욕** … 자신에게 잠재된 에너지의 크기로, 정신적인 측면의 활동력이라 할 수 있다.

질문	선택
A : 하고 싶은 일을 실행으로 옮기는 편이다. B : 하고 싶은 일을 좀처럼 실행할 수 없는 편이다.	
A : 어려운 문제를 해결해 가는 것이 좋다. B : 어려운 문제를 해결하는 것을 잘하지 못한다.	
A : 일반적으로 결단이 빠른 편이다. B : 일반적으로 결단이 느린 편이다.	
A : 곤란한 상황에도 도전하는 편이다. B : 사물의 본질을 깊게 관찰하는 편이다.	
A : 시원시원하다는 말을 잘 듣는다. B : 꼼꼼하다는 말을 잘 듣는다.	

▶측정결과

㉠ 'A'가 많은 경우 : 꾸물거리는 것을 싫어하고 재빠르게 결단해서 행동하는 타입이다.

- 면접관의 심리 : '일을 처리하는 솜씨가 좋고, 일을 척척 진행할 수 있을 것 같다.'
- 면접대책 : 활동의욕이 높은 것은 플러스 평가가 된다. 사교성이나 활동성이 강하다는 인상을 준다.

㉡ 'B'가 많은 경우 : 안전하고 확실한 방법을 모색하고 차분하게 시간을 아껴서 일에 임하는 타입이다.

- 면접관의 심리 : '재빨리 행동을 못하고, 일의 처리속도가 느린 것이 아닐까?'
- 면접대책 : 활동성이 있는 것을 좋아하고 움직임이 더디다는 인상을 주지 않도록 한다.

3 성격의 유형

(1) 인성검사유형의 4가지 척도

정서적인 측면, 행동적인 측면, 의욕적인 측면의 요소들은 성격 특성이라는 관점에서 제시된 것들로 각 개인의 장 · 단점을 파악하는 데 유용하다. 그러나 전체적인 개인의 인성을 이해하는 데는 한계가 있다.

성격의 유형은 개인의 '성격적인 특색'을 가리키는 것으로, 사회인으로서 적합한지, 아닌지를 말하는 관점과는 관계가 없다. 따라서 채용의 합격 여부에는 사용되지 않는 경우가 많으며, 입사 후의 적정 부서 배치의 자료가 되는 편이라 생각하면 된다. 그러나 채용과 관계가 없다고 해서 아무런 준비도 필요없는 것은 아니다. 자신을 아는 것은 면접 대책의 밑거

름이 되므로 모의검사 결과를 충분히 활용하도록 하여야 한다.

본서에서는 4개의 척도를 사용하여 기본적으로 16개의 패턴으로 성격의 유형을 분류하고 있다. 각 개인의 성격이 어떤 유형인지 재빨리 파악하기 위해 사용되며, '적성'에 맞는지, 맞지 않는지의 관점에 활용된다.

- 흥미 · 관심의 방향 : 내향형 ←――――→ 외향형
- 사물에 대한 견해 : 직관형 ←――――→ 감각형
- 판단하는 방법 : 감정형 ←――――→ 사고형
- 환경에 대한 접근방법 : 지각형 ←――――→ 판단형

(2) 성격유형

① **흥미 · 관심의 방향(내향 ⇆ 외향)** … 흥미 · 관심의 방향이 자신의 내면에 있는지, 주위환경 등 외면에 향하는 지를 가리키는 척도이다.

질문	선택
A : 내성적인 성격인 편이다. B : 개방적인 성격인 편이다.	
A : 항상 신중하게 생각을 하는 편이다. B : 바로 행동에 착수하는 편이다.	
A : 수수하고 조심스러운 편이다. B : 자기 표현력이 강한 편이다.	
A : 다른 사람과 함께 있으면 침착하지 않다. B : 혼자서 있으면 침착하지 않다.	

▶측정결과

㉠ 'A'가 많은 경우(내향) : 관심의 방향이 자기 내면에 있으며, 조용하고 낯을 가리는 유형이다. 행동력은 부족하나 집중력이 뛰어나고 신중하고 꼼꼼하다.

㉡ 'B'가 많은 경우(외향) : 관심의 방향이 외부환경에 있으며, 사교적이고 활동적인 유형이다. 꼼꼼함이 부족하여 대충하는 경향이 있으나 행동력이 있다.

② 일(사물)을 보는 방법(직감⇆감각) … 일(사물)을 보는 법이 직감적으로 형식에 얽매이는지, 감각적으로 상식적인지를 가리키는 척도이다.

질문	선택
A : 현실주의적인 편이다. B : 상상력이 풍부한 편이다.	
A : 정형적인 방법으로 일을 처리하는 것을 좋아한다. B : 만들어진 방법에 변화가 있는 것을 좋아한다.	
A : 경험에서 가장 적합한 방법으로 선택한다. B : 지금까지 없었던 새로운 방법을 개척하는 것을 좋아한다.	
A : 호기심이 강하다는 말을 듣는다. B : 성실하다는 말을 듣는다.	

▶측정결과

㉠ 'A'가 많은 경우(감각) : 현실적이고 경험주의적이며 보수적인 유형이다.

㉡ 'B'가 많은 경우(직관) : 새로운 주제를 좋아하며, 독자적인 시각을 가진 유형이다.

③ 판단하는 방법(감정⇆사고) … 일을 감정적으로 판단하는지, 논리적으로 판단하는지를 가리키는 척도이다.

질문	선택
A : 인간관계를 중시하는 편이다. B : 일의 내용을 중시하는 편이다.	
A : 결론을 자기의 신념과 감정에서 이끌어내는 편이다. B : 결론을 논리적 사고에 의거하여 내리는 편이다.	
A : 다른 사람보다 동정적이고 눈물이 많은 편이다. B : 다른 사람보다 이성적이고 냉정하게 대응하는 편이다.	
A : 남의 이야기를 듣고 감정몰입이 빠른 편이다. B : 고민 상담을 받으면 해결책을 제시해주는 편이다.	

▶측정결과

㉠ 'A'가 많은 경우(감정) : 일을 판단할 때 마음 · 감정을 중요하게 여기는 유형이다. 감정이 풍부하고 친절하나 엄격함이 부족하고 우유부단하며, 합리성이 부족하다.

㉡ 'B'가 많은 경우(사고) : 일을 판단할 때 논리성을 중요하게 여기는 유형이다. 이성적이고 합리적이나 타인에 대한 배려가 부족하다.

④ **환경에 대한 접근방법** … 주변상황에 어떻게 접근하는지, 그 판단기준을 어디에 두는지를 측정한다.

질문	선택
A : 사전에 계획을 세우지 않고 행동한다. B : 반드시 계획을 세우고 그것에 의거해서 행동한다.	
A : 자유롭게 행동하는 것을 좋아한다. B : 조직적으로 행동하는 것을 좋아한다.	
A : 조직성이나 관습에 속박당하지 않는다. B : 조직성이나 관습을 중요하게 여긴다.	
A : 계획 없이 낭비가 심한 편이다. B : 예산을 세워 물건을 구입하는 편이다.	

▶측정결과

㉠ 'A'가 많은 경우(지각) : 일의 변화에 융통성을 가지고 유연하게 대응하는 유형이다. 낙관적이며 질서보다는 자유를 좋아하나 임기응변식의 대응으로 무계획적인 인상을 줄 수 있다.

㉡ 'B'가 많은 경우(판단) : 일의 진행시 계획을 세워서 실행하는 유형이다. 순차적으로 진행하는 일을 좋아하고 끈기가 있으나 변화에 대해 적절하게 대응하지 못하는 경향이 있다.

(3) 성격유형의 판정

성격유형은 합격 여부의 판정보다는 배치를 위한 자료로써 이용된다. 즉, 기업은 입사시험단계에서 입사 후에도 사용할 수 있는 정보를 입수하고 있다는 것이다. 성격검사에서는 어느 척도가 얼마나 고득점이었는지에 주시하고 각각의 측면에서 반드시 하나씩 고르고 편성한다. 편성은 모두 16가지가 되나 각각의 측면을 더 세분하면 200가지 이상의 유형이 나온다.

여기에서는 16가지 편성을 제시한다. 성격검사에 어떤 정보가 게재되어 있는지를 이해하면서 자기의 성격유형을 파악하기 위한 실마리로 활용하도록 한다.

① **내향 – 직관 – 감정 – 지각(TYPE A)**

관심이 내면에 향하고 조용하고 소극적이다. 사물에 대한 견해는 새로운 것에 대해 호기심이 강하고, 독창적이다. 감정은 좋아하는 것과 싫어하는 것의 판단이 확실하고, 감정이 풍부하고 따뜻한 느낌이 있는 반면, 합리성이 부족한 경향이 있다. 환경에 접근하는 방법은 순응적이고 상황의 변화에 대해 유연하게 대응하는 것을 잘한다.

② 내향 – 직관 – 감정 – 판단(TYPE B)

관심이 내면으로 향하고 조용하고 쑥쓰러움을 잘 타는 편이다. 사물을 보는 관점은 독창적이며, 자기나름대로 궁리하며 생각하는 일이 많다. 좋고 싫음으로 판단하는 경향이 강하고 타인에게는 친절한 반면, 우유부단하기 쉬운 편이다. 환경 변화에 대해 유연하게 대응하는 것을 잘한다.

③ 내향 – 직관 – 사고 – 지각(TYPE C)

관심이 내면으로 향하고 얌전하고 교제범위가 좁다. 사물을 보는 관점은 독창적이며, 현실에서 먼 추상적인 것을 생각하기를 좋아한다. 논리적으로 생각하고 판단하는 경향이 강하고 이성적이지만, 남의 감정에 대해서는 무반응인 경향이 있다. 환경의 변화에 순응적이고 융통성 있게 임기응변으로 대응할 수가 있다.

④ 내향 – 직관 – 사고 – 판단(TYPE D)

관심이 내면으로 향하고 주의깊고 신중하게 행동을 한다. 사물을 보는 관점은 독창적이며 논리를 좋아해서 이치를 따지는 경향이 있다. 논리적으로 생각하고 판단하는 경향이 강하고, 객관적이지만 상대방의 마음에 대한 배려가 부족한 경향이 있다. 환경에 대해서는 순응하는 것보다 대응하며, 한 번 정한 것은 끈질기게 행동하려 한다.

⑤ 내향 – 감각 – 감정 – 지각(TYPE E)

관심이 내면으로 향하고 조용하며 소극적이다. 사물을 보는 관점은 상식적이고 그대로의 것을 좋아하는 경향이 있다. 좋음과 싫음으로 판단하는 경향이 강하고 타인에 대해서 동정심이 많은 반면, 엄격한 면이 부족한 경향이 있다. 환경에 대해서는 순응적이고, 예측할 수 없다해도 태연하게 행동하는 경향이 있다.

⑥ 내향 – 감각 – 감정 – 판단(TYPE F)

관심이 내면으로 향하고 얌전하며 쑥쓰러움을 많이 탄다. 사물을 보는 관점은 상식적이고 논리적으로 생각하는 것보다도 경험을 중요시하는 경향이 있다. 좋고 싫음으로 판단하는 경향이 강하고 사람이 좋은 반면, 개인적 취향이나 소원에 영향을 받는 일이 많은 경향이 있다. 환경에 대해서는 영향을 받지 않고, 자기 페이스 대로 꾸준히 성취하는 일을 잘한다.

⑦ 내향 – 감각 – 사고 – 지각(TYPE G)

관심이 내면으로 향하고 얌전하고 교제범위가 좁다. 사물을 보는 관점은 상식적인 동시에 실천적이며, 틀에 박힌 형식을 좋아한다. 논리적으로 판단하는 경향이 강하고 침착하지만 사람에 대해서는 엄격하여 차가운 인상을 주는 일이 많다. 환경에 대해서 순응적이고, 계획적으로 행동하지 않으며 자유로운 행동을 좋아하는 경향이 있다.

⑧ 내향 – 감각 – 사고 – 판단(TYPE H)

관심이 내면으로 향하고 주의 깊고 신중하게 행동을 한다. 사물을 보는 관점이 상식적이고 새롭고 경험하지 못한 일에 대응을 잘 하지 못한다. 논리적으로 생각하고 판단하는 경향이 강하고, 공평하지만 상대방의 감정에 대해 배려가 부족할 때가 있다. 환경에 대해서는 작용하는 편이고, 질서 있게 행동하는 것을 좋아한다.

⑨ 외향 – 직관 – 감정 – 지각(TYPE I)

관심이 외향으로 향하고 밝고 활동적이며 교제범위가 넓다. 사물을 보는 관점은 독창적이고 호기심이 강하며 새로운 것을 생각하는 것을 좋아한다. 좋음 싫음으로 판단하는 경향이 강하다. 사람은 좋은 반면 개인적 취향이나 소원에 영향을 받는 일이 많은 편이다.

⑩ 외향 – 직관 – 감정 – 판단(TYPE J)

관심이 외향으로 향하고 개방적이며 누구와도 쉽게 친해질 수 있다. 사물을 보는 관점은 독창적이고 자기 나름대로 궁리하고 생각하는 면이 많다. 좋음과 싫음으로 판단하는 경향이 강하고, 타인에 대해 동정적이기 쉽고 엄격함이 부족한 경향이 있다. 환경에 대해서는 작용하는 편이고 질서 있는 행동을 하는 것을 좋아한다.

⑪ 외향 – 직관 – 사고 – 지각(TYPE K)

관심이 외향으로 향하고 태도가 분명하며 활동적이다. 사물을 보는 관점은 독창적이고 현실과 거리가 있는 추상적인 것을 생각하는 것을 좋아한다. 논리적으로 생각하고 판단하는 경향이 강하고, 공평하지만 상대에 대한 배려가 부족할 때가 있다.

⑫ 외향 – 직관 – 사고 – 판단(TYPE L)

관심이 외향으로 향하고 밝고 명랑한 성격이며 사교적인 것을 좋아한다. 사물을 보는 관점은 독창적이고 논리적인 것을 좋아하기 때문에 이치를 따지는 경향이 있다. 논리적으로 생각하고 판단하는 경향이 강하고 침착성이 뛰어나지만 사람에 대해서 엄격하고 차가운 인상을 주는 경우가 많다. 환경에 대해 작용하는 편이고 계획을 세우고 착실하게 실행하는 것을 좋아한다.

⑬ 외향 – 감각 – 감정 – 지각(TYPE M)

관심이 외향으로 향하고 밝고 활동적이고 교제범위가 넓다. 사물을 보는 관점은 상식적이고 종래대로 있는 것을 좋아한다. 보수적인 경향이 있고 좋아함과 싫어함으로 판단하는 경향이 강하며 타인에게는 친절한 반면, 우유부단한 경우가 많다. 환경에 대해 순응적이고, 융통성이 있고 임기응변으로 대응할 가능성이 높다.

⑭ **외향 – 감각 – 감정 – 판단**(TYPE N)

관심이 외향으로 향하고 개방적이며 누구와도 쉽게 대면할 수 있다. 사물을 보는 관점은 상식적이고 논리적으로 생각하기보다는 경험을 중시하는 편이다. 좋아함과 싫어함으로 판단하는 경향이 강하고 감정이 풍부하며 따뜻한 느낌이 있는 반면에 합리성이 부족한 경우가 많다. 환경에 대해서 작용하는 편이고, 한 번 결정한 것은 끈질기게 실행하려고 한다.

⑮ **외향 – 감각 – 사고 – 지각**(TYPE O)

관심이 외향으로 향하고 시원한 태도이며 활동적이다. 사물을 보는 관점이 상식적이며 동시에 실천적이고 명백한 형식을 좋아하는 경향이 있다. 논리적으로 생각하고 판단하는 경향이 강하고, 객관적이지만 상대 마음에 대해 배려가 부족한 경향이 있다.

⑯ **외향 – 감각 – 사고 – 판단**(TYPE P)

관심이 외향으로 향하고 밝고 명랑하며 사교적인 것을 좋아한다. 사물을 보는 관점은 상식적이고 경험하지 못한 새로운 것에 대응을 잘 하지 못한다. 논리적으로 생각하고 판단하는 경향이 강하고 이성적이지만 사람의 감정에 무심한 경향이 있다. 환경에 대해서는 작용하는 편이고, 자기 페이스대로 꾸준히 성취하는 것을 잘한다.

4 인성검사의 대책

(1) 미리 알아두어야 할 점

① 출제 문항 수 … 인성검사의 출제 문항 수는 특별히 정해진 것이 아니며 각 기업체의 기준에 따라 달라질 수 있다. 보통 100문항 이상에서 500문항까지 출제된다고 예상하면 된다.

② 출제형식

㉠ '예' 아니면 '아니오'의 형식

다음 문항을 읽고 자신에게 해당되는지 안 되는지를 판단하여 해당될 경우 '예'를, 해당되지 않을 경우 '아니오'를 고르시오.

질문	예	아니오
1. 자신의 생각이나 의견은 좀처럼 변하지 않는다.	○	
2. 구입한 후 끝까지 읽지 않은 책이 많다.		○

다음 문항에 대해서 평소에 자신이 생각하고 있는 것이나 행동하고 있는 것에 ○표를 하시오.

질문	전혀 그렇지 않다	그렇지 않다	그렇다	매우 그렇다
1. 시간에 쫓기는 것이 싫다.			○	
2. 여행가기 전에 계획을 세운다		○		

㉡ A와 B의 선택형식

A와 B에 주어진 문장을 읽고 자신에게 해당되는 것을 고르시오.

질문	선택
A : 걱정거리가 있어서 잠을 못 잘 때가 있다.	(○)
B : 걱정거리가 있어도 잠을 잘 잔다.	( )

㉢ 하나의 상황이 주어지고 각 상황에 대한 반응의 적당한 정도를 선택하는 형식

당신은 회사에 입사한지 1년 반이 넘어 처음으로 A회사의 B와 함께 하나의 프로젝트를 맡았다. 당신은 열의에 차 있지만 B는 프로젝트 준비를 하는 동안 당신에게만 일을 떠넘기고 적당히 하려고 하고 있다. 이렇게 계속된다면 기간 내에 프로젝트를 끝내지 못할 상황이다. 당신은 어떻게 할 것인가?

a. B에게 나의 생각을 솔직히 얘기하고 열심히 일 할 것을 요구한다.

매우 바람직하다			그저 그렇다.			전혀 바람직하지 않다
①	②	③	④	⑤	⑥	⑦

b. 나의 상사에게 현재 상황을 보고한다.

매우 바람직하다			그저 그렇다.			전혀 바람직하지 않다
①	②	③	④	⑤	⑥	⑦

c. B의 상사에게 보고하고 다른 사람으로 교체해 줄 것을 요구한다.

매우 바람직하다			그저 그렇다.			전혀 바람직하지 않다
①	②	③	④	⑤	⑥	⑦

d. 나도 B가 일하는 만큼만 적당히 일한다.

매우 바람직하다			그저 그렇다.			전혀 바람직하지 않다
①	②	③	④	⑤	⑥	⑦

㉣ 상황이 주어지고 자신이 그 결정을 하게 될 정도를 선택하는 형식

김 대리는 물품관리부에 근무하고 있다. 각 팀의 사원들에게 필요한 사무용품 및 기자재 등을 관리하는 업무를 담당한다. 최근 들어, 일주일에 한 번 꼴로 기자재가 도난당하는 일이 연이어 발생되고 있다. 그래서 사무실에 CCTV를 설치한 김 대리는 기자재를 훔쳐가는 범인이 희망퇴직을 2달 앞둔 박 부장이라는 것을 알게 되었다. 김 대리는 다음 날 박 부장을 경찰에 신고하였다. 자신이 김 대리라면 박 부장을 경찰에 신고할 확률은?

① 0% ② 25%
③ 50% ④ 75%
⑤ 100%

(2) 임하는 자세

① 솔직하게 있는 그대로 표현한다 … 인성검사는 평범한 일상생활 내용들을 다룬 짧은 문장과 어떤 대상이나 일에 대한 선로를 선택하는 문장으로 구성되었으므로 평소에 자신이 생각한 바를 너무 골똘히 생각하지 말고 문제를 보는 순간 떠오른 것을 표현한다.

② 모든 문제를 신속하게 대답한다 … 인성검사는 시간 제한이 없는 것이 원칙이지만 기업체들은 일정한 시간 제한을 두고 있다. 인성검사는 개인의 성격과 자질을 알아보기 위한 검사이기 때문에 정답이 없다. 다만, 기업체에서 바람직하게 생각하거나 기대되는 결과가 있을 뿐이다. 따라서 시간에 쫓겨서 대충 대답을 하는 것은 바람직하지 못하다.

02 실전 인성검사

※ 인성검사는 응시자의 인성을 파악하기 위한 자료이므로 정답이 존재하지 않습니다.

【1~200】 다음 질문을 읽고, 자신에게 적합하다고 생각하면 YES, 그렇지 않다면 NO를 선택하시오.

YES NO

1. 조금이라도 나쁜 소식은 절망의 시작이라고 생각해버린다. ( )( )
2. 언제나 실패가 걱정이 되어 어쩔 줄 모른다. ( )( )
3. 다수결의 의견에 따르는 편이다. ( )( )
4. 혼자서 식당에 들어가는 것은 전혀 두려운 일이 아니다. ( )( )
5. 승부근성이 강하다. ( )( )
6. 자주 흥분해서 침착하지 못하다. ( )( )
7. 지금까지 살면서 타인에게 폐를 끼친 적이 없다. ( )( )
8. 소곤소곤 이야기하는 것을 보면 자기에 대해 험담하고 있는 것으로 생각된다. ( )( )
9. 무엇이든지 내가 잘못했다고 생각하는 편이다. ( )( )
10. 자신을 변덕스러운 사람이라고 생각한다. ( )( )
11. 고독을 즐기는 편이다. ( )( )
12. 자존심이 강하다고 생각한다. ( )( )
13. 금방 흥분하는 성격이다. ( )( )
14. 거짓말을 한 적이 없다. ( )( )
15. 신경질적인 편이다. ( )( )
16. 끙끙대며 고민하는 타입이다. ( )( )
17. 감정적인 사람이라고 생각한다. ( )( )
18. 자신만의 신념을 가지고 있다. ( )( )
19. 다른 사람을 바보 같다고 생각한 적이 있다. ( )( )
20. 생각나는 대로 말해버리는 편이다. ( )( )
21. 싫어하는 사람이 없다. ( )( )
22. 대재앙이 오지 않을까 항상 걱정을 한다. ( )( )
23. 쓸데없는 고생을 하는 일이 많다. ( )( )
24. 자주 결정이 바뀌는 편이다. ( )( )
25. 문제점을 해결하기 위해 여러 사람과 상의한다. ( )( )

YES NO

26. 내 방식대로 일을 한다. ………………………………( )( )
27. 영화를 보고 운 적이 많다. ………………………………( )( )
28. 어떤 것에 대해서도 화낸 적이 없다. ………………………………( )( )
29. 사소한 충고에도 걱정을 한다. ………………………………( )( )
30. 자신은 도움이 안 되는 사람이라고 생각한다. ………………………………( )( )
31. 금방 싫증을 내는 편이다. ………………………………( )( )
32. 개성적인 사람이라고 생각한다. ………………………………( )( )
33. 자기주장이 강한 편이다. ………………………………( )( )
34. 정신없다는 말을 들은 적이 있다. ………………………………( )( )
35. 학교를 쉬고 싶다고 생각한 적이 한 번도 없다. ………………………………( )( )
36. 사람들과 관계 맺는 것을 잘하지 못한다. ………………………………( )( )
37. 사려 깊은 편이다. ………………………………( )( )
38. 몸을 움직이는 것을 좋아한다. ………………………………( )( )
39. 끈기가 있는 편이다. ………………………………( )( )
40. 신중한 편이라고 생각한다. ………………………………( )( )
41. 인생의 목표는 큰 것이 좋다. ………………………………( )( )
42. 어떤 일이라도 바로 시작하는 타입이다. ………………………………( )( )
43. 낯가림이 심한 편이다. ………………………………( )( )
44. 생각하고 나서 행동하는 편이다. ………………………………( )( )
45. 쉬는 날은 밖으로 나가는 경우가 많다. ………………………………( )( )
46. 시작한 일은 반드시 완성시킨다. ………………………………( )( )
47. 미리 계획을 세운 여행을 좋아한다. ………………………………( )( )
48. 야망이 있는 편이라고 생각한다. ………………………………( )( )
49. 활동력이 있는 편이다. ………………………………( )( )
50. 많은 사람들과 왁자지껄하게 식사하는 것을 좋아하지 않는다. ………………………………( )( )
51. 돈을 허비한 적이 없다. ………………………………( )( )
52. 어릴 때 운동회를 아주 좋아하고 기대했다. ………………………………( )( )
53. 하나의 취미에 열중하는 타입이다. ………………………………( )( )
54. 모임에서 리더에 어울린다고 생각한다. ………………………………( )( )
55. 입신출세의 성공이야기를 좋아한다. ………………………………( )( )

	YES	NO
56. 어떠한 일도 의욕을 가지고 임하는 편이다.	( )	( )
57. 학급에서는 존재가 희미했다.	( )	( )
58. 항상 무언가를 생각하고 있다.	( )	( )
59. 스포츠는 보는 것보다 하는 게 좋다.	( )	( )
60. 칭찬 듣는 것이 기쁘다.	( )	( )
61. 흐린 날은 반드시 우산을 가지고 간다.	( )	( )
62. 주연상을 받을 수 있는 배우를 좋아한다.	( )	( )
63. 공격적인 타입이라고 생각한다.	( )	( )
64. 리드를 받는 편이다.	( )	( )
65. 너무 신중해서 기회를 놓친 적이 있다.	( )	( )
66. 시원시원하게 움직이는 타입이다.	( )	( )
67. 야근을 해서라도 업무를 끝낸다.	( )	( )
68. 누군가를 방문할 때는 반드시 사전에 확인한다.	( )	( )
69. 노력해도 결과가 따르지 않으면 의미가 없다.	( )	( )
70. 가만히 앉아있는 것보다 활동적인 일이 더 좋다.	( )	( )
71. 움직이는 것을 몹시 귀찮아하는 편이라고 생각한다.	( )	( )
72. 특별히 소극적이라고 생각하지 않는다.	( )	( )
73. 이것저것 평하는 것이 싫다.	( )	( )
74. 자신은 성급하지 않다고 생각한다.	( )	( )
75. 꾸준히 노력하는 것을 잘 하지 못한다.	( )	( )
76. 내일의 계획은 머릿속에 기억한다.	( )	( )
77. 협동성이 있는 사람이 되고 싶다.	( )	( )
78. 열정적인 사람이라고 생각하지 않는다.	( )	( )
79. 다른 사람 앞에서 이야기를 잘한다.	( )	( )
80. 행동력이 있는 편이다.	( )	( )
81. 엉덩이가 무거운 편이다.	( )	( )
82. 특별히 구애받는 것이 없다.	( )	( )
83. 돌다리는 두들겨 보지 않고 건너도 된다.	( )	( )
84. 자신에게는 권력욕이 없다.	( )	( )
85. 업무를 할당받으면 부담스럽다.	( )	( )

YES NO

86. 활동적인 사람이라고 생각한다. ········( )( )
87. 비교적 보수적이다. ········( )( )
88. 어떤 일을 결정할 때 나에게 손해인지, 이익인지로 정할 때가 많다. ········( )( )
89. 전통을 견실히 지키는 것이 적절하다. ········( )( )
90. 교제 범위가 넓은 편이다. ········( )( )
91. 상식적인 판단을 할 수 있는 타입이라고 생각한다. ········( )( )
92. 너무 객관적이어서 실패한다. ········( )( )
93. 보수적인 면을 추구한다. ········( )( )
94. 내가 누구의 팬인지 주변의 사람들이 안다. ········( )( )
95. 가능성보다 현실이다. ········( )( )
96. 그 사람이 필요한 것을 선물하고 싶다. ········( )( )
97. 여행은 계획적으로 하는 것이 좋다. ········( )( )
98. 구체적인 일에 관심이 있는 편이다. ········( )( )
99. 일은 착실히 하는 편이다. ········( )( )
100. 괴로워하는 사람을 보면 우선 이유를 생각한다. ········( )( )
101. 가치기준은 자신의 밖에 있다고 생각한다. ········( )( )
102. 밝고 개방적인 편이다. ········( )( )
103. 현실 인식을 잘하는 편이라고 생각한다. ········( )( )
104. 공평하고 공적인 상사를 만나고 싶다. ········( )( )
105. 시시해도 계획적인 인생이 좋다. ········( )( )
106. 적극적으로 사람들과 관계를 맺는 편이다. ········( )( )
107. 활동적인 편이다. ········( )( )
108. 몸을 움직이는 것을 좋아하지 않는다. ········( )( )
109. 쉽게 질리는 편이다. ········( )( )
110. 경솔한 편이라고 생각한다. ········( )( )
111. 인생의 목표는 손이 닿을 정도면 된다. ········( )( )
112. 무슨 일도 좀처럼 바로 시작하지 못한다. ········( )( )
113. 초면인 사람과도 바로 친해질 수 있다. ········( )( )
114. 행동하고 나서 생각하는 편이다. ········( )( )
115. 쉬는 날은 집에 있는 경우가 많다. ········( )( )

YES NO

116. 완성되기 전에 포기하는 경우가 많다. ·······························( )( )

117. 계획 없는 여행을 좋아한다. ·······························( )( )

118. 욕심이 없는 편이라고 생각한다. ·······························( )( )

119. 활동력이 별로 없다. ·······························( )( )

120. 많은 사람들과 어울릴 수 있는 모임에 가는 것을 좋아한다. ·······························( )( )

121. 많은 친구랑 사귀는 편이다. ·······························( )( )

122. 목표 달성에 별로 구애받지 않는다. ·······························( )( )

123. 평소에 걱정이 많은 편이다. ·······························( )( )

124. 체험을 중요하게 여기는 편이다. ·······························( )( )

125. 정이 두터운 사람을 좋아한다. ·······························( )( )

126. 도덕적인 사람을 좋아한다. ·······························( )( )

127. 성격이 규칙적이고 꼼꼼한 편이다. ·······························( )( )

128. 결과보다 과정이 중요하다. ·······························( )( )

129. 쉬는 날은 집에서 보내고 싶다. ·······························( )( )

130. 무리한 도전을 할 필요는 없다고 생각한다. ·······························( )( )

131. 공상적인 편이다. ·······························( )( )

132. 계획을 정확하게 세워서 행동하는 것을 못한다. ·······························( )( )

133. 감성이 풍부한 사람이 되고 싶다고 생각한다. ·······························( )( )

134. 주변의 일을 여유 있게 해결한다. ·······························( )( )

135. 물건은 계획적으로 산다. ·······························( )( )

136. 돈이 없으면 걱정이 된다. ·······························( )( )

137. 하루 종일 책상 앞에 앉아 있는 일은 잘 하지 못한다. ·······························( )( )

138. 너무 진중해서 자주 기회를 놓치는 편이다. ·······························( )( )

139. 실용적인 것을 추구하는 경향이 있다. ·······························( )( )

140. 거래처 접대에 자신 있다. ·······························( )( )

141. 어려움에 처해 있는 사람을 보면 동정한다. ·······························( )( )

142. 같은 일을 계속해서 잘 하지 못한다. ·······························( )( )

143. 돈이 없어도 어떻게든 되겠지 생각한다. ·······························( )( )

144. 생각날 때 물건을 산다. ·······························( )( )

145. 신문사설을 주의 깊게 읽는다. ·······························( )( )

	YES	NO
146. 한 가지 일에 매달리는 편이다.	( )	( )
147. 연구는 실용적인 결실을 만들어 내는데 의미가 있다.	( )	( )
148. 남의 주목을 받고 싶어 하는 편이다.	( )	( )
149. 사람을 돕는 일이라면 규칙을 벗어나도 어쩔 수 없다.	( )	( )
150. 연극 같은 문화생활을 즐기는 것을 좋아한다.	( )	( )
151. 모험이야말로 인생이라고 생각한다.	( )	( )
152. 일부러 위험에 접근하는 것은 어리석다고 생각한다.	( )	( )
153. 남의 눈에 잘 띄지 않은 편이다.	( )	( )
154. 연구는 이론체계를 만들어 내는데 의의가 있다.	( )	( )
155. 결과가 과정보다 중요하다.	( )	( )
156. 이론만 내세우는 일을 싫어한다.	( )	( )
157. 타인의 감정을 존중한다.	( )	( )
158. 사람 사귀는 일에 자신 있다.	( )	( )
159. 식사시간이 정해져 있지 않다.	( )	( )
160. 좋아하는 문학 작가가 많다.	( )	( )
161. 평소 자연과학에 관심 있다.	( )	( )
162. 인라인 스케이트 타는 것을 좋아한다.	( )	( )
163. 재미있는 것을 추구하는 경향이 있다.	( )	( )
164. 잘 웃는 편이다.	( )	( )
165. 소외된 이웃들에 항상 관심을 갖고 있다.	( )	( )
166. 자동차 구조에 흥미를 갖고 있다.	( )	( )
167. 좋아하는 스포츠팀을 응원하는 것을 즐긴다.	( )	( )
168. 줄기배아세포 연구에 관심 있다.	( )	( )
169. 일을 처리함에 있어 계획표를 작성하는 것을 좋아한다.	( )	( )
170. 고장 난 라디오를 수리한 적이 있다.	( )	( )
171. 유행에 둔감하다고 생각한다.	( )	( )
172. 정해진 대로 움직이는 것은 시시하다.	( )	( )
173. 꿈을 계속 가지고 있고 싶다.	( )	( )
174. 질서보다 자유를 중요시하는 편이다.	( )	( )
175. 혼자서 취미에 몰두하는 것을 좋아한다.	( )	( )

YES NO

176. 직관적으로 판단하는 편이다. ( )( )
177. 영화나 드라마를 보면 등장인물의 감정에 이입된다. ( )( )
178. 시대의 흐름에 역행해서라도 자신을 관철하고 싶다. ( )( )
179. 다른 사람의 소문에 관심이 없다. ( )( )
180. 창조적인 편이다. ( )( )
181. 비교적 눈물이 많은 편이다. ( )( )
182. 융통성이 있다고 생각한다. ( )( )
183. 친구의 휴대전화 번호를 잘 모른다. ( )( )
184. 스스로 고안하는 것을 좋아한다. ( )( )
185. 정이 두터운 사람으로 남고 싶다. ( )( )
186. 조직의 일원으로 별로 안 어울린다. ( )( )
187. 세상의 일에 별로 관심이 없다. ( )( )
188. 변화를 추구하는 편이다. ( )( )
189. 업무는 인간관계로 선택한다. ( )( )
190. 환경이 변하는 것에 구애되지 않는다. ( )( )
191. 불안감이 강한 편이다. ( )( )
192. 인생은 살 가치가 있다고 생각한다. ( )( )
193. 의지가 약한 편이다. ( )( )
194. 다른 사람이 하는 일에 별로 관심이 없다. ( )( )
195. 사람을 설득시키는 것은 어렵지 않다. ( )( )
196. 심심한 것을 못 참는다. ( )( )
197. 다른 사람을 욕한 적이 한 번도 없다. ( )( )
198. 다른 사람에게 어떻게 보일지 신경을 쓴다. ( )( )
199. 금방 낙심하는 편이다. ( )( )
200. 다른 사람에게 의존하는 경향이 있다. ( )( )

▍1~30▍ 다음 두 질문 A, B 중 본인에게 맞는 것을 선택하시오.

1

질문	선택
A. 조용하고 성실하다.	
B. 활달하고 게으르다.	

2

질문	선택
A. 의존감이 강하다.	
B. 책임감이 강하다.	

3

질문	선택
A. 화를 잘 참는다.	
B. 화를 잘 참지 못한다.	

4

질문	선택
A. 관심 있는 분야에 몰두하는 것이 즐겁다.	
B. 관심 있는 분야에 몰두하는 것이 괴롭다.	

5

질문	선택
A. 복잡한 문제도 간단하게 해결한다.	
B. 쉬운 문제도 꼼꼼하게 해결한다.	

6

질문	선택
A. 상황에 따라 일정을 조율하는 융통성이 있다.	
B. 일단 계획을 짜면 무슨 일이 있어도 그 계획에 맞춘다.	

7

질문	선택
A. 나는 주변이 깨끗해야 집중이 잘 된다.	
B. 나는 주변이 어지러우면 집중이 잘 된다.	

8

질문	선택
A. 사람들의 관심을 받는 것이 기분 좋다.	
B. 사람들의 관심을 받는 것이 불편하다.	

9

질문	선택
A. 의사결정에 신속하다.	
B. 의사결정에 시간이 걸린다.	

10

질문	선택
A. 타인의 감정에 민감하다.	
B. 타인의 감정에 둔감하다.	

11

질문	선택
A. 목적과 방향은 변할 수 있다.	
B. 목적과 방향은 변할 수 없다.	

12

질문	선택
A. 다른 사람과의 의견 충돌을 즐기는 편이다.	
B. 다른 사람과의 의견 충돌을 피하는 편이다.	

13

질문	선택
A. 사소한 일도 잘 기억하는 편이다.	
B. 나에게 중요하지 않은 일은 잘 기억하지 못한다.	

14

질문	선택
A. 새로운 일을 시도하는 것은 즐겁다.	
B. 새로운 일을 시도하는 것은 두렵다.	

15

질문	선택
A. 다른 사람과 별다른 마찰이 없다.	
B. 다른 사람과 잦은 마찰이 있다.	

16

질문	선택
A. 유머감각이 있다.	
B. 위엄이 있다.	

17

질문	선택
A. 손재주가 있는 편이다.	
B. 손버릇이 있는 편이다.	

18

질문	선택
A. 활동을 조직하고 주도해 나가는데 능숙하다.	
B. 활동을 조직하고 주도해 나가는데 서투르다.	

19

질문	선택
A. 사교성이 풍부한 편이다.	
B. 사교성이 부족한 편이다.	

20

질문	선택
A. 말주변이 있는 편이다.	
B. 말주변이 없는 편이다.	

21

질문	선택
A. 다른 사람들에게 능글맞다는 말을 자주 듣는다.	
B. 다른 사람들에게 착하다는 말을 자주 듣는다.	

22

질문	선택
A. 한 번 생각한 것은 자주 바꾸지 않는다.	
B. 한 번 생각한 것을 자주 바꾼다.	

23

질문	선택
A. 다른 사람의 생각이나 의견을 중요시한다.	
B. 다른 사람보다 내 생각이나 의견을 중요시한다.	

24

질문	선택
A. 사람들에게 칭찬을 잘 한다.	
B. 사람들에게 칭찬을 잘 못한다.	

25

질문	선택
A. 공과 사를 구별할 줄 안다.	
B. 공과 사를 잘 구별하지 못한다.	

26

질문	선택
A. 나는 이성적인 사람이다.	
B. 나는 감성적인 사람이다.	

27

질문	선택
A. 나는 배려심이 부족하다.	
B. 나는 배려심이 많다.	

28

질문	선택
A. 나는 이타심이 많다.	
B. 나는 이기심이 많다.	

29

질문	선택
A. 나는 단체생활을 좋아한다.	
B. 나는 개인생활을 좋아한다.	

30

질문	선택
A. 나는 우유부단한 편이다.	
B. 나는 맺고 끊는 것이 철저하다.	

▌1~20▐ 다음은 직장생활이나 사회생활에서 겪을 수 있는 상황들이다. 각 상황에 대한 반응의 적당한 정도를 표시하시오.

1 입사 후 현장 경험을 쌓기 위해 일정기간 동안 마트에 근무하게 되었다. 다양한 업무를 통해 마트의 돌아가는 상황을 익히던 중 클레임 고객을 접하게 되었다. 고객은 당신을 아르바이트 생으로 취급하며 심하게 무시한다. 이러한 상황에서 당신은 어떻게 하겠는가?

a. 고객에게 화를 내며 고객의 불만사항이 옳지 않음을 말한다.

매우 바람직하다						전혀 바람직하지 않다.
①	②	③	④	⑤	⑥	⑦

b. 고객이 잘못 알고 있는 사실에 대해 설득시키려고 노력한다.

매우 바람직하다						전혀 바람직하지 않다.
①	②	③	④	⑤	⑥	⑦

c. 일단 화가 많이 나 있는 고객이므로 자리를 피한다.

매우 바람직하다						전혀 바람직하지 않다.
①	②	③	④	⑤	⑥	⑦

d. 먼저 고객의 화를 진정시킨 후 상사에게 보고하여 원만하게 해결할 수 있도록 한다.

매우 바람직하다						전혀 바람직하지 않다.
①	②	③	④	⑤	⑥	⑦

2 전체 팀원이 야근을 하게 되었다. 정신없이 업무를 처리하던 중 시계를 보니 저녁을 먹을 시간이 훨씬 지났다. 당신은 몹시 배가 고픈 상태이고 일을 끝마치려면 아직 멀었다. 이러한 상황에서 아무도 식사에 대한 언급이 없을 때 당신은 어떻게 하겠는가?

a. 다른 사람도 나처럼 배가 고플 테니 나가서 먹을 것을 사온다.

매우 바람직하다						전혀 바람직하지 않다.
①	②	③	④	⑤	⑥	⑦

b. 다른 사람들이 일하는 데 방해가 될 수 있으니 혼자 조용히 나가서 먹고 온다.

매우 바람직하다						전혀 바람직하지 않다.
①	②	③	④	⑤	⑥	⑦

c. 아직 업무를 처리하기 전까지 많은 시간을 더 보내야 하므로 식사를 하고 다시 시작할 것을 제안한다.

매우 바람직하다						전혀 바람직하지 않다.
①	②	③	④	⑤	⑥	⑦

d. 아무도 식사에 대한 언급을 하지 않는 걸 보면 모두 배가 고프지 않은 것 같으니 배가 고파도 참도록 한다.

매우 바람직하다						전혀 바람직하지 않다.
①	②	③	④	⑤	⑥	⑦

3 어느 날 당신의 부하직원들이 신입사원들을 길들인다며 무리하고 불합리한 업무를 지시하였다. 이러한 사실을 알게 된 사장이 왜 사실을 알고도 보고를 하지 않았냐고 문책을 하기 시작하였다. 이러한 상황에서 당신은 어떻게 하겠는가?

a. 회사 생활에 대한 전반적인 이야기를 한 후, 교육의 한 과정이었다고 말을 한다.

매우 바람직하다						전혀 바람직하지 않다.
①	②	③	④	⑤	⑥	⑦

b. 부하직원들을 제대로 교육시켜 다시는 이런 일이 생기지 않도록 하겠다고 말을 한다.

매우 바람직하다						전혀 바람직하지 않다.
①	②	③	④	⑤	⑥	⑦

c. 팀원들의 행동에 대해서 일일이 보고할 필요가 없었다고 말한다.

매우 바람직하다						전혀 바람직하지 않다.
①	②	③	④	⑤	⑥	⑦

d. 부하직원들의 행위는 암묵적으로 용인되는 현상이며 이 같은 현상에 대하여 이해시키려고 노력한다.

매우 바람직하다						전혀 바람직하지 않다.
①	②	③	④	⑤	⑥	⑦

4 화장실에서 나오려는 순간 다른 동료들이 당신에 대해 험담하는 것을 우연히 엿듣게 되었다. 평소 믿고 있었던 동료들이라 당신의 배신감은 더욱 크다. 이런 상황에서 당신은 어떻게 하겠는가?

a. 당장 문을 박차고 나와 동료들의 뺨을 때린다.

매우 바람직하다						전혀 바람직하지 않다.
①	②	③	④	⑤	⑥	⑦

b. 동료들이 먼저 나갈 때까지 기다린 후 조용히 빠져나와 자신을 반성해 본다.

매우 바람직하다						전혀 바람직하지 않다.
①	②	③	④	⑤	⑥	⑦

c. 동료들과 자신의 문제점에 대해 솔직하게 이야기 해 본다.

매우 바람직하다						전혀 바람직하지 않다.
①	②	③	④	⑤	⑥	⑦

d. 일단은 참고, 이후 동료들과 관계를 끊어 버린다.

매우 바람직하다						전혀 바람직하지 않다.
①	②	③	④	⑤	⑥	⑦

5 자신의 상관이 자리를 비울 때마다 공적인 업무가 아닌 사적인 일을 한다. 상관은 매번 개인적인 일로 인해 처리하지 못한 업무를 당신을 비롯한 부하직원들에게 처리하도록 지시한다. 이러한 상황이 계속적으로 반복될 때 당신은 어떻게 하겠는가?

a. 상관보다 높은 직급의 상관에게 상관의 부정을 알린다.

매우 바람직하다						전혀 바람직하지 않다.
①	②	③	④	⑤	⑥	⑦

b. 부하직원들을 선동하여 상관의 업무지시에 항의하도록 한다.

매우 바람직하다						전혀 바람직하지 않다.
①	②	③	④	⑤	⑥	⑦

c. 회사의 직급체계는 무시할 수 없으므로 화가 나더라도 참는다.

매우 바람직하다						전혀 바람직하지 않다.
①	②	③	④	⑤	⑥	⑦

d. 상관과 개인적인 대화를 통해 나와 직원들의 입장을 설명한다.

매우 바람직하다						전혀 바람직하지 않다.
①	②	③	④	⑤	⑥	⑦

6 당신보다 훨씬 나이가 어린 사람이 당신의 팀에 팀장으로 부임해 왔다. 팀장은 모든 일에 있어서 팀원들에게 자신의 의견을 강하게 주장하고 불합리한 요구를 한다. 당신은 어떻게 하겠는가?

a. 회사생활은 직급이 우선이므로 팀장의 행동을 이해하려고 노력한다.

매우 바람직하다						전혀 바람직하지 않다.
①	②	③	④	⑤	⑥	⑦

b. 팀원들과 함께 팀장의 명령을 잘 따르지 않으며 애를 먹인다.

매우 바람직하다						전혀 바람직하지 않다.
①	②	③	④	⑤	⑥	⑦

c. 업무를 처리함에 있어서 팀장의 무리한 주장에 대하여 강하게 항의한다.

매우 바람직하다						전혀 바람직하지 않다.
①	②	③	④	⑤	⑥	⑦

d. 팀장의 불합리한 요구에 대하여 논리적으로 설득하고 팀원들의 입장을 말한다.

매우 바람직하다						전혀 바람직하지 않다.
①	②	③	④	⑤	⑥	⑦

7 늦은 저녁시간 퇴근하여 집에서 휴식을 취하던 중 상사의 전화가 걸려왔다. 집 앞에서 직원들과 술자리를 하고 있으니 당신도 함께 어울리자는 것이다. 술자리는 일찍 끝날 것 같지 않고, 당신은 내일 중요한 프로젝트를 진행해야 한다. 이러한 상황에서 당신은 어떻게 하겠는가?

a. 상사에게 상황을 논리적으로 설명한 후 상사에게 양해를 구한다.

매우 바람직하다						전혀 바람직하지 않다.
①	②	③	④	⑤	⑥	⑦

b. 일단 술자리에 참여하고 난 후, 상황을 봐서 판단한다.

매우 바람직하다						전혀 바람직하지 않다.
①	②	③	④	⑤	⑥	⑦

c. 술자리에 얼굴을 비춘 후 자신의 상황을 말한 후 양해를 구하고 일찍 일어선다.

매우 바람직하다						전혀 바람직하지 않다.
①	②	③	④	⑤	⑥	⑦

d. 중요한 프로젝트를 망칠 수 없으므로 정중하게 거절한다.

매우 바람직하다						전혀 바람직하지 않다.
①	②	③	④	⑤	⑥	⑦

8 사무실 내의 비품 보관함을 만들라는 상사의 지시가 있었다. 비품 보관함을 만들기 위해서는 예산이 필요하지만 상사는 예산에 관해서는 언급이 없다. 이러한 상황에서 당신은 어떻게 하겠는가?

a. 상사에게 여쭤보고 예산안을 작성한다.

매우 바람직하다						전혀 바람직하지 않다.
①	②	③	④	⑤	⑥	⑦

b. 다른 직원들에게 상황을 설명한 후 직원들로부터 돈을 걷는다.

매우 바람직하다						전혀 바람직하지 않다.
①	②	③	④	⑤	⑥	⑦

c. 예산에 대한 별다른 언급이 없으므로 하는 수 없이 사비로 물품 보관함을 만든다.

매우 바람직하다						전혀 바람직하지 않다.
①	②	③	④	⑤	⑥	⑦

d. 구체적인 계획을 세운 후 예산에 대한 보고를 한다.

매우 바람직하다						전혀 바람직하지 않다.
①	②	③	④	⑤	⑥	⑦

9 퇴근이 임박한 시간에 상사가 갑자기 일괄적인 업무를 지시하며 오늘 안으로 끝낼 수 있는지 묻고 있다. 당신의 생각으로는 퇴근 전까지 끝내기 어려울 것 같지만, 옆자리의 동료는 할 수 있다고 대답하였다. 이러한 상황에서 당신은 어떻게 하겠는가?

a. 일단 대답부터 하고 퇴근시간이 되면 다시 상사에게 말한다.

매우 바람직하다						전혀 바람직하지 않다.
①	②	③	④	⑤	⑥	⑦

b. 처음부터 무리한 지시였으므로 할 수 없다고 대답한다.

매우 바람직하다						전혀 바람직하지 않다.
①	②	③	④	⑤	⑥	⑦

c. 옆자리의 동료를 의식해 할 수 있다고 대답한 후 야근을 한다.

매우 바람직하다						전혀 바람직하지 않다.
①	②	③	④	⑤	⑥	⑦

d. 일단 상사에게 논리적으로 설명한 후 상사의 지시에 따른다.

매우 바람직하다						전혀 바람직하지 않다.
①	②	③	④	⑤	⑥	⑦

10 30명의 회사직원들과 함께 산악회를 결성하여 산행을 가게 되었다. 그런데 오후 12시에 산 밑으로 배달되기로 했던 도시락이 배달되지 않아, 우유와 빵으로 점심을 때우게 되었다. 점심을 다 먹고 난 후 도시락 배달원이 도착하였는데 음식점 주인이 실수로 배달장소를 다른 곳으로 알려주는 바람에 늦었다고 한다. 당신은 어떻게 할 것인가?

a. 음식점 주인의 잘못이므로 돈을 주지 않는다.

매우 바람직하다						전혀 바람직하지 않다.
①	②	③	④	⑤	⑥	⑦

b. 빵과 우유 값을 공제한 음식 값을 지불한다.

매우 바람직하다						전혀 바람직하지 않다.
①	②	③	④	⑤	⑥	⑦

c. 음식점 주인의 잘못이므로 절반의 돈만 준다.

매우 바람직하다						전혀 바람직하지 않다.
①	②	③	④	⑤	⑥	⑦

d. 늦게라도 도착하였으므로 돈을 전액 주도록 한다.

매우 바람직하다						전혀 바람직하지 않다.
①	②	③	④	⑤	⑥	⑦

11 갑작스럽게 야근을 하게 되었다. 업무를 진행하던 중 출출해진 팀원들은 라면을 먹기로 하였다. 당신이 먹고 싶었던 라면을 부하직원이 먼저 집어 들었다면 당신은 어떻게 하겠는가?

a. 부하 직원에게 라면을 하나 더 구해오라고 요구한다.

매우 바람직하다						전혀 바람직하지 않다.
①	②	③	④	⑤	⑥	⑦

b. 부하직원이 먼저 집었으므로 어쩔 수 없이 다른 라면을 먹는다.

매우 바람직하다						전혀 바람직하지 않다.
①	②	③	④	⑤	⑥	⑦

c. 부하직원을 설득해서 먹고 싶었던 라면을 먹는다.

매우 바람직하다						전혀 바람직하지 않다.
①	②	③	④	⑤	⑥	⑦

d. 적절한 게임을 통해 승리자가 그 라면을 먹도록 한다.

매우 바람직하다						전혀 바람직하지 않다.
①	②	③	④	⑤	⑥	⑦

12 당신이 아끼는 볼펜이 없어져 하루 종일 볼펜을 찾았다. 하지만 아무리 찾아봐도 보이지 않아 포기하려는 순간 당신의 옆자리 동료가 똑같은 볼펜을 사용하고 있는 것을 발견하였다. 이러한 상황에서 당신은 어떻게 하겠는가?

a. 내 것이 분명하므로 볼펜을 사용하게 된 경위를 묻는다.

매우 바람직하다						전혀 바람직하지 않다.
①	②	③	④	⑤	⑥	⑦

b. 옆자리 동료의 것일 수도 있으므로 조용히 넘어간다.

매우 바람직하다						전혀 바람직하지 않다.
①	②	③	④	⑤	⑥	⑦

c. 무작정 물어볼 경우 의심하는 걸로 간주되어 동료의 기분이 상할 수 있으므로 상황을 설명한 후 조심스럽게 물어본다.

매우 바람직하다						전혀 바람직하지 않다.
①	②	③	④	⑤	⑥	⑦

d. 다른 동료에게 하소연한 후 대신 물어봐줄 것을 요청한다.

매우 바람직하다						전혀 바람직하지 않다.
①	②	③	④	⑤	⑥	⑦

13 당신은 근무하던 회사를 옮기게 되었다. 새로운 회사에서 중요한 프로젝트를 맡아 필요한 자료를 조사하던 중 꼭 필요한 자료가 이전 회사의 인트라넷에 있었던 사실을 기억해 냈다. 당신은 이전 회사 동료의 아이디와 비밀번호를 기억하고 있는 상황이라면 어떻게 하겠는가?

a. 이전의 직장도 중요하지만 현재의 위치에서 최고가 되기 위해서 어느 정도의 부정은 감수한다.

매우 바람직하다						전혀 바람직하지 않다.
①	②	③	④	⑤	⑥	⑦

b. 직장에서의 도덕성은 반드시 지켜야 한다고 생각해 절대로 사용하지 않는다.

매우 바람직하다						전혀 바람직하지 않다.
①	②	③	④	⑤	⑥	⑦

c. 이전 회사의 직장 동료에게 도움을 요청하고 필요한 정보에 대한 조언을 얻는 것으로 만족한다.

매우 바람직하다						전혀 바람직하지 않다.
①	②	③	④	⑤	⑥	⑦

d. 더욱 알맞은 자료가 있을 수 있으므로 다른 방법을 통해 자료를 찾아본다.

매우 바람직하다						전혀 바람직하지 않다.
①	②	③	④	⑤	⑥	⑦

14 회사동료들과 다 같이 점심을 먹었다. 당신이 먼저 전체 점심값을 계산하고 난 후, 동료들이 당신에게 개별적으로 점심값을 주기로 하였다. 하지만 친한 동료 중 한 명이 점심값을 실제 점심가격보다 적게 주었다. 이러한 상황에서 당신은 어떻게 하겠는가?

a. 친한 것과 돈은 별개이므로 동료에게 적게 받은 만큼을 돌려받는다.

매우 바람직하다						전혀 바람직하지 않다.
①	②	③	④	⑤	⑥	⑦

b. 모르는 척 넘어가고 다음번에 그 동료에게 같은 방법으로 돈을 적게 준다.

매우 바람직하다						전혀 바람직하지 않다.
①	②	③	④	⑤	⑥	⑦

c. 동료에게 정확한 점심가격을 말해 주고 웃으며 상황을 넘어간다.

매우 바람직하다						전혀 바람직하지 않다.
①	②	③	④	⑤	⑥	⑦

d. 동료가 무안할 수 있으므로 이번은 조용히 넘어간다.

매우 바람직하다						전혀 바람직하지 않다.
①	②	③	④	⑤	⑥	⑦

15 원하던 회사의 원하는 부서에 입사하게 된 당신은 첫 출근을 하였다. 업무를 지시받아 처리하던 중 너무 긴장한 탓인지, 당신이 전공한 전공지식과 관련한 업무임에도 불구하고 모르는 것이 생겼다. 이러한 상황에서 당신은 어떻게 하겠는가?

a. 전공지식도 모를 경우 동료들이 무시할 수 있으므로 혼자 힘으로 해결하고자 노력한다.

매우 바람직하다						전혀 바람직하지 않다.
①	②	③	④	⑤	⑥	⑦

b. 솔직하게 말한 후, 부서의 선배들에게 질문하여 빠르게 해결한다.

매우 바람직하다						전혀 바람직하지 않다.
①	②	③	④	⑤	⑥	⑦

c. 도움을 받을 수 있는 주위의 선·후배 또는 친구들에게 연락을 해서 업무를 처리한다.

매우 바람직하다						전혀 바람직하지 않다.
①	②	③	④	⑤	⑥	⑦

d. 모르는 부분은 제외하고 업무를 처리한 후 상사의 언급이 있을 때 다시 처리한다.

매우 바람직하다						전혀 바람직하지 않다.
①	②	③	④	⑤	⑥	⑦

16 월말에 효율적인 업무처리를 위해 반드시 필요한 프로그램이 있어서 당신은 1년 전 부터 그 프로그램의 설치를 건의했다. 하지만 회사에서는 매번 다음 달에는 프로그램을 설치해주겠다는 말만 반복하였다. 또 다시 월말이 되었지만 프로그램은 설치되지 않았다. 이러한 상황에서 당신은 어떻게 하겠는가?

a. 매번 설치되지 않았으므로 어느 정도 적응 되었으므로 포기하고 업무를 진행한다.

매우 바람직하다						전혀 바람직하지 않다.
①	②	③	④	⑤	⑥	⑦

b. 반복되는 관행을 고치기 위해 프로그램을 설치해 줄 때 까지는 업무를 시작하지 않는다.

매우 바람직하다						전혀 바람직하지 않다.
①	②	③	④	⑤	⑥	⑦

c. 마지막이라 생각하고 기존의 방식으로 업무를 처리한 후 동료에게 하소연 한다.

매우 바람직하다						전혀 바람직하지 않다.
①	②	③	④	⑤	⑥	⑦

d. 프로그램을 설치했을 때 효과에 대해 보고서를 작성하여 상사에게 논리적으로 설명한다.

매우 바람직하다						전혀 바람직하지 않다.
①	②	③	④	⑤	⑥	⑦

17 회사의 비품이 점점 없어지고 있다. 그런데 당신이 범인이라는 소문이 퍼져 있다면 당신은 어떻게 할 것인가?

a. 내가 아니면 그만이므로 그냥 참고 모른 척 한다.

매우 바람직하다						전혀 바람직하지 않다.
①	②	③	④	⑤	⑥	⑦

b. 소문을 퍼트린 자를 찾아낸다.

매우 바람직하다						전혀 바람직하지 않다.
①	②	③	④	⑤	⑥	⑦

c. 사람들에게 억울함을 호소한다.

매우 바람직하다						전혀 바람직하지 않다.
①	②	③	④	⑤	⑥	⑦

d. 회사 물품뿐만 아니라 회사 기밀도 마구 빼돌렸다고 과장된 거짓말을 한다.

매우 바람직하다						전혀 바람직하지 않다.
①	②	③	④	⑤	⑥	⑦

18 당신은 새로운 회사의 팀장으로 영입되었다. 팀원들과의 관계가 서먹하여 관계개선을 위하여 노력을 하고자 한다. 상사들과의 관계는 잘 정리가 되고 있으나 부하직원들과는 아직 많이 힘든 상황이다. 이러한 상황에서 당신이라면 어떻게 하겠는가?

a. 서먹한 사이에 괜한 오해를 사지 않도록 무조건 잘 해 주려고 노력한다.

매우 바람직하다						전혀 바람직하지 않다.
①	②	③	④	⑤	⑥	⑦

b. 부하직원들을 존중해주며 술자리도 많이 마련한다.

매우 바람직하다						전혀 바람직하지 않다.
①	②	③	④	⑤	⑥	⑦

c. 처음이니 얕보이지 않도록 업무의 강도를 높이며 부하직원들을 일일이 관리한다.

매우 바람직하다						전혀 바람직하지 않다.
①	②	③	④	⑤	⑥	⑦

d. 회사의 분위기, 업무처리 방식 등을 전반적으로 파악한 후 적정한 관계를 유지한다.

매우 바람직하다						전혀 바람직하지 않다.
①	②	③	④	⑤	⑥	⑦

19 당신의 옆자리에 앉아 있는 동료 A는 평소 경거망동하여 기분 내키는 대로 행동할 뿐만 아니라 신중하지 못한 언행으로 사람을 당황하게 할 때가 많다. 당신은 어떻게 하겠는가?

a. 동료 A에게 잘못된 점을 지적하고 그러지 말라고 충고한다.

매우 바람직하다						전혀 바람직하지 않다.
①	②	③	④	⑤	⑥	⑦

b. 그냥 내버려둔다.

매우 바람직하다						전혀 바람직하지 않다.
①	②	③	④	⑤	⑥	⑦

c. 상사에게 A의 잘못된 점을 알린다.

매우 바람직하다						전혀 바람직하지 않다.
①	②	③	④	⑤	⑥	⑦

d. 동료 A와 똑같이 행동을 한다.

매우 바람직하다						전혀 바람직하지 않다.
①	②	③	④	⑤	⑥	⑦

20 상사가 지시한 오늘까지 끝마쳐야 하는 업무를 하는 도중 직속 상사보다 직급이 높은 다른 상사가 또 다른 업무를 오늘까지 끝마치라고 지시하였다. 시간 관계상 두 가지 업무를 모두 하기는 힘들 것 같다. 당신은 어떻게 하겠는가?

a. 직속 상사가 업무를 먼저 지시했으므로, 직속 상사의 업무를 먼저 한다.

매우 바람직하다						전혀 바람직하지 않다.
①	②	③	④	⑤	⑥	⑦

b. 직급이 높은 상사가 우선이므로 나중에 맡은 업무를 먼저 한다.

매우 바람직하다						전혀 바람직하지 않다.
①	②	③	④	⑤	⑥	⑦

c. 일의 중요도를 따져 우선순위를 정한 후 당장할 수 없는 업무에 대해 양해를 구한다.

매우 바람직하다						전혀 바람직하지 않다.
①	②	③	④	⑤	⑥	⑦

d. 직속 상사의 업무를 먼저 처리 한 후, 직급이 높은 상사의 지시를 늦게라도 처리한다.

매우 바람직하다						전혀 바람직하지 않다.
①	②	③	④	⑤	⑥	⑦

▌1~30▌ 다음은 당신이 조직생활 및 업무환경에서 자주 겪을 수 있는 상황이 제시된 글이다. 각각의 상황을 읽고, 제시된 물음에 따라 답하시오.

1

최 대리는 모든 일에 열정을 다하는 사원이다. 그러나 매일 늘어만 가는 업무량을 현재 직원들이 모두 소화를 못하고 있다. 그러나 회사의 사정이 좋지 못하여 직원을 채용하지 못할 상황이다. 동료 및 직원들은 하나 둘씩 사직서를 제출하여 점점 더 회사의 사정이 어려워지고 있다. 최 대리 또한 늘어나는 업무량과 3년째 동결된 급여로 인하여 사직서를 제출하였다. 자신이 최 대리라면 사직서를 제출할 확률은?

① 0%
② 25%
③ 50%
④ 75%
⑤ 100%

2

최 부장은 성과를 위해 임원회의에 발표하기로 하였다. 하지만 다른 업무가 많아, 업무를 제때 처리할 수 없다. 다른 팀원에게 자신의 일을 맡기려 한다. 자신이 최 부장이라면 다른 팀원에게 부탁할 확률은?

① 0%
② 20%
③ 40%
④ 60%
⑤ 80%

3

김 대리는 생산 업무 담당자이다. 그런데 설계부서에서 생산도면이 전달되어 제품을 생산하려고 하는 도중 설계도면의 오류가 발견되었다. 그 자리에서 바로 수정한다면 차질 없이 제작이 가능하나, 상사는 회사 규정에 맞게 상부보고 후 결정이라는 정식 절차를 밟을 것을 권장하고 있다. 그러나 김 대리는 정식절차를 무시하고 그 자리에서 바로 수정을 하였다. 자신이 김 대리라면 그 자리에서 바로 수정할 확률은?

① 0%
② 20%
③ 40%
④ 60%
⑤ 80%

4

최 대리는 팀원들과 함께 프로젝트를 수행하고 있다. 프로젝트의 마감시한이 일주일이지만 일처리의 내용은 열흘을 넘길 분량이다. 팀장은 미흡하더라도 기한 내에 프로젝트를 마무리하라고 지시하였다. 하지만 최 대리는 기한을 넘기더라도 완벽하게 프로젝트를 마무리하자고 팀원들에게 요구하였다. 자신이 최 대리라면 팀장의 말을 무시하고 독단적으로 결정할 확률은?

① 0%
② 20%
③ 40%
④ 60%
⑤ 80%

5

이 대리는 상품판매부 담당이다. 신제품이 출시되었는데 예상과 달리 고객들의 만족도가 현저히 저하되고, 불량률이 높아 불만이 급증하고 있다. 이 상태를 유지하다가는 회사 이미지 실추 및 자사 다른 제품의 판매율까지 하락할 것이다. 이 대리는 신제품 출시를 중단하고 또 다른 보완제품을 출시하자고 팀장에게 건의하였다. 자신이 이 대리라면 팀장에게 이 같은 건의를 할 확률은?

① 0%
② 20%
③ 40%
④ 60%
⑤ 80%

6

박 대리는 업무 중 고의가 아닌 과실로 인하여 회사에 큰 물의를 일으켰다. 이에 대해 화가 많이 난 상사가 공개적으로 박 대리에게 심한 인격 모독성 발언을 하였다. 그러나 박 대리는 아무 대꾸도 없이 그냥 고개를 숙이고 묵묵히 듣고만 있다. 자신이 박 대리라면 이 상황에서 상사의 꾸중을 듣고 가만히 있을 확률은?

① 0%
② 20%
③ 40%
④ 60%
⑤ 80%

7

김 대리는 협력업체와의 거래를 담당하는 직무를 하고 있다. 협력업체가 다른 회사와의 새로운 거래를 트기 위하여 자사의 거래를 줄이려고 하고 있다. 김 대리는 이러한 사실을 알고 협력업체와 미팅을 주선하려고 한다. 그러나 협력업체는 이를 거부하고 자사와의 거래를 50% 줄이려고 한다. 김 대리는 이 사실을 바로 상사에게 보고하였다. 자신이 김 대리라면 협력업체와의 문제가 발생하였을 때 상사에게 보고할 확률은?

① 0%
② 25%
③ 50%
④ 75%
⑤ 100%

8

밤 9시가 넘어서까지 야근을 하고 있던 김 대리는 졸음을 쫓으려 화장실에 세수를 하러 갔다. 그런데 그 안에서 한 낯선 남자가 최 부장과 이야기를 하고 있는 것이었다. 그 내용은 자신에게 5천만 원을 주지 않으면 최 부장의 거액 횡령사실을 회사 전체에 폭로하겠다고 협박을 하는 것이었다. 김 대리는 다음 날 바로 상사에게 최 부장의 횡령사실을 보고하였다. 자신이 김 대리라면 상사에게 부장의 횡령사실을 보고할 확률은?

① 0%
② 25%
③ 50%
④ 75%
⑤ 100%

9

이 대리는 물류담당부서의 직원이다. 한 거래처에서 너무 많은 재고로 인하여 감당이 안 된다며 재고상품을 구매해 줄 것을 요청하였다. 그러나 이 대리는 자사에도 그 제품을 재고로 쌓아 놓고 있는 실정이라 재차 구매가 어렵다고 하였다. 그러자 그 거래처에서 거액의 상품권을 줄 테니 그 제품을 구매해 달라고 한다. 이 대리는 그 제품을 1억 원 어치 구매를 하였다. 자신이 이 대리일 경우 그 재고제품을 구매할 확률은?

① 0%
② 20%
③ 40%
④ 60%
⑤ 80%

10

귀하는 친구 A, B와 셋이서 공동으로 창업을 하였다. 창업 당시 자본이 여의치 않아 친구 A가 자본의 90%를 투자하였다. 세 사람은 모두 열심히 일을 하여 순수익 10억 원의 돈을 벌었다. 그러나 수익의 60% 이상은 사업수완이 좋은 친구 B 덕분에 달성한 것이었다. 귀하가 순수익을 각자에게 분배하려고 할 경우 어떻게 분배할 것인가?

① 나 : 2억 원, A : 4억 원, B : 4억 원
② 나 : 3억 원, A : 4억 원, B : 3억 원
③ 나 : 4억 원, A : 3억 원, B : 3억 원
④ 나 : 1억 원, A : 4억 원, B : 5억 원
⑤ 나 : 1억 원, A : 5억 원, B : 4억 원

11

귀하와 B라는 사람은 함께 공동으로 작은 기업을 운영하고 있다. 불경기라 사정이 여의치가 않아 이번 달은 400만 원 밖에 순수익을 올리지 못하였다. 이러한 사정을 안 B는 귀하가 주는 만큼만 받겠다고 한다. 그렇다면 귀하가 자신과 B에게 배분할 돈은?

① 200 : 200
② 210 : 190
③ 250 : 150
④ 300 : 100
⑤ 350 : 50

12

영업부 이 과장은 항상 회사에서 자신만의 재테크를 한다. 업무시간에 컴퓨터 앞에서 자신의 주식이 어떻게 되나 늘 주시한다. 자신이 보유한 주식이 오르면 밝은 표정으로 직원들을 대하고 하루 종일 기분이 좋으나, 주식이 떨어지면 사무실 분위기는 초상집 보다 더 엄숙한 분위기가 된다. 이럴 때 조금이라고 실수가 발생하기라도 하면 그 직원은 죽는 날이 되고 만다. 자신이 이 과장이라면 기분대로 직원들을 대할 확률은?

① 0%
② 25%
③ 50%
④ 75%
⑤ 100%

13

박 대리는 어느 날 바이어와의 급한 약속시간을 맞추기 위하여 택시를 타게 되었다. 귀하가 바쁘다는 것을 눈치 챈 운전사는 차량소통 상황을 지켜보며 신호위반을 하고, 차선변경, 끼어들기, 속도위반 등 모든 교통법규를 위반한 채 귀하를 약속시간 전에 목적지까지 도착하게 해 주었다. 박 대리는 늦지 않게 도착한 것에 감사하며 택시에서 내렸다. 자신이 박 대리라면 택시기사에게 준법의식에 대해 말할 확률은?

① 0%
② 25%
③ 50%
④ 75%
⑤ 100%

14

오늘은 영업팀의 회식날이다. 영업실적이 타 회사에 비해 월등히 뛰어나다고 하여 사장님이 포상금을 주신 것으로 고급 일식집에서 회식을 하게 되었다. 한참을 즐거운 시간을 보내던 중 상사가 영업팀의 홍일점인 이 대리를 불러 옆에 앉히고 "우리 이 대리는 예쁘고 몸매도 훌륭한데다가 일도 잘해서 예뻐 죽겠어."라면서 엉덩이를 툭툭 쳤다. 그 순간 이 대리는 비명을 지르며, 그 자리를 박차고 울면서 나가 버렸다. 회식 자리는 갑자기 수군거리는 분위기로 바뀌었다. 자신이 이 대리라면 회식 자리에서 뛰쳐나갈 확률은?

① 0%
② 20%
③ 40%
④ 60%
⑤ 80%

15

이 부장은 영업부 등산동호회의 총무를 맡고 있다. 동호회활동을 하는 회원은 모두 회사의 임직원들로 약 30명 정도가 모여 매주 등산을 한다. 그러나 오늘은 무슨 일 인지 12시까지 배달되어야 할 30명분의 도시락이 1시가 되어도 도착하지 않아 모두들 배고픔에 몸부림치고 있다. 하다못해 부랴부랴 빵과 우유로 점심을 때웠다. 뒤늦게 2시경 도착한 도시락가게 직원은 교통체증으로 인하여 늦었다고 죄송하다고 한다. 이 부장은 도시락가게 직원에게 화를 내고 돈을 주지 않았다. 자신이 이 부장이라면 도시락가게 직원에게 돈을 줄 확률은?

① 0%
② 25%
③ 50%
④ 75%
⑤ 100%

16

> 배 대리는 주간회의에서 사원들 중 사내업무처리규정에 맞지 않게 일을 처리하는 사원들이 많다는 지적을 받았다. 그리하여 부장의 다음과 같은 특별지시가 떨어졌다. 부장이볼 때 우리 부서에서 B 사원이 가장 일도 못하고 실수투성이이기에 모든 사원들이 보는 앞에서 다른 사람들도 알아들을 수 있도록 대표적으로 B 사원을 호되게 질책하라는 것이었다. 배 대리는 바로 B사원을 불러 다른 사원들이 보는 앞에서 소리를 지르면 질책을 하였다. 자신이 배 대리라면 부장의 명에 따라 B 사원을 모든 사원들 앞에서 질책할 확률은?

① 0%
② 25%
③ 50%
④ 75%
⑤ 100%

17

> 김 대리는 베트남과의 농촌 개발 사업을 진행하려고 한다. 베트남 농가에 한국산 고추종자를 공급하고, 현지에 적합한 선진 농업 기술을 전수함으로써 농가의 소득 증대 및 빈곤퇴치에 기여하려는 목적이다. 그러나 상사가 베트남 말고 자신의 지인이 경영하고 있는 필리핀 농장과 진행하라고 한다. 김 대리는 상사의 말을 거역할 수 없어 필리핀 농장과 사업을 진행하기로 하였다. 자신이 김 대리라면 베트남 농가와 사업을 진행할 확률은?

① 0%
② 25%
③ 50%
④ 75%
⑤ 100%

18

> 정 과장은 자신의 팀이 다른 팀에 비해 업무성과가 저조한 이유로 월례회의에서 상사에게 질타를 받았다. 다른 팀들은 단합도 잘하고 업무효율도 우수하다고 다른 팀을 좀 본받으라고 한다. 정 과장은 옆 팀 팀장에게 업무성과가 좋은 이유를 묻자 단합이 잘 되려면 회식을 하는 것이 좋다는 말을 들었다. 그래서 정 과장은 바로 오늘 회식 할 것이므로 한 명도 빠지지 말고 집합하라고 팀 직원들에게 명령하였다. 자신이 정 과장이라면 오늘 당장 회식할 확률은?

① 0%
② 25%
③ 50%
④ 75%
⑤ 100%

19

이 과장은 신제품 개발을 위한 프로젝트에 참여하여 밤낮으로 일을 하며, 오로지 성공을 위하여 달려가고 있다. 어려서부터 가난하게 생활하여 무슨 일이 있어도 자신은 성공을 하여 돈을 많이 벌어야 한다고 다짐하며 하루하루를 열심히 살아간다. 그러던 어느 날, 한 경쟁업체의 사장이 이 과장에게 접촉하여 개발하고 있는 신제품의 정보를 알려주면 3억 원의 거액과 자신의 회사 부장 자리에 앉혀 준다고 제의하였다. 이 과장은 바로 신제품에 대한 정보를 알려주었다. 자신이 이 과장이라면 경쟁업체에 정보를 줄 확률은?

① 0%
② 25%
③ 50%
④ 75%
⑤ 100%

20

박 대리는 주어진 업무를 열심히 처리하려고 매일매일 노력을 하면서 힘든 일도 마다 않고 하고 있는데 중간 중간 자신의 개인적인 잔심부름을 시키는 유 부장이라는 상사가 있다. 잔심부름도 아무런 불평도 없이 하면서 본인의 업무를 처리하는데 심부름의 정도가 날이 갈수록 점점 심해져 업무에 지장을 줄 정도이다. 계속 이러다가는 회사에서 심부름만 하다가 하루가 갈 지경이다. 박 대리는 유 부장에게 하소연을 하였다. 자신이 박 대리라면 유 부장에게 개인적인 잔심부름은 시키지 말라고 말을 할 확률은?

① 0%
② 25%
③ 50%
④ 75%
⑤ 100%

21

이 대리는 한 달 동안의 잦은 철야와 야근으로 인해 몸이 몹시 지쳐 있다. 오늘은 금요일이며 모든 일이 다 마무리되었으므로 정시 퇴근이 가능할 것 같다. 그러나 퇴근시간이 지나도 아무도 퇴근을 하지 않고 있는 자기 자리에서 눈치만 보고 있는 상황이다. 이 대리는 '먼저 퇴근하겠습니다.'라고 하며 자리를 일어났다. 자신이 이 대리라면 위 상황처럼 가장 먼저 퇴근할 확률은?

① 0%
② 25%
③ 50%
④ 75%
⑤ 100%

22

정 대리는 사내에서 홍보팀 사원 J양과 열애중이다. 그러나 사내 규칙에 의해 사내 연애는 금지되어 있으며, 아무도 정 대리와 J양의 사이를 모른다. 그러던 어느 날 퇴근 후 한 뮤지컬 공연장에서 정 대리는 J양을 기다리던 중 같은 부서의 박 차장을 우연히 만나게 되었다. 박 차장과 같은 시간의 공연을 보게 된 것이다. 소극장이라 박 차장 눈에 쉽게 띌 수 있는 상황이다. 정 대리는 J양에게 전화를 걸어 뮤지컬을 취소하자고 하였다. 자신이 정 대리라면 박 차장에게 J양과의 연애 사실을 밝힐 확률은?

① 0% ② 25%
③ 50% ④ 75%
⑤ 100%

23

이 대리는 이 달의 우수사원으로 뽑히게 되었다. 우수사원은 평소 품행이 단정하고 업무처리 능력이 탁월하여 팀의 성과에 공헌을 한 사람에게 주는 표창이다. 그러나 이 대리는 사치를 좋아하고 업무시간에 개인적인 일을 하다가 다른 사원들의 업무실적을 가로채는 등의 행동으로 우수사원이 된 사실을 부서 사람들은 알고 있다. 이 대리는 임원들에게 이 사실을 폭로하면 부서 직원 모두를 해고해 버리겠다고 협박을 하여 아직까지 임원진들은 이 사실을 모르고 있다. 자신이 이 대리라면 임원진들에게 사실을 말할 확률은?

① 0% ② 25%
③ 50% ④ 75%
⑤ 100%

24

귀하는 퇴근 후 마트에 들러 필요한 물건을 구입한 후 현금을 내고 거스름돈을 받고 집으로 돌아왔다. 집에 와서 물건을 정리한 다음 영수증으로 확인하여 보니 귀하가 받아야 할 거스름돈 보다 더 많이 거슬러 받아 온 것을 확인하게 되었다. 그러나 마트는 다시 갔다 오려면 왕복 1시간이 족히 걸리는 거리이다. 귀하가 다시 돌아가서 거스름돈 계산이 잘못되었음을 알리고 차액을 돌려줄 확률은?

① 0% ② 25%
③ 50% ④ 75%
⑤ 100%

25

김 차장은 간부회의에 참석하여 경영성과에 대한 브리핑을 하고 있다. 그런데 유 부장이 졸고 있는 것이 아니라 아예 자고 있는 것을 보게 되었다. 사장님도 참석하신 자리이며, PPT를 사용하기 때문에 조명이 어두워 자세하게 들여다보지 않으면 식별이 잘 안 되는 상황이다. 김 차장은 자신이 공들여 준비하고 발표하는 자리라 유 부장의 이러한 행동에 화가 났다. 김 차장은 유 부장이 자고 있으므로 브리핑을 잠시 쉬었다가 하겠다고 사장님께 말씀드렸다. 자신이 김 차장이라면 유 부장의 행동을 모른 척 할 확률은?

① 0%
② 25%
③ 50%
④ 75%
⑤ 100%

26

오 대리는 신입사원 교육을 목적으로 하는 사내 오리엔테이션 자리에 참석하였다. 그러나 오리엔테이션의 내용이 사실 위주가 아니라 신입사원들을 현혹시키기 위한 있지도 않은 복지 및 부풀린 급여와 회사경제상황 등을 모두 사실과 다른 말만 늘어놓고 있는 것이었다. 신입사원들이 이 내용이 사실이라고 믿고 근무를 하게 되면 3개월 내에 사실이 아님을 알게 되고 모두가 회사를 그만 둘 수도 있게 될 상황이 나올게 뻔하다. 오 대리는 회사와 신입사원들을 위하여 사실을 정확하게 알려야 한다고 교육을 중단시키고 있는 그대로의 사실만을 이야기해 주었다. 자신이 오 대리라면 신입사원들에게 사실을 말할 확률은?

① 0%
② 25%
③ 50%
④ 75%
⑤ 100%

27

새로운 경영전략으로 해외시장진출을 목표로 하는 자사는 중국과의 합작 사업 추진을 위하여 프로젝트팀을 구성하게 되었다. 이 차장은 이 팀의 리더로 선발되었으며, 2년 이상 중국에서 근무를 해야만 한다. 그러나 이 차장은 집안 사정 및 본인의 경력계획에 차질이 빚어진다는 이유로 중국 발령을 거부하였다. 그러자 회사는 이 차장에게 희망퇴직을 권유하였다. 자신이 이 차장이라면 중국 발령을 거부할 확률은?

① 0%
② 25%
③ 50%
④ 75%
⑤ 100%

28

이 대리는 부서에서 일을 가장 잘 하기로 소문이 자자하다. 유 부장은 자신의 개인적인 일로 인하여 본인의 업무가 많이 쌓여 있다. 다른 사원들도 모두 자신의 업무를 소화하는데 벅차 보인다. 그러니 이 대리는 본인의 업무를 다 처리하고 다른 사원의 업무도 도와주는 것을 유 부장이 보게 되었다. 유 부장은 이 대리에게 자신의 밀린 업무를 부탁하였다. 이 대리는 당연하듯이 유 부장의 업무를 대신 처리해 주었다. 자신이 이 대리라면 유 부장의 부탁을 거절할 확률은?

① 0%
② 25%
③ 50%
④ 75%
⑤ 100%

29

박 차장은 어제 오랜만의 동창모임에서 과음을 하여 아침부터 속이 좋지 않다. 점심시간까지 잘 버티어 해장국을 먹으려는 계획을 갖고 출근을 하였다. 점심시간이 거의 되었을 무렵 상사가 팀원들 모두 함께 청국장 집에서 식사를 하자고 한다. 박 차장은 뒤집어진 속을 달래고 싶다. 청국장을 먹으면 속이 더 안 좋을 것 같다. 박 차장은 상사에게 본인은 따로 먹겠다고 말을 하였다. 자신이 박 차장이라면 상사를 따라 청국장 집에 갈 확률은?

① 0%
② 25%
③ 50%
④ 75%
⑤ 100%

30

이제 갓 결혼한 지 일주일 밖에 안 된 김 대리는 퇴근시간이 가까워질 무렵 갑자기 부인이 교통사고를 당해 응급실에 있다는 연락을 받았다. 퇴근을 서둘러 부인에게 향하려던 그 때 상사인 김 부장의 모친 부고 소식을 접하게 되었다. 팀원들 모두 퇴근 후 김 부장 모친의 장례식장으로 간다고 한다. 김 부장이 내일이 발인이라 오늘 모두 함께 오라 했다고 한다. 김 대리는 부인이 있는 응급실이 아닌 김 부장 모친의 장례식장으로 팀원들과 함께 이동하였다. 자신이 김 대리라면 부인이 있는 응급실로 갈 확률은?

① 0%
② 25%
③ 50%
④ 75%
⑤ 100%